W0352795

Aus dem Programm Huber:
Psychologie Lehrbuch

Usha Goswami

So denken Kinder

Enführung in die Psychologie der kognitiven Entwicklung

Aus dem Englischen übersetzt von Matthias Wengenroth

Verlag Hans Huber
Bern · Göttingen · Toronto · Seattle

Umschlagbild:
Für den Umschlag wurde ein Ausschnitt aus dem Bild *Baby at Play* von Thomas Eakins verwendet. Es gehört der John Hay Whitney Collection und hängt in der National Gallery of Art in Washington.

Die englische Originalausgabe dieses Buches ist unter dem Titel «Cognition in Children» erschienen bei Psychology Press Ltd., a member of the Taylor & Francis Group, London.

Die Deutsche Bibliothek – CIP Einheitsaufnahme

Goswami, Usha:
So denken Kinder: Einführung in die Psychologie der kognitiven Entwicklung/Usha Goswami. Aus dem engl. übersetzt von Matthias Wengenroth. – 1. Aufl. – Bern; Göttingen; Toronto; Seattle: Huber, 2001
Einheitssacht.: Cognition in children <dt.>
ISBN 3-456-83540-X

1. Auflage der deutschen Ausgabe 2001

Anregungen und Zuschriften an:
Verlag Hans Huber
Länggass-Strasse 76
CH-3000 Bern 9
Tel: 0041 (0)31 300 45 00
Fax: 0041 (0)31 300 45 93
E-Mail: verlag@hanshuber.com
Internet: http://www.HansHuber.com

Lektorat: Dr. P. Stehlin
Herstellung: Peter E. Wüthrich
Druck: AZ Druck und Datentechnik GmbH, Kempten
Printed in Germany

Für Elisabeth Irene Goswami

Dank

Dieses Buch entstand zum größten Teil während eines Forschungsurlaubs an den psychologischen Instituten der Universität Würzburg und der Eberhard-Karls-Universität Tübingen. Sowohl den beiden Instituten als auch meinen dortigen Gastgebern, Wolfgang Schneider und Fritz Wilkening, möchte ich meinen Dank für die großzügige Unterstützung aussprechen, die mir während meines Aufenthaltes gewährt wurde. Außerdem möchte ich Wolfgang Schneider und Fritz Wilkening sowie Sabina Pauen, Beate Sodian und Claudia Roebers für die vielen fruchtbaren Gespräche im Verlauf der Arbeit an dem Buch danken. Besonders erwähnt sei die Hilfe von Sabina Pauen und Karen Freeman, die mit viel Geduld Rohfassungen von Kapiteln dieses Buches gelesen und mir wertvolle Hinweise gegeben haben. Auch von George Butterworth, Peter Bryant, Alan Slater und Henry Wellman habe ich viele hilfreiche Rückmeldungen erhalten. Gedankt sei auch Louise Dalton für ihre unschätzbare Bibliotheksarbeit in London. Ich danke der Alexander-von-Humboldt-Stiftung, die mir mit einem Forschungsstipendium den Aufenthalt in Deutschland ermöglicht hat. Zum Schluss möchte ich noch meinem geliebten Ehemann, Mark Thomson, für seine Liebe und Unterstützung danken und für sein großes, nicht nachlassendes Interesse, das er meiner Arbeit entgegenbringt.

Inhalt

Vorwort

Der Mensch zeigt bereits im Mutterleib ein erstaunliches Ausmaß an Aktivität. Ultraschallstudien belegen, dass der Fötus bis zum Ende der 15. Schwangerschaftswoche über mindestens 15 verschiedene Bewegungsmuster verfügt, darunter ein «Gähn-und-Streck-Muster» sowie eine Tretbewegung, durch die er innerhalb von zwei Sekunden seine Position im Mutterleib (durch Rotation) völlig verändern kann (DeVries, Visser & Prechtl, 1984). Wir wissen auch von kognitiven Vorgängen bei Föten (Hepper, 1992). So konnte nachgewiesen werden, dass sich die Stimme der Mutter bereits im Mutterleib einprägt (siehe Kapitel 1), und es gibt Belege für pränatales Lernen von Musikstücken (beispielsweise der Titelmelodie einer Fernsehserie, Hepper, 1988).

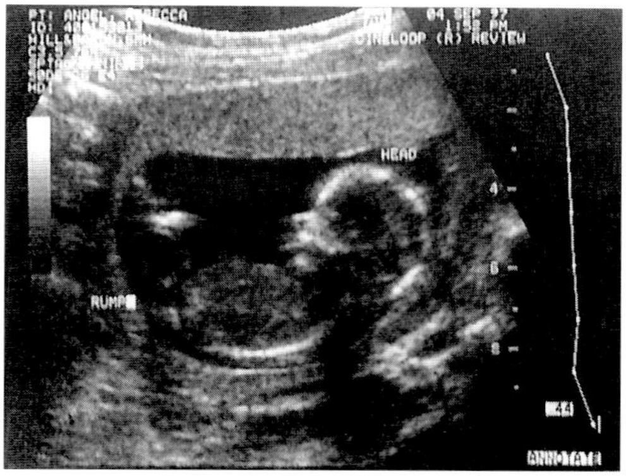

Trip/H. Rogers

Lernen und Erinnern sind zentrale kognitive Fähigkeiten. Es gibt jedoch kaum Hinweise auf höher entwickelte kognitive Aktivitäten des Fötus, wie etwa logisches Schlussfolgern oder Problemlösen. Das gesamte Spektrum kognitiver Fähigkeiten entwickelt sich erst, wenn das Kind in die Alltagswelt der Menschen und Gegenstände eintritt, wenn es zu sehen beginnt und sein akustischer Input nicht mehr durch das Fruchtwasser gedämpft wird. Entsprechend nimmt die Größe des Gehirns im ersten Lebensjahr um das Doppelte zu.

Was entwickelt sich beim Kind – und *warum* entwickelt es sich?

Die kognitive Entwicklungspsychologie des Kindes konzentriert sich seit langem auf zwei zentrale Aspekte. Der erste ist die scheinbar einfache Frage danach, *was sich entwickelt*. Diese Frage lässt sich beantworten, indem man Veränderungen der kognitiven Fähigkeiten von Kindern über die Zeit hinweg beobachtet, und indem man bestimmte Prinzipien des logischen Denkens definiert und dann die Entwicklung dieser Prinzipien mit Hilfe experimenteller Untersuchungen verfolgt. Erkenntnisse darüber, *was sich entwickelt*, sind Ausgangspunkt für die zweite – weniger leicht zu beantwortende – zentrale Frage der kognitiven Entwicklungspsychologie, nämlich die Frage danach, *warum* die Entwicklung den beobachteten Verlauf nimmt. Um diese Frage zu beantworten, müssen wir uns mit den Ursachen der kognitiven Veränderungen befassen.

Bereichsübergreifende versus bereichsspezifische Erklärungen

Es sind zwei alternative (sich aber nicht gegenseitig ausschließende) Erklärungsansätze zur kognitiven Entwicklung bei Kindern entwickelt worden. Der ersten Ansatz geht von der Vorstellung aus, dass die bedeutendsten Entwicklungen auf dem Gebiet des logischen Denkens für alle kognitiven Bereiche (oder Domänen) gelten. Man spricht von einer «bereichsübergreifenden» Erklärung der kognitiven Entwicklung. Unter einer kognitiven Domäne versteht man eine bestimmte Menge an Repräsentationen, die gemeinsam einen spezifischen Wissensbereich bilden (Karmiloff-Smith, 1994). Ob ein Kind versucht zu verstehen, warum sich ein anderes Kind aufregt (der Bereich psychologischer Ursache-Wirkungs-Relationen), warum Tierjunge meistens ihren Eltern ähnlich sehen (der Bereich der Biologie), oder warum Gegenstände herunterfallen, wenn sie losgelassen werden (der Bereich der Physik) – bereichsübergreifende Ansätze postulieren, dass bestimmte Entwicklungsfortschritte, etwa die Fähigkeit zu deduktiven Schlussfolgerungen, relevant für den Erwerb all dieser Erkenntnisse sind.

Dem zweiten theoretischen Ansatz zufolge vollzieht sich die Entwicklung des logischen Denkens eher bruchstückhaft, zu unterschiedlichen Zeiten in den unterschiedlichen Bereichen. Dieser Sichtweise zufolge ist die kognitive Entwicklung «bereichsspezifisch». So können beispielsweise deduktive Schlussfolgerungen in Bezug auf physikalische Phänomene viel früher auftauchen als in Bezug auf psychologische Ursache-Wirkungs-Zusammenhänge. Die Ursache hierfür könnte darin liegen, dass die Prinzipien der physikalischen Umwelt vor den Prinzipien der psychologischen Umwelt verstanden werden (im Zusammenhang mit letzteren spricht man auch von der *«theory of mind»*). Bereichsspezifische Erklärungsansätze der kognitiven Entwicklung unterstreichen die Bedeutung der *Wissensbasis* für das kindliche Denken.

Dass die Wissensbasis eine wichtige Rolle für die kognitive Entwicklung spielt, ist auch der Grund dafür, dass sich die beiden Ansätze zur Erklärung von Veränderungen im kindlichen Denken nicht gegenseitig ausschließen. Zwar kann die Fähigkeit zu deduktiven Schlussfolgerungen per se eine Folge bereichsübergreifender Entwicklung sein, der Einsatz dieser Fähigkeit ist jedoch bereichsspezifisch, da Kinder erst über das nötige *Wissen* verfügen müssen, ehe sie in einer bestimmten Domäne von ihren deduktiven Fähigkeiten Gebrauch machen können. Auch andere Faktoren können einen Einfluss auf das Fortschreiten der kognitiven Entwicklung haben. Hierzu gehören der Anregungsgehalt der Umgebung, in der ein Kind aufwächst, die Reifung bestimmter Hirnstrukturen (z. B. des frontalen Kortex) und die Unterstützung und Förderung, die das Kind in seinem Elternhaus und in der Schule erfährt.

Wie wir in diesem Buch sehen werden, kommt es im Laufe der Kindheit zu einer exponentiellen Erweiterung der Wissensbasis. Das Ausmaß des Wissens, das Kinder über ihre Umgebung erwerben, steigt enorm an, wobei sich im ersten Lebensjahr ein kausal zusammenhängendes Wissen über die physikalische Umwelt herausbildet, und bereits im dritten Jahr ein detailliertes und geordnetes Wissen über Kategorien und biologische Arten besteht. Verschiedene sehr grundlegende kognitive Mechanismen spielen eine entscheidende Rolle beim Erwerb dieser reichhaltigen Wissensbestände. Bereits beim Neugeborenen funktionieren Lernen, Gedächtnis und Wahrnehmung und bis zum 6. Monat lassen sich auch die «höheren» kognitiven Prozesse wie logisches Schließen und Problemlösen nachweisen. Für die kognitive Entwicklung entscheidend ist jedoch möglicherweise die offensichtlich angeborene Tendenz des kleinen Kindes, Kausalzusammenhänge zu erfassen und kausale Erklärungen zu finden.

Der kausale Bias

Mit Hilfe dieses einfachen kausalen Bias erschließt sich das Kind eine ausgesprochen große Menge an Informationen. Jeder, der selbst Kinder oder jüngere Geschwister hat, kennt die Neigung kleiner Kinder, unaufhörlich nach Ursachen zu fragen («Warum ist der Himmel blau? Woher weiß das Telefon, wann es klingeln muss? Wieso ist der Mond heute groß und gelb und an anderen Tagen klein und weiß?», siehe z. B. Callanan & Oakes, 1992; Hood & Bloom, 1979). Diese teilweise geradezu erbarmungslose Fragerei dient den Kindern nicht nur dazu, ein Gespräch in Gang zu halten; die vielen Fragen nach Ursachen und Gründen haben vielmehr eine wichtige entwicklungspsychologische Funktion. Dadurch, dass sich die Kinder kausal relevante Informationen verschaffen, kommen sie in die Lage, Ereignisse in ihrer Umwelt zu erklären, vorherzusagen und schließlich auch zu steuern. Der kausale Bias trägt entscheidend zur Organisation des frühen Gedächtnisses bei, ist Grundlage der Entwicklung des begrifflichen Denkens, hilft dem Kind, die physikalische Welt zu begreifen und dient als Schrittmacher des logischen Denkens

Darüber hinaus zeigen die Warum-Fragen der Kinder, dass sie bereits früh über Fähigkeiten wie schlussfolgerndes Denken verfügen. Als Beispiel diene ein Auszug aus einem Gespräch zwischen Mutter und Kind zur Schlafenszeit (Callanan & Oakes, 1992, S. 221-2).

Kind (Alter: 4;2): «Warum haben Papa, James [der große Bruder] und ich blaue Augen und du grüne?»

Mutter: [Sagt ihr, dass sie ihre blauen Augen vom ihrem Vater habe. Sagt dann gute Nacht und verlässt den Raum.]

Kind: [ruft fünf Minuten später nach der Mutter] «Ich finde Pee Wee Herman [ein Komiker] gut und ich habe blaue Augen. Papa findet Pee Wee Herman gut und hat auch blaue Augen. James findet Pee Wee Herman gut und hat auch blaue Augen. Wenn du Pee Wee Herman gut finden würdest, könntest du auch blaue Augen kriegen.»

Mutter: [Sagt dem Kind, dass sie ihre Augenfarbe von Gott bekommen habe und sie nicht verändert werden kann.]

Kind: «Könntest du nicht wenigstens mal versuchen, Pee Wee Herman gut zu finden, damit wir sehen können, ob du dann blaue Augen kriegst?»

Die logischen Schlussfolgerungen des Kindes sind beeindruckend. Das kleine Mädchen überlegt sich, dass aus X (Pee Wee Herman gut zu finden) Y (blaue Augen zu haben) folgt – und zwar in drei von drei Fällen – und dass aus X' (Pee Wee Herman nicht gut zu finden) Y' (keine blauen Augen zu haben) folgt – in einem von einem Fall. Auf der Grundlage dieser Kovariationsinformation stellt die Kleine eine kausale Hypothese auf: Die Einstellung zu Pee Wee Herman ist ausschlaggebend für die Augenfarbe. Sie denkt sich dann eine Möglichkeit aus, diese Hypothese zu überprüfen (X' zu X zu verändern und zu beobachten, ob sich Y' zu Y verändert). Grundlage für solche Überlegungen ist das Wissen, dass Ursachen und ihre Auswirkungen systematisch kovariieren sollten. Kinder sind also in der Lage, deduktiv zu denken und Hypothesen aufzustellen und zu überprüfen – und zwar schon im zarten Alter von 4 Jahren!

Das Denken in Ursache-Wirkungs-Zusammenhängen ist ein Beispiel für einen Mechanismus, der sowohl bereichsübergreifend als auch bereichsspezifisch wirksam ist. Kinder ziehen in unterschiedlichen Wissensbereichen zu unterschiedlichen Zeitpunkten in ihrer Entwicklung kausale Schlussfolgerungen. Sie bedienen sich beispielsweise kausaler Schlussfolgerungen früher, um sich ihre physikalische Umwelt zu erschließen, als sie sie einsetzen, um etwas über ihre biologische Umwelt zu lernen. Physikalisches Wissen entwickelt sich allerdings auch viel früher als biologisches, was teilweise daran liegt, dass das kleine Kind die Welt der Objekte und der Ereignisse viel früher kennen lernt als die der Pflanzen und Tiere. Die Fähigkeit zu kausalem Schließen scheint damit bereichsübergreifend zu sein, sich aber in den verschiedenen *domains* – in Abhängigkeit von der Zunahme des bereichsspezifischen Wissens – zu unterschiedlichen Zeitpunkten bemerkbar zu machen.

Anlage versus Umwelt

Eine Frage, die mit der Bedeutung von bereichsspezifischen und bereichsübergreifenden Erklärungsansätzen zusammenhängt, ist die nach der Bedeutung von Anlage und Umwelt. Sind Entwicklungsfortschritte eher auf die genetische Ausstattung oder auf förderliche Umweltbedingungen zurückzuführen?

Schon lange wird das neugeborene Kind nicht mehr als «unbeschriebenes Blatt» betrachtet und die Anlage-Umwelt-Kontroverse scheint damit in der Entwicklungspsychologie bedeutungslos geworden zu sein. Neuere Forschungsergebnisse, die zeigen, zu welch komplexen kognitiven Prozessen bereits Säuglinge in der Lage sind, haben allerdings eine Renaissance ausgesprochen nativistischer Ansichten mit sich gebracht – ein Art «genetischen Determinismus». Wie jedoch Turkewitz (1995) betont, können Gene nicht direkt psychische Eigenschaften festlegen oder «kodieren». Gene werden über andere Gene aktiviert und desaktiviert und bilden im Zusammenspiel mit ihnen Genprodukte. Daher erklärt die Tatsache, dass eine bestimmte Fähigkeit bereits bei der Geburt oder kurz danach vorliegt, noch nicht, worauf ihre Entwicklung zurückzuführen ist, sondern dient allenfalls als Ausgangspunkt für die Beschäftigung mit diesem Prozess, seinen Ursachen und Konsequenzen. Die entscheidende Frage für die Entwicklungspsychologie ist, wie Anlagen und Umwelt bei der Entwicklung miteinander *interagieren*. Es gilt herauszufinden, auf welche Weise bestimmte Merkmale und Grenzen von Motorik, Sensorik, Wahrnehmung und Denken des kleinen Kindes Reaktionsweisen auf die Umwelt bedingen, die zur Fortentwicklung der kognitiven Funktionen bis hin zum Erwachsenenniveau beitragen.

Qualitative versus quantitative Ansätze

Eine sich von anderen Ansätzen relativ deutlich abhebende Erklärung der kognitiven Entwicklung findet man im Werk Jean Piagets. Die Theorie Piagets hat großen Einfluss auf das gesamte Gebiet der kognitiven Entwicklungspsychologie gehabt. Piaget betrachtete die kognitive Entwicklung als *qualitativen* Prozess, im Verlauf dessen immer wieder neue Denkweisen auftreten, welche die kognitive Struktur «revolutionieren». Ein solcher qualitativer Erklärungsansatz steht auf den ersten Blick im Widerspruch dazu, dass ein großer Teil der Entwicklung aus *quantitativen* Fortschritten – der stückweisen und allmählichen Aneignung von Strategien und Kenntnissen – besteht. Die theoretische Debatte um die qualitative versus quantitative Beschaffenheit der kognitiven Entwicklung kann jedoch – wie die Kontroversen um Anlage und Umwelt bzw. um bereichsübergreifende versus bereichsspezifische Ansätze – weitgehend als Scheingefecht bezeichnet werden. Beide Sichtweisen leisten einen Beitrag zur Erhellung der kognitiven Entwicklung.

Piagets Stadientheorie

Da es sich bei Piagets Erklärung der kognitiven Entwicklung um eine Stadientheorie handelt, ist sie den qualitativen Ansätzen zuzurechnen. Piaget ging von drei Hauptstadien der kognitiven Entwicklung aus: dem *sensomotorischen* Stadium, in dem kognitive Prozesse auf Handlungen beruhen, dem Stadium der *konkreten Operationen*, in dem das Denken auf einem symbolischen Verständnis konkreter Objekte und den Zusammenhängen zwischen ihnen basiert, und dem Stadium der *formalen Operationen,* in dem die Fähigkeit zum Umgang mit Hypothesen und zum wissenschaftlichen Denken entsteht. Bei Piaget spielen jedoch auch quantitative Veränderungen eine Rolle. Die Hauptursache für die Umbrüche in der kognitiven Struktur zu Beginn eines neuen Stadiums sah er in dem Streben nach kognitivem Gleichgewicht, welches von den einander ergänzenden Prozessen der Akkommodation und Assimilation abhängt. Dabei handelt es sich um stetige, auf Zuwachs beruhende Prozesse: Akkommodation dient dazu, die Konzepte des Kindes (seine «kognitiven Schemata») fortzuentwickeln, und Assimilation hat die Funktion, Erfahrungen mit Hilfe der vorhandenen kognitiven Schemata zu interpretieren.

Das Denken von Kindern auf diesen drei Stufen lässt sich am besten anhand einer wichtigen kognitiven Errungenschaft in jedem Stadium veranschaulichen. Ein Markstein im sensomotorischen Stadium stellt das Konzept der «Objektpermanenz» dar – die Erkenntnis, dass Gegenstände auch dann noch existieren, wenn sie sich außerhalb des Gesichtsfelds befinden. Nach Piaget entwickelt das Kind im Laufe der ersten 18 Lebensmonate kognitive Repräsentationen von Objekten. Ganz kleine Kinder können noch nicht zwischen äußeren Objekten und ihren eigenen Handlungen unterscheiden, und auch noch 12 Monate alte Babys glauben, dass die Existenz der Objekte direkt von Handlung und räumlicher Lage abhängig sind. Diese letzte Überzeugung zeigt sich, wie Piaget meinte, in dem «A-nicht-B-Suchfehler», der zwischen 8 und 12 Monaten zu beobachten ist und darin besteht, dass die Babys ein Objekt weiterhin an einer Stelle (A) suchen, an der es sich zuvor befunden hatte, auch wenn dieses Objekt vor ihren Augen an eine andere Stelle (B) bewegt wurde. Piaget zufolge meint der Säugling, dass das Objekt am Ort A durch die Handlung des Suchens wiedererschaffen werden könne. Vollständige Objektpermanenz ist erst dann erreicht, wenn die Kinder die Objekte überall finden, auch wenn sie nicht sehen konnten, wie sie versteckt wurden.

Eine wichtige Errungenschaft im konkret-operatorischen Stadium ist der Umgang mit «Transitivität» – die Fähigkeit, auf der Grundlage von Beziehungen zwischen einzelnen Elementen eine Rangreihenfolge zu erkennen. Die Transitivität gehört zu den logischen «Operationen» oder Konzepten, die in Piagets Theorie den Beginn des konkret-operatorischen Stadiums des Denkens markieren. Die meisten Kinder erwerben diese logischen Konzepte im Alter von ungefähr sechs bis sieben Jahren. Eine typische Aufgabe zum transitiven Schließen der Art «Wenn Thomas größer ist als Eduard, und Eduard größer als Hans, wer ist dann größer: Thomas oder Hans?» kann von kleineren Kindern nicht gelöst werden. Diese sind nicht in der Lage, aus den Prämissen den logischen Schluss abzuleiten, dass Thomas der größere der beiden sein muss – zumindest dann nicht, wenn die Prämissen – wie in Piagets Inferenzaufgabe – nacheinander vorgegeben werden.

Eine der wichtigsten Leistungen des formal-operatorischen Stadiums besteht in der Fähigkeit zum Analogieschluss. Das Erreichen des formal-operatorischen Stadiums zeichnet sich durch die Fähigkeit aus, auf der Grundlage der Ergebnisse konkreter Operationen, wie beispielsweise Einsichten über die Art der Relationen zwischen verschiedenen Objekten, zu Erkenntnissen über deren logische Beziehungen zu gelangen. Derartige kognitive Prozesse werden ab dem 11. oder 12. Lebensjahr möglich. Voraussetzung für Analogieschlüsse ist die Fähigkeit, relationale Ähnlichkeiten zu erkennen, wie im Beispiel Piagets: «Fahrrad verhält sich zu Lenker wie Schiff zu Ruder» (die Entsprechung besteht hier in dem Steuerungsmechanismus). Das Herstellen möglicher Relationen *zwischen* den Relationen von Objekten wird als eine höher stehende Form logischen Schließens und als typisch für das letzte Stadium der kognitiven Entwicklung betrachtet; daher gilt das analoge Schließen als Musterbeispiel formal-operatorischen Denkens.

Der Aufbau dieses Buches

Wie wir noch sehen werden, stehen Piagets Thesen zu Objektpermanenz und transitivem Schließen im Mittelpunkt wichtiger Debatten innerhalb der kognitiven Entwicklungspsychologie. Wenn das Kind nicht über Objektpermanenz verfügt, lebt es in einer «Schnappschuss-Welt», in der nur das Hier und Jetzt existiert, und wenn Kinder keine transitiven Schlussfolgerungen ziehen können, können sie nur schwerlich mit grundlegenden mathematischen Konzepten wie Ordnungsrelationen oder Maßeinheiten umgehen. Auch Piagets Aussagen über die späte Entwicklung der Fähigkeit zu Analogieschlüssen sind in Frage gestellt worden. Mit diesen Kontroversen werden wir uns in den letzten Kapiteln des Buches befassen. Zunächst wollen wir auf die neueren, im Anschluss an Piaget gewonnenen Erkenntnisse über die erstaunlichen kognitiven Fähigkeiten kleiner Kinder eingehen.

Dabei werden sich die ersten Kapitel des Buches vor allem damit beschäftigen, *was* sich bei den Kindern entwickelt, und nicht so sehr, *warum* es sich entwickelt. Wir werden uns mit der Entwicklung in Bereichen wie Lernen, Gedächtnis, Problemlösen, Schlussfolgern, begrifflichem Denken und kausalem Schließen befassen. Zwar kommen wir dann im letzten Kapitel auf die Frage zurück, *warum* die kognitive Entwicklung von Kindern so verläuft, wie sie verläuft, jedoch weichen die vorgelegten Erklärungssysteme oder Theorien doch erheblich voneinander ab und sollen – mit Ausnahme von Piagets Theorie – nicht eingehend behandelt werden. Der Schwerpunkt liegt in diesem Buch darauf, welche Kenntnisse Kinder erwerben und wie dies geschieht. Der Grund dafür ist, dass Befunde aus experimentellen Studien (*was* sich entwikkelt) im Allgemeinen relativ klar und eindeutig sind, während die Interpretation dessen, was ein bestimmtes Ergebnis zu bedeuten hat *(warum)*, oft weniger klar auf der Hand liegt. Dies ist einer der interessantesten Aspekte wissenschaftlicher Forschung. Entwicklungspsychologische Theorien können als Versuch betrachtet werden, die Erkenntnisse aus Studien über das Was der Entwicklung zu organisieren und in einen Zusammenhang zu bringen. Einige der zu besprechenden Experimente lassen mehrere Interpretationen zu und jeder, der sich für die kognitive Entwicklung von Kindern interessiert, ist eingeladen, sich seine eigenen Gedanken über die Bedeutung der verschiedenen Studien zu machen (und sich dabei möglichst auch gleich zu überlegen, auf welche Weise die Ergebnisse der Studien bestätigt oder widerlegt werden könnten!). Sobald wir über ein klareres Bild des ständig zunehmenden Wissens in unserem Feld verfügen, sollte es möglich sein, auch das «Warum» der kognitiven Entwicklung besser zu verstehen.

Das Ziel dieses Buches ist es, eine notwendigerweise unvollständige, aber hoffentlich repräsentative Übersicht über einige der interessantesten Arbeiten zur kognitiven Entwicklung zu geben, gegliedert nach den gleichen Themen wie in Darstellungen kognitiver Prozesse bei Erwachsenen. Allerdings ist es nicht möglich, alle Aspekte der kognitiven Psychologie des Kindes in einem Buch abzuhandeln. Einige wichtige Teilgebiete der kognitiven Entwicklungspsychologie stellen eigenständige Themenbereiche dar und werden in eigenen Monographien behandelt. Hierzu gehören die Entwicklung der Sprache und das Verhältnis von Sprache und Denken; die Entwicklung des Verständnisses für psychologische Ursache-Wirkungs-Zusammenhänge und für das Verhalten und Erleben der Mitmenschen *(«theory of mind»)*; die Bedeutung der kulturellen Prägung und der kulturellen Instrumente für die kognitive Entwicklung, einschließlich der Vorstellungen von Vygotsky; die Auswirkungen der Schule auf die kognitive Entwicklung und die Entwicklung des Lesens und der mathematischen Fähigkeiten; sowie eine eingehendere Betrachtung von Anomalien in der kognitiven Entwicklung. Auch einige der Themen, die in diesem Buch nur kurz behandelt werden – z. B. die Entwicklung der kleinkindlichen Wahrnehmung – sind Gegenstand anderer Werke.

Kapitel 1

Frühe Kindheit: elementare kognitive Prozesse

Kognitionen lassen sich definieren als Prozesse, die uns befähigen, Informationen über unsere Umgebung zu gewinnen – Prozesse wie Lernen, Einprägen und Erinnern, Schlussfolgern und Problemlösen. Die Verarbeitung von Informationen ist jedoch kein Selbstzweck, sondern dient letztendlich dazu, uns Kontrolle über unsere Umwelt zu verschaffen, d. h., sie gemäß unseren Wünschen und Bedürfnissen zu beeinflussen. Um aber unsere Umwelt beeinflussen zu können, müssen wir sie *verstehen* – Voraussetzung für Kontrolle ist das Wissen um *Verursachung*. Kognitive Entwicklung im weitesten Sinne bedeutet also die Entwicklung von Prozessen, die uns in die Lage versetzen, Erkenntnisse über Ursache-Wirkungs-Zusammenhänge zu erwerben.

Die grundlegenden kognitiven Prozesse sind Lernen, Gedächtnis und Aufmerksamkeit. Hätten Säuglinge überhaupt kein *Gedächtnis*, würden sie in einer Welt leben, die völlig auf das Hier und Jetzt beschränkt wäre. Voraussetzung für das Erinnern ist das *Lernen*. In einem kognitiven System ist das eine ohne das andere nicht denkbar. Gleichzeitig wären Lern- und Gedächtnisprozesse bei Babys und Neugeborenen nicht möglich, wenn sie nicht auch über angemesene Wahrnehmungsfähigkeiten und Aufmerksamkeitsmechanismen verfügten. Wenngleich das visuelle System bei der Geburt in mehrfacher Hinsicht noch unausgereift ist (siehe Atkinson & Braddick, 1989), so zeigen neuere Studien doch, dass die visuellen und auditiven Fähigkeiten von Babys sehr viel weiter entwickelt sind, als früher vermutet wurde. Neuere Forschungsergebnisse sprechen dem Menschen schon überraschend früh eine aktive kognitive Innenwelt zu.

Gedächtnis und Lernen

Das Gedächtnis ist ein guter Ausgangspunkt für die Beschäftigung mit kognitiven Prozessen in der frühen Kindheit. Das Gedächtnis nimmt bereits im Mutterleib seine Tätigkeit auf, was heißt, dass auch Lernprozesse bereits vor der Geburt stattfinden. Belege dafür, dass Babys noch im Mutterleib beginnen, Erinnerungen zu speichern, liefert eine intelligente Studie von DeCaspar und Fifer (1980), in der das Gedächtnis von ungefähr 12 Stunden alten Neugeborenen untersucht wurde.

Erinnerungen Neugeborener an die Stimme der Mutter

Es ist bekannt, dass Kleinkinder spätestens ab dem letzten Drittel der Schwangerschaft (6. bis 9. Monat) Geräusche wahrnehmen. Ein Geräusch, das sie sehr oft hören, ist die Stimme ihrer Mutter, die bei ihren normalen Alltagsbeschäftigungen mit anderen Menschen spricht, telefoniert oder auch mit dem Kind in ihrem Bauch redet. Wenn Babys in der Lage sind, sich den Klang der Stimme ihrer Mutter zu merken, sollten sie deren Stimme von der einer fremden Frau unterscheiden können. Um herauszufinden, ob dies der Fall ist, erhoben DeCasper und Fifer zunächst, wie stark die Säuglinge in Abwesenheit akustischer Reize an einem Schnuller saugten. Dann spielten sie den Babys zwei Bandaufnahmen vor: Auf einer von ihnen las ihre Mutter eine Geschichte vor, auf der anderen wurde dieselbe Geschichte von einer fremden Frau gelesen. Ein Teil der Babys wurde jedes Mal, wenn sich das Saugen im Vergleich zum Ausgangsniveau verstärkte, dadurch belohnt, das ihnen das Band mit der Stimme ihrer Mutter vorgespielt wurde. Dagegen hörten sie jedes Mal, wenn sie im Vergleich zum Ausgangsniveau weniger intensiv saugten, die Stimme der fremden Frau. Bei dem anderen Teil der Babys war diese Kontingenz genau umgekehrt: Eine niedrige Saugfrequenz wurde mit der Stimme der Mutter verstärkt, auf eine erhöhte Saugfrequenz folgte die Stimme der Fremden.

Beide Gruppen lernten rasch, so zu saugen, dass sie die Stimme der Mutter zu hören bekamen. Dies zeigt, dass sich die Neugeborenen an den Klang der Stimme ihrer Mutter erinnerten und dass es für sie beruhigend und tröstend war, sie zu hören. Noch beeindruckender ist, dass sie sich auch noch in einem zweiten Test am Folgetag an die Kontingenz erinnerten. Babys, die gelernt hatten, stark zu saugen, um die Stimme ihrer Mutter zu hören, begannen, stark am Schnuller zu saugen, während diejenigen, die gelernt hatten, langsamer zu saugen, dies zunächst erneut taten. Die Experimentatoren hatten jedoch die Kontingenzen umgedreht. Die Babys, die gelernt hatten, stark zu saugen, um die Stimme ihrer Mutter zu hören, mussten nun langsam saugen, und die Babys, die gelernt hatten, langsam zu saugen, mussten nun schneller saugen, wenn sie ihre Mutter hören wollten. Ungefähr 80 Prozent der Säuglinge änderten daraufhin ihre Saugfrequenz. Dies ist ein überzeugender Beleg für die Existenz von Lern- und Gedächtnisprozessen in der frühesten Kindheit. Die Fähigkeit, eine einmal gelernte Regel neu zu lernen *(rule reversal)*, gilt als stärkster Test für kognitive Prozesse bei Tieren. Dass die einen Tag alten Babys sich so schnell umstellen konnten, beweist, dass sie über mindestens so gute kognitive Kapazitäten verfügen wie Ratten und Tauben und dass sie Goldfischen kognitiv überlegen sind: Diese sind nicht in der Lage, eine Regelumkehrung nachzuvollziehen, nicht einmal nach Tausenden von Durchgängen.

Erinnerungen Neugeborener an Geschichten

Um eindeutig überprüfen zu können, ob die Erinnerung der Neugeborenen an die Stimme ihrer Mutter tatsächlich auf interuterines Lernen zurückzuführen ist (und nicht auf schnelle Lernprozesse in den ersten Stunden nach der Geburt), führten DeCaspar und Spence (1986) eine weitere Studie durch, bei der sie Schwangeren drei verschiedene Geschichten auf ein Band sprechen ließen. Die werdenden Mütter suchten sich dann eine der drei Geschichten aus und lasen sie in den letzten sechs Wochen ihrer Schwangerschaft jeden Tag einmal laut vor. Nach der Geburt wurde das Ausgangsniveau der Saugfrequenz der Babys ermittelt, und die Babys wurden dann entweder für stärkeres oder schwächeres Saugen damit belohnt, dass sie die bekannte Geschichte aus dem Munde ihrer Mutter hörten. Ging die Saugfrequenz auf das Ausgangsniveau zurück, hörten die Kinder eine ihnen unbekannte Geschichte, ebenfalls von ihrer Mutter vorgelesen. DeCaspar und Spence stellten fest, dass die Säuglinge ihr Saugen konsequent darauf einstellten, dass sie die ihnen bekannte Geschichte hörten. Interessanterweise galt dies auch für eine zweite Versuchsgruppe, die die Geschichten aus dem Munde einer anderen Frau hörten. DeCaspar und Spence begründeten dies damit, dass die Babys diejenigen Geschichten bevorzugten, die sie bereits vor ihrer Geburt gehört hatten. Offensichtlich hatten die Säuglinge, als sie sich noch im Mutterleib befunden hatten, etwas über die akustischen Merkmale bestimmter Passagen der Geschichte gelernt und erkannten sie wieder, selbst wenn sie von einer fremden weiblichen Stimme gelesen wurden.

Gedächtnis für Gegenstände

Der Klang der mütterlichen Stimme ist, so ließe sich argumentieren, gewiss ein besonders herausragender Stimulus, allerdings können sich Säuglinge auch an weniger auffällige Dinge und Ereignisse bereits beeindruckend gut erinnern. So untersuchten beispielsweise Bushnell, McCutcheon, Sinclair und Tweedie (1984) das Gedächtnis von Babys für einfache Formen wie rote Dreiecke und blaue Kreuze. Die Babys waren drei und sieben Wochen alt. Zunächst wurde eine Erinnerungsspur für einen einfachen Stimulus, etwa

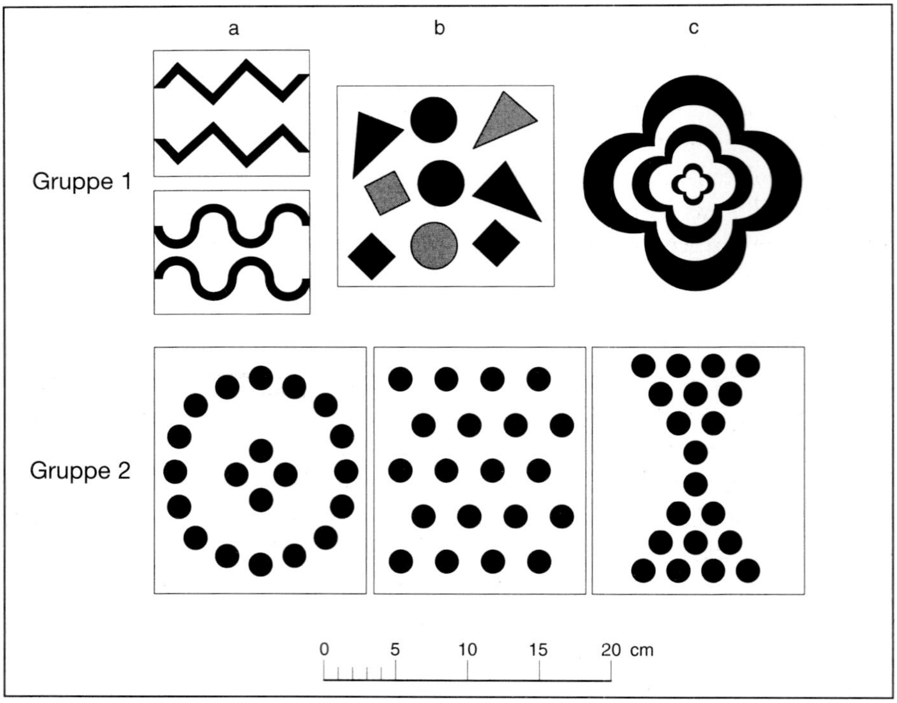

Abbildung 1.1: Stimuli aus der Studie von Cornell (1979) zum Wiedererkennen bei Säuglingen. Wiedergabe mit freundlicher Genehmigung der Academic Press Inc.

einen gelben Kreis, aufgebaut. Dazu wurden die Mütter gebeten, den Stimulus zwei Wochen lang täglich zweimal fünfzehn Minuten «aktiv» zu präsentieren. Die Babys wurden dann von einem Versuchsleiter zu Hause besucht, der ihnen den Zielstimulus sowie eine Zufallsauswahl anderer Stimuli zeigte, die sich entweder in Farbe *oder* Form oder Farbe *und* Form von diesem unterschieden. Ziel war es, die Erinnerung des Kleinkindes an diese verschiedenen Aspekte der Stimuli zu überprüfen. Um beispielsweise herauszufinden, ob sich das Baby an die Farbe erinnerte, wurde ihm z. B. ein roter Kreis gezeigt anstatt eines gelben usw. Bushnell et al. stellten fest, dass die Kleinkinder sich an alle Aspekte der Stimuli erinnerten, die ihnen gezeigt worden waren: Form, Farbe und Größe.

Auf ähnliche Weise untersuchte Cornell (1979) das Gedächtnis fünf bis sechs Monate alter Babys. Neben Bildern, auf denen geometrische Formen zu sehen waren (siehe Abbildung 1.1), setzte er auch Fotos von menschlichen Gesichtern ein. Den Babys wurden jeweils gleichzeitig zwei identische Bilder aus Gruppe 1 gezeigt, danach zwei identische Bilder aus Gruppe 2 und zum Schluss zwei gleiche Bilder aus Gruppe 3 (die Gesichter). Jedes Bildpaar konnten sie bis zu 20 Sekunden lang betrachten. Zwei Tage später wurden ihnen die Bilder erneut gezeigt, zunächst in einer kurzen «Auffrischungsphase», in der ihnen alle bereits gesehen Bilder noch einmal einzeln dargeboten wurde. Die daran anschließende Testphase bestand darin, dass das bereits bekannte Bild aus jeder Gruppe gemeinsam mit einem neuen Bild aus derselben Gruppe dargeboten wurde. Betrachteten die Babys das neue Bild eines Paares länger als das bereits gesehene, wurde dies als Hinweis darauf gewertet, dass sie es wieder erkannten.

Cornell stellte fest, dass die Kinder bei allen Gruppen von Stimuli, die er verwendete, die neuen bevorzugten. Wenngleich seit dem ersten Betrachten der Bilder bereits zwei Tage vergangen waren, erinnerten sich die Kinder an diejenigen, die sie schon gesehen hatten, und sahen sich daher bevorzugt die an, die sie noch nicht kannten. Das Wiedererkennen beruhte dabei nicht auf der kurzen «Auffrischungsphase» des Experimentes, da eine Kontrollgruppe, die nur eine solche «Auffrischungsphase» durchlief, ohne zuvor die Bilder gesehen zu haben, keine besonderen Reaktionen auf die neuen Stimuli zeigte. Da die Stimuli mit Ausnahme der Gesichter relativ abstrakt waren und in der ersten Phase nur relativ kurz dargeboten wurden, stellt das Wiedererkennen nach zwei Tagen einen deutlichen Beleg für das Vorhandensein eines gut ausgebildeten Gedächtnisses bei Kindern im Säuglingsalter dar.

Gedächtnis für Ereignisse

Einige hochinteressante Untersuchungen von Clifton, Perris und ihren Mitarbeitern zeigen, dass sich bereits sechs Monate alte Säuglinge langfristig Ereignisse merken können. In einer Studie beispielsweise konnten sich zweieinhalbjährige Kleinstkinder an einzelne Ereignisse erinnern, die sie im Alter von sechseinhalb Monaten erlebt hatten (Perris, Myers & Clifton, 1990).

In dieser Studie wurden Kinder, die im Alter von sechs Monaten an einem Experiment in ihrem Labor teilgenommen hatten, mit zweieinhalb Jahren erneut getestet. Im ursprünglichen Experiment hatten die Babys – teilweise im Dunkeln – nach einer Vogelpuppe greifen müssen, die ein rasselndes Geräusch von sich gab (in dem Experiment war es um die Lokalisierung von Geräuschen gegangen). Die Sitzungen hatten ungefähr zwanzig Minuten gedauert. Zwei Jahre später kamen die Kinder in dasselbe Labor zurück und begegneten derselben Untersuchungsleiterin, die ihnen mitteilte, dass sie ein wenig spielen würden. Sie zeigte ihnen fünf Plastikspielsachen, darunter die Vogelpuppe aus dem früheren Experiment, und fragte sie, welches Spielzeug ihrer Meinung nach bei dem Spiel dabei sein würde. Anschließend teilte sie ihnen mit, dass der Vogel in dem Spiel ein Geräusch machen würde und forderte sie auf, zu raten, ob es ein Rasseln, ein Klingeln oder ein Schnarren sein würde. Schließlich spielten die Kinder ein Spiel, das daraus bestand, im Dunkeln nach der rasselnden Vogelpuppe zu greifen. An fünf Durchgänge, bei denen den Kindern nicht gesagt wurde, was sie zu tun hatten, schlossen sich fünf weitere Durchgänge an, bei denen sie aufgefordert wurden, den Vogel zu fangen, «der da im Dunkeln fliegt und so viel Krach macht». Ihre Ergebnisse wurden mit denen einer Kontrollgruppe verglichen, die das ursprüngliche Experiment nicht mitgemacht hatten.

Perris et al. stellten fest, dass die Experimentalgruppe kaum über *explizite* Erinnerungen an die erste Untersuchung verfügte. Sie nannten weder häufiger die Vogelpuppe als das vermutlich am Spiel beteiligte Spielzeug noch mit höherer Wahrscheinlichkeit das Rasseln als das Klingeln oder Schnarren. Sie zeigten jedoch eindeutige Anzeichen *impliziten* Erinnerns – gemessen anhand ihres Verhaltens bei dem Spiel im Dunkeln. Sie holten bei den ersten fünf Durchgängen mit höherer Wahrscheinlichkeit nach dem Geräusch aus als die Kinder der Kontrollgruppe und griffen auch eher in die richtige Richtung. Wurden sie kurz an ihre frühere Erfahrung erinnert, dadurch dass sie eine halbe Stunde vor dem Test im Dunkeln drei Sekunden lang das Rasselgeräusch hörten, war die Wahrscheinlichkeit, dass sie nach dem Vogel griffen, besonders hoch. Bei der Kontrollgruppe hatte dies keinen Effekt. Außerdem reagierten diejenigen Kinder, die als Babys an dem Experiment teilgenommen hatten, sehr viel seltener mit Angst auf die Dunkelheit als die Kinder, für die die Situation neu war. Von den Kindern der Kontrollgruppe baten neun (von insgesamt 16) darum, noch vor Beendung der ersten fünf Durchgänge den Raum verlassen zu dürfen, von den Kindern der Experimentalgruppe waren es nur zwei. Die Kinder, die als Säuglinge Erfahrungen mit der Aufgabe gesammelt hatten, im Dunkeln nach etwas zu greifen, zeigten also zwei Jahre später auf unterschiedliche Weise, dass sie noch eine Erinnerung an dieses Ereignis hatten. Zu ähnlichen Ergebnissen kamen Myers, Clifton und Clarkson (1987), die zeigten, dass Kinder im Alter von fast drei Jahren noch über Erinnerungen an das Untersuchungslabor und die Tests zur auditiven Lokalisierung hatten, an denen sie im Säuglingsalter teilgenommen hatten. Diese Kinder waren jedoch 15- bis 19-mal Versuchspersonen gewesen, so dass ihre Erinnerung daran in gewisser Hinsicht nicht so überraschend war wie im Fall des Experiments von Perris et al.

Gedächtnis für Ursache-Wirkungs-Zusammenhänge

Erinnerungen an Ereignisse lassen sich auch dadurch untersuchen, dass man Säuglingen eine kausale *Kontingenz* zwischen einer Reaktion und einer Belohnung beibringt, wie in der Arbeit von DeCasper und Fifer. Diese Technik wurde von Rovee-Collier und ihren Mitarbeitern (z. B. Rovee-Collier et al., 1980) bei etwas älteren Säuglinge angewendet. In ihren bahnbrechenden Arbeiten bestand die konditionierte Reaktion aus einer Tretbewegung und die Belohnung darin, dass sich ein reizvolles, über dem Kinderbettchen hängendes Mobile in Bewegung setzte. Die Aktivierung des Mobiles folgte kontingent auf das Treten, und zwar mit Hilfe eines Bandes, welches am Fußgelenk des Kindes befestigt war. Solche Tretbewegungen zeigen Säuglingen spontan, die Tretreaktion besteht also zunächst unabhängig vom Mobile. Das Entscheidende am Paradigma von Rovee-Collier ist nun, dass der Säugling *lernen* muss, dass sein Treten das Mobile in Gang setzt. Gemessen wurde die Erinnerung an diesen Ursache-Wirkungs-Zusammenhang dadurch, dass die Säuglinge einige Zeit später erneut in dasselbe Kinderbett gelegt wurden und man ihre Tretbewegungen in Anwesenheit des Mobiles registrierte.

Ein typisches Experiment (siehe Überblick in Rovee-Collier & Hayne, 1987) findet beispielsweise in der Wohnung der Familie statt. Ein interessantes Mobile wird neben dem Kinderbett aufgestellt und daneben ein zweites, leeres Mobilegestell (siehe Abbildung 1.2). Zunächst wird das Band an dem leeren Gestell befestigt, um das Ausgangsniveau der Tretfrequenz – in Abwesenheit von Verstärkung – zu erheben. Nach ungefähr drei Minuten wird das Band an dem Gestell mit dem Mobile festgemacht und das Baby kann neun Minuten lang durch sein Treten das Mobile in Bewegung setzen. Daran anschließend wird das Band noch einmal drei Minuten lang an das leere Gestell befestigt. Die Differenz der Trethäufigkeit zwischen dieser zweiten dreiminütigen Phase und der ersten Baselinephase liefert ein Maß für die kurzfristige Erinnerung an die Kontingenz. Einige Tage später wird der Säugling ein zweites Mal besucht und das Band wird erneut an das leere Gestell gebunden. Die langfristige Erinnerung an den Ursache-Wirkungs-Zusammenhang wird

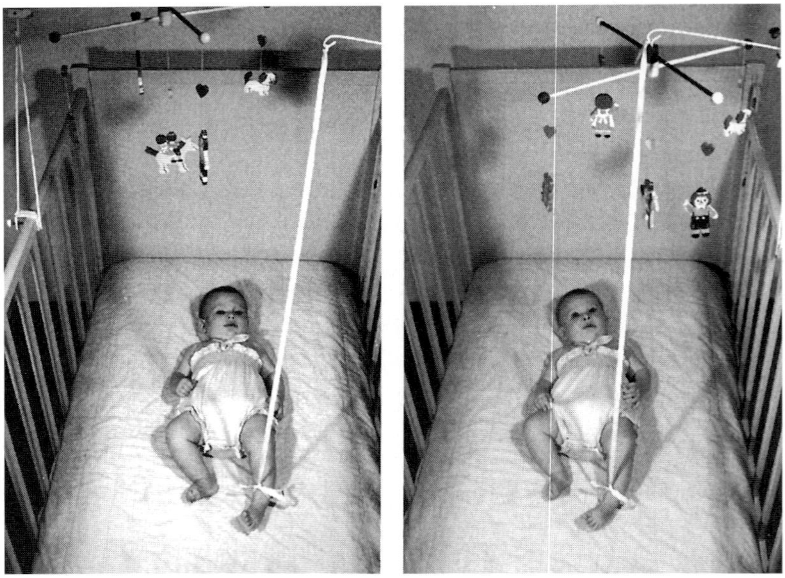

Abbildung 1.2: Ein Säugling im Versuch zur kausalen Kontingenz von Rovee-Collier, (A) während der Baselinephase, in der das Mobile nicht durch Treten in Bewegung gesetzt werden kann, und (B) in der Lernphase, in der das an seinem Fußgelenk angebrachte Band am Mobile befestigt ist. Nachdruck mit freundlicher Genehmigung von Rovee-Collier, Sullivan, Enright, Lucas und Fagen. Copyright 1980 American Association for the Advancement of Science.

nun gemessen, indem man die Häufigkeit des Tretens ohne Verstärkung bei diesem zweiten Besuch mit der Ausgangsfrequenz vergleicht.

Rovee-Collier und ihre Mitarbeiter stellten fest, dass drei Monate alte Säuglinge über Zeiträume zwischen zwei und acht Tagen die Kontingenz kaum vergaßen. Nach 14 Tagen schienen sie hingegen alles vergessen zu haben. Je länger der Abstand zwischen Lernen und Testen wird, umso mehr vergessen die Babys außerdem spezifische Merkmale des Trainingsmobiles (seine Farben und Formen): Irgendwann reagieren sie auf ein neues Mobile genauso stark wie auf das ursprüngliche. Vierundzwanzig Stunden nach dem Lerndurchgang erinnern sich die Babys dagegen noch gut an das Mobile und reagieren nicht auf Mobiles, an denen mehr als ein neues Objekt hängt. Vier Tage später reagieren sie jedoch auch auf ein Mobile, an dem fünf neue Objekte hängen. Dies legt nahe, dass Babys, wie ältere Kinder und Erwachsene auch, konkrete Einzelheiten des Gelernten allmählich vergessen und nur das Wesentliche – die Hauptmerkmale bzw. die Zusammenhänge zwischen ihnen – und den Lernkontext behalten.

Während die Erinnerung an das Mobile selbst verblasst, gewinnt gleichzeitig interessanterweise der situative Kontext – z. B. das Muster des «Nestchens» (Stoßschutz im Kinderbett) – an Bedeutung für die Reaktivierung der Erinnerung des Kindes an die Kontingenz. Nach 24 Stunden ist die Erinnerung der Säuglinge noch hundertprozentig – unabhängig vom Muster des Nestchens. Nach sieben Tagen scheinen Kinder, bei denen in der Lernphase ein besonderes Nestchen im Bett war und die dann in Anwesenheit eines anderen Nestchens getestet werden, die Kontingenz völlig vergessen zu haben, während sich Kinder, bei denen in Lern- und Testphase das gleiche Nest präsent ist, an die Kontingenz erinnern. Dabei scheinen verschiedene Merkmale des Nestchens (wie Farben oder Muster) unterschiedlich schnell vergessen zu werden (Rovee-Collier, Schechter, Shyi & Shields, 1992). Dies zeigt, dass Einzelheiten des Lernkontextes – wie das Musters eines Stoßschutzes im Kinderbettchen – in der Lage sind, dem Gedächtnis «auf die Sprünge zu helfen».

Sollte das Nestchen tatsächlich das Erinnern erleichtern, stellt sich die Frage, ob «vergessene» Erinnerungen grundsätzlich durch die Vorgabe geeigneter Abrufreize *(retrieval cues)* wieder zugänglich gemacht werden können. Rovee-Collier und ihre Mitarbeiter haben zur Untersuchung dieser Frage ein *Reaktivierungsparadigma* entwickelt. Am ausgiebigsten haben sie dabei untersucht, ob sich das Kind in dem Mobileexperiment besser erinnert, wenn ihm vor der Testphase zunächst drei Minuten lang einfach das Mobile gezeigt wird. Das Mobile wird dabei von einem für das Kind nicht sichtbaren Versuchsleiter bewegt, der an dem Band zieht, während der Säugling selbst durch einen speziellen Sitz am Treten gehindert wird. Dadurch wird ausgeschlossen, dass ein erneuter Lernprozess stattfindet. Vierundzwanzig Stunden nach der Auffrischung erfolgt dann die Testphase. Bei diesem Vorgehen zeigten dreimonatige Säuglinge sowohl 14 als auch 28 Tage nach der Lernphase eine komplette Erinnerung an die Mobilekontingenz; bei zwei Monate alten Säuglingen war die Erinnerung nach 14 Tagen noch sehr gut, nach 28 Tagen jedoch erinnerte sich nur noch ein Drittel dieser Kinder. Bei sechs Monate alten Säuglingen beträgt die Behaltensdauer bereits mindestens drei Wochen (Rovee-Collier, 1993). Dies bedeutet, dass bereits sehr kleine Kinder in der Lage sind, Langzeiterinnerungen an kausale Zusammenhänge auszubilden. Außerdem scheinen bei ihnen die gleichen Hinweisreize das Abrufen von Gedächtnisinhalten zu erleichtern wie bei Erwachsenen.

Eine andere Methode zur Untersuchung der Langzeiterinnerung an kausale Zusammenhänge ist die «verzögerte Nachahmung», eine Technik, die auf Meltzoff und seine Untersuchungen zum Lernen (siehe Kapitel 2) zurückgeht. Mandler und McDonough (1995) wendeten die Technik der verzögerten Nachahmung an, um zu untersuchen, ob sich Kleinstkinder im Alter von 11 Monaten nach drei Monaten noch an einen kausalen Zusammenhang erinnern würden. Dabei handelte es sich zum einen um das Hervorbringen eines Klappergeräusches (indem man einen Knopf in den Schlitz einer Dose steckte, die dann klapperte, wenn sie bewegt wurde) und zum anderen um das Zusammenbauen eines Schaukelpferdes (indem man ein Pferd mit magnetischen Füßen auf magnetisierte Kufen aufsetzte). Dem Kind wurden diese beiden Handlungen vorgeführt und am Tag darauf sowie drei Monate später wurde untersucht, inwieweit es in der Lage war, diese zu wiederholen. Dabei legte man ihm einfach das Material (das Pferd und die Kufen) vor und beobachtete sein Verhalten. Um zu überprüfen, ob die älteren Kinder nicht einfach besser in der Lage waren, selbst herauszufinden, was zu tun war, wurden die gleichen Materialien auch einer Kontrollgruppe vorgelegt, bei denen zuvor kein Modell-Lernen stattgefunden hatte.

Mandler und McDonough stellten fest, dass die Kinder nach 24 Stunden noch wussten, wie sie mit den Materialien tun mussten, und es zum großen Teil auch nach drei Monate noch nicht vergessen hatten. Nach Mandler ist das Behalten kausaler Zusammenhänge eine der wichtigsten Voraussetzungen dafür, Eindrücke einzudnen und zusammenhängend und sinnvoll zu speichern. Ausführlicher wollen wir auf die Bedeutung kausaler Zusammenhänge für die Entwicklung des Gedächtnisses noch in Kapitel 5 eingehen.

Prozedurales versus deklaratives Gedächtnis

Bezeichnend ist, dass alle bislang besprochenen Gedächtnisstudien die Erinnerungen der Kinder anhand ihres *Verhalten* erfasst haben. Rovee-Collier erhob das Ausmaß der Tretbewegungen, die als Reaktion auf das Mobile auftraten, Mandler die Zahl der nachgeamhten Handlungen und Clifton das Greifen nach der Vogelpuppe bei der auditiven Lokalisierungsaufgabe. Dies führt zu der Frage, ob sich handlungsbezogene Erinnerungen grundlegend von Erinnerungen unterscheiden, die aus dem bewussten Rekapitulieren von Aspekten der Vergangenheit bestehen (z. B. Mandler, 1990). Stellt das Gedächtnis des Kleinkindes eher ein aktives, bewusstes Erinnern dar, oder ähnelt es eher einer konditionierten Reaktion, wie sie auch bei Tieren vorkommen.

In der kognitiven Psychologie stößt die Vorstellung auf breite Akzeptanz, dass es beim Menschen zwei Arten von Gedächtnis gibt. Das eine arbeitet eher automatisch und seine Inhalte sind nicht verbalisierbar. Diese Art von Gedächtnis wird in der Regel als implizites oder prozedurales Gedächtnis bezeichnet. Die zweite Art von Gedächtnis bezieht sich auf die Fähigkeit, sich die Vergangenheit ins Bewusstsein zu rufen und über sie nachzudenken. Dies wird häufig explizites oder deklaratives Gedächtnis genannt. Nur das deklarative Gedächtnis enthält Informationen, die auf eine Weise enkodiert wurden, dass sie dem Bewusstsein zugänglich sind. Bei Kindern geht man üblicherweise davon aus, dass, solange sie nicht sprechen können, keine explizite oder deklarative Enkodierung stattfindet – ein Phänomen, das als «infantile Amnesie» bezeichnet wird und auf das in Kapitel 5 noch näher eingegangen wird. Auch die Entwicklung des impliziten und expliziten Gedächtnisses wird dort ausführlicher besprochen.

Wahrnehmung und Aufmerksamkeit

Wie bereits gesagt, zeigen neuere Forschungsergebnisse, dass die visuelle und auditive Wahrnehmung von Babys sehr viel differenzierter ist, als ursprünglich angenommen wurde. In diesem Abschnitt geht es in erster Linie um visuell-perzeptive Fähigkeiten. Ähnlich beeindruckende Leistungen zeigen sich jedoch auch auf dem Gebiet der auditiven Wahrnehmung. Wie wir schon gesehen haben, funktioniert die auditive Wahrnehmung bereits im letzten Drittel der Schwangerschaft so gut, dass das Neugeborene später in der Lage ist, eine bekannte Geschichte von einer unbekannten zu unterscheiden. Säuglinge sind auch dazu fähig, auditive Stimuli zu Mustern zu ordnen oder zusammenzufassen: Sie nehmen Rhythmen und Melodien wahr, wenn sie eine Abfolge einzelner Töne hören (Mehler & Bertoncini, 1979). Sie können Geräusche im Raum lokalisieren und wenden den Kopf denjenigen Geräuschen zu, die sie bevorzugen (Clarkson, Clifton & Morrongiello, 1985). Außerdem können sie Wahrnehmungen aus unterschiedlichen Sinnessystemen miteinander in Beziehung setzen (hierauf gehen wir später noch ein). Zahlreiche Untersuchungen, von denen hier nur ein Teil besprochen werden kann, belegen, dass in der Wahrnehmungswelt schon sehr kleiner Kinder anscheinend zwischen den Objekten und den Beziehungen, die zwischen ihnen bestehen, unterschieden wird.

Auch funktionsfähige Mechanismen zur Steuerung der Aufmerksamkeit scheinen bereits kurz nach der Geburt vorhanden zu sein. Es ist allerdings nicht ganz klar, ob diese Mechanismen der willentlichen Kontrolle des Säuglings unterliegen. Es kann sehr schwierig sein, die Aufmerksamkeit eines Säuglings auf ein bestimmtes Objekt zu lenken, vor allem wenn es sich um einen unbewegten visuellen Stimulus handelt (manch ein Versuchsleiter kann ein Lied davon singen!). Früher herrschte die Auffassung vor, dass Säuglinge völlig passiv bei der Aufnahme visueller Stimuli wären. Ihre Aufmerksamkeit würde automatisch auf bestimmte Stimuli gelenkt, diese hätten damit völlige Kontrolle über die Aufmerksamkeit des Babys (z. B. Stechler & Latz, 1966). Tatsächlich kann es beispielsweise einem vier Wochen alten Säuglingen so schwer fallen, sich von einem Stimulus zu lösen und seinen Blick in eine andere Richtung zu lenken, dass er darüber in Tränen ausbricht (Johnson, 1997). Mit drei Monaten haben Säuglinge dagegen offensichtlich bereits mehr Kontrolle über ihre Augenbewegungen.

Eine Möglichkeit herauszufinden, ab wann Aufmerksamkeitsmechanismen bei Säuglingen der willentlichen Steuerung unterliegen, besteht darin, ihre *Erwartungen* visueller Ereignisse zu untersuchen. Die visuelle Welt des Babys ist gekennzeichnet durch einen unaufhörlichen Strom von Ereignissen, über die die Babys selbst keine Kontrolle haben. Um sich in diesem dynamischen Geschehen zurechtzufinden, müssen die Babys Erwartungen vorhersehbarer visueller Ereignisse aufbauen, um die herum sie dann ihr Verhalten organisieren können (Haith, Hazan & Goodman, 1988). Voraussetzung für die Entwicklung visueller Erwartungen ist die willentliche Kontrolle der visuellen Aufmerksamkeit.

Aufmerksamkeitsprozesse in der frühen Kindheit

Um herauszufinden, ob Säuglinge bereits im Alter von dreieinhalb Monaten visuelle Erwartungen herausbilden können, entwickelten Haith und seine Mitarbeiter ein Versuchsparadigma, das daraus bestand, den Babys links und rechts ihres zentralen Blickfeldes Reize zu präsentieren. Als Stimuli benutzten Haith et al. (1988) dabei Bilder von Schachbrettern, Bullaugen und schematischen Zeichnungen von Gesichtern in unterschiedlichen Farben (Stimuli, wie sie schon von Fantz, 1961, verwendet worden waren, siehe weiter unten). Insgesamt wurden sechzig Stimuli verwendet. Dreißig von ihnen wurden abwechselnd links und rechts vorgegeben, d. h. in voraussehbarer Abfolge, und die übrigen 30 im zufälligen Wechsel, mal links, mal rechts. Während der Vorgabe wurden die Augenbewegungen der Babys registriert. Haith et al. meinten, dass die Babys, falls sie das Abfolgeprinzip bei der vorhersehbaren Stimulivorgabe erkannten, eine entsprechende Erwartung aufbauen müssten, was sich in antizipatorischen Augenbewegungen zur jeweils anderen Seite niederschlagen würde. Während der zufälligen Vorgabe müssten entsprechende Augenbewegungen dagegen seltener vorkommen. Genau dies traf ein. Die Säuglinge zeigten mehr antizipatorische Augenbewegungen bei der vorhersehbaren – alternierenden – Vorgabe als bei der unvorhersehbaren – zufälligen – Präsentation der Bilder. Auch waren ihre Reaktionszeiten im ersten Fall kürzer – ein weiteres Zeichen dafür, dass sie relativ schnell Erwartungen über die Ereignisse aufbauten. Dies zeigt, dass Babys spätestens im Alter von dreieinhalb Monaten Kontrolle über die Ausrichtung ihrer Wahrnehmung haben.

Mit Hilfe eines etwas anderen Aufgabentyps konnten Gilmore und Johnson zeigen, dass Babys mit 6 Monaten ihre visuelle Aufmerksamkeit auch über Latenzen von mindestens drei bis fünf Sekunden steuern können. In dem Versuchsparadigma von Gilmore und Johnson wurde den Babys ein reizvolles geometrisches Bild auf dem mittleren von drei nebeneinander stehenden Computerbildschirmen gezeigt, was sie dazu bringen sollte, den mittleren Monitor zu fixieren (siehe Abbildung 1.3). Sobald die Babys beständig den Blick auf den mittleren Monitor richteten, leuchtete als Ankündigungsreiz kurz ein blaues Dreieck auf dem linken oder dem rechten Bildschirm auf. Der mittlere Bildschirm blieb dann noch für eine festgelegte Zeit zwischen einer und fünf Sekunden an und im Anschluss daran wurden alle Bildschirme für 400 Millisekunden schwarz. Danach erschienen zwei bunte rotierende Zahnräder (für die Babys ausgesprochen reizvolle Figuren) auf den Bildschirmen, und zwar jeweils eins auf dem linken und eins auf dem rechten. Überprüft wurde, ob die

Babys in der Latenzphase vor dem Auftauchen der Zahnräder häufiger den Blick auf denjenigen Bildschrim richteten, auf dem der Ankündigungsreiz erschienen war.

Gilmore und Johnson stellten fest, dass es eine starke Präferenz für die Blickrichtung des Ankündigungsreizes gab. Dies galt für alle drei untersuchten Zeitintervalle (nach 0,6 Sekunden, 3 Sekunden und 5 Sekunden). Dies zeigte nach Ansicht der Autoren, dass die Babys über eine Repräsentation der räumlichen Lage des Ankündigungsreizes verfügten und anhand dieser Repräsentation noch mehrere Sekunden später ihre Augenbewegungen planten. In einer Nachfolgestudie kündigten Gilmore und Johnson das spätere Erscheinen des Zielstimulus auf der linken oder rechten Seite mit Hilfe unterschiedlicher geometrischer Muster auf dem mittleren Bildschirm an und ließen das blaue Dreieck weg. Wenn beispielsweise auf dem mittleren Bildschirm ein Muster aus hin- und herschwebenden hell- und dunkelblauen Kreisen zu sehen war, tauchte der Zielstimulus drei oder fünf Sekunden später auf der rechten Seite auf. Bestand das Muster auf dem mittleren Bildschirm hingegen aus sich spiralförmig umkreisenden kleinen roten und gelben Quadraten, erschien der Zielstimulus links. Die Babys erlernten die Kontingenz schnell und zeigten

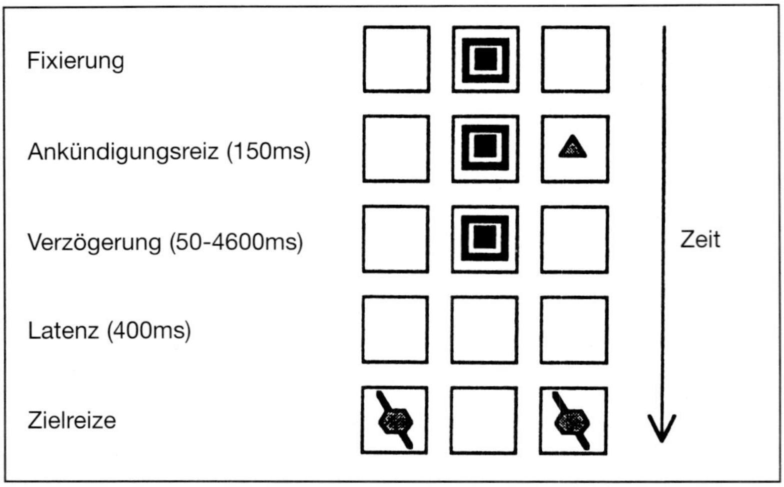

Abbildung 1.3: Beispiel der Abfolge von Stimuli in der Studie von Gilmore und Johnson (1995) zur Untersuchung der gerichteten visuellen Aufmerksamkeit bei Säuglingen. Jedes Kästchen steht für einen der drei Computerbildschirme. Wiedergabe mit freundlicher Genehmigung der Academic Press Inc.

erneut eine starke Tendenz, in die angekündigte Richtung zu schauen. Nach Ansicht von Gilmore und Johnson sind diese Ergebnisse ein Beleg dafür, dass schon Säuglinge über einen «Arbeitsspeicher» verfügen, ein Gedächtnis zur kurzzeitigen Speicherung von Informationen (siehe Kapitel 5).

Visuelle Präferenz und Habituation

Aus dem Vorhandensein visueller Präferenzen ergibt sich eine gute Möglichkeit zur Untersuchung von Wahrnehmungs- und Aufmerksamkeitsprozessen im Säuglingsalter. Nehmen wir an, wir wollten herausfinden, ob Säuglinge die simple visuelle Diskriminierungsaufgabe bewältigen, ein Kreuz von einem Kreis zu unterscheiden. Eine Möglichkeit, dies zu untersuchen, besteht darin, dem Baby ein Bild mit einem Kreuz und ein weiteres mit einem Kreis zu zeigen und zu beobachten, welches der beiden es intensiver betrachtet. Aus dem Vorliegen einer solchen Präferenz könnten wir schließen, dass das Baby in der Lage ist, die beiden Formen voneinander zu unterscheiden. Diese Technik der visuellen Präferenz wurde zuerst von Fantz (1961) benutzt, der zu dem Ergebnis kam, dass Kinder im Alter von sieben Monaten *keine* Präferenz für Kreuz oder Kreis zeigten: Beide Formen betrachteten sie gleich lang (siehe Abbildung 1.4).

Ein solches Ergebnis (eine «Nichtpräferenz») ist nicht einfach zu interpretieren. Es könnte bedeuten, dass die Kinder nicht in der Lage waren, die beiden Formen voneinander zu unterscheiden. Andererseits könnte es auch heißen, dass sie beide Formen gleich interessant (oder gleich langweilig) fanden. Eine Möglichkeit, herauszufinden, ob Säuglinge zwei Formen voneinander unterscheiden können, von denen sie keine besonders bevorzugen, bietet das Habituationsparadigma. Dieses ist mittlerweile zu einer der am häufigsten verwendeten Untersuchungsmethoden in der Forschung mit Säuglingen und Kleinstkindern geworden.

In einfachen Habituationsstudien wird dem Baby mehrere Male der gleiche Stimulus präsentiert. In der Regel erregt der neue Stimulus zunächst die Aufmerksamkeit des Kindes und wird ausgiebig betrachtet. Nach wiederholter Vorgabe des gleichen Stimulus nimmt die Betrachtungsdauer allmählich ab. Dies ist verständlich – immer wieder denselben Kreis zu sehen ist nicht besonders aufregend. Ist die Betrachtungszeit auf die Hälfte der ursprünglichen Dauer gesunken, wird der Stimulus durch einen anderen ersetzt – beispielsweise das Kreis durch ein Kreuz. Falls die Kinder zwischen einem Kreuz und einem Kreis unterscheiden können, sollte sich nun die Betrachtungszeit wieder erhöhen. In diesem Fall spricht man auch von «Dishabituation». Ihr Auftreten zeigt uns, dass der neue Reiz – in diesem Fall das Kreuz – als solcher erkannt wird, dass also die Babys ein Kreuz von einem Kreis unterscheiden können.

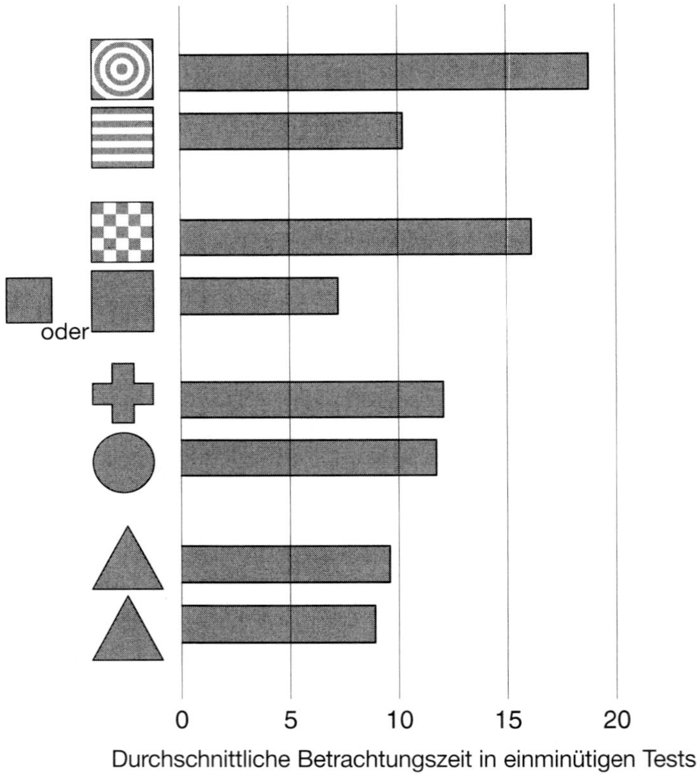

Das Interesse an einer Form wurde anhand der Reaktionen von Säuglingen auf unterschiedliche Muster (links) erfasst, die ihnen gleichzeitig vorgegeben wurden. (Das große Quadrat und das kleine Quadrat ohne Muster wurden abwechselnd gezeigt.) Die komplexeren Muster erregten die meiste Aufmerksamkeit und der Unterschied zwischen den beiden Mustern eines Paares spiegelt das unterschiedliche Interesse wider, das die einzelnen Muster hervorriefen. Die Ergebnisse beruhen auf 10 Untersuchungen, die im Abstand von je einer Woche mit 22 Babys durchgeführt wurden.

Abbildung 1.4: Beispiele für die von Fantz (1961) verwendeten Stimuli zur Untersuchung der Formwahrnehmung beim Säugling sowie Darstellung der durchschnittlichen Betrachtungszeit für die einzelnen Stimuli.

Eine Arbeit von Slater und seinen Mitarbeitern (Slater, Morison & Rose, 1983) mit Neugeborenen zeigt, dass diese tatsächlich schon ein Kreuz von einem Kreis unterscheiden können. In dem Experiment von Slater wurden in der Dishabituationsphase Kreuz *und* Kreis vorgegeben, d. h., es wurde die Habituationsmethode mit der Präferenztechnik kombiniert. Es zeigte sich, dass, wenn nach der Gewöhnung an den Kreis ein Kreuz und ein Kreis vorgegeben wurden, das Kreuz bevorzugt wurde. Wurden die beiden Formen dagegen im Anschluss an die Habituation an das Kreuz vorgegeben, wurde der Kreis länger betrachtet. Da also bereits Neugeborene im Habituationsversuch Kreuze und Kreise auseinander halten können, kann davon ausgegangen werden, dass die Nichtpräferenz bei den sieben Monate alten Säuglingen der Untersuchung von Franz *nicht* auf die Unfähigkeit zurückzuführen war, ein Kreuz von einem Kreis zu unterscheiden.

Rudimentäre Kategorisierung

Eine andere Möglichkeit des Einsatzes des Habituationsprinzips besteht darin, dem Kind in der Habituationsphase des Experiments verschiedene Varianten eines Stimulus zu zeigen. Dies bedeutet, dass das Kind auf irgendeine Weise *Kategorien bilden* muss, um sich das Gesehene zu merken. In der Testphase kann dann eine neue, bislang nicht gezeigte Variante der bereits bekannten Kategorie oder eine Variante einer anderen Kategorie vorgegeben werden. Falls die Kinder eine Repräsentation der zuerst gezeigten Kategorie aufgebaut haben, sollten sie bevorzugt ein Exemplar der neuen Kategorie betrachten, wenngleich die konkreten Stimuli beide neu sind.

Slater und Morison (1987, beschrieben bei Slater, 1989) setzten diese Technik bei einer Studie mit drei und fünf Monate alten Babys ein. In der Habituationsphase ihrer Untersuchung gaben sie den Babys verschiedene Arten von Kreisen (bzw. Quadraten, Dreiecken oder Kreuzen – siehe Abbildung 1.5) vor, die sich in bestimmten Merkmalen voneinander unterschieden. Beispielsweise war ein Kreis mit einer durchgehenden und ein anderer mit einer gepunkteten Linie gezeichnet. In der Testphase zeigten sie den Babys, die zuvor den Kreis gesehen hatten, eine andere Variante derselben Form und eine andere Figur, etwa ein Kreuz. Die Kinder betrachteten bevorzugt die neue Form (in diesem Fall: das Kreuz). Daraus lässt sich schließen, dass die Babys einen «Prototypen» oder eine generalisierte Repräsentation der bereits gesehenen Form ausgebildet hatten, mit der sie offensichtlich alle nachfolgenden Stimuli verglichen. Die Fähigkeit, Prototypen zu bilden, spielt, wie wir in späteren Kapiteln noch sehen werden, eine wichtige Rolle für die Speicherung von Informationen im Gedächtnis, für die Begriffsbildung und die Kategorisierung.

Intermodale Wahrnehmung

Nicht nur die Fähigkeit, perzeptuelle Prototypen zu bilden, sondern auch die Fähigkeit, Wahrnehmungen aus den verschiedenen Modalitäten miteinander zu kombinieren (intermodale Wahrnehmung), ist bereits früh im Leben vorhanden. Säuglinge scheinen in der Lage zu sein, schon bald nach der Geburt visuelle mit taktilen Informationen und auditive mit visuellen Informationen miteinander in Verbindung zu bringen.

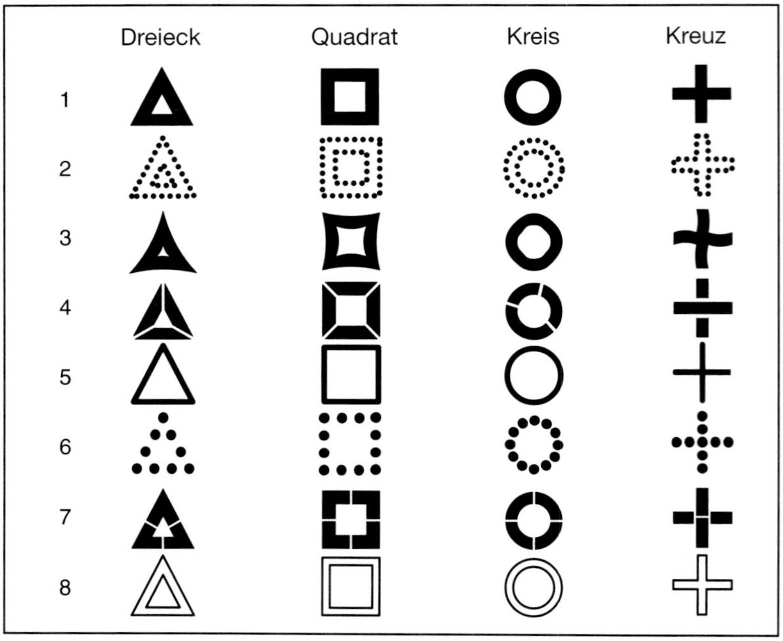

Abbildung 1.5: Verschiedene Varianten von Dreiecken, Quadraten, Kreisen und Kreuzen, die in der Habituationsphase der Untersuchung von Slater und Morison (1987, zitiert in Slater & Bremner, 1989) verwendet wurden. Copyright Giunti Gruppo Ediotoriale, Florenz, Italien.

Sehen und Fühlen. Zu den beeindruckendsten Demonstrationen der Fähigkeit von Säuglingen, Sehen und Fühlen miteinander in Zusammenhang zu bringen, gehört ein Experiment von Meltzoff und Borton (1979). Sie gaben vier Wochen alten Säuglingen einen von zwei Schnullern mit unterschiedlicher Oberflächenstruktur: Die des einen war glatt, die des anderen genoppt (siehe Abbildung 1.6). Den Babys wurde der Schnuller in den Mund gesteckt, ohne dass sie ihn sehen konnten, so dass sie ihn in der ersten Phase des Experiments ausschließlich *taktil* wahrnahmen. In der zweiten Phase des Experiments bekamen die Babys Bilder mit vergrößerten Abbildungen beider Schnuller zu sehen. Gemessen wurde, welchen visuellen Stimulus die Babys bevorzugt betrachteten. Es zeigte sich, dass die meisten Babys länger den Schnuller ansahen, an dem sie gerade gesaugt hatten. Die Babys, die den genoppten Schnuller im Mund gehabt hatten, betrachteten ausgiebiger die Abbildung eines Schnullers mit genoppter Oberfläche, und die Säuglinge, die den glatten Schnuller gehabt hatten, sahen sich bevorzugt das Bild mit dem glatten Schnuller an. Daraus ergibt sich, dass schon Babys in der Lage sind, intermodale Übereinstimmungen festzustellen.

Sehen und Hören. Schon bald nach der Geburt können Säuglinge anscheinend auch Verbindungen zwischen auditiven und visuellen Sinneseindrücken herstellen. So zeigte beispielsweise Spelke (1976) viermonatigen Babys gleichzeitig Filme zweier rhythmischer Ereignisse: eine «Guck-guck» spielende Frau und einen auf einen Holzblock schlagenden Stock. Aus einem Lautsprecher, der zwischen den beiden Bildschirmen aufgestellt war, kam gleichzeitig der zu einem der beiden Ereignisse gehörende Ton. Spelke stellte fest, dass die Kinder bevorzugt das visuelle Ereignis betrachteten, das zu dem eingespielten Ton passte. Diese Bevorzugung kongruenter Sinneseindrücke spricht erneut dafür, dass die Kinder zu einem intermodalen Vergleich in der Lage sind. Zu ähnlichen Resul-

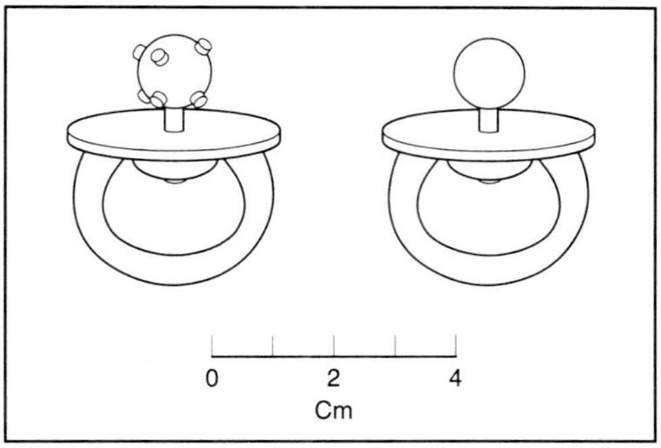

Abbildung 1.6: Die beiden Schnuller, mit denen Meltzoff und Borton (1979) intermodale Verbindungen zwischen Sehen und Fühlen untersuchten. Nachdruck mit freundlicher Genehmigung aus *Nature, 282,* Copyright 1979 Macmillan Magazines Ltd.

taten kam Dodd (1979) in seinen Experimenten, bei denen Babys Filme gezeigt wurden, in denen jemand Kinderreime vorlas. Gab es keine Übereinstimmung zwischen Ton und Mundbewegungen, wurden die Kinder merklich unruhig. Sie bevorzugten die Filme, bei denen die Mundbewegungen im Einklang mit den gehörten Versen waren. Auch Erwachsene kennen dieses Phänomen: Man denke nur daran, wie störend es ist, wenn im Kino Ton und Bild nicht ganz aufeinander abgestimmt sind. Es gibt eine eindeutige Vorliebe für *Kongruenz* zwischen Eindrücken aus verschiedenen Sinnesmodalitäten, die sich bereits sehr früh im Leben bemerkbar macht.

Nachahmung. Ein letztes Beispiel für intermodale Äquivalenz bei Babys liefern Belege dafür, dass Babys in der Lage sind, die Mimik und Gestik Erwachsener nachzuahmen. So konnten Meltzoff und Moore (1983) beispielsweise zeigen, dass Säuglinge im Alter zwischen einer Stunde und drei Tagen bereits in der Lage sind, Bewegungen wie das Herausstrecken der Zunge oder

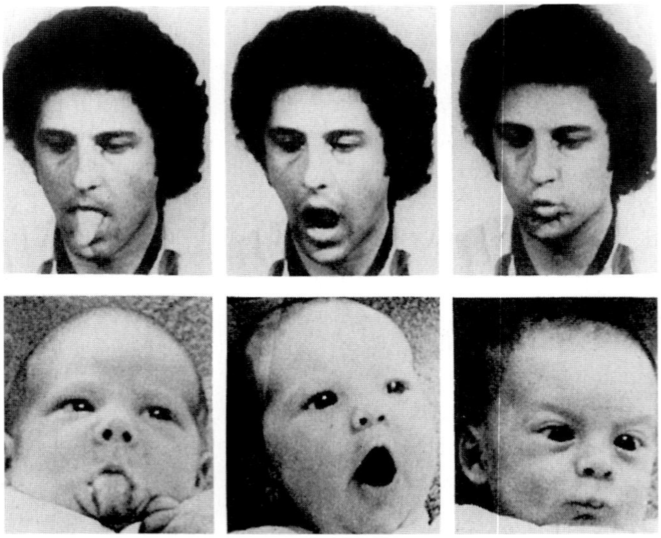

Abbildung 1.7: Babys imitieren verschiedene Mienen von Meltzoff (Herausstrecken der Zunge, Öffnen des Mundes, Schürzen der Lippen). Nachdruck mit freundlicher Genehmigung aus Meltzoff und Moore (1977). Copyright 1977 American Association for the Advancement of Science.

das Öffnen des Mundes nachzuahmen (siehe Abbildung 1.7). In dem Experiment von Meltzoff und Moore wurden die Babys in einen abgedunkelten Raum gesetzt. Dann wurde 20 Sekunden lang das Gesicht eines Erwachsenen beleuchtet, der über die gesamte Zeit eine bestimmte Miene beibehielt (z. B. die Zunge herausstreckte). Nach 20 Sekunden ging das Licht wieder aus. In den folgenden 20 Sekunden wurden die Babys im Dunkeln gefilmt. Daran anschließend machte der Erwachsene eine andere Miene vor, und so weiter. Ein anderer Versuchsmitarbeiter beurteilte dann «blind», d. h. ohne zu wissen, welches Gesicht jeweils vorgemacht worden war, das Verhalten des Säuglings in den 20-Sekunden-Videoabschnitten. Hatten die Babys jemanden gesehen, der die Zunge herausstreckte, wurde auch bei ihnen selbst signifikant häufiger eine herausgestreckte Zunge beobachtet; entsprechend war es bei den Abschnitten, in denen das Modell den Mund geöffnet hatte. Daraus ergibt sich unweigerlich, dass die Babys die Erwachsenen imitierten, wenngleich diese Schlussfolgerung zunächst umstritten war (z. B. Hayes & Watson, 1981; McKenzie & Over, 1983).

Später konnten die Befunde von Meltzoff und Moore in einer Reihe von anderen Untersuchungen mit Babys aus unterschiedlichen Ländern und unter Verwendung verschiedenster Mienen und Gesten bestätigt werden. So untersuchte beispielsweise Vintner (1986), ob neugeborene italienische Babys das Herausstrecken der Zunge und das Öffnen und Schließen der Hand imitieren konnten. Sie verglich zwei Imitationsbedingungen miteinander: eine «aktive» Bedingung, in der die Geste (die herausgestreckte Zunge oder die offene Hand) 25 Sekunden lang ständig vorgeführt wurde, und eine «statische», in der die Geste über 25 Sekunden unbeweglich beibehalten wurde. Nur in der «aktiven» Bedingung registrierte Vintner Nachahmungsverhalten, wenngleich die Babys auch in der «statischen» Bedingung das Modell ausgiebig betrachteten. Ihrer Ansicht nach spielen Bewegungen möglicherweise eine wichtige Rolle für die Auslösung von Imitationsreaktionen bei Neugeborenen.

Ein Grund für die Kontroverse um die ersten Berichte zu Nachahmungseffekten bei Säuglingen bestand darin, dass Meltzoff und Moore die Ansicht vertraten, dass eine erfolgreiche Imitation eine gewisse Fähigkeit zur kognitiven Repräsentation des Beobachteten voraussetzt. Es lässt sich relativ einfach zeigen, dass Imitation nicht ohne eine Reihe von kognitiven Fähigkeiten möglich ist. Zumindest müssen die Babys in der Lage sein, (1) die Handlung des Erwachsenen innerlich zu repräsentieren, (2) diese Repräsentation in der Zeit, in der der Erwachsene nicht mehr sichtbar ist, aufrechtzuerhalten, und (3) herauszufinden, wie sie die Bewegung mit Hilfe ihrer eigenen Gesichtsmuskulatur reproduzieren können. Im Jahr 1983 galt die Vorstellung, Neugeborene könnten über ein repräsentationales System verfügen, das es ihnen ermöglicht, die Bewegungen anderer Menschen nachzuahmen, als recht unglaubhaft. Heute handelt es sich dagegen fast schon um eine Selbstverständlichkeit! Ausführlicher wird im Kapitel 2 auf Fragen im Zusammenhang mit kognitiven Repräsentationen in der frühen Kindheit eingegangen.

Zusammenhänge zwischen in der frühen Kindheit erhobenen kognitiven Maßen und der späteren Intelligenz

Wenn die Fähigkeiten von Neugeborenen und Säuglingen in den Bereichen Lernen, Gedächtnis, Wahrnehmung und Aufmerksamkeit tatsächlich die Grundbausteine kognitiver Prozesse darstellen, sollte es möglich sein, eine gewisse Kontinuität zwischen Maßen für diese Fähigkeiten in der frühen Kindheit und späteren individuellen Unterschieden in der kognitiven Entwicklung festzustellen. Zwei solcher Maße stehen im Zentrum neuerer Untersuchungen zu dieser Kontinuitätshypothese: die Habituationsgeschwindigkeit und das visuelle Wiedererkennen *(visual recognition memory).* Bei beiden handelt es sich um Informationsverarbeitungsmaße, in die alle genannten Fähigkeiten einfließen. Grundlage dieser Arbeiten ist die Vorstellung, dass – falls es einen Zusammenhang zwischen Lernen, Gedächtnis, Wahrnehmung und Aufmerksamkeit in der frühen Kindheit und kognitiven Prozessen in späteren Lebensabschnitten gibt – die Habituationsgeschwindigkeit und das visuelle Wiedererkennen eine Vorhersage der späteren Intelligenz ermöglichen könnte.

Habituationsgeschwindigkeit

Die Vermutung, dass es einen Zusammenhang zwischen der Habituationsgeschwindigkeit in der frühen Kindheit und der späteren Intelligenz gibt, wurde von verschiedenen Autoren geäußert (z. B. Fagan, 1984). Die Argumentation ist ungefähr die folgende: Ein Baby, dessen Reaktion auf einen Stimulus rasch habituiert, verarbeitet Informationen möglicherweise relativ schnell und ist daher in der Lage, in nur wenigen Durchgängen zu lernen, das ein wiederholt dargebotenes Objekt nicht neu ist. Bei einem anderen Baby habituiert die Reaktion auf den gleichen Stimulus vielleicht erst nach dreimal so langer Zeit:

Es braucht viel mehr Durchgänge, um den Stimulus genau und vollständig im Gedächtnis zu enkodieren. Auch als kleines Kind ist dieses zweite Baby möglicherweise langsamer, wenn es um die Verarbeitung von Informationen geht, was zur Folge hat, dass es auch bei der Bearbeitung der Aufgaben, aus denen sich standardisierte Intelligenztests zusammensetzen, langsamer und vielleicht weniger effizient ist. Dabei darf jedoch nicht eine hohe Habituationsgeschwindigkeit mit einer niedrigen Aufmerksamkeitsspanne gleichgesetzt werden. Kinder, die leicht abzulenken sind und ständig von einer Tätigkeit zur anderen springen, leiden möglicherweise unter einer Aufmerksamkeitsdefizitstörung (ADS), und solche Kinder schneiden gewöhnlich unterdurchschnittlich in kognitiven Leistungstests ab. Vermutlich handelt es sich bei ihnen nicht um schnelle Habituierer, wenngleich bislang keine Untersuchungen zum Zusammenhang zwischen der Aufmerksamkeitsdefizitstörung und der Habituation in der frühen Kindheit vorliegen.

Um zu entscheiden, ob es einen Zusammenhang zwischen individuellen Unterschieden bezüglich der Habituationsgeschwindigkeit und der späteren Intelligenz gibt, führten Bornstein und Sigman (1986) eine Metaanalyse der zu diesem Thema vorliegenden Studien durch. Dabei berücksichtigten sie Untersuchungen, die den Zusammenhang zwischen der Abnahme der Aufmerksamkeit (Habituation oder Gesamtbetrachtungszeit) und der späteren Intelligenz erfassten, sowie Studien, die den Zusammenhang zwischen einer erhöhten Aufmerksamkeit (Neuigkeitspräferenz und Reaktionen auf neue Stimuli) und der späteren Intelligenz beschrieben. Sie stellten eine Korrelation der Aufmerksamkeitswerte mit den Intelligenztests in Höhe von 0,44 nach zwei bis drei Jahren, in Höhe von 0,48 nach vier bis fünf Jahren und in Höhe von 0,56 nach sechs und mehr Jahren fest. Es gibt also eine signifikante Kontinuität zwischen Habituationsmaßen, die in der frühen Kindheit erhoben werden, und den Ergebnissen späterer Intelligenztests.

Zu den am langfristigsten angelegten Längsschnittstudien zum Zusammenhang zwischen Habituationsgeschwindigkeit und Intelligenz zählt die Untersuchung von Sigman und ihren Mitarbeitern, die die Entwicklung ihrer fast 100 Kinder umfassenden Stichprobe seit deren Geburt verfolgen. So veröffentlichten beispielsweise Sigman, Cohen, Beckwith und Parmelee (1986) Ergebnisse von Tests, die sie an 93 Kindern kurz nach der Geburt durchgeführt hatten. Diese Babys wurden mit vier Monaten erneut getestet und nahmen dann im Alter von acht Jahren an einer Nachfolgeuntersuchung teil. Zwei Drittel der Kinder (N=61) kamen aus englischsprachigen Familien, der Rest setzte sich aus Kindern mit einem nicht englischsprachigen familiären Hintergrund zusammen (die Studie wurde in einem großen Krankenhaus in Kalifornien durchgeführt). Den Neugeborenen wurde dreimal jeweils eine Minute lang ein einzelnes 2x2-Schachbrettmuster gezeigt, den vier Monate alten Säuglingen in acht Durchgängen jeweils zwei unterschiedlich komplexe Schachbrettmuster (2x2, 6x6, 12x12, 24x24). Dabei wurden zwei Maße für visuelle Aufmerksamkeit erhoben: die Gesamtbetrachtungsdauer und – als Habituationsmaß – der Prozentsatz der Abnahme der Betrachtungszeit über die verschiedenen Durchgänge hinweg.

Als Achtjährige wurden die Kinder dann mit der revidierten Version des Wechsler-Intelligenztests für Kinder (dem WISC-R[1]) vorgelegt. Der IQ, der aus diesem Test errechnet wird, setzt sich zusammen aus den Leistungswerten in verschiedenen sprachlichen und nichtsprachlichen Untertests (z. B. verbale Flüssigkeit, Bilder ergänzen, Mosaiktest, Gedächtnisspanne). Sigman et al. stellten fest, dass die Gesamtbetrachtungsdauer bei den Neugeborenen mit dem IQ der Achtjährigen in der Gesamtgruppe korrelierte ($r = -0{,}36$), während das Habituationsmaß den IQ nur bei den Kindern mit nicht englischsprachigem Hintergrund vorhersagte ($r = -0{,}42$). Die im Alter von vier Monaten erhobenen Daten trugen nicht zu einer Erhöhung des Zusammenhangs zwischen den Ergebnissen der Neugeborenen und den späteren IQ-Werten bei. Sigman et al. schlossen daraus, dass Säuglinge, die im Alter zwischen null und vier Monaten ihnen vorgelegte Stimuli verhältnismäßig lange betrachten, als Kinder schlechter in kognitiven Leistungstests abschneiden. Neugeborene, die lange brauchen, um aufgenommene Reize zu verarbeiten, scheinen also im späteren Leben weniger intelligent zu sein (allerdings fehlen in dem Artikel Angaben über das konkrete Ausmaß der festgestellten Unterschiede). Ähnliche Zusammenhänge wurden festgestellt, als ein Teil der Gesamtstichprobe (N = 67) als Zwölfjährige erneut untersucht wurde (Sigman et al., 1991). Zusätzlich zeigte sich, dass eine effizientere Stimulusverarbeitung (kürzere Betrachtungszeit) kurz nach der Geburt mit der Leistung in einem Test für analoges Schließen korrelierte (z. B. «Brot» verhält sich zu «Esswaren» wie «Wasser» zu «Getränke»), der den Kindern im Alter von 12 Jahren gegeben wurden.

[1] A. d. Ü.: in der deutschsprachigen Bearbeitung «Hamburg-Wechsler-Intelligenztest für Kinder (HAWIK-R)»

Visuelles Wiedererkennen

Ein anderes Maß für Lernprozesse, das möglicherweise den späteren IQ vorhersagen kann, ist das visuelle Wiedererkennen *(visual recognition memory)*. Das Wiedererkennen unterscheidet sich von der Habituation insofern, als die für das Vertrautwerden mit dem Stimulus – also für die Lernphase – gewährte Zeitspanne extrem kurz ist, jedoch wird auch hier vom Kind verlangt, einen Stimulus zu enkodieren, ihn als bekannt wieder zu erkennen und einen alternativen Stimulus als neu zu identifizieren. Hierbei handelt es sich um elementare Informationsverarbeitungsprozesse, die in einem Zusammenhang zur Intelligenz stehen könnten. Fagan (1984) überprüfte diese Hypothese mit einem Präferenzparadigma, ähnlich dem von Cornell (1979, siehe oben). Er untersuchte sieben Monate alte Babys daraufhin, inwieweit sie lieber einen neuen visuellen Stimulus (ein Gesicht) betrachteten als einen, den sie bereits gesehen hatten (das Gesicht einer anderen Person desselben Geschlechts). Die Untersuchung wurde zweimal wiederholt, als die Kinder drei und fünf Jahre alt waren. Das abhängige Maß war der Median der Zeit, in der die Kinder den neuen und nicht den bekannten Stimulus anschauten. Fagan stellte eine stabile Korrelation von ungefähr 0,42 zwischen dem im Alter von sieben Monaten erhobenen «Neuigkeitspräferenzmaß» und der Leistung im PPVT (dem Peabody Picture Vocabulary Test, einem Test für verbale Intelligenz). Überraschenderweise korrelierten die Ergebnisse der Säuglinge in dem Neuigkeitspräferenzmaß jedoch nicht mit dem visuellen Wiedererkennen selbst, als dieses bei den Fünfjährigen erneut gemessen wurde.

Fagans Ansicht nach ist es allerdings nicht erstaunlich, dass kein Zusammenhang zwischen dem visuellen Wiedererkennen im Alter von sieben Monaten und derselben Fähigkeit im Alter von fünf Jahren festzustellen war. Er geht davon aus, dass Maße der visuellen Präferenz Aspekte erfassen, die von *allgemeiner* Bedeutung für die spätere Intelligenz sind, zum Beispiel die Fähigkeiten, Reize zu enkodieren, unveränderte Merkmale zu erkennen oder Kategorien zu bilden. Da das Wiedererkennen im Laufe der Entwicklung zu einem hoch automatisierten Prozess wird, erfassen spätere *recognition*-Tests keine Enkodierungs- oder Kategorisierungsfähigkeiten. Fagans Vorstellung, dass Wiedererkennungsaufgaben in der frühen Kindheit eher ein allgemeines als ein spezifisches Maß liefern, findet Unterstützung durch eine Studie von DiLalla et al. (1990), in der sich Fagans Neuigkeitspräferenzmaß als signifikanter Prädiktor des IQ – gemessen mit dem Stanford-Binet-Intelligenztest – im Alter von drei Jahren erwies. Fagans zweite These, der zufolge die Wiedererkennung später einen automatisierter Prozess darstellt, der nur wenig mit Intelligenz zu tun hat, kann sich auf Erkenntnisse über die unterschiedliche Entwicklung des impliziten und des expliziten Gedächtnisses stützen. Während nach dem dritten bis vierten Lebensjahr kaum noch Steigerungen des impliziten Gedächtnisses («Gedächtnis ohne Bewusstsein») gemessen werden, entwickelt sich das explizite Gedächtnis bis ins Erwachsenenalter hinein weiter. Das implizite Gedächtnis wird, wie wir noch sehen werden, meistens mit Hilfe von ähnlichen Aufgaben erfasst, wie sie in Tests für visuelles Wiedererkennen verwendet werden.

In einer anderen langjährigen Längsschnittstudie zum Zusammenhang zwischen visuellem Wiedererkennen und individuellen Unterschieden in der kognitiven Entwicklung (Rose & Feldmann, 1995) wurde der Zusammenhang zwischen visuellem Wiedererkennen und visueller Aufmerksamkeit und der späteren Intelligenz – gemessen im Alter von 11 Jahren mit Hilfe des WISC-R – erfasst. Das visuelle Wiedererkennen erwies sich als das Maß, das den IQ mit 11 Jahren am besten vorhersagen konnte (r = 0,41). Die Stichprobe bestand aus insgesamt 90 Kindern, von denen 50 zu früh geboren waren. Die zu früh geborenen Kinder wurden als Risikogruppe in die Studie aufgenommen (Frühgeburten haben im Durchschnitt in späteren IQ-Tests 10 Punkte weniger als Kinder, die voll ausgetragen wurden). Rose und Feldman stellten fest, dass die Vorhersagekraft des Wiedererkennungsmaßes in beiden Gruppen annähernd gleich stark war. Die Leistungen bei dem Wiedererkennungstest sagten nicht nur den Gesamt-IQ im Alter von 11 Jahren voraus, sondern auch die Leistung in zwei anderen Tests unter Ausschaltung des Einflusses der Intelligenz. Hierbei handelte es sich um einen Gedächtnistest (mit Zeitbegrenzung) und einen Test zur Wahrnehmungsgeschwindigkeit. Nach Ansicht der Autoren bedeutet dies, dass möglicherweise die *Verarbeitungsgeschwindigkeit* die Grundlage für die Kontinuität der kognitiven Leistungsfähigkeit vom Säuglingsalter bis in die Kindheit darstellt. Auch Anderson (1991) misst der Schnelligkeit der Informationsverarbeitung eine wichtige Rolle für die kognitive Entwicklung bei.

Abschließend bleibt die Frage, welcher Informationsverarbeitungsindex der aussagekräftigere ist: Habituation oder Wiedererkennen? Dabei lassen sich die beiden Maße bei genauer Betrachtung möglicherweise gar nicht so klar voneinander unterscheiden. In einer neueren Metaanalyse von Studien, die die Vorhersagekraft von Habituation und Wiedererkennen für die spätere Intelligenz miteinander verglichen haben, erwiesen sich die beiden Maße als gleich starke Prädiktoren des späteren IQs (McCall & Carriger, 1993). Die prädiktiven Rohkorrelationen mit dem IQ lagen in beiden Fällen bei ungefähr 0,45. McCall und Carriger zogen daraus den Schluss, dass Habituation und visuelles Wiedererkennen keinen Index für Informationsverarbeitungsprozesse wie Enkodierung, Diskriminierung etc. liefern, sondern ihre Vorhersagekraft eher darauf beruhte, dass sie beide ein Maß für die individuelle Ausprägung der Fähigkeit darstellen, Reaktionen auf bereits gesehene Stimuli zu *hemmen*. Hemmung (Inhibition) als wichtiger kognitiver Prozess stößt erst in neuerer Zeit auf Beachtung in der kognitiven Entwicklungspsychologie (z. B. Dempster, 1991) und wird in den Kapiteln 2 und 5 noch näher behandelt.

Zusammenfassung

Zu Beginn des Kapitels haben wir uns mit pränatalen Lern- und Gedächtnisprozessen befasst und an seinem Ende haben wir gesehen, dass es eine beachtliche Kontinuität zwischen Maßen für Lernen, Gedächtnis, Wahrnehmung und Aufmerksamkeit in der frühen Kindheit und späteren individuellen Unterschieden in der kognitiven Entwicklung gibt. Bereits bei Neugeborenen lassen sich Lernen und Erinnern von auditiven Reizen nachweisen, denen das Kind noch im Mutterleib wiederholt ausgesetzt war, und schon drei Wochen alte Säuglinge zeigen Erinnerung an einfache Objekte. Drei Monate alte Babys können Ursache-Wirkungs-Zusammenhänge erlernen und sich 28 Tage später bei Vorgabe geeigneter Abrufreize wieder an sie erinnern. Sechs Monate alte Babys können sogar Erinnerungen an bestimmte Ereignisse ausbilden, die noch zwei Jahre später wieder abgerufen werden können. Hierbei handelt es sich eher um Manifestationen des prozeduralen als des deklarativen Gedächtnisses, da sowohl das Erlernen als auch das Erinnern im *Verhalten* des Kindes sichtbar wird. Der Zusammenhang zwischen solchen Gedächtnisleistungen und der Fähigkeit, Aspekte der Vergangenheit bewusst zu rekapitulieren, ist noch ungeklärt.

Auch in den Bereichen Wahrnehmung und Aufmerksamkeit verfügen Säuglinge bereits über beeindruckende Fähigkeiten. Neugeborene können zwischen einfachen optischen Formen wie Kreuzen und Kreisen unterscheiden. Arbeiten mit etwas älteren Kindern zeigen, dass diese Unterscheidungsleistung auf relativ abstrakten Aspekten der aufgenommenen Informationen beruht, da Habituation auch bei unterschiedlichen Varianten derselben Form zu beobachten ist, wobei neue Varianten derselben Formen als bekannt betrachtet werden. Dass die Habituation auf einer solchen abstrakten Ebene stattfindet, legt nahe, dass hier eine rudimentäre Kategorisierung erfolgt und die Babys eine generalisierte Repräsentation oder einen «Prototyp» einer speziellen optischen Form ausbilden. Auch die Fähigkeit, Informationen aus unterschiedlichen Sinnesmodalitäten miteinander in Zusammenhang zu setzen, ist in der frühen Kindheit schon vorhanden: Bereits einen Monat alte Säuglinge sind in der Lage, die Oberflächenbeschaffenheit eines Schnullers anhand seines Aussehens zu erkennen, und im Alter von vier Monaten können Babys Ton und Bild eines rhythmischen Ereignisses (z. B. eines Trommelschlags) miteinander vergleichen. Neugeborene scheinen auch Informationen aus dem optischen und kinästhetischen System koordinieren zu können, da sie bereits eine Stunde nach der Geburt in der Lage sind, Gesichtsbewegungen nachzuahmen. Diese Fähigkeit kann auch als Beleg dafür gelten, dass schon in der frühen Kindheit die Fähigkeit besteht, kognitive Repräsentation aufzubauen. Insgesamt scheint somit alles darauf hinzudeuten, dass die elementaren Komponenten kognitiver Prozesse bereits bei der Geburt vorhanden sind.

Kapitel 2

Frühe Kindheit: höhere kognitive Prozesse

Im vorangehenden Kapitel haben wir gesehen, dass die elementaren kognitiven Prozesse – Lernen, Gedächtnis, Wahrnehmung und Aufmerksamkeit – schon bei der Geburt und sogar noch früher vorhanden sind. In diesem Kapitel werden wir uns damit befassen, wie sich auf der Grundlage dieser elementaren Prozesse weitere kognitive Fähigkeiten entwickeln. So lässt sich beispielsweise untersuchen, wie Lernen, Gedächtnis, Wahrnehmung und Aufmerksamkeit «höhere» kognitive Prozesse wie schlussfolgerndes und problemlösendes Denken ermöglichen. Hierzu müssen wir uns zunächst ein Bild davon machen, wie kleine Kinder Informationen über ihre Umwelt repräsentieren.

Die Wissensrepräsentation ist von fundamentaler Bedeutung für alle höheren kognitiven Prozesse. Sowohl schlussfolgerndes als auch problemlösendes Denken setzt den Umgang mit repräsentiertem Wissen voraus. Diese Repräsentation des Wissens umfasst auch seine *Kategorisierung* – ohne die Kategorisierung von Informationen müssten wir alles, was wir erleben, für sich genommen verarbeiten. Dies würde zu einer nicht mehr zu bewältigenden Flut von Informationen führen. Die Fähigkeit, eingehende Informationen zu kategorisieren, ist daher äußerst wichtig für jede kognitive Aktivität. Außerdem ermöglicht die Kategorisierung von Objekten oder Ereignissen die Bildung einer generalisierten Repräsentation oder eines *Prototyps* einer Klasse von Objekten oder Ereignissen, mit denen dann andere Stimuli verglichen werden können. Da Säuglinge noch nicht sprechen können, können ihre Prototypen und mentalen Repräsentationen nicht auf Labellingprozessen beruhen. Daher stellt sich die Frage, ob sie möglicherweise in der Lage sind, die *äußere – wahrnehmbare – Struktur* von Objekten und Ereignissen in der visuellen Welt als Grundlage für die Repräsentation von Wissen zu nutzen. Diese Fähigkeit wäre ein wichtiger Schritt auf dem Weg zu einer kategorialen oder prototypischen Wissensrepräsentation.

Wissensrepräsentation auf der Grundlage von Wahrnehmung

Repräsentation der Struktur von Objektmerkmalen: Bildung von Prototypen

Zunächst wollen wir uns mit der Repräsentation von *Objekten* befassen und später dann auf die Repräsentation von *Ereignissen* eingehen. Die Fähigkeit zu erkennen, dass verschiedene Varianten einer Objektkategorie etwas gemeinsam haben, ist ausgiebig in kognitionspsychologischen Untersuchungen mit Erwachsenen untersucht worden. Eine wichtige Rolle bei der Erklärung dieser Fähigkeit spielt die von Eleanor Rosch entwickelte Prototyptheorie (z. B. Rosch et al., 1976). Dieser Theorie zufolge versetzen Prototypen oder generalisierte Repräsentationen unterschiedlicher Objekte den Organismus in die Lage, mit einem Minimum an kognitivem Aufwand ein Maximum an Informationen über die Welt, in der es lebt, zu speichern.

Aus den Arbeiten von Slater wissen wir bereits, dass Kinder schon sehr früh Prototypen einfacher Formen wie Kreise und Kreuze ausbilden können. Als Slater und Morison (1987, beschrieben in Slater, 1989) Babys unterschiedliche Varianten eines Kreises oder eines Kreuzes zeigten, abstrahierten die Säuglinge die allgemeine Kategorie – Kreise, Kreuze –, denen die gezeigten Exemplare entstammten. Die Frage stellt sich, ob Säuglinge mit komplexeren Stimuli ebenso verfahren. Die Antwort auf diese Frage liefert uns eine Habituationsstudie.

Nehmen wir an, wir zeigen einem Baby eine Reihe von Bildern verschiedener ausgestopfter Tiere, zum Beispiel einen Frosch, einen Esel, einen Alligator, einen Bären usw. Wenngleich sich diese Stimuli anhand zahlreicher Merkmale voneinander unterscheiden, könnten die Babys in der Lage sein, beim Betrachten der Bilder eine Kategorie wie «ausgestopftes Tier» zu abstrahieren. In diesem Fall würde ihre Reaktion auf die vorgegebenen Stimuli irgendwann habituieren. Wenn sie das fünfzehnte ausgestopfte Tier sehen, kommt es ihnen vielleicht – selbst wenn es sich um ein Tier handelt, das sie nie zuvor gesehen haben, wie z. B. eine Krake – bekannt vor und sie betrachten es weniger intensiv.

Cohen und Caputo (1978) führten ein Habituationsexperiment durch, das dem soeben beschriebenen Vorgehen sehr nahe kommt. Ihre Stichprobe bestand aus sieben Monate alten Säuglingen, die sie in drei Gruppen einteilten. Die erste Gruppe sah bei jedem Durchgang der Habituationsphase des Experiments dasselbe ausgestopfte Tier. Der zweiten Gruppe wurde bei jedem Durchgang ein anderes ausgestopftes Tier gezeigt und der dritten Gruppe eine Reihe völlig unzusammenhängender Objekte (z. B. ein Spielzeugauto, ein Ball, ein ausgestopftes Tier, ein Telefon). In der Testphase wurde den Babys ein bislang nicht gesehenes ausgestopftes Tier und eine Rassel gezeigt. Die erste Gruppe reagierte sowohl auf das ausgestopfte Tier als auch auf die Rassel mit Dishabituation. Bei der zweiten Gruppe führte nur der Anblick der Rassel zu Dishabituation und in der dritten Gruppe (deren Reaktionen ohnedies nur wenig habituiert waren) war weder bei der Rassel noch bei dem Tier eine Dishabituation zu verzeichnen. Eine grafische Darstellung der Ergebnisse

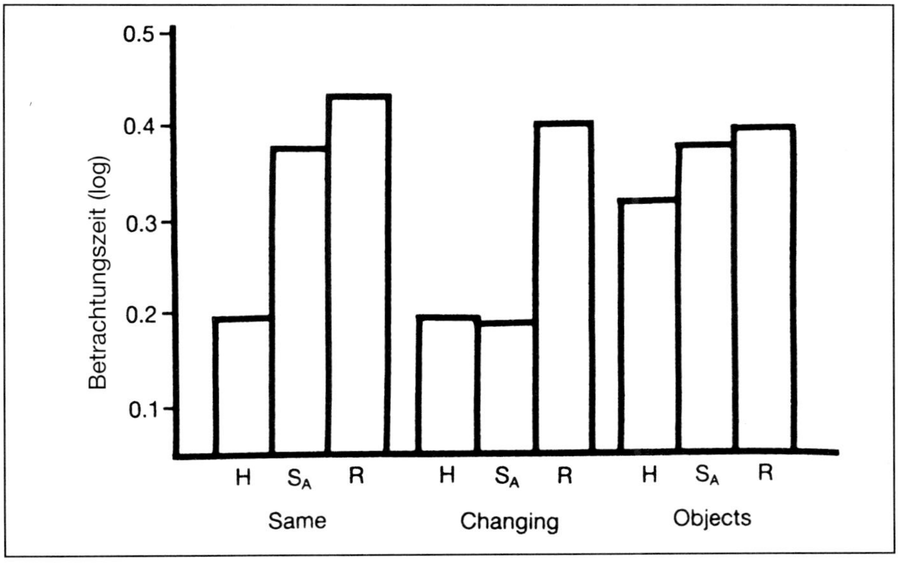

Abbildung 2.1: Betrachtungszeit beim letzten Habituationsdurchgang (H) und den ersten Dishabituationsdurchgängen mit dem unbekannten ausgestopften Tier (S_A) und der Rassel (R) in dem Experiment von Cohen und Caputo (1978). In der Habituationsphase hatte die ersten Gruppe *(same)* stets das gleiche ausgestopfte Tier, die zweite Gruppe *(changing)* verschiedene ausgestopfte Tiere und die dritte Gruppe *(objects)* unzusammenhängende Objekte gesehen. Aus Cohen (1988). Nachdruck mit freundlicher Genehmigung der Oxford University Press.

liefert Abbildung 2.1. Cohen und Caputo zogen den Schluss, dass die Säuglinge der zweiten Gruppe eine Kategorie «ausgestopfte Tiere» abstrahiert hatten.

Verarbeitung der korrelativen Zusammenhänge zwischen Merkmalen: Differenzierung von Prototypen

Um sagen zu können, dass die Säuglinge aus den Stimuli, die ihnen gezeigt wurden, den Prototypen eines «ausgestopften Tieres» abstrahierten, müssten wir belegen können, dass sie die *korrelativen Zusammenhänge (interrelations)* zwischen den verschiedenen Merkmalen der einzelnen Tiere be-

Abbildung 2.2: Beispiel der Tierzeichnungen aus der Studie von Younger und Cohen (1983). Nachdruck mit freundlicher Genehmigung.

rücksichtigt haben, anstatt nur ein einzelnes, wiederholt auftretendes Merkmal, wie zum Beispiel die Augen. Wenn Säuglinge in der Lage sind, die Objekte in Bezug auf die korrelative Struktur verschiedener Merkmale zu erfassen, wäre dies ein überzeugender Beleg für die kognitive Repräsentation auf der Grundlage perzeptueller Prototypen. Nach Rosch et al. (1976) teilen Menschen die Welt auf einer solchen korrelativen Grundlage in Objekte und Kategorien ein. Bestimmte Merkmale neigen in dieser Welt dazu, gemeinsam aufzutreten. Es ergibt sich eine «korrelative Struktur», die die Unterscheidung natürlicher Kategorien wie Bäume, Vögel, Blumen und Hunde ermöglicht. So können beispielsweise Vögel und Hunde auch deshalb auseinander gehalten werden, weil Federn und Flügel gemeinsam auftreten, nicht aber Fell und Flügel. Rosch zufolge führt der Prozess der Registrierung des gemeinsamen Auftretens von Merkmalsgruppen zur generalisierten Repräsentation eines prototypischen Vogels, eines prototypischen Hunds usw. Diese Prototypen sind auch als Grundlage der *begrifflichen* Repräsentation betrachtet worden.

Younger und Cohen (1983) befassten sich mit der Frage, ob Säuglinge in der Lage sind, die korrelativen Zusammenhänge zwischen Merkmalen zu erfassen, wie dies die Prototyptheorie fordert. Zu diesem Zweck konzipierten sie eine Habituationsstudie, bei der sie Zeichnungen von Fantasie-Tieren einsetzten (siehe Abbildung 2.2). Diese unterschieden sich in fünf Merkmalen voneinander: der Form ihres Körpers, ihres Schwanzes, ihrer Füße, ihrer Ohren und ihrer Beine, wobei es jeweils drei unterschiedliche Varianten gab. Die Füße hatten beispielsweise die Form von Schwimmfüßen, Pfoten oder Hufen. In der Habituationsphase des Experiments wurden den Babys Tiere gezeigt, die sich anhand dreier kritischer Merkmale voneinander unterschieden. Dabei variierten zwei Merkmale gemeinsam und ein drittes nicht. So traten beispielsweise lange Beine immer gemeinsam mit einem kurzen Hals auf, während die Schwanzform unabhängig variierte. Im Anschluss an die Habituation wurden den Säuglingen drei unterschiedliche Fantasie-Tiere gezeigt. Davon zeigte eines erneut die vertraute Merkmalskombination. Bei dem zweiten Tier handelte es sich um ein Exemplar, das gegen diese Kombination verstieß, und bei dem dritten um eines mit völlig anderen Merkmalen. Wie sich zeigte, reagierten die zehn Monate alten Babys mit Dishabituation auf das zweite und das dritte Tier, nicht aber auf das erste. Die Babys hatten also den Zusammenhang zwischen den kritischen Merkmalen bemerkt: Sie hatten den Prototypen eines Tieres mit kurzem Hals und langen Beinen entwickelt.

Eine Möglichkeit zu überprüfen, ob die Kinder bei diesem Experiment tatsächlich die korrelative Struktur zwischen den verschiedenen Merkmalen erfasst haben, besteht darin, unterschiedlichen Kindern unterschiedliche Merkmalskombinationen vorzulegen und zu beobachten, ob sie unterschiedliche Prototypen aufstellen. Dieses Vorgehen wählte Younger (1985), die in ihrer geistreich angelegten Untersuchung von folgender These ausging: Wenn man Babys Fantasie-Tiere mit allen möglichen Kombinationen von langen und kurzen Hälsen und langen und kurzen Beinen zeigte, würde in den Köpfen der Kinder der Prototyp eines *durchschnittlichen* Tieres entstehen. Bei einer unabhängigen Variation der Merkmale müssten die Kinder dabei den Prototyp eines Tieres mit durchschnittlich langem Hals und durchschnittlich langen Beinen abstrahieren. Zeigte man ihnen hingegen Tiere, bei denen Hals- und Beinlänge in zwei Clustern kovariierten (beispielsweise lange Beine und kurzer Hals und umgekehrt), sollte es zur Ausbildung zweier Prototypen kommen: der eines Tieres mit langen Beinen und kurzem Hals und der eines Tieres mit kurzen Beinen und langem Hals.

Um ihre Hypothese zu überprüfen, setzte Younger Fantasie-Tiere ein, deren Bein- und Halslänge auf einer fünfstufigen Skala zwischen 1 = kurz und 5 = lang variierten (siehe Abbildung 2.3). In der «breiten» Experimentalbedingung sahen die Kinder Tiere, bei denen alle möglichen Kombinationen von Bein- und Halslängen mit Ausnahme der Länge 3 (dem Durchschnittswert) vorkamen, während in der «engen» Bedingungen nur Tiere mit kurzen Beinen und langem Hals und umgekehrt gezeigt wurden. In der Testphase stellte sich heraus, dass die Kinder aus der breiten Bedingung vorzugsweise Tiere mit entweder sehr kurzen Beinen und sehr langem Hals oder sehr langen Beinen und sehr kurzem Hals betrachteten. Die Kinder aus der engen Bedingung betrachteten dagegen bevorzugt Tiere mit durchschnittlich langen Beinen und durchschnittlich langem Hals (3, 3). Den Kindern aus der breiten Versuchsbedingung waren also die Tiere mit den durchschnittlichen Maßen «vertraut», obwohl sie genau diese Ausprägung der kritischen Merkmale nie gesehen hatten. Sie hatten ein prototypisches Tier mit durchschnittlich langem Hals und durchschnittlich langen Beinen abstrahiert. In den Köpfen der Kinder aus der engen Versuchsbedingung waren *zwei* Prototypen entstanden, daher war für sie das Tier mit den Durchschnittsmaßen etwas Neues. Später konnte Younger (1990) zeigen, dass Babys auch dann korrelative Strukturen registrieren, wenn Stimuli verwendet werden, bei denen nicht die Merkmale von Fantasie-Tieren, sondern von tatsächlich existierenden Tieren variiert werden.

Die Verwendung möglichst natürlicher Kategorien und realer Merkmale bei der Untersuchung der Bildung von Prototypen ist deshalb wichtig, weil die korrelative Struktur von Objekten in der realen Welt relativ komplex ist. In jüngerer Zeit hat die Entwicklungspsychologie damit begonnen, zu untersuchen, ob Säuglinge in der Lage sind, Prototypen natürlicher Arten – Katzen, Pferde, Zebras, Giraffen usw. – zu bilden. So ließen Eimas und Quinn (1994) die Reaktionen von drei und vier Monate alten Babys auf Farbfotografien von Pferden habituieren. Insgesamt benutzten sie 12 verschiedene Fotografien. Im Anschluss an die Habituation wurden den Kindern im Rahmen eines Präferenzparadigmas drei unterschiedliche Testpaare gezeigt: jeweils ein Pferd, das sie noch nicht gesehen hatten, in Kombination mit einer Katze, einem Zebra und einer Giraffe. Durchgängig zeigte sich eine Präferenz der Kinder für die neue Tierart, wodurch klar wurde, dass sie Pferde von Zebras, Giraffen und Katzen unterscheiden konnten. Eine zweite Gruppe von Kindern betrachtete in der Habituationsphase Farbfotos von Katzen. Es zeigte sich, dass sie zwar Katzen und Pferde und Katzen und Tiger, nicht aber Katzen und Löwinnen auseinander halten konnten. Derartige Forschungsarbeiten zeigen, dass das Informationsverarbeitungssystem schon sehr früh die bei echten Spezies vorkommende natürliche Merkmalsvariation bewältigen kann und dass es in der

Abbildung 2.3: Tierzeichnungen aus der Studie von Younger (1985). Wiedergabe mit freundlicher Genehmigung.

Lage ist, auf der Grundlage von Wahrnehmungen kategoriale Repräsentationen dieser Spezies auszubilden.

Warum waren diese Säuglinge aber nicht in der Lage, Löwinnen von Katzen zu unterscheiden? Eimas und Quinn schlossen aus ihren Daten, dass die kategoriale Repräsentation eines Pferdes «exklusiver» sein müsse als die einer Katze, da der Prototyp eines Pferdes offensichtlich Zebras nicht mit einschloss (sie *exkludierte)*, während der Katzenprototyp weibliche Löwen *inkludierte*. Möglicherweise bestand jedoch auch einfach eine größere Ähnlichkeit zwischen den abgebildeten Katzen und den Löwen als zwischen den Pferden und den Zebras. Die höhere «Inklusivität» des Katzenprototyps ist also möglicherweise auf die besonderen Stimulusbilder zurückzuführen, die in dem Experiment verwendet wurden. In Wirklichkeit unterscheiden sich Katzen und Löwinnen anhand weiterer äußerer Merkmale wie Größe oder Bewegungsmuster voneinander, so dass den Babys, wenn sie den Tieren in natura begegnen würden, reichhaltigere Informationen zur Verfügung stünden als im Labor. Genau diese Reichhaltigkeit der wahrnehmungsvermittelten Informationen, die natürliche Arten und Gegenstände bieten, bedeutet, dass die Fähigkeit, korrelative Zusammenhänge zwischen äußeren Merkmalen zu erkennen, den Kindern bei der Aufnahme und Verarbeitung von Informationen sehr hilfreich ist und sich «kognitiv auszahlt». Die Anhäufung von wahrnehmungsvermitteltem Wissen muss dann irgendwann zur Ausbildung *begrifflicher* Kategorien führen (die Frage, wie dies geschehen kann, wird in Kapitel 3 erörtert).

Verarbeitung der Relationen zwischen Objekten

Die Belege zur Prototypbildung zeigen, dass Säuglinge in der Lage sind, die äußere Struktur diskreter Stimuli in Bezug auf Zusammenhänge (Kovariationen) zwischen verschiedenen Merkmalen dieser Stimuli zu verarbeiten. Wäre diese Fähigkeit, Kovariationen zu registrieren, jedoch auf statische Merkmale natürlicher Arten und Gegenstände beschränkt, wäre sie zwar nützlich, ihr Wert für kognitive Prozesse insgesamt jedoch relativ begrenzt. Sehr viel wertvoller wäre der Mechanismus, wenn er auch das Erkennen von Regelhaftigkeiten bei perzeptuellen *Ereignissen* mit einschließen würde.

Visuelle Ereignisse werden meist anhand von *Relationen* zwischen Objekten beschrieben (zum Beispiel: der Fußball *stößt an* den Torpfosten, das Kind *schubst* den Spielkameraden). Die Fähigkeit, strukturelle Regelhaftigkeiten in diesen Relationen zu erkennen, würde die kognitive Kapazität des Individuums stark erhöhen, da es sich bei diesen visuellen Ereignissen häufig um Ursache-Wirkungs-Zusammenhänge handelt. Das Erkennen von Regelhaftigkeiten bei kausalen Relationen wie *stoßen, schubsen* oder *stützen* zwischen verschiedenen Objekten (zum Beispiel: der Fußball stößt an den Torpfosten, das Auto stößt an das Garagentor, der Vogel stößt ans Fenster) ist möglicherweise ein Mechanismus, der von großer Bedeutung für die Repräsentation von Wissen und daher letztendlich für die Entwicklung des begrifflichen Denkens ist. Ähnliches gilt für andere Arten von Relationen, beispielsweise räumlicher Art (*über* und *unter*) oder quantitativer Art (*mehr als* oder *weniger als*). Eine Möglichkeit, die Fähigkeit kleiner Kinder zu untersuchen, räumliche, numerische und kausale Relationen zwischen Objekten zu erfassen und mental zu repräsentieren, besteht darin, ihnen *Verletzungen* von relationalen Gesetzmäßigkeiten vorzugeben, sie also mit «physikalisch unmöglichen» Ereignissen zu konfrontieren, z. B. mit einem Objekt, das ohne Halt frei in der Luft schwebt. Die experimentelle Untersuchung der Fähigkeit von Kindern, solche Verstöße zu erkennen, stellt für die Entwicklungspsychologie eine wichtige Möglichkeit dar, herauszufinden, inwieweit Säuglinge in der Lage sind, Relationen zwischen Ereignissen kognitiv zu verarbeiten.

Die Repräsentation räumlicher Relationen. Um zu überprüfen, ob Säuglinge räumliche Relationen begreifen können, eignen sich unter anderem Habituationsexperimente. Wenn beispielsweise einem Baby eine Reihe von Stimuli gezeigt werden, bei denen es sich um Varianten der gleichen räumlichen Relation handelt, und es kommt zu einer Habituation, dann lässt sich daraus schließen, dass der Säugling räumliche Relationen adäquat verarbeiten kann. Wird dann eine andere räumliche Relation präsentiert, müsste eine Dishabituation eintreten. Dieser Methode bediente sich Quinn (1994) in einem Experiment jüngeren Datums. Er gewöhnte drei Monate alte Babys an die räumlichen Relationen *über* und *unter*. Dies geschah, indem die Hälfte der Babys wiederholt einen schwarzen waagerechten Balken und einen sich an vier verschiedenen Stellen oberhalb des Balkens befindlichen Punkt zu sehen bekamen und die andere Hälfte einen schwarzen waagerechten Balken und einen an vier verschiedenen Stellen unterhalb des Balkens befindlichen Punkt. Diese Muster stellten jeweils vier verschiedene Varianten der räumlichen Relation *über* und *unter* dar. In der Testphase wurde den Säuglingen eine weitere Variante der bekannten Relation (ein Punkt in einer neuen Position, wie in der Habituationsphase erneut entweder oberhalb oder unterhalb des Balkens) sowie eine Variante der unbekannten Relation (ein Punkt auf der anderen

Seite des Balkens) gezeigt. Beide Gruppen zeigten eine visuelle Präferenz für die *unbekannte* Relation. Dieser Befund lässt den Schluss zu, dass Säuglinge in der Lage sind, perzeptuelle Strukturen auf der Grundlage räumlicher Relationen zu kategorisieren.

Experimente, bei denen es um die räumlichen Relationen zwischen Punkten und Strichen geht, sind vielleicht nur bedingt überzeugend als Beleg für die Verarbeitung und Repräsentation von Relationen. Es liegen jedoch Erkenntnisse vor, denen zufolge Säuglinge dieselben Fähigkeiten auch im Zusammenhang mit weitaus komplexeren Stimuli besitzen. So untersuchten Baillargeon und ihre Mitarbeiter, ob Säuglinge im Alter von fünfeinhalb Monaten erkannten, dass ein großer Hase eigentlich sichtbar sein müsste, wenn er hinter einer niedrigen Wand herging. In der Habituationsphase des Experiments sahen die Säuglinge die Darstellung einer hohen angestrichenen Wand (Baillargeon & Graber, 1987). Ein Hase erschien an einem Ende der Wand, ging hinter ihr her und tauchte am anderen Ende wieder auf. Dieser Hase war entweder groß oder klein, aber in beiden Fällen zu klein, um gesehen zu werden, wenn er sich hinter der Wand befand. In der Testphase war der mittlere Abschnitt der Wand niedriger. Sie bestand nun aus zwei hohen Seiten und

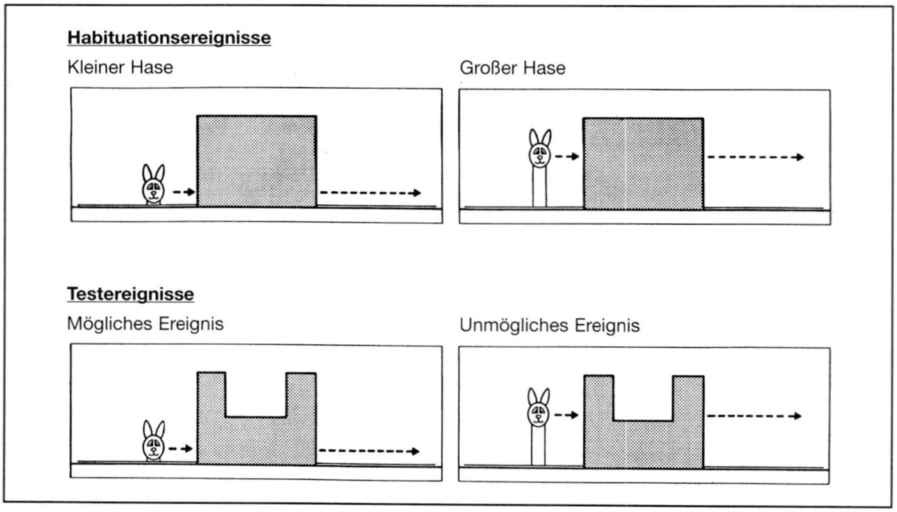

Abbildung 2.4: Habituationsereignis und Testereignis im Versuch mit dem großen und dem kleinen Hasen von Baillargeon und Graber (1987). Wiedergabe mit freundlicher Genehmigung.

einem niedrigen Mittelstück (siehe Abbildung 2.4). Der kleine Hase konnte immer noch hinter der ganzen Wand hergehen, ohne gesehen zu werden, der große Hase dagegen nicht: Sein Kopf müsste beim Passieren des Mittelstücks sichtbar werden.

Beide Gruppen von Säuglingen sahen nun den gleichen Hasen wie zuvor (groß oder klein) hinter der Wand hergehen – und damit im Grunde das gleiche Ereignis wie in der Habituationsphase. Dabei war es im Fall des kleinen Hasen – angesichts der räumlichen Relation von Wand und Hase – völlig normal, dass er hinter dem Mittelstück der Wand – nicht zu sehen war. Entsprechend zeigten die Säuglinge dieser Gruppe keine Dishabituation. Im Fall des großen Hasen hingegen war das Testereignis – das Nichtauftauchen des Hasen hinter dem Mittelstück der Wand nicht akzeptabel, es war physikalisch betrachtet unmöglich. Der Kopf des großen Hasen hätte eigentlich hinter dem Mittelstück der Wand zu sehen sein müssen, war es aber nicht – genau wie in dem Habituationsereignis. Baillargeon und Graber stellten fest, dass die Babys aus dieser Gruppe den Versuchsapparat sehr viel länger anstarrten als die Babys, die den kleinen Hasen gesehen hatten. Die Überraschung der Babys angesichts des Nichtauftauchens des großen Hasen zeigt, dass sie die räumlichen Relationen von Wand und Hase repräsentiert haben mussten. Später konnten Baillargeon und DeVos (1991) – in einer leicht abgewandelten Version des Experiments mit einer langen und einer kurzen Möhre – die gleichen Reaktionen bei einer Gruppe von dreieinhalb Monate alten Babys zeigen. Damit scheinen also auch bereits sehr junge Säuglinge über die Fähigkeit zu verfügen, räumliche Relationen kognitiv abzubilden.

Baillargeon und ihre Mitarbeiter haben auch *Erinnerungen* von Säuglingen an räumliche Relationen mit Hilfe von Habituationsstudien untersucht. Der Nachweis solcher Erinnerungen ist ein besonders überzeugender Beleg für das Vorhandensein von Repräsentationen, da die Babys hier die kritischen räumlichen Relationen einige Zeit im Gedächtnis behalten müssen. In einem Experiment zeigten Baillargeon und Graber (1988) Babys eine Anordnung mit zwei möglichen Stellen (A und B), an denen ein Spielzeug platziert werden konnte. Die beiden Stellen waren durch zwei genau gleiche Untersetzer markiert. Während die Babys die Anordnung betrachteten, wurde ein interessantes Objekt auf Punkt A gestellt (dabei handelte es sich um einen mit Streichhölzern bespickten Pappbecher, ein Objekt, das die Kinder weitaus interessanter fanden als die Spielsachen, die in der Vorbereitungsphase der Studie ausprobiert worden waren). Dann verschwanden die beiden Punkte hinter einem Sichtschutz und es erschien eine Hand, die in einem silbernen

Handschuh steckte und ein Glöckchenarmband trug. Die Finger der Hand bewegten sich tänzelnd, was sie noch auffälliger und interessanter machte und dazu diente, das Interesse der Babys an der Anordnung wachzuhalten. Die Hand griff dann hinter den Sichtschutz von B und holte den Pappbecher hervor.

Selbstverständlich handelte es sich dabei um ein «unmögliches» Ereignis. B war sichtbar leer gewesen, als die Abschirmungen vor die Untersetzer geschoben worden waren und der Pappbecher durfte eigentlich nur hinter dem Sichtschutz auftauchen, der A verdeckte. Baillargeon und Graber argumentierten, dass sich die Babys, falls sie sich die Position des Objektes gemerkt hatten, über das Ereignis wundern müssten und die Versuchsanordnung intensiver betrachten würden. Genau dies trat ein. Die Babys waren offenkundig überrascht darüber, dass das Objekt an der unmöglichen Stelle aufgetaucht war, und betrachteten die Versuchsanordnung ausgiebig. Dies geschah nicht in einem «möglichen» Kontrollereignis. Hier holte die Hand die Tasse hinter dem richtigen Sichtschutz hervor, was die Babys nicht besonders beeindrukkend fanden. Die Tatsache, dass ihre Aufmerksamkeit nur dadurch geweckt werden konnte, dass die Tasse am falschen Ort auftauchte, zeigt, dass sie in der Lage waren, eine kognitive Repräsentation der Position der Tasse zu bilden und aufrechtzuerhalten, auch als diese nicht mehr sichtbar war. Später zeigten Baillargeon, DeVos und Graber (1989), dass acht Monate alte Babys diese räumlichen Verhältnisse bis zu 70 Sekunden im Gedächtnis behalten konnten. «Aus den Augen» heißt also nicht unbedingt «aus dem Sinn» – auch nicht für Babys!

Ein anderer Test für «räumliches Lernen und Erinnern» wurde von McKenzie, Day und Ihsen (1984) konzipiert, die sechs bis acht Monate alte Babys hinter eine Art halbrunden «Newsdesk» setzten (siehe Abbildung 2.5). Die Babys saßen auf dem Schoß ihrer Mutter in der Mitte (wie ein Nachrichtensprecher), so dass sie den gesamten Tisch überblicken konnten. Sowohl rechts als auch links vom Baby gab es Platz für verschiedene Ereignisse, die sich dort abspielen konnten. Dabei wurde die Stelle, an der das Ereignis stattfand, stets durch einen weißen Ball angezeigt. Die Ereignisse waren optisch interessant für das Baby – ein Erwachsener, der hinter dem Tisch auftauchte und mit ihm «Guck-guck» spielte.

McKenzie et al. stellten fest, dass die Babys schnell lernten, ein Ereignis an der durch den weißen Ball angezeigten Stelle zu antizipieren. Da der weiße Ball entweder links oder rechts von der Mitte auftauchte, konnten die Babys nicht einfach eine spezifische motorische Reaktion gelernt haben, etwa den Kopf nach rechts zu drehen. Statt dessen lernten sie, die räumliche Position der visuellen Ereignisse anhand des weißen Balls *vorherzusagen*. Dies zeigt nach Ansicht der Autoren, dass Babys räumliche Positionen nicht immer *egozentrisch* enkodieren, d. h. in Bezug auf ihre eigene Position im Raum. Vielmehr sind sie unter bestimmen Bdingungen in der Lage, räumliche Positionen auch *allozentrisch* zu enkodieren, also in Bezug auf einen markanten Orientierungspunkt (wie in diesem Fall der weiße Ball). Die Repräsentation räumlicher Relationen schließt also auch bereits bei acht Monate alten Babys Orientierungspunkte mit ein, die sich außerhalb der eigenen Person befinden.

Die Repräsentation von Verdeckungsrelationen. Baillargeons Experimente zeigen auch, dass Säuglinge bereits ein gewisses Verständnis für Verdeckungsrelationen haben. Wenn ein Objekt teilweise von einem zweiten

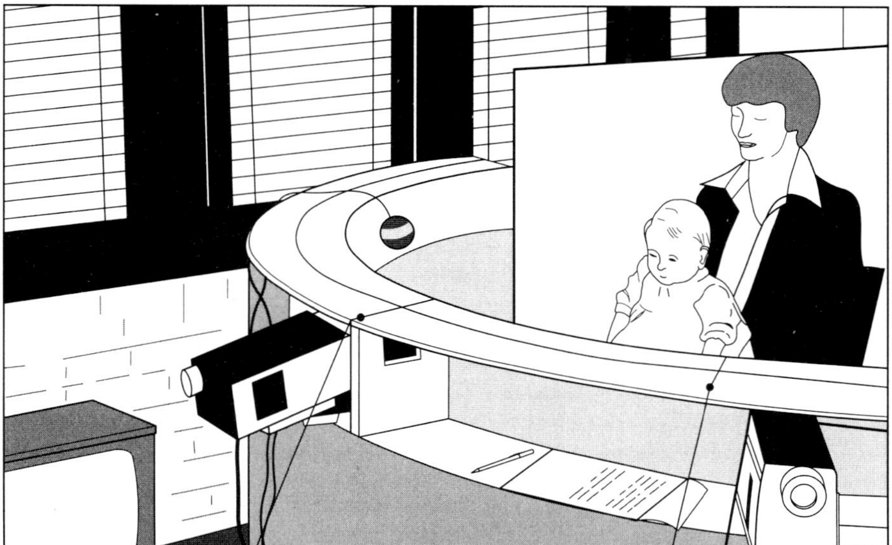

Abbildung 2.5: Versuchsaufbau der Studie zum räumlichen Lernen und Erinnern von McKenzie et al. (1984). Wiedergabe mit freundlicher Genehmigung.

Objekt verdeckt wird, gehen wir als Erwachsene davon aus, dass der verdeckte Teil des ersten Objekts weiterhin existiert – auch wenn wir ihn nicht sehen können. Auch wenn ein Objekt ein anderes vollständig verdeckt, nehmen wir an, dass das verborgene Objekt weiterhin existiert und sich weiterhin an derselben Stelle hinter dem die Sicht verstellenden Objekt befindet. Perzeptuelle Ereignisse können also auch Wissen um das Fortbestehen von Objekten vermitteln, wenn diese nicht mehr zu sehen sind.

Säuglinge scheinen ganz ähnliche Annahmen über die Existenz von verdeckten Objekten zu haben wie Erwachsene. Eine der einfallsreichsten und überzeugendsten Demonstrationen dieser «Objektpermanenz» stammt aus einem Experiment von Baillargeon, Spelke und Wasserman (1985). In dieser Untersuchung bekamen fünf Monate alte Baby in einem Habituationsparadigma eine Versuchsanordnung zu sehen, in der sich eine kleine Trennwand wie eine Zugbrücke (siehe Abbildung 2.6) 180° auf das Baby zu- und wieder von ihm wegrotierte. Nach der Habituation wurde ein Kasten an das vom Betrachter entfernte Ende der Anordnung gestellt, und zwar in den Rotationsweg der Trennwand. Wenn nun die Wand zu rotieren begann, verdeckte sie nach und nach den Kasten. Erreichte sie einen 90°-Winkel, war der Kasten völlig verdeckt. Ein «mögliches Ereignis» bestand nun darin, dass sich die Trennwand weiter bewegte bis sie einen Winkel von 120° erreichte und dann stehenblieb, da sie den Kasten berührt haben musste. Bei einem «unmöglichen Ereignis» rotierte die Wand weiter, bis sie die vollen 180° erreicht hatte. In dieser «physikalisch unmöglichen» Bedingung hatte der Kasten der Wand nicht den Weg versperrt. Wenngleich die 180°-Rotation das bekannte Ereignis war (auf das die Reaktion der Babys habituiert war), betrachteten die Babys, die das «unmögliche Ereignis» sahen, die gesamte Anordnung viel länger als die Babys, die das «mögliche Ereignis» sahen (obwohl dieses Ereignis ja neu für sie war). Dieses Ergebnis lässt den Schluss zu, dass die Babys eine Repräsentation des Kastens aufgebaut hatten und davon ausgingen, dass sie weiter existierte, auch wenn sie durch die Trennwand verdeckt war. Es überraschte sie, dass die Wand scheinbar durch einen massiven Gegenstand hindurchgehen konnte.

In späteren Arbeiten konnte Baillargeon zeigen, dass Babys bereits mit dreieinhalb Monaten überrascht reagieren, wenn die Trennwand durch die Box hindurchzugehen scheint. Dies gilt insbesondere für die «schnellen Habituierer» (Baillargeon, 1987a). Darüber hinaus hat sie auch gezeigt, dass Säuglinge bestimmte physikalische und räumliche Eigenschaften der verdeckten Objekte in ihrer Repräsentation berücksichtigen können, etwa ob ein Objekt zusammengedrückt werden kann oder nicht (beispielsweise ein Schwamm versus ein Holzblock, siehe Abbildung 2.7) und ob es größer oder kleiner ist als die Höhe der Trennwand (beispielsweise ein stehender versus liegender Holzkasten mit den Maßen 20x15x4 cm; Baillargeon, 1987b). Diese Experimente verdeutlichen, dass Säuglinge bereits sehr früh nicht nur über Repräsentationen verborgener Objekte verfügen, sondern auch über Repräsentationen einiger spezifischer Eigenschaften dieser Objekte. Und sie sind in

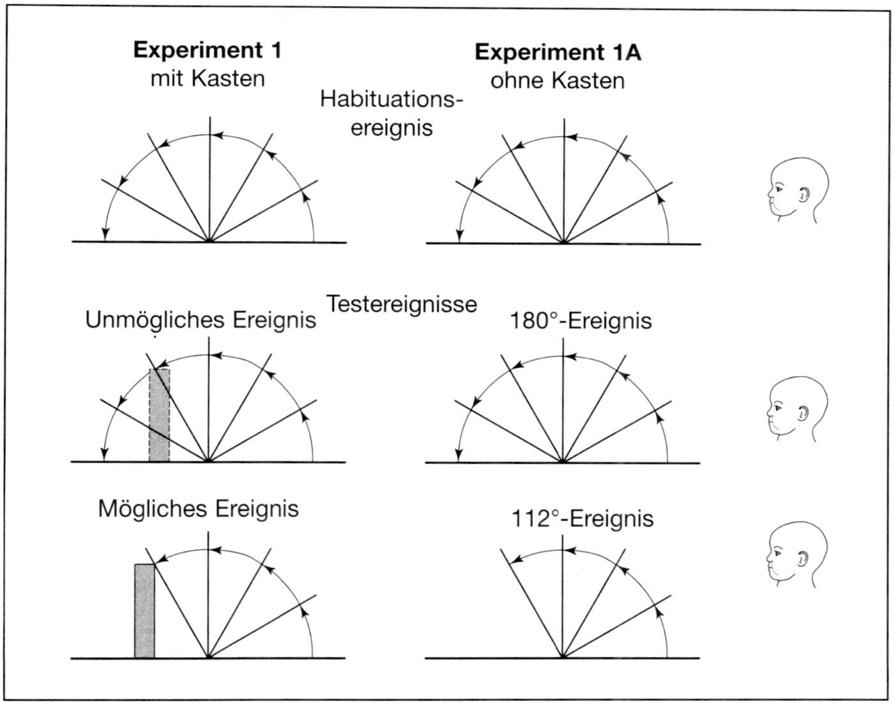

Abbildung 2.6: Graphische Darstellung von Habituations- und Testereignissen in der Studie mit der rotierenden Trennwand von Baillargeon et al. (1985). Wiedergabe mit freundlicher Genehmigung von Elsevier Science.

der Lage, anhand dieser physikalischen und räumlichen Eigenschaften vorherzusagen, wie sich die rotierende Zugbrücke verhalten müsste.

Obwohl Baillargeon viele Varianten des «Zugbrückenparadigmas» entwikkelt hat, ist ihr Vorgehen, mit Hilfe einer rotierenden Trennwand den Glauben des Säuglings an Objektpermanenz nachzuweisen, nicht unumstritten geblieben. So wurde beispielsweise der Einwand geäußert, dass die perzeptuelle Struktur der Ereignisse im «Zugbrückenparadigma» aufseiten der Säuglinge

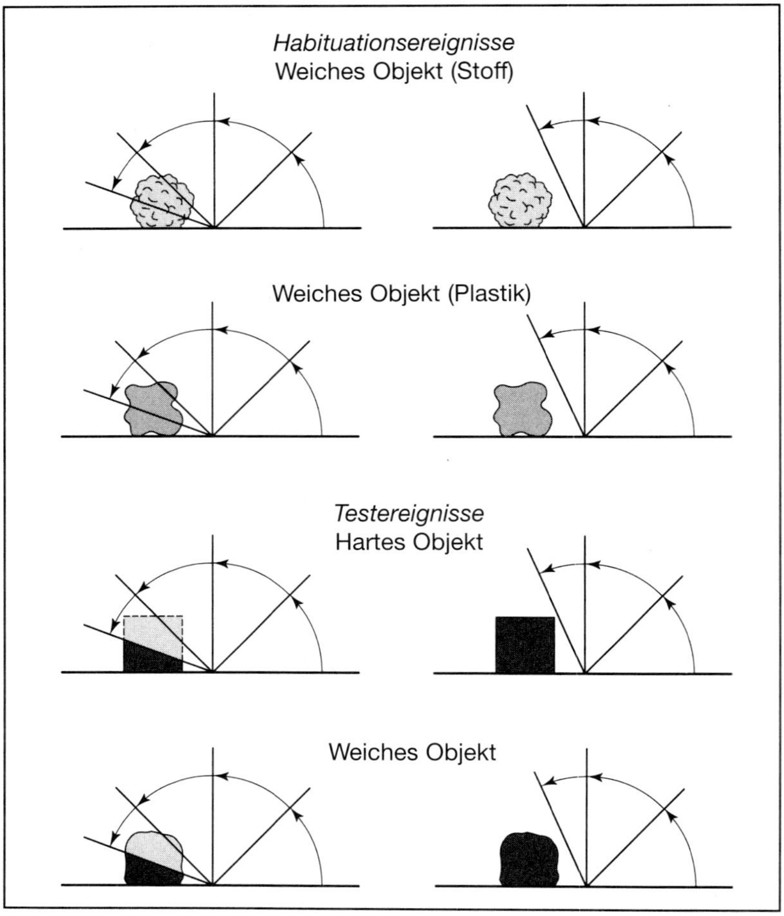

Abbildung 2.7: Graphische Darstellung von Habituations- und Testereignissen in der Studie mit der rotierenden Trennwand und weichen versus harten Objekten (Baillargeon, 1987b). Wiedergabe mit freundlicher Genehmigung.

die starke Erwartung wecke, dass die Brücke anhalten werde, und zwar auch ohne dass sie über eine Repräsentation des verdeckten Objekts verfügten. Bereits die Repräsentation, die das Kind vom *Ausgangszustand* der Versuchsanordnung bilde, sei ausreichend, um zu der Erwartung zu kommen, dass die Brücke anhalten werde. Dem lässt sich entgegenhalten, dass die Erwartungen der Säuglinge bezüglich des Verhaltens der Zugbrücke nachweislich von der Art des verborgenen Objektes abhängen (z. B. Baillargeon, 1987). Darüber hinaus stellen die Zugbrückenstudien von Baillargeon und ihren Mitarbeitern nur einen Teil der Belege dafür dar, dass Babys Objekte, die ihrem Blick entzogen sind, weiterhin als existent repräsentieren. Ein anderes Paradigma, das ebenfalls von Baillargeon (1986) konzipiert wurde, dient der Untersuchung der gleichen Fragestellung, ist aber vor Einwänden, die auf die Rolle bestimmter Erwartungen abheben, gefeit.

Bei diesem Paradigma wurde ein Spielzeugauto und eine Rampe verwendet. In der ersten Phase des Experiments sahen sechseinhalb Monate alte Säuglinge eine Anordnung, in der ein Spielzeugauto auf eine Rampe gesetzt wurde. Über die Rampe und die Basis des Versuchsapparats verlief eine Spur, über die das Auto rollen konnte. Während die Babys den Apparat betrachte-

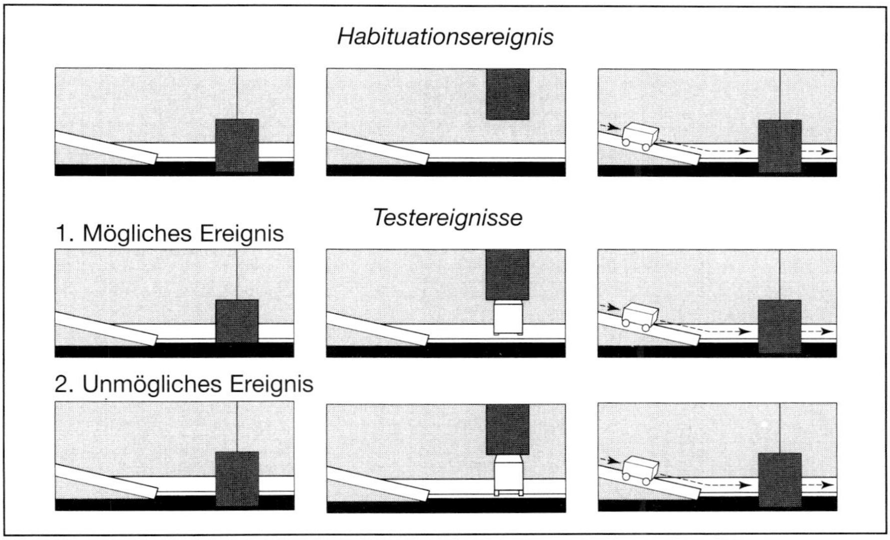

Abbildung 2.8: Habituations- und Testereignisse in der Studie mit dem Auto auf der Rampe von Baillargeon (1986). Wiedergabe mit freundlicher Genehmigung von Elsevier Science.

ten, wurde der mittlere Abschnitt der Spur durch einen sich herabsenkenden Sichtschutz verdeckt und es begann die Habituationsphase des Experiments. Das Auto fuhr die Rampe herunter, hinter dem Sichtschutz her und tauchte am Ende des Apparats wieder auf. Nachdem nach mehrmaliger Darbietung dieses Ereignisses das Interesse der Kinder langsam erlahmte, wurde der Sichtschutz wieder hochgezogen und ein Kasten entweder *auf* oder *hinter* die Autospur platziert. Danach senkte sich die Trennwand wieder herab, so dass der Kasten nicht mehr zu sehen war, und das Auto begann erneut seine Fahrt. Eine schematische Darstellung des Versuchsapparats gibt Abbildung 2.8.

In der Habituationsphase des Experiments sahen somit alle Babys exakt die gleichen Ereignisse. Im Anschluss daran sahen die Babys in der «möglichen» Bedingung, wie ein Kasten hinter die Spur gestellt wurde, dem Auto also nicht den Weg versperrte, so dass sein Wiederauftauchen am Ende der Spur nicht überraschend war. In der «unmöglichen» Bedingung stand der Kasten jedoch *auf* der Spur und damit dem Auto im Weg – und dennoch tauchte es wie gewohnt am Ende der Spur wieder auf. Die Babys aus der unmöglichen Bedingung betrachteten den Apparat viel länger als die Babys aus der möglichen Bedingung. Die einzige Erklärung hierfür ist, dass sie davon ausgingen, dass der Kasten weiterhin existierte und dem Auto den Weg versperrte, so dass sie überrascht waren, als es hinter dem Sichtschutz wieder auftauchte. In einem späteren Versuch zeigten Baillargeon und DeVos (1991), dass Babys schon im Alter von dreieinhalb Monaten überrascht waren, das Auto wieder auftauchen zu sehen, wenn sie wussten, dass ihm ein verdecktes Objekt (eine Micki-Maus-Puppe) im Weg stand.

Während Babys also bereits mit drei Monaten ähnlich wie Erwachsene annehmen, dass Objekte, die sie nicht mehr sehen können, weiterhin existieren, wurde in jüngerer Zeit darauf hingewiesen, dass Säuglinge bis zum Ende des ersten Lebensjahres nicht in der Lage sind, numerisch korrekte Repräsentationen von mehreren unterschiedlichen verdeckten Objekten aufzubauen. Auf der Grundlage ihrer Experimente, in denen sie ein Verdeckungsparadigma mit zwei äußerlich unterschiedlichen Objekten verwendeten, kamen Xu und Carey (1996) zu dem Schluss, dass Säuglinge bis zum Alter von mindestens zehn Monaten nur über relativ generalisierte Repräsentationen von Objekten verfügen. Ihrer Ansicht nach fangen Kinder erst später an, spezifische Repräsentationen einzelner Objekte zu bilden.

Xu und Careys Ansatz bestand aus aus dem Vergleich zweier Verdekkungsbedingungen: einer «sukzessiven» und einer «simultanen» Bedingung (siehe Abbildung 2.9). In der sukzessiven Bedingung sah der Säugling zunächst einen einzelnen Sichtschutz. Dann tauchte ein Spielzeuglaster rechts hinter dem Schutz auf und verschwand wieder hinter ihm. Auf der linken Seite erschien dann ein Stoffkätzchen und verschwand ebenfalls wieder hinter der Wand. Diese Abfolge wurde nun noch dreimal wiederholt; dies war die Habituationsphase des Experiments. In der Testphase wurde der Sichtschutz entfernt und dahinter tauchten entweder ein oder zwei Objekte auf. Den Überlegungen der Autoren zufolge sollten Babys, die in der Lage waren, Repräsentationen mehrerer unterschiedlicher Objekte aufzubauen, das Erscheinen eines einzigen Objektes überraschend finden und entsprechend länger das einzelne Objekt betrachten als das Objektpaar. In der simultanen Bedingung ging dem Auftauchen von Laster und Katze ein weiterer Durchgang voraus, in

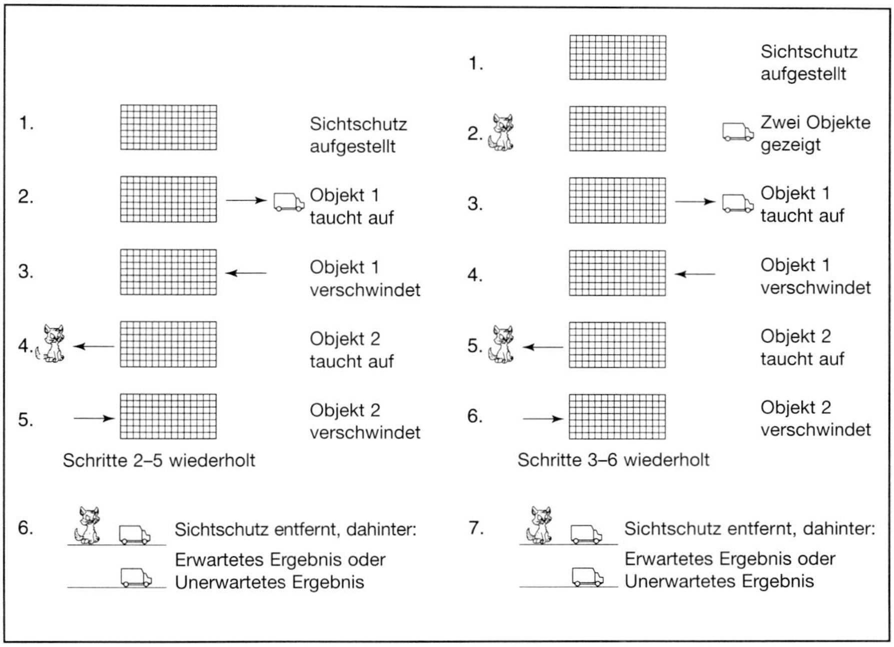

Abbildung 2.9: Schematische Darstellung der sukzessiven (links) und simultanen Bedingung (rechts) in den Versuchen von Xu und Carey (1996). Wiedergabe mit freundlicher Genehmigung von Academic Press Inc.

dem *beide Spielsachen gleichzeitig* hinter der Wand hervorkamen, und zwar auf jeder Seite eines. Auch in dieser Bedingung wurde erwartet, dass die Säuglinge in der Testphase überrascht sein würden, hinter der sich hebenden Wand nur ein einzelnes Objekt vorzufinden. Schließlich wurde noch in einer Baseline-Bedingung ohne irgendwelche «Verdeckungsereignisse» überprüft, ob die Babys möglicherweise eine intrinsische Präferenz für das Betrachten eines versus zweier Objekte hatten.

Xu und Carey stellten fest, dass die Babys in der Baseline-Bedingung und in der sukzessiven Bedingung zwei Objekte länger betrachteten als eines, in der simultanen Bedingung dagegen dem Auftauchen eines Objektes mehr Aufmerksamkeit schenkten. Dieser Befund wurde später mehrere Male repliziert. Xu und Carey schlossen daraus, dass Säuglinge eine intrinsische Präferenz für das Betrachten zweier Objekte haben und dass diese Präferenz nur in der simultanen Bedingung, nicht aber in der sukzessiven Bedingung überwunden wird. Hieraus ergibt sich für die Autoren, dass ihre zehn Monate alte Säuglinge nicht in der Lage waren, anhand der äußeren Unterschiede zwischen dem Stoffkätzchen und dem Spielzeuglaster zu erkennen, dass sich zwei unterschiedliche Objekte hinter der Trennwand befinden mussten. Diese Schlussfolgerung steht in einem gewissen Widerspruch zu den oben besprochenen Forschungsresultaten, denen zufolge schon kleinere Säuglinge die äußeren Merkmale von Objekten recht genau erfassen (z. B. Younger & Cohen, 1983). Es darf jedoch nicht übersehen werden, dass die Aussage von Xu und Carey auf einem negativen Resultat beruht. Es sind viele Gründe dafür denkbar, dass Säuglinge ihre intrinsische Präferenz für zwei Objekte in der sukzessiven Bedingung nicht überwinden konnten. Die Unfähigkeit, die fraglichen Objekte anhand ihrer äußeren Merkmale voneinander zu unterscheiden und auf diese Weise Klarheit über ihre Anzahl zu gewinnen, ist nur eine Erklärung von mehreren möglichen.

Die Repräsentation quantitativer Relationen. Visuelle Ereignisse können auch als Grundlage für den Aufbau von Repräsentationen numerischer Relationen dienen. Relationen wie «mehr als» oder «weniger als» zu verstehen ist eine wichtige Voraussetzung für das Erlernen des numerischen Systems. Ebenso wichtig ist das Wissen, dass eine gegebene Menge gleich bleibt, solange nichts hinzugefügt oder weggenommen wird. Mit Hilfe von Habituationsstudien wurde gezeigt, dass Babys schon relativ früh im Leben quantitative – und auch bestimmte numerische – Relationen repräsentieren können.

So verwendete beispielsweise Cooper (1984) ein Habituationsparadigma, bei dem Säuglingen wiederholt jeweils zwei Reihen farbiger Quadrate gezeigt wurden. Diese Reihen stellten entweder die Relation «mehr als» oder «weniger als» dar. Als «Mehr-als-Relation» wurden beispielsweise vier Quadrate in

Tabelle 2.1

Beispiele für die Reihen aus der Studie von Cooper (1984)

Bedingung	*Anzahl in Reihe 1*	*Anzahl in Reihe 2*	*Art*
Weniger als:			
Habituation	3	4	
	2	4	
	1	2	
Test	3	4	alt
	2	3	neu
	4	3	umgekehrt
	2	2	gleich
Mehr als:			
Habituation	4	2	
	4	3	
	2	1	
Test	4	3	alt
	3	2	neu
	3	4	umgekehrt
	2	2	gleich
Gleich:			
Habituation	4	4	
	2	2	
	1	1	
Test	4	4	alt
	3	3	neu
	2	4	weniger als
	4	2	mehr als

Reihe 1 und zwei Quadrate in Reihe 2 gezeigt, danach vier Quadrate in Reihe 1 und drei Quadrate in Reihe 2 und schließlich zwei Quadrate in Reihe 1 und ein Quadrat in Reihe 2 (siehe Tabelle 2.1). In der Testphase sahen die Säuglinge dann entweder die entgegengesetzte Relation («kleiner als», 3 Quadrate in Reihe 1 und vier Quadrate in Reihe 2), eine «Gleich-Relation» (2/2) oder eine weitere Variante derselben Relation (3/2). Bei zehn Monate alten Säuglingen kam es nur bei der Gleich-Relation zu einer Dishabituation, was zeigte, dass sie in der Lage waren, Gleichheit von Ungleichheit zu unterscheiden. Vierzehn Monate alte Kinder dishabituierten auch auf die Kleiner-als-Relation, bemerkten also auch die Umkehr der Größenrelation. Ähnliche Paradigmen wurden auch in Arbeiten mit jüngeren Babys verwendet (z. B. Starkey & Cooper, 1980).

Eine der überzeugendsten Demonstrationen der numerischen Auffassungsgabe von Säuglingen entstammt einer Arbeit von Wynn (1992). Sie untersuchte – ebenfalls mit Hilfe eines Vorgehens, bei dem Objekte von einem Sichtschutz verdeckt wurden – die Fähigkeit fünf Monate alter Babys, kleinere Additionen und Subtraktionen vorzunehmen. Alle Babys bekamen zunächst eine leere kleine Bühne zu sehen. Sobald sie sie betrachteten, erschien eine Hand in ihrem Blickfeld und setzte eine Micki-Maus-Puppe auf die Bühne. Danach wurde vom Boden des Versuchsapparates eine Trennwand hochgefahren, die die Sicht auf die Puppe verstellte. Daraufhin tauchte die Hand wieder auf und setzte eine zweite Micki-Maus-Puppe hinter die Trennwand. Nachdem sich die Wand wieder gesenkt hatte, wurden entweder zwei Micki-Maus-Puppen sichtbar (mögliches Ereignis) oder nur eine (unmögliches Ereignis, siehe Abbildung 2.10). Wynn stellte fest, dass die Babys die einzelne Micki-Maus-Puppe – das unmögliche Ereignis – signifikant länger ansahen als die zwei. Bei einem anderen Teil der Stichprobe, der gesehen hatte, dass zunächst zwei Puppen auf der Bühne saßen und dann eine Hand hinter die Trennwand griff und eine Puppe entfernte, war es genau umgekehrt: Wenn nach dem Herabsenken der Trennwand zwei Puppen auf der Bühne zu sehen waren (unmögliches Ereignis), sahen die Babys signifikant länger hin als wenn dort nur eine Puppe saß (mögliches Ereignis). Wynns Ansicht nach bedeutet dies, dass Säuglinge in der Lage sind, einfache mathematische Operationen auszuführen.

Unterstützt wird diese Auffassung durch eine Replikation ihrer Studie von Simon, Hespos und Rochat (1995), die darauf hinweisen, dass Wynns Ergebnisse nicht nur mit angeborenen mathematischen Fähigkeiten, sondern auch mit dem Wissen der Kinder über die physikalische Welt zu erklären seien, gegen das die Ereignisse in dem Experiments verstießen. In der Bedingung der «unmöglichen Addition» hörten Objekte, die hinter den Sichtschutz gesetzt worden waren, auf zu existieren, während in der Bedingung der «unmöglichen Subtraktion» auf magische Weise Objekte auftauchten, die es vorher nicht gegeben hatte. Nach Ansicht von Simon et al. könne dies allein schon die erhöhte Betrachtungszeit erklären. Wenn jedoch Wynns Resultate darauf beruhten, dass die Kinder unabhängig von der Mathematik über physikalisch unmögliche Ereignisse erstaunt waren, sollten die Kinder auch mit besonderem Interesse auf ein Ereignis reagieren, dass zwar «mathematisch möglich» war, bei dem die Micki Maus aber gegen eine andere Figur ausgetauscht wür-

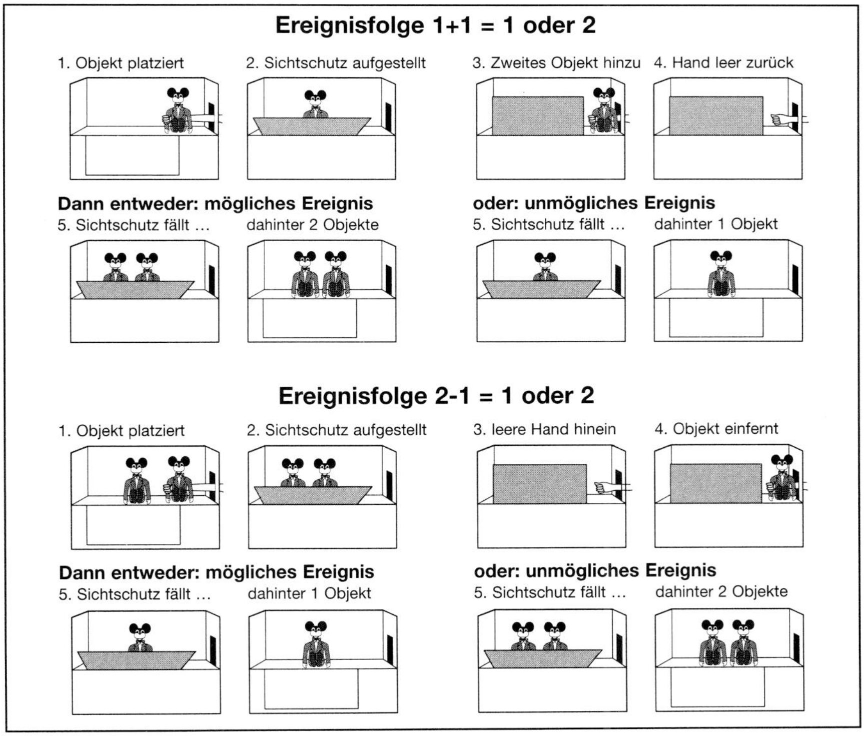

Abbildung 2.10: Additions- und Subtraktionsereignisse in der Studie von Wynn (1992). Leicht verändert aus *Nature, 358,* Copyright 1992 Macmillian Magazines Ltd.

de. Simon et al. führten daher zwei weitere Bedingungen in ihre Replikation der Studie von Wynn ein: «unmögliche Identität» und «unmögliche Identität und Mathematik».

Statt der Micki Maus verwendeten Simon et al. die Sesamstraßenfiguren Ernie und Elmo, die sie in der Bedingung «unmögliche Identität» miteinander vertauschten. Eine schematische Darstellung des Vorgehens gibt Abbildung 2.11. In der Bedingung «unmögliche Identität» wurde beispielsweise eine zweite Ernie-Puppe neben eine andere, bereits hinter dem Sichtschutz befindliche Ernie-Puppe gesetzt. Nach dem Herablassen der Trennwand kamen eine Ernie-Puppe und eine Elmo-Puppe zum Vorschein. Oder man zeigte, wie eine Hand einen Elmo hinter einer Trennwand hevorholte, hinter der, wie die Kinder vorher gesehen hatten, zwei Elmo-Puppen saßen. Wenn dann der Blick auf die Bühne freigegeben wurde, saß dort nur eine Puppe – ein Ernie. Beide Ereignisse sind zwar mathematisch korrekt, aber physikalisch unmöglich. In einer der beiden mathematisch unmöglichen Bedingungen (1+1=1; 2–1=2) wurden zusätzlich auch die Puppen ausgetauscht (Elmo + Elmo = Ernie; 2 Elmo – Elmo = Ernie + Elmo). In diesen Fällen war das Resultat *sowohl* mathematisch unzulässig *als auch* physikalisch unmöglich.

Simon et al. stellten fest, dass die fünf Monate alten Babys in der Bedingung «unmögliche Identität» genauso reagierten wie die Babys in der mathematisch möglichen Bedingung des Experiments von Wynn. In der Bedingung «unmögliche Identität und Mathematik» verhielten sie sich hingegen so wie in Wynns mathematisch unmöglicher Bedingung. Die Betrachtungszeit erhöhte sich also bei mathematisch unzulässigen Ereignissen, nicht aber bei physikalisch unmöglichen (dabei hatte eine Kontrollbedingung gezeigt, dass die Babys Ernie und Elmo prinzipiell durchaus auseinander halten konnten). Nach Simon et al. bewirkte die räumlich-zeitliche Information in Wynns Versuchsdesign, dass sich die Babys auf die *Anzahl* der Objekte hinter der Trennwand konzentrierten, und nicht auf ihre Identität. Diese Ergebnisse sind auch mit den im vorigen Abschnitt diskutierten Vorstellungen von Xu und Carey vereinbar.

Einigen Berichten zufolge verfügen Kinder bereits relativ früh im Leben über die Fähigkeit, numerische Informationen aus unterschiedlichen Sinnesmodalitäten miteinander zu vergleichen. Starkey, Spelke und Gelman (1983) untersuchten mit Hilfe eines Versuchsparadigmas, das weitestgehend dem von Spelke (1976; siehe Kapitel 1) entsprach, ob Säuglinge einen Zusammenhang zwischen *drei* Tönen und *drei* Objekten auf der einen und *zwei* Töne und *zwei* Objekten auf der anderen Seite herstellen. In ihrem Experiment konnten die

Säuglinge eine von zwei Reihen betrachten, von denen die eine aus zwei und die andere aus drei Objekten bestand. Die Objekte änderten sich bei jedem Durchgang, die eine Reihe enthielt jedoch stets zwei und die andere stets drei Objekte. Gleichzeitig hörten die Kinder eine Bandaufnahme aus einem zwischen den beiden Reihen stehenden Lautsprecher. Zu hören waren Trommelschläge, entweder in einem Zweier- oder in einem Dreiertakt. Starkey et al. stellten fest, dass die Säuglinge vorzugsweise die Reihen mit zwei Objekten betrachteten, wenn sie den Zweierrhythmus hörten und die Reihen mit drei Objekten, wenn ihnen der Dreierrhythmus vorgespielt wurde. Diese Präferenz für *intermodale Kongruenz* kam auch in der in Kapitel 1 zitierten Untersuchung zur intermodalen Wahrnehmung zum Vorschein. Um die intermodale Kongruenz in dem Versuch von Starkey et al. zu erkennen, mussten die Babys eine Repräsentation der *Anzahl* der Trommelschläge aufgebaut haben. Dies ist ein erstaunliches Ergebnis, dessen Replikation allerdings auf Schwierigkeiten gestoßen ist (Moore et al., 1987).

Die Repräsentation kausaler Relationen. Die vorangehenden Abschnitte enthalten bereits einige indirekte Belege dafür, dass Säuglinge in der Lage sind, kausale Relationen zu repräsentieren. Die meisten der in diesen Abschnitten vorgestellten Versuche bezogen sich zwar in erster Linie auf räumliche und numerische Relationen, jedoch waren gleichzeitig auch Ursache-Wirkungs-Zusammenhänge angesprochen. Schließlich ist ein grundlegendes Verständnis für kausale Relationen die Voraussetzung dafür, dass Verstöße gegen physikalische Gesetzmäßigkeiten einen Überraschungseffekt erzielen. So ist es beispielsweise in der Studie mit dem Spielzeugauto, das die Rampe herunterfährt, die erwartete *Kollision* von Auto und Kasten, die das Auftauchen des Autos zu einer Überraschung werden lässt. In der Studie mit der rotierenden Trennwand und dem Kasten ist es der erwartete *Kontakt* der Trennwand mit dem Kasten, welches das Weiterdrehen der Wand zu einer Überraschung macht. Alle kausalen Ereignisse in diesen Versuchsanordnungen geschehen jedoch *außerhalb des Blickfeldes* des Beobachters. Wir können daher nur vermuten, dass die Babys in dem Experiment mit dem Auto die Erwartung hatten, das Auto würde mit dem Kasten zusammenstoßen und deshalb stehen bleiben (vielleicht waren sie ja überrascht, weil sie erwartet hatten, dass das Auto den Kasten vor sich herschieben würde!). Um die Fähigkeit von Säuglingen, Repräsentationen kausaler Relationen aufzubauen, direkt zu untersuchen, müssen wir mit kausalen Ereignissen arbeiten, die sich im Blickfeld der Kinder abspielen.

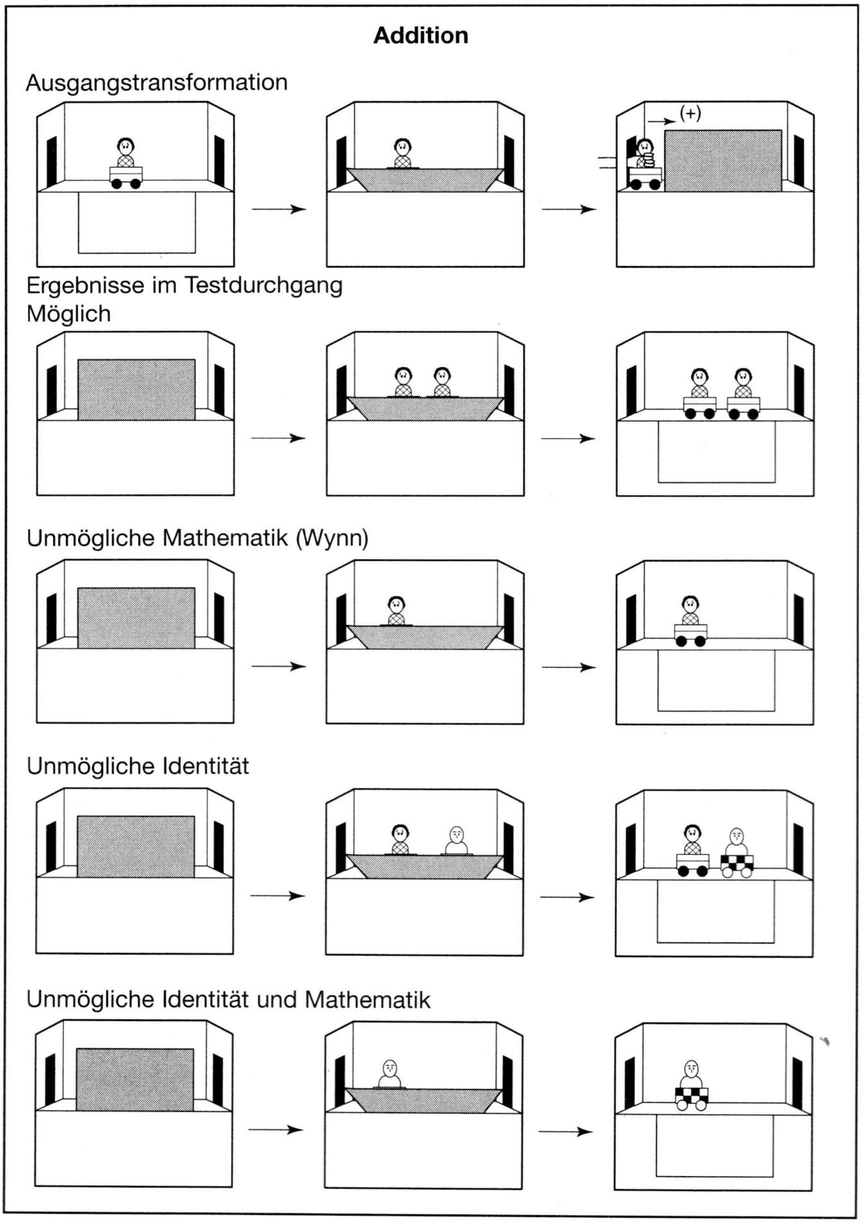

Abbildung 2.11: Additionsereignisse in der Replikation der Studie von Wynn (1982) durch Simon et al. (1985). Aus *Nature, 358,* Copyright 1992 Macmillan Magazines Ltd.

Kollisionen eignen sich gut als kritische Ereignisse für derartige Experimente. Wenn z. B. eine Billardkugel mit einer anderen zusammenstößt, wird diese dadurch in Bewegung gesetzt. Dies ist ein klares Beispiel einer Ursache-Wirkungs-Relation. Erwachsene haben, wie Michotte (1963) gezeigt hat, sehr schnell den Eindruck eines Kausalzusammenhangs, wenn sie derartige Ereignisse betrachten, auch dann, wenn sie zum Beispiel über die Wand huschende Lichtflecken beobachten. Dieser Eindruck von Kausalität auch in Abwesenheit einer mechanischen Verbindung veranlasste Michotte, von einer *Kausalitätsillusion* zu sprechen. Mit gleichem Recht könnte man sagen, dass das Wahrnehmungssystem – solange keine gegenläufigen Informationen eingehen – zunächst hypothetisch von einem Ursache-Wirkungs-Zusammenhang ausgeht. Youngs Säuglinge schienen über einen ähnlichen Wahrnehmungsmechanismus zu verfügen, der zunächst einen Kausalzusammenhang annahm. Dieser Mechanismus ist wahrscheinlich die Basis ihres Verständnisses für Ursache-Wirkungs-Zusammenhänge.

Die Existenz eines solchen Mechanismus wurde in mehreren Experimenten von Leslie und Keeble (1987) nachgewiesen. Diese Autoren untersuchten, welches Verständnis Säuglinge von *launching events* haben, Ereignissen, bei denen ein Objekt ein anderes in Bewegung setzt. In einem ihrer typischen Experimente sahen die Kinder einen von zwei verschiedenen Filmen. In einem Film bewegte sich ein roter Block auf einen grünen Block zu, kollidierte mit ihm und setzte ihn direkt in Bewegung. In dem anderen Film bewegte sich ebenfalls ein roter Block auf einen grünen zu und stieß mit ihm zusammen; hier setzte sich der grüne Block allerdings erst mit einer Verzögerung von 0,5 Sekunden in Bewegung. Beim Betrachten des ersten Films hatten Erwachsene, denen die Filme gezeigt wurden, den Eindruck eines Ursache-Wirkungs-Zusammenhangs, beim zweiten Film hingegen nicht. Im Anschluss an die Habituationsphase, in der den Kindern mehrfach einer der beiden Filme gezeigt wurde (entweder mit dem direkten Start oder dem verzögerten Start des gründen Blocks), sahen die Kinder *denselben* Film *rückwärts*. Wenngleich die Veränderung der räumlich-zeitlichen Relationen in den Filmen bei beiden Gruppen gleich war, führte der Rückwärtsmodus in dem Film mit dem direkten Start zu einem *neuen* kausalen Ereignis (Grün setzt Rot in Bewegung). Nach Auffassung der Autoren sollten die Kinder, falls sie in dem direkten Start ein kausales Ereignis sahen (Rot setzt Grün in Bewegung), mit einer stärkeren Dishabituation auf den rückwärts gezeigten Film (Grün setzt Rot in Bewegung) reagieren als die Babys aus der Bedingung mit dem verzögerten Start.

Genau dies war der Fall. Nach Leslie (1994) zeigt dieser Effekt, dass die Säuglinge für die *mechanische Struktur* des Startereignisses empfänglich waren. In dem Film, in dem der angestoßene Block sich unmittelbar in Bewegung setzte, gab es einen Tausch der mechanischen Rollen der Blöcke: Der anstoßende wurde zum angestoßenen. In dem Film mit dem verzögerten Start gab es solche Rollen nicht und daher auch keine Rollenumkehr. In Leslies Beschreibung des Ereignisses «ein Objekt setzt ein anderes in Bewegung» anhand mechanischer Rollen klingt das *Agency*-Konzept mit an, auf das wir weiter unten noch eingehen werden.

Bei einer weiteren Art von Ursache-Wirkungs-Relationen, die in der physikalischen Welt häufig anzutreffen sind, handelt es sich um solche Relationen, bei denen ein Objekt ein anderes stützt oder hält. Für Erwachsene ist es beispielsweise klar, dass eine auf dem Tisch abgestellte Teetasse, die zu weit über die Tischkante hinausragt, zwangsläufig zu Boden fällt. Ragt jedoch nur eine kleiner Teil des Tassenbodens über die Tischkante hinaus, hat die Tasse noch genug Halt und bleibt, wo sie ist. Der Frage, welche Vorstellungen sechseinhalb Monate alte Babys von derartigen Relationen haben, gingen Baillargeon, Needham und DeVos (1992) in einer Untersuchung mit einem auf einer Plattform stehenden Kasten nach.

Den Babys wurde ein Kasten gezeigt, der auf der linken Seite einer langen Plattform stand und dann von einer behandschuhten Hand über die Plattform so weit nach rechts geschoben wurde, bis sie zum Teil über die rechte Kante hinausragte (siehe Abbildung 2.12). Bei einem Teil der Stichprobe wurde die Kiste so weit geschoben, dass ihr Boden zu 85 Prozent über die Plattform hinausragte, bei einem anderen Teil nur so weit, dass der Boden zu 30 Prozent überstand. In einer Kontrollbedingung sahen dieselben Kinder, wie der Kasten ans rechte Ende der Plattform geschoben wurde und dort stehen blieb, ohne über sie hinauszuragen. Die Babys betrachteten den Versuchsapparat in der 85-Prozent-Bedingung signifikant länger als in der Kontrollbedingung, was zeigt, dass sie damit rechneten, dass der Kasten herunterfallen würde (dass er das nicht tat, lag daran, dass er von einer nicht sichtbaren Hand festgehalten wurde). Die Säuglinge in der 30-Prozent-Bedingung betrachteten die Anordnung nicht länger als in der Kontrollbedingung. Nach Baillargeon et al. waren die Säuglinge demzufolge in der Lage, zu beurteilen, wie viel Halt die Kiste brauchte, um nicht herunterzufallen.

Interessanterweise waren noch jüngere Kinder (fünfeinhalb bis sechs Monate) offenbar nicht in der Lage, solche feinen Unterschiede zu beurteilen: Sie betrachteten das Geschehen in der 85- und in der 30-Prozent-Bedingung genauso lange wie in der Kontrollbedingung (100 Prozent Kontakt). Dies interpretierten Baillargeon et al. dahingehend, dass in der Wahrnehmung kleinerer Kinder *jedes* Ausmaß von Kontakt zwischen Objekt und Untergrund ausreicht, um dem Objekt Halt zu geben. Sie operieren mit der einfacheren kausalen Regel, der zufolge gilt: *kein Kontakt = Objekt fällt herunter* und *partieller Kontakt = Objekt wird gehalten* (selbst dann, wenn der Kontakt sehr geringfügig ist). Baillargeon zufolge beruht ein Großteil des physikalisch-kausalen Denkens zunächst auf diesem Alles-oder-nichts-Prinzip. Am Anfang stehen Repräsentationen, in denen das Wesentliche physikalischer Ereignisse erfasst ist (z. B. Kontakt versus kein Kontakt), und erst später

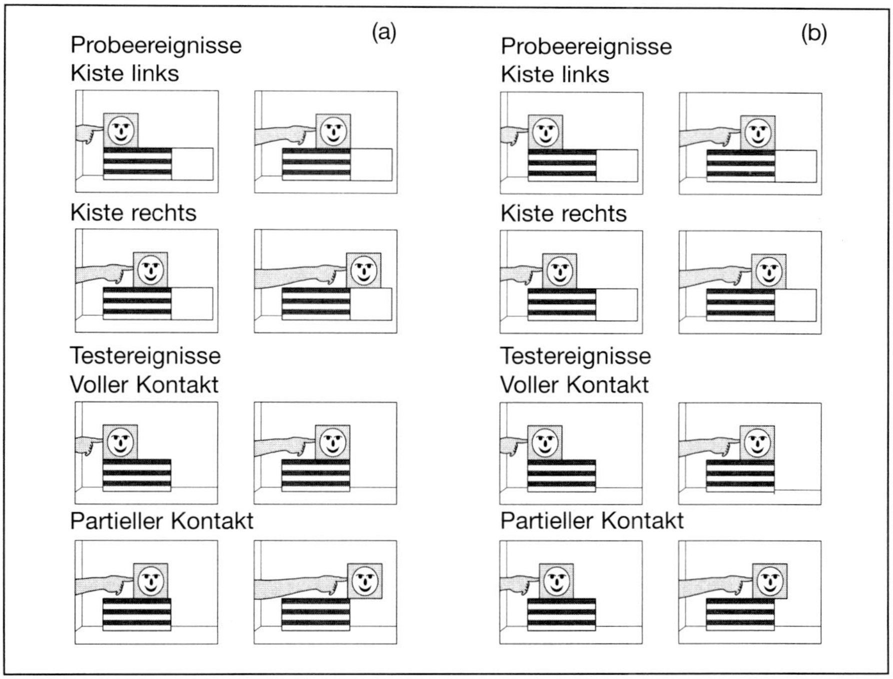

Abbildung 2.12: Probe- und Testereignisse in der Studie mit der Kiste auf der Plattform von Baillargeon et al. (1992). Bei (a) ragt die Kiste zu 85 Prozent, bei (b) zu 30 Prozent über den Rand der Plattform hinaus. Wiedergabe mit freundlicher Genehmigung.

kommt es zu differenzierteren Repräsentationen, die auch andere relevante Variablen berücksichtigen (wie das *Ausmaß* des Halts). Eine wichtige Rolle für diese Entwicklung spielt die Erfahrung mit der physikalischen Umwelt. Beispielsweise können die meisten Babys ungefähr ab dem sechsten Lebensmonat eigenständig sitzen. Nun sind sie in Lage, an einem Tisch mit Objekten zu hantieren und z. B. zu beobachten, wie sie herabfallen. Nach Baillargeon helfen diese Erfahrungen den Babys, ein differenzierteres Verständnis der Ursache-Wirkungs-Relationen in Zusammenhang mit Kontakt und Halt zu entwickeln. Der Gedanke, dass *konkrete* Erfahrungen dieser Art die Entwicklung spezifischer Aspekte des physikalischen Denkens fördern, eröffnet interessante Fragen für zukünftige Forschung.

Von der Repräsentation kausaler Relationen zum Verständnis für «Agency». Die Fähigkeit, Repräsentationen kausaler Relationen zwischen Objekten aufzubauen, mag schlicht als Spezialfall der allgemeinen Fähigkeit, relationsbezogene Informationen zu verarbeiten, erscheinen, die besondere Beachtung kausaler Zusammenhänge ist jedoch ein äußerst wichtiges kognitives Werkzeug. Kausale Relationen spielen eine sehr wichtige Rolle in der uns umgebenden Welt der Dinge und Ereignisse. Wollen wir uns effektiv in ihr bewegen, müssen wir uns dieser Zusammenhänge bewusst werden. In späteren Kapiteln werden wir sehen, inwiefern das Erfassen kausaler Relationen Grundlage für die Entwicklung des begrifflichen Denkens, des Gedächtnisses und des logischen Denkens im Allgemeinen ist. Eine besondere Empfänglichkeit für kausale Relationen liegt möglicherweise auch der Entwicklung der Vorstellung von Handlungsfähigkeit *(agency)* zugrunde. Der Agency-Begriff kann sowohl auf mechanische Zusammenhänge als auch auf menschliches Agieren bezogen werden.

Die Entwicklung der Vorstellung von *mechanischer* Agency analysierte Leslie (1994). Ihm zufolge erfüllen kausale Bewegungsanalysen, die Säuglinge durchführen, den wichtigen Zweck, mechanische *Beschreibungen* von Ereignissen zu liefern. Solche Beschreibungen gehen über das rein äußere Geschehen hinaus; es kann also nicht gesagt werden, dass die Wahrnehmung von Ursache und Wirkung etwas rein Visuelles sei. Vielmehr ist diese Wahrnehmung die Grundlage für einen Mechanismus zum Verstehen der mechanischen Eigenschaften von *Agenzien*. Unbelebte Objekte bewegen sich in der realen Welt als Folge einer Umverteilung von Energie, und diese mechanischen Kräfte unterscheiden sich in wichtigen Aspekten von dem, was Lebewesen in Bewegung setzt. Gegenstände, die sich von allein bewegen, sind

Agenzien, und Gegenstände, die durch andere in Bewegung gesetzt werden, gehorchen bestimmten Ursache-Wirkungs- (oder mechanischen) Gesetzen. Das Interesse von Kindern an sich bewegenden Gegenständen hilft ihnen, Klarheit über verschiedene Ursache-Wirkungs-Zusammenhänge in der physikalischen Welt zu gewinnen.

Ein Experiment von Spelke, Phillips und Woodward (1995) zeigt, dass Säuglinge zwischen belebten und unbelebten Agenzien unterscheiden, wenn sie Bewegungen beobachten. Die Autoren untersuchten, ob sieben Monate alte Babys eine durch Kontakt ausgelöste Bewegung bei Menschen anders deuten als bei unbelebten Objekten. Bei den unbelebten Objekten handelte es sich um abstrakt gemusterte Figuren, die zwischen 1,50 und 1,80 m hoch waren und von hinter ihnen verborgenen Menschen im normalen Schritttempo bewegt wurden. Das Experiment folgte einem Verdeckungsparadigma (siehe Abbildung 2.13). In der Habituationsphase sahen die Säuglinge entweder eine Person oder ein unbelebtes Objekt auf der einen Seite der Szene auftauchen und hinter einer Trennwand verschwinden. Danach kam ein zweites Objekt bzw. eine zweite Person auf der anderen Seite hinter der Trennwand hervor und

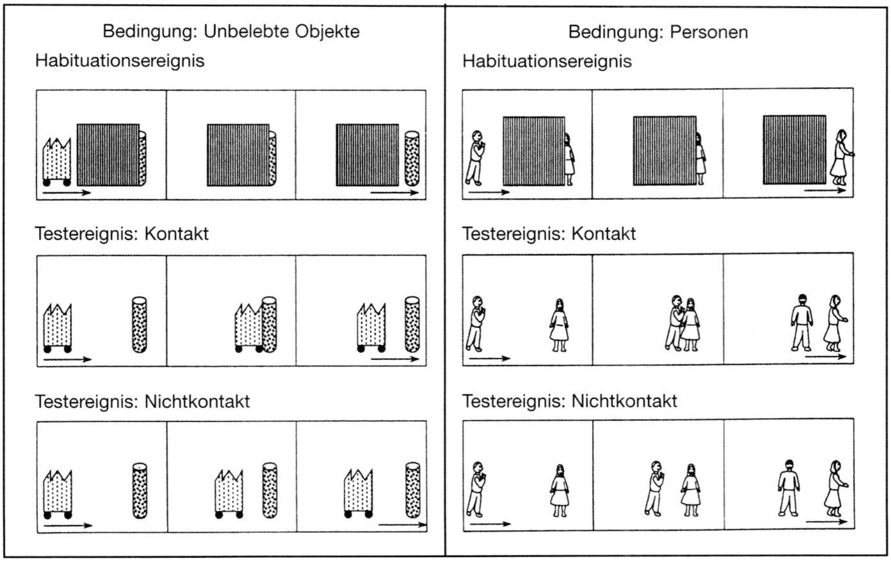

Abbildung 2.13: Kontakt- und Nichtkontakt-Ereignisse aus der Studie von Spelke, Phillips und Woodward (1995). Copyright John Wiley & Sons Ltd. Wiedergabe mit freundlicher Genehmigung.

verließ die Szene. Dieses Geschehen wiederholte sich anschließend in umgekehrter Reihenfolge. Der zeitliche Ablauf, der bei Objekten und Personen genau gleich war, konnte im Fall der Objekte zu der Vermututng Anlass geben, dass das erste Objekt hinter der Trennwand das zweite anstieß und es dadurch in Bewegung setzte.

In der anschließenden Testphase wurde die Trennwand entfernt und die Babys bekamen entweder ein «Kontakt-Ereignis» oder ein «Nichtkontakt-Ereignis» zu sehen. Bei dem Kontakt-Ereignis legten die Objekte bzw. Personen die gleichen Wege zurück wie in der Habituationsphase, wobei sich das zweite Objekt bzw. die zweite Person in Bewegung setzte, sobald die beiden Objekte bzw. Personen sich berührt hatten. Bei dem Nichtkontakt-Ereignis kam es zu keiner Berührung der beiden Objekte oder Personen: Objekt/Person 1 hielt kurz vor Objekt/Person 2 an und Objekt/Person 2 setzte sich nach kurzem Abstand in Bewegung. Im Anschluss wurden beide Ereignisse in umgekehrter Abfolge gezeigt und so lange wiederholt, wie die Babys sie betrachteten. Falls die Säuglinge in der Lage waren, zwischen mechanischen Kräften und sich bewegenden Lebewesen zu unterscheiden, sollten sie bei den unbelebten Objekten das Nichtkontakt-Ereignis interessanter finden, bei dem Objekt 2 nicht angestoßen wurde und sich daher eigentlich auch nicht in Bewegung setzen dürfte. Bei den Personen sollte es keinen Unterschied zwischen dem Kontakt- und dem Nichtkontakt-Ereignis geben, da sich Menschen auch aus eigenem Antrieb in Bewegung setzen können. Die Ergebnisse bestätigten diese Annahmen. Darüber hinaus zeigte eine Kontrollbedingung, dass Kontakt- und Nichtkontakt-Ereignisse prinzipiell gleich interessant für die Babys waren. Die Autoren schlossen daraus, dass Babys spätestens mit 7 Monaten das Prinzip, dass sich Dinge in der Regel nur dann in Bewegung setzen, wenn sie angestoßen werden, nicht auf Menschen anwenden. Sie denken anders über Menschen als über Gegenstände und berücksichtigen, dass Personen handelnde Wesen (Agenzien) sind, die sich aus eigenem Antrieb in Bewegung setzen können.

Die Entwicklung des Verständnisses für menschliche Agency wurde auch auf sehr elegante Weise von Meltzoff (1995) untersucht. Er zeigte, dass Kleinstkinder in der Lage sind, die kausalen *Intentionen* anderer Menschen zu verstehen, was ein Wissen um die Fähigkeit des Menschen voraussetzt, aus eigener Kraft zu handeln. In seinem Experiment zeigte Meltzoff 18 Monate alten Kindern einen Erwachsenen, der die Absicht an den Tag legte, etwas Bestimmtes zu tun, dabei jedoch stets scheiterte. Beispielsweise versuchte er, eine Perlenkette in einen zylindrischen Behälter zu befördern, die Kette landete aber immer wieder neben dem Behälter anstatt darin; oder er versuchte, eine Schlaufe an einen Haken zu hängen, verfehlte diesen aber immer wieder. Eine zweite Gruppe von Säuglingen sah den Erwachsenen bei der Ausführung der gleichen Handlungen, hier aber gelang ihm jedes Mal, was er vorhatte. Nachdem sie den Erwachsenen beobachtet hatten, wurden den Kindern selbst die Perlen, die Schlaufe etc. in die Hand gegeben.

Meltzoff stellte fest, dass die Durchführung der Zielhandlung (das Befördern der Perlen in den Behälter, das Aufhängen der Schlaufe usw.) bei beiden Gruppen gleich häufig vorkam, wenngleich die Kinder der einen Gruppe diese Zielhandlung nie beobachtet hatten. Eine Kontrollgruppe von Kleinstkindern, die die Materialien ohne vorherige Demonstrationen in die Hand bekamen, brachte nur sehr selten die Zielhandlungen hervor, womit gezeigt wurde, dass diese nicht die «natürliche» Art und Weise darstellten, mit den vorgegebenen Objekten zu verfahren. Meltzoff schloss daraus, dass ein psychologisches Verständnis der Intention des menschlichen Modells die Kinder aus der Experimentalgruppe dazu brachte, die Zielhandlungen auszuführen. Sie hatten erkannt, was der Erwachsene *gewollt* hatte, auch wenn es ihm nie gelungen war.

Interessanterweise reagierten die Babys anders, wenn ein unbelebter Apparat die gleichen Bewegungen ausführte wie die menschliche Hand. Eine weitere Gruppe von Babys beobachtete einen Zangenmechanismus, der die gleichen ungeschickten Bewegungen durchführte wie die menschliche Hand bei dem Versuch, die Zielhandlung auszuführen. Damit sollte die Frage beantwortet werden, ob die Kinder möglicherweise einfach auf die physikalischen Gegebenheiten der Situation reagierten oder ob sie tatsächlich zuvor die Intention der handelnden Person erschlossen hatten. Meltzoff stellte fest, dass die Kinder den Zangenmechanismus zwar mit großem Interesse betrachteten, sie aber anschließend sehr viel seltener die Zielhandlung durchführten, wenn der Apparat bei der Ausübung einer intendierten Handlung versagt hatte als wenn einem Menschen die Ausübung derselben Handlung nicht geglückt war: Die Kinder, die den Menschen beobachteten, führten hinterher mit sechsmal höherer Wahrscheinlichkeit die Zielhandlung selbst aus als die Kinder, die den unbelebten Apparat beobachtet hatten.

Nach Ansicht Meltzoffs legen diese Ergebnisse nahe, dass Kinder bis zum Alter von 18 Monaten zwei separate Erklärungsmodelle für kausale Zusammenhänge entwickelt haben: eines für physikalische Ursache-Wirkungs-Zusammenhänge zur Erklärung des Verhaltens von Gegenständen und eines für psychologische Ursache-Wirkungs-Zusammenhänge zur Erklärung des

Verhaltens von Menschen. Meltzoff meinte, dass kleine Kinder das Verhalten von Personen im Rahmen eines psychologischen Erklärungsmodells verarbeiten, in dem Ziele und zweckgerichtete Handlungen berücksichtigt werden, und nicht allein auf der Grundlage der rein physikalischen Bewegungsabläufe.

Neuere Daten, die Gergely und seine Mitarbeiter vorlegten, zeigen, dass die Zuschreibung von Agency auf der Basis kausaler Analysen physikalischer Situationen sogar noch weiter geht als Meltzoff vermutete. In einer innovativen Studie, konzipiert zur Untersuchung der Anfänge des Verständnisses für Agency, demonstrierten Gergely, Nadasdy, Csibra und Biro (1995), dass Kleinstkinder im Alter von 12 Monaten das räumliche Verhalten eines Agens in Bezug auf seine zielgerichteten Handlungen analysieren und diesem Verhalten, wenn es rational zu sein scheint, eine gewisse «Intentionalität» unterstellen, ihm also eine psychologische Ursache zuschreiben. Gibt es keine rationale Grundlage für das zielgerichtete räumliche Verhalten, wird auch keine Intentionalität unterstellt.

Der Ausgangspunkt des Experiments von Gergely et al. war die Tatsache, dass die Vorhersage und Erklärung von Verhalten handelnder Wesen nicht möglich ist ohne die Zuschreibung von Intentionen – Überzeugungen, Zielen und Wünschen – als psychologische Ursachen von Handlungen. Verbunden

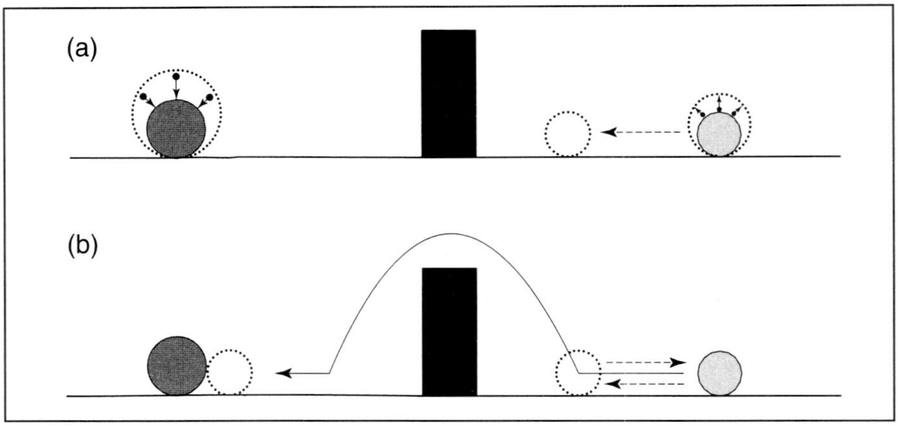

Abbildung 2.14: Schematische Darstellung der Habituationsereignisse aus der Studie von Gergely et al. (1995). In (a) dehnt sich der große Kreis aus und zieht sich wieder zusammen und der kleine Kreis nähert sich der Barriere; in (b) sieht man, wie der kleine Kreis Anlauf nimmt, die Barriere überspringt und sich so weit dem großen Kreis annähert, dass er ihn berührt.

mit einer Betrachtungsweise, die Ziele und Intentionen zu erschließen sucht *(«intentional stance»)*, ist die Annahme von Rationalität: Der Handelnde wird in einer gegebenen Situation das rationalste Verhalten auswählen, um sein Ziel zu erreichen. Um zu untersuchen, ob 12 Monate alte Säuglinge von einem Agens in einer gegebenen Situation ein bestimmtes, zur Erreichung seiner Ziele geeignetes Verhalten erwarten würden, konzipierten Gergely et al. eine visuelle Habituationsstudie, in der das auf einem Computerbildschirm dargestellte Verhalten zweier Kreise den Eindruck intentionaler Handlungen entstehen ließ. Die beiden Kreise, ein großer und ein kleiner, waren durch ein hohes Rechteck voneinander getrennt (siehe Abbildung 2.14). In der Habituationsphase des Experiments wurde nun folgender Ablauf von Ereignissen gezeigt: Zunächst dehnten sich die Kreise abwechselnd je zweimal aus und zogen sich wieder zusammen. Daraufhin bewegte sich der kleine Kreis auf den großen Kreis zu, kam jedoch nur bis zu der Barriere. Er wich ein Stück zurück, um dann erneut zu versuchen, zum großen Kreis zu gelangen, indem er die Barriere übersprang. Auf der anderen Seite angelangt berührte er den großen Kreis und beide Kreise dehnten sich noch zweimal aus und zogen sich wieder zusammen. Erwachsene, die diese Abfolge betrachteten, sahen in ihr eine kleine Geschichte, in der eine Mutter (großer Kreis) ihr Kind (kleiner Kreis) ruft, dieses auf sie zuläuft, durch die Barriere aufgehalten wird und diese dann überspringt. Zum Schluss umarmen sich die beiden.

Im Anschluss an die Habituation wurde den Kindern eine Abfolge gezeigt, in der die beiden Kreise genau die gleichen Bewegungen vollführten, allerdings gab es dieses Mal keine trennende Barriere. Bei diesem Ereignis (der «alten Handlung») gab es keine rationale Erklärung für das Zurückweichen und den Sprung des kleinen Kreises. Bei einem anderen Ereignis (der «neuen Handlung») nahm der kleine Kreis einfach den kürzesten – direkten – Weg, um zum großen Kreis zu gelangen. Gergely et al. sagten voraus, dass die Kinder, falls sie eine *Intentionsanalyse* der ersten Szene durchgeführt hatten, nun die «alte Handlung» länger betrachten würden als die «neue Handlung», da erstere ihnen zwar bekannt, aber nicht mehr rational war. Genau dies war der Fall. Eine Kontrollgruppe, die in der Habituationsphase die gleiche Abfolge ohne die Barrikade durch das Rechteck (dieses befand sich am Bildschirmrand) gesehen hatte, zeigte eine gleich starke Dishabituation auf die alte und die neue Handlung. Für Gergely et al. hieß dies, dass die Kontrollgruppe den kleinen Kreis nicht als rationales Agens betrachtet hatte, da sein Verhalten in der Habituationsphase keine Veranlassung zur Zuschreibung von Intentionalität gegeben hatte.

Dieses hochinteressante Ergebnis zeigt, wie stark sich schon bei sehr junge Kindern die Tendenz bemerkbar macht, kausale Relationen zwischen Objekten zu «sehen». Kausale Analysen der dinglichen Umwelt und der Ereignisse, die sich darin abspielen, scheinen ihnen nicht nur zu Erkenntnissen über die physikalische Welt der unbelebten Objekte zu verhelfen, sondern auch über die psychologische Welt der Lebewesen. Zwar kann dies letztendlich zur Entwicklung zweier separater kausaler Erklärungsmodelle für das Verhalten von Objekten und für das von Menschen führen, jedoch beruhen beide Modelle, wie es scheint, auf der gleichen Grundlage. Die Zuschreibung kausaler Mechanismen wie Überzeugungen und Wünsche scheint *denselben* Ursprung zu haben wie die Zuschreibung kausaler Mechanismen wie Kollision und Halt – nämlich die kausale Analyse des Verhaltens von Objekten im Raum.

Wissensrepräsentation auf der Grundlage von Bedeutungen

Auf welche Weise kleine Kinder über die perzeptuelle Kategorisierung und Repräsentation der Relationen zwischen Objekten hinausgehen und zu Konzepten und Schemata gelangen (Wissensrepräsentationen auf der Grundlage von *Bedeutungen)* ist noch nicht hinreichend geklärt. Bedeutungsbasierte Wissensrepräsentation werden in der kognitiven Psychologie definiert als Repräsentationen, die nur die signifikanten Aspekte eines Ereignisses enthalten und keine unwichtigen perzeptuellen Einzelheiten (z. B. Anderson, 1980). Ein *propositionales* Format repräsentiert die Bedeutung eines Satzes oder eines Bildes anhand seiner zentralen Relationen und Nomen. So könnte beispielsweise der Satz «Nixon schenkte Breschnew, dem damaligen Führer der Sowjetunion, einen schönen Cadillac» als (*Schenken,* Nixon, Cadillac, Breschnew, Vergangenheit; siehe Anderson, 1980) repräsentiert werden. Bei *Schemata* handelt es sich um komplexe Wissenseinheiten, in denen Informationen repräsentiert sind, die normalerweise für eine bestimmte *Kategorie* gelten, zum Beispiel für *Vögel* (haben Flügel, haben einen Schnabel, können fliegen usw.), oder auch für ein *Ereignis*, zum Beispiel einen *Arztbesuch* (sich beim Empfang melden, lange im Wartezimmer sitzen, ins Sprechzimmer gehen usw.). Schemata, die sich auf Ereignisse beziehen, werden auch als *Skripts* bezeichnet.

Wenn wir davon ausgehen, dass Säuglinge nur über rein sensorische oder perzeptuelle Kategorien verfügen (die auf gespeicherten, strukturierten, wahrnehmungsvermittelten Informationen beruhen), stellt sich die zunächst unbeantwortbar erscheinende Frage, wie der Übergang zu einem propositonalen oder schematischen Format vonstatten gehen kann. Möglicherweise spielt hier eine besondere Empfänglichkeit der Kinder für kausale Relationen eine entscheidende Rolle. Schließlich haben wir schon gesehen, dass Kinder schon früh im beträchtlichen Umfang Informationen abspeichern, die nicht rein sensorischer Art sind. So behalten beispielsweise Säuglinge Informationen über *launching events* (Ereignisse, in denen ein Objekt mit einem anderen zusammenstößt und dieses dadurch in Bewegung setzt), die über die rein äußeren Merkmale der Ereignisse selbst hinausgehen und eine Vorstellung von «agency» beinhalten (Leslie, 1994). Wir haben auch gesehen (in Kapitel 1), dass Kleinstkinder eine zweistufige kausale Ereignisabfolge wie «einen Knopf in eine Dose stecken und zum Klappern bringen» über einen längeren Zeitraum (drei Monate) im Gedächtnis behalten können, während sie ein zweistufiges nichtkausales Ereignis wie «einem Hasen einen Hut aufsetzen und ihm eine Möhre zu essen zu geben» nach der gleichen Zeit wieder vergessen haben. Derartige Forschungsergebnisse legen nahe, dass es nicht die äußeren, wahrnehmungsvermittelten Merkmale der Ereignisse selbst sind, die repräsentiert und erinnert werden, sondern ihre kausale Struktur oder ihre Bedeutung. Es ist daher unwahrscheinlich, dass erst der Spracherwerb die Kinder in die Lage versetzt, Wissen auf der Grundlage von Bedeutungen zu repräsentieren, wie man früher glaubte. In diesem Fall wäre auch die wichtige Farge zu stellen, auf welchen kognitiven Strukturen der Spracherwerb beruht. Die Repräsentationen von Babys und Kleinstkindern gehen jedenfalls zumindest in einigen Wissensbereichen über die vorgegebenen sensorischen Informationen hinaus.

Bildschemata

Jean Mandler (1988, 1992), die sich ausgiebig mit der Frage beschäftigt hat, welche Form solche Repräsentationen annehmen können, vertritt die Auffassung, dass ein Ursprung der nichtsensorischen begriffsbildenden Aktivität im Säuglingsalter in den Repräsentationen der *räumlichen* Eigenschaften von Objekten und Ereignissen liegt. Nach Mandler kann die Analyse äußerer, räumlicher Strukturen zum Aufbau von «Bildschemata» führen, die wiederum die Vorläufer von Begriffen wie «Belebtsein», «Agency» oder «Enthaltensein» sind. Bie diesen Bildschemata handelt es sich um analoge Repräsentationen der perzeptuellen Struktur des Ereignisses, beispielsweise der räumlichen

Relationen und der Bewegungen im Raum, die ein Ereignis wie *Enthaltensein* charakterisieren. Bildschemata entstehen durch die aktive Abstrahierung zentraler Informationen über bestimmte Ereignisse, die anschließend in eine nichtperzeptuelle Form umkodiert werden, welche eine Bedeutung repräsentiert. Diese Bedeutungen sind einfache Vorstellungen wie *herauf/herunter*, *Teil/Ganzes* oder *Verbindung*. Mandlers Meinung nach ist dieses bedeutungsbasierte Wissen dem Bewusstsein nicht zugänglich und bedarf erst der erneuten bildlichen oder sprachlichen Neubeschreibung, um für das kognitive System des Kindes verfügbar zu werden.

So wird beispielsweise die Vorstellung des *Enthaltenseins* durch ein Bildschemata repräsentiert, wie es Abbildung 2.15 zeigt. Im Laufe der Zeit werden Babys mit vielen verschiedenen Beispielen dieser Relation konfrontiert, zum Beispiel beim Essen und Trinken (Milch in der Flasche, Milch außerhalb der Flasche, Cornflakes in der Verpackung, Cornflakes auf dem Löffel, Cornflakes auf dem Boden etc.). Auch andere häufig vorkommende Ereignisse umfassen Relationen des Enthaltenseins: umgekleidet zu werden, in den Kinderwagen oder den Laufstall gesetzt zu werden bzw. dort herausgenommen zu werden, etwas auszuspucken usw. Mandlers Ansicht nach analysieren die Kinder die äußeren Merkmale all dieser Ereignisse, abstrahieren Übereinstimmungen in Bezug auf die Bewegungen im Raum und die räumlichen Relationen und gelangen auf diese Weise zu einem Enthaltensein-Schema mit seinen drei zentralen strukturellen Elementen *innen*, *außen* und *Grenze*. Die verwandten Bildschemata für *Hineingehen* und *Hinausgehen* sind ebenfalls in Abbildung 2.15 dargestellt. Mandler vertritt die Auffassung, dass es sich bei diesen Bildschemata um begriffliche Primitiva oder präverbale Repräsentationen handele. Sie seien wahrscheinlich nicht propositionaler Art, förderten indes den Spracherwerb.

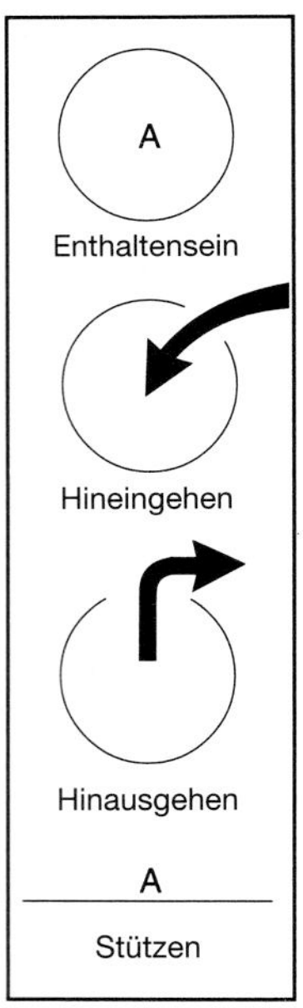

Abbildung 2.15: Bildschemata für Enthaltensein, Hineingehen, Hinausgehen und Stützen.

Spezialisierte Module für spezifische Informationen?

Leslie (1994) schreibt, dass Mandlers Vorstellungen etwas im Widerspruch zu seinen eigenen Überlegungen stehen, denen zufolge es im Gehirn spezialisierte informationsverarbeitende Systeme gibt, die die Grundlage für die kognitive Entwicklung darstellen. Nach Leslies *bereichsspezifischer* Betrachtungsweise verfügt das Gehirn über bestimmte Mechanismen, die in Abhängigkeit von der Position, die sie in der Gesamtorganisation einnehmen, Input von bestimmten Klassen von Objekten erhalten und schließlich bestimmte bereichsspezifischen Informationen repräsentieren. Ein Beispiel ist der Mechanismus, der für den Erwerb der syntaktischen Struktur der Sprache zuständig ist. Weitere «Module» sind das Modul *Zahlen* und das Modul *Musik*. Darüber hinaus nennt Leslie zwei zentrale Bereiche, die seiner Auffassung nach von großer Bedeutung für die Fähigkeit des kleinen Kindes sind, kausales begriffliches Wissen aufzubauen. Es sind dies die *Objektmechanik* und die *psychologische Theorie («theory of mind»)*. In diesen beiden zentralen Domänen stellt das Grundprinzip von Ursache und Wirkung das wichtigste organisierende Prinzip dar.

So organisiert sich beispielsweise die Verarbeitung der physikalischen Umwelt anscheinend ziemlich rasch um eine Kernstruktur herum, die aus der Repräsentation kohäsiver, massiver, dreidimensionaler Objekte sowie einer Reihe mechanischer Relationen wie *schieben, blockieren* und *stützen* besteht. Nach Leslie beruht diese organisierte Verarbeitung auf einem spezialisierten Lernmechanismus oder -modul, der sich im Laufe der Evolution herausgebildet hat, um begriffliches Wissen über die physikalische Umwelt aufbauen zu können. Leslies Ansicht zufolge ist es die modulare Organisation des Gehirns *selbst*, die es dem Säugling ermöglicht, rasch und einheitlich objektmechanisches Wissen aufzubauen (sowie Wissen über psychologische Ursache-Wirkungs-Zusammenhänge). Man könnte auch sagen, die Babys verfügen über so etwas wie rudimentäre Theorien, so zum Beispiel über eine Theorie der Mechanik. Wie wir in späteren Kapiteln sehen werden, wurde die Vorstellung, Säuglinge verfügten über Ansätze von Theorien auch zur Erklärung der kognitiven Entwicklung in den Bereichen biologisches Wissen und psychologisches Wissen herangezogen.

Der Unterschied zwischen Leslies bereichsspezifischer Verarbeitungsinstanz, die die *Mechanik* physikalischer kausaler Ereignisse versteht und Mandlers Vorstellung von Bildschemata besteht darin, dass letztere in rein räumlichen Begriffen konzipiert sind. Gemeinsam ist beiden Theorien jedoch die Annahme, dass Menschen schon in der frühesten Kindheit über Repräsentationen verfügen, die über die rein sensorischen bzw. wahrnehmungsvermittelten Daten hinausgehen und *Bedeutungen* beinhalten. Sowohl Leslie als auch Mandler vertreten die Auffassung, dass sich bedeutungsbasierte Wissensrepräsentationen bereits bei vier Monate alten Säuglingen zu entwickeln beginnen.

Die verschiedenen Arten bedeutungsbasierter Repräsentationen werden in späteren Kapiteln weiter erörtert. Auf die Beziehung zwischen räumlich-mechanischen Bewegungsanalysen und der Unterscheidung belebt/unbelebt und ihren Beitrag für die Entwicklung des begrifflichen Denkens wird in Kapitel 3 eingegangen. Und im ersten Kapitel über die Entwicklung des Gedächtnisses (Kapitel 5) werden Befunde vorgestellt, denen zufolge schon sehr junge Kinder in der Lage sind, Ereignisschemata aufzubauen.

Schlussfolgerndes Denken und Problemlösen

Zwei weitere zentrale kognitive Aktivitäten sind schlussfolgerndes Denken und Problemlösen. Diese zu definieren ist nicht ganz einfach. Einer weit verbreiteten Definition zufolge umfasst schlussfolgerndes Denken diejenigen Prozesse beim Abrufen von Informationen, die auf der *Struktur* – und nicht auf dem *Inhalt* – des organisierten Gedächtnisses beruhen (Rumelhart & Abramson, 1983). Damit stellt sich jedoch das Problem zu entscheiden, welche Teile des organisierten Gedächtnisses strukturell und welche inhaltlich sind. Nach Anderson (1980) umfasst schlussfolgerndes Denken und Problemlösen in der Regel drei Bestandteile. Erstens wird ein bestimmter Endzustand angestrebt, der meistens in dem Erreichen eines spezifischen Ziels besteht. Zweitens sind zum Erreichen dieses Endzustands eine Reihe mentaler Prozesse erforderlich. Hierin unterscheidet sich schlussfolgerndes Denken von anderen zielgerichteten Verhaltensweisen wie dem Öffnen des Mundes beim Anblick der Saugflasche. Drittens sollten die beteiligten mentalen Prozesse eher kognitiver als automatischer Art sein. Eine automatische oder gewohnheitsmäßige Verhaltensabfolge wie beim «Guck-guck»-Spielen gilt nicht als kognitiv. Wir werden in diesem Kapitel nur einige wenige Beispiele für schlussfolgerndes Denken und Problemlösen bei Säuglingen erörtern. Neuere Untersuchungen zum physikalischen Verständnis von Säuglingen haben noch zahlreiche andere Beispiele hervorgebracht (siehe zusammenfassend Baillargeon, 1995, und Spelke, 1991).

Der Bär im Becher

Ein in diesem Zusammenhang äußerst aufschlussreiches Experiment untersuchte die Frage, ob kleine Kinder begreifen, dass es unmöglich ist, einen Bären, den sie zuvor unter einem umgedrehten Plastikbecher sitzen sahen, aus einem leeren Spielzeugkäfig zu holen. Baillargeon, Graber, DeVos und Black (1990) untersuchten dies, indem sie kleinen Kindern einen umgedrehten durchsichtigen Plastikbecher und einen kleinen, unten offenen Käfig zeigten, die nebeneinander auf einem Tisch standen – der Käfig rechts von dem Becher. Unter dem umgedrehten Plastikbecher sah man einen Bären sitzen, während der Käfig leer war. Nun wurde eine kleine Trennwand auf den Tisch gestellt, so dass Becher und Käfig für die Kinder nicht mehr sichtbar war.

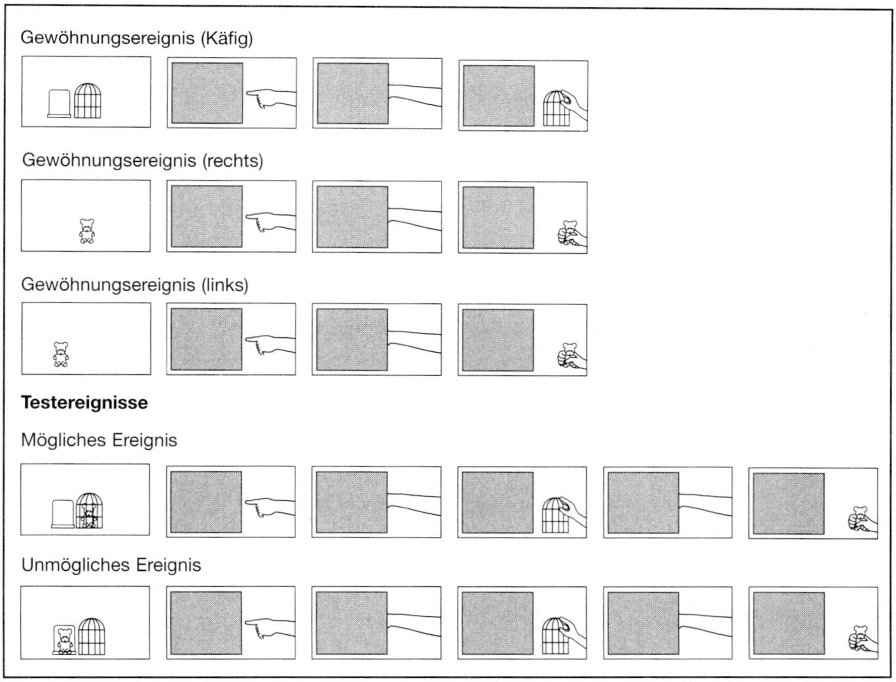

Abbildung 2.16: Gewöhnungs- und Testereignisse in den Versuchen mit dem Bären in dem Becher von Baillargeon et al. (1990). Copyright 1990 American Psychological Association. Wiedergabe mit freundlicher Genehmigung.

Daraufhin erschien rechts von der Trennwand eine Hand, griff hinter die Wand und tauchte mit dem Käfig wieder auf (siehe Abbildung 2.16). Danach griff die Hand noch einmal hinter die Trennwand und erschien mit dem Spielzeugbären. Dieses war ein unmögliches Ereignis, welches die Kinder signifikant länger betrachteten als das mögliche Ereignis in der Kontrollbedingung, bei der der Bär zunächst in dem leeren Käfig saß anstatt unter dem Becher. Um über das unmögliche Ereignis erstaunt zu sein, mussten die Kinder davon ausgehen, dass Bär, Becher und Käfig hinter der Trennwand weiter existierten, und sich darüber hinaus deren jeweilige Position merken, nachdem sie hinter der Trennwand verschwunden waren. Aus diesen Prämissen mussten sie dann *schließen*, dass es unmöglich war, den Bären aus dem leeren Käfig zu holen.

Der Hund unter dem Tuch

Ein weiteres Beispiel für schlussfolgerndes Denken bei kleinen Kindern betrifft die Fähigkeit, die Größe verborgener Objekte einzuschätzen. In einer Studie von Baillargeon und DeVos (1994) bestand die Aufgabe für die Kinder darin, sich ein Bild von der Größe eines unter einem Tuch versteckten Objektes zu machen. Dabei wurde ihnen zunächst ein unerkennbares Gebilde gezeigt, das mit einem weichen, fließenden Tuch bedeckt war. Das Ganze wurde

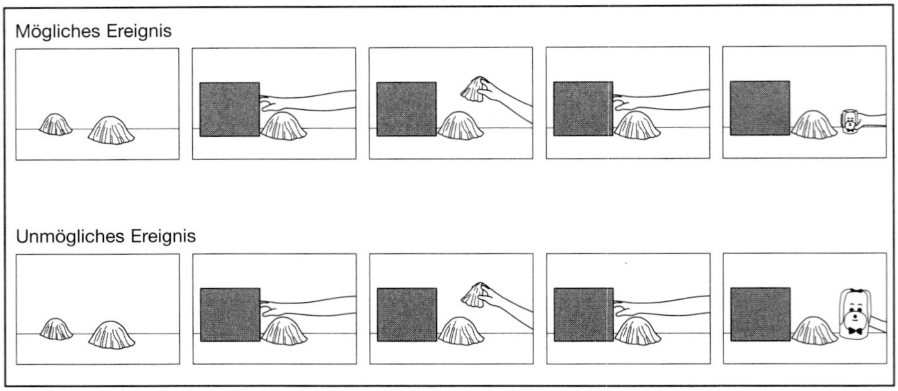

Abbildung 2.17: Darstellung der Ereignisse aus der Studie mit dem Hund unter dem Tuch, bei denen ein direkter Vergleich möglich war (Baillargeon & DeVos, 1994). Wiedergabe mit freundlicher Genehmigung von Elsevier Science.

dann durch einen Sichtschutz verdeckt. Vor den Blicken der Kinder griff dann eine Hand hinter den Sichtschutz und tauchte zunächst mit dem Tuch wieder auf, um dann erneut hinter die Trennwand zu greifen und einen sehr großen Spielzeughund dahinter hervorzuholen. Dieser Hund war so groß, dass es für Erwachsene klar war, dass es sich bei ihm nicht um das ursprünglich unter dem Tuch verborgene Objekt handeln konnte. Die Kinder (Alter: 12½ Monate) waren jedoch nicht überrascht angesichts der Größe des Objektes, das die Hand hinter der Trennwand hervorgeholt hatte.

Nachfolgende Experimente zeigten, dass die Kinder unter anderem deshalb nicht überrascht waren, weil es ihnen schwer fiel, sich an die *absolute* Größe des Objektes zu erinnern, nachdem es hinter dem Sichtschutz verschwunden war. Erst als Baillargeon und DeVos ein zweites identisches Gebilde unter einem Tuch als Gedächtnisstütze in das Experiment einführten, das nicht mit hinter der Trennwand verschwand, waren die Kinder in der Lage, die Größe des verborgenen Objektes zu berücksichtigen. Nun konnten die Kinder, den großen Spielzeughund, der hinter der Trennwand hervorgeholt wurde, direkt mit dem zweiten verdeckten Objekt vergleichen (siehe Abbildung 2.17). War ein solcher direkter Vergleich der Größenverhältnisse möglich, betrachteten die Kinder die Anordnung signifikant länger bei Auftauchen eines unmöglich großen Hundes als bei Auftauchen eines kleineren Hundes, dessen Ausmaße dem unter dem Tuch verborgenen Objekt entsprachen. Die Kinder waren in der Lage, mit Hilfe des unter dem Tuch befindlichen Gebildes auf die mögliche Größe des Hundes zu schließen.

Die Hasen hinter der Wand

Wie können wir sicher sein, dass die Kinder in den soeben besprochenen Experimenten tatsächlich logische Schlüsse aus den physikalischen Parametern der Situationen gezogen haben? Eine Möglichkeit, dies herauszufinden, besteht darin, zu untersuchen, ob sie dann nicht mehr über unmögliche Ereignisse erstaunt sind, wenn man ihnen zeigt, wie die «Tricks» funktionieren. Dies wäre ein guter Beleg für das Vorhandensein von Problemlösefähigkeiten in der frühen Kindheit, da es eine Reihe von – nichtautomatischen – mentalen Prozessen voraussetzt.

Ein Experiment, bei dem der «Trick» hinter einem unmöglichen physikalischen Ereignis den Babys schließlich offenbart wurde, ist die bereits besprochene Untersuchung von Baillargeon und Graber (1987) zur Verarbeitung räumlicher Relationen. In der Habituationsphase dieser Studie sahen die Säuglinge entweder einen großen oder einen kleinen Hasen hinter einer Wand hergehen. Dann wurde der mittlere Abschnitt der Wand etwas abgesenkt, so dass es physikalisch unmöglich war, dass der Hase hinter diesem Teil der Wand herging, ohne dass seine obere Hälfte zu sehen war. Dieses unmögliche Ereignis – das dadurch zustande kam, dass zwei Hasen eingesetzt wurde – erzeugte erhebliches Erstaunen bei den fünfeinhalb Monate alten Betrachtern. In einer Nachfolgestudie zeigten Baillargeon und Graber einer anderen Gruppe von Babys, wie der «Trick» funktioniert hatte. Bei diesen «eingeweihten» Babys wurden zwei Durchgänge vorgeschaltet, bei denen sie zuerst zwei große und dann zwei kleine Hasen gezeigt bekamen, die unbeweglich auf beiden Seiten der Wand standen. Der weitere Verlauf des Experiments war dann der gleiche wie zuvor. Dieses Mal zeigten sich die Säuglinge nicht überrascht, als der Hase nicht hinter dem niedrigen Abschnitt der Wand auftauchte, unabhängig davon, ob es sich um einen großen oder einen kleinen Hasen handelte. Sie hatten offenkundig mit Hilfe der Information aus den vorgeschalteten Durchgängen darauf geschlossen, dass der Trick durch den Einsatz zweier Hasen zustande gekommen war.

Dass es in diesem Experiment nicht zu einem Dishabituationseffekt gekommen ist, verdient umso mehr Beachtung, wenn man sich vergegenwärtigt, dass die Kinder die Hasen im vorgeschalteten Versuchsdurchgang nie in Bewegung gesehen haben. Sie hatten lediglich zwei kleine und zwei große Hasen gesehen. Daraus hatten sie dann geschlossen, dass der Hase, der am Ende der Mauer auftauchte, ein anderer war als der, der hinter ihr verschwunden war. Die Babys nutzten die Informationen, die ihnen geboten wurden, um ein überraschendes Phänomen zu begreifen. Auf diese Weise lösten sie das Problem, zu erklären, wie ein derartiges unmögliches Ereignis zustande kommen konnte.

Die halb in der Luft schwebende Kiste

Vor einigen Jahren haben Baillargeon und ihre Mitarbeiter untersucht, welche Auswirkungen es hat, Kindern Informationen zugänglich zu machen, mit Hilfe derer sie sich den Trick mit der scheinbar in der Luft schwebenden Kiste erklären konnten. Wie weiter oben beschrieben untersuchten Baillargeon, Needham und DeVos (1992) die Vorstellungen von Säuglingen darüber, wieviel Halt eine Kiste benötigt, um nicht von einer Plattform zu fallen. Es zeigte sich, dass die Babys durchgängig überrascht reagierten, wenn eine Kiste, die so weit über den Rand einer Plattform hinausgeschoben wurde, dass nur noch 15 Prozent ihres Bodens Kontakt zum Untergrund hatte, nicht herunterfiel. Zurzeit untersuchen Baillargeon und ihre Mitarbeiter, welchen Effekt ein vorgeschalteter Versuchsdurchgang hat, bei dem die Kinder eine auf einer Plattform stehende Kiste sehen, deren Vorderwand entfernt ist, so dass im hinteren Teil der Kiste eine Hand sichtbar wird, die sie festhält. Sind die Kinder in der Lage, mit Hilfe dieser Information das Problem zu lösen, wie das unmögliche Ereignis – dass die Kiste in der Luft schwebt, wenn sie über die Plattform hinaus geschoben wird – zustande kommt, sollten sie nicht mehr mit Erstaunen darauf reagieren. Vorläufige Ergebnisse zeigen, dass genau dies der Fall ist. Die Kinder ziehen offensichtlich den Schluss, dass eine verborgene Hand die Kiste hält, und schenken dem «unmöglichen Ereignis» nun keine besondere Aufmerksamkeit mehr.

Diese Experimente liefern relativ überzeugende Belege für schlussfolgerndes und problemlösendes Denken im Säuglingsalter. Die von Anderson (1980) aufgestellten Kriterien für schlussfolgerndes Denken und Problemlösungsverhalten scheinen alle erfüllt zu sein. Der *angestrebte Endzustand* besteht im Vorliegen einer Erklärung für ein unmögliches Ereignis – ein spezifisch kognitives Ziel. Erreicht wird dieses durch eine *Abfolge mentaler Prozesse,* welche die Kombination mehrerer im Gedächtnis repräsentierter Prämissen erfordern. Es handelt sich um *kognitive* und nicht um automatische Prozesse, da sich die Prämissen auf Informationen beziehen, die nicht direkt beobachtbar sind. Es lässt sich daher kaum etwas gegen Baillargeons Schlussfolgerung einwenden, die Säuglinge in ihren Experimenten nähmen eine wissensgestützte, konzeptuelle Analyse ihrer physikalischen Umwelt vor.

Lernen

Auch bestimmte Formen des Lernens sind den kognitiven Aktivitäten zuzurechnen, wenngleich Lernen – wenn man es als «Modifikation von Verhalten durch Erfahrung» definiert – auch bei so einfachen Organismen wie der Meeresschnecke *Aplysia* vorkommt. In der Tat wurden verschiedene Formen des Lernens in tierexperimentellen Untersuchungen identifiziert, u. a. assoziatives Lernen, soziales Lernen sowie Lernen durch «Einsicht», wenn Problemlösungen «blitzartig» auftauchen. Im Bereich der kognitiven Psychologie wird Lernen in der Regel anhand der Spuren gemessen, die es im Gedächtnis hinterlässt, und zwar entweder mit Hilfe von Tests für Wiedererkennen *(recognition)* oder für Wiedergabe *(recall)*. Wir wollen uns hier mit den mehr kognitiven Formen des Lernens befassen. Hierbei handelt es sich um Lernen durch Imitation und Lernen durch Analogieschluss, beides Formen des Lernens, die bei Tieren nicht auftreten.

Lernen durch Imitation

Lernen durch Imitation lässt sich definieren als Vorgang, bei dem «B von A einen bestimmten Teil einer Verhaltensform lernt» (Whiten & Ham, 1992, S. 247) – wenn zum Beispiel der Umgang mit einem unbekannten Werkzeug dadurch erlernt wird, dass man die Handlungen eines anderen Benutzers des Werkzeugs nachahmt. Die meisten Definitionen des Imitationslernens setzen voraus, dass dabei etwas Neues erlernt wird – was bei Tieren kaum zu beobachten ist, wenngleich in diesem Punkt bis vor kurzem noch die gegenteilige Ansicht weit verbreitet war. In der Psychologie herrscht heute weitgehend Einigkeit darüber, dass Lernen durch Imitation die kognitiven Fähigkeiten von Tieren grundsätzlich übersteigt, selbst die von Schimpansen und anderen Affenarten, die mit Recht als diejenigen Tiere bezeichnet werden, die dem Menschen am ähnlichsten sind (z. B. Tomasello, 1990; Visalberghi & Fragaszy, 1990). Nach Tomasello ist die Fähigkeit zur Imitation und zu imitativem Lernen etwas, was den Menschen gegenüber den Tieren auszeichnet. Die Unfähigkeit von Tieren zu imitativem Lernen sei darauf zurückzuführen, dass es voraussetze, zu erkennen, welche *Absichten* andere haben.

Trotz dieser hohen Voraussetzung für imitatives Lernen sind Säuglinge spätestens im Alter von neun Monaten dazu in der Lage (Meltzoff, 1988a). Wie wir bereits gesehen haben, verfügen etwas ältere Kinder (mit 18 Monaten) sogar über die Fähigkeit, einen Erwachsenen zu imitieren, der nur die *Absicht* erkennen lässt, ein bestimmtes Verhalten auszuführen, dabei aber scheitert. Dies zeigt, dass Imitation tatsächlich auf der Fähigkeit beruht, sich ein Bild von den Absichten anderer zu machen (Meltzoff, 1995). Ein Großteil unserer Erkenntnisse über imitatives Lernen in der frühen Kindheit stammt aus der bahnbrechenden Arbeit Meltzoffs, der an seine frühen Untersuchungen über die Imitation von Gesichtsausdrücken eine Reihe von interessanten Nachfolgearbeiten anschloss. Bei vielen seiner neueren Experimente setzt er *verzögerte Imitation* als Test für erfolgtes Lernen ein. Dabei wird überprüft, ob die Babys in der Lage sind, eine zuvor beobachtete Handlung auszuführen, auch wenn sie zum Zeitpunkt des Lernens selbst keinen Zugriff auf das verwendete Material hatten. Es handelt sich hierbei um einen relativ strengen Test für imitatives Lernen, da das Wiederholen einer Handlung, die sich nicht mehr im Wahrnehmungsfeld des Säuglings befindet, es wahrscheinlicher macht, dass er aktiv rekonstruiert, was er gesehen hat und damit aktiv imitiert. Dass verzögerte Imitation auf einer aktiven Reproduktion *(recall)* beruht und nicht auf bloßem Wiedererkennen, macht sie auch zu einem brauchbaren Gedächtnistest (vgl. die in Kapitel 1 diskutierten Arbeiten von Mandler und ihren Mitarbeitern).

Bei einer seiner ersten Studien zur verzögerten Imitation konfrontierte Meltzoff 14 Monate alte Kinder mit einem ihnen unbekannten Spielzeug. Bei dem speziell für das Experiment konstruierten Spielzeug handelte es sich um eine Art hölzerner Hantel, die aus zwei durch ein Kunststoffrohr verbundenen Holzklötzen bestand. Wegen des relativ unbiegsamen Rohrstücks wirkte das Spielzeug wie ein einzelnes Objekt, die beiden Klötze konnten jedoch mit ausreichender Kraftaufwendung auseinander gezogen werden. Bei dem Experiment saß der Versuchsleiter dem Kind an einem kleinen Tisch gegenüber und holte das Spielzeug hervor. In der *Imitationsbedingung* zog er es dann dreimal in Folge mit ganz bestimmten Bewegungen auseinander. In der *Kontrollbedingung* drehte er das Spielzeug dreimal im Kreis, wobei er zwischen den einzelnen Umdrehungen jeweils kurz einhielt. Die Handlungen (das Auseinanderziehen und das Im-Kreis-Drehen) dauerten gleich lang. In der *Baseline-Bedingung* reichte der Versuchsleiter das Spielzeug einfach an das Kind weiter, ohne ihm irgendein Verhalten zu demonstrieren. In allen drei Bedingungen wurden die Kinder anschließend zunächst nach Hause gebracht.

Vierundzwanzig Stunden später kamen sie dann ins Labor zurück, wurden wieder an denselben Tisch gesetzt und bekamen das Spielzeug, um damit zu spielen. Die kritische Frage war, ob die Kinder aus der Imitationsbedingung mit höherer Wahrscheinlichkeit das Spielzeug auseinander ziehen würden als die Kinder aus der Baseline- und der Kontrollbedingung. Genau dies war der Fall. Fünfundvierzig Prozent der Kinder aus der Imitationsbedingung zogen das Spielzeug spontan auseinander. Von den Babys aus Kontroll- und Baseline-Bedingung (deren Daten zusammengerechnet wurden) taten dies nur 7,5 Prozent. Die Kinder der Imitationsgruppe zeigten das kritische Verhalten darüber hinaus sehr viel schneller als diejenigen Kinder aus den anderen Gruppen, denen es schließlich auch gelang, die Hantel auseinander zu ziehen.

In einer späteren Studie verwendete Meltzoff (1988b) sechs verschiedene nachzuahmende Verhaltensweisen und testete die Kinder erst nach Ablauf einer Woche. Neben der Hantel aus dem 1985er Experiment (Zielhandlung: auseinander ziehen) bekamen die 14 Monate alten Kinder eine Öse mit einer Lasche gezeigt (Zielhandlung: die Lasche durch die Öse ziehen), eine Kiste mit einem Knopf (Knopf drücken), ein mit Metallkügelchen gefülltes Plastikei (Rasseln), einen auf einem Seil stehenden Bär (den Bär zum Tanzen bringen), sowie eine auf einer Kiste befestigten Platte (Berühren der Platte, die dann aufleuchtete). Die Kontrollgruppe beobachtete sechs andere Handlungen mit den gleichen Objekten, der Baselinegruppe wurden keine Handlungen gezeigt. Das Imitationslernen wurde auch hier wieder anhand des Auftretens von Zielhandlungen in den unterschiedlichen Gruppen erfasst. Meltzoff registrierte bei den Kindern aus der Imitationsgruppe signifikant mehr Zielverhaltensweisen als bei den Kindern aus der Kontrollgruppe und der Baselinegruppe, zwischen denen kein Unterschied festzustellen war. Die Kinder aus der Imitationsgruppe brachten die Zielhandlungen darüber hinaus auch signifikant schneller zustande als die Kinder aus den anderen beiden Gruppen. Damit hat Meltzoff erneut belegt, dass Kleinstkinder imstande sind, durch Imitation zu lernen, und zwar auch dann, wenn zwischen Lernen und Produktion ein zeitlicher Abstand von einer ganzen Woche liegt. Besonders beeindruckend ist diese Studie deshalb, weil die Kinder sechs neue Verhaltensweisen im Gedächtnis behalten mussten. In einer ähnlichen Arbeit zeigte Meltzoff (1988a), dass neun Monate alte Säuglinge drei neue Handlungen über 24 Stunden behalten können, und vor kurzem konnte er das Auftreten verzögerter Imitation bei 14 Monate alten Kindern über einen Zeitraum von zwei bis vier Monaten nachweisen. Beim Lernen durch Imitation handelt es sich offenkundig um einen bedeutsamen und erstaunlich wenig beachteten Bereich kindlicher Kognition.

Was wären nun die Konsequenzen – so könnte man sich fragen – wenn kleine Kinder nicht nur durch die Beobachtung realer Menschen lernen können, sondern auch durch die Beobachtung von Menschen in Filmen und Videos? Angesichts der Allgegenwärtigkeit des Fernsehens im heutigen Alltag, würde dies die Menge an potenziellen Lernerfahrungen enorm erhöhen. Meltzoff (1988c) hat Belege vorgelegt, denen zufolge 14 Monate alte Kinder tatsächlich in der Lage sind, durch Fernsehen neue Verhaltensweisen zu erlernen. In seiner Fernsehstudie bestand die Zielhandlung ebenfalls aus dem Auseinanderziehen einer Art Hantel, wobei der Versuchsleiter – das Modell – hier nicht persönlich in Erscheinung trat, sondern nur auf einem 22-Zoll-Monitor beobachtetet werden konnte. Der Versuchsleiter wurde aufgenommen und direkt auf den Monitor übertragen, wobei er die Reaktionen des Kindes auf einem Videobildschirm beobachten konnte, so dass es ihm möglich war, so lange mit dem Auseinanderziehen der Hantel zu warten, bis das Kind sie in den Blick genommen hatte. Nötigenfalls zog er die Aufmerksamkeit des Kindes auf sich, indem er «Schau mal» rief oder «Kannst du mich sehen?», wenn die Babys den Fernseher zunächst nicht beachteten (was allerdings nur selten der Fall war). Im Anschluss an die Darbietung dieser Handlung wurden die Kinder nach Hause gebracht. Auch bei diesem Versuch gab es eine Kontrollgruppe und eine Baselinegruppe.

Als die Kinder am folgenden Tag ins Labor zurückkehrten, bekamen sie das Spielzeug in die Hand. Wie beim «echten Fernsehen» sahen sie den Versuchsleiter nicht persönlich, sondern bekamen das Spielzeug von ihren Eltern, die den Anweisungen des Versuchsleiters auf dem Bildschirm folgten. Auch dieses Mal stellte Meltzoff fest, dass die Kinder aus der Imitationsgruppe mit signifikant höherer Wahrscheinlichkeit das Zielverhalten ausführten als die Kinder aus Kontroll- und Baselinegruppe – wie es auch in der ursprünglichen Version des Experimentes der Fall gewesen war. Vierzig Prozent der Kinder aus der Imitationsgruppe, aber nur 10 Prozent der übrigen Kinder zogen die Hantel auseinander. Dieses Auftreten von verzögerter Imitation von im «Fernsehen» gezeigten Verhalten ist – wie Meltzoff selbst betont – eher ernüchternd. Wenn bereits so kleine Kinder Verhaltensweisen nachahmen, die sie im Fernsehen beobachtet haben, und sie in ihr eigenes Repertoire aufnehmen, dann ist es nur allzu wahrscheinlich, dass das Fernsehen auch bei ältern Kindern Spuren hinterlässt. Auf der anderen Seite lässt sich diesen Ergebnissen auch Positives abgewinnen: Fernsehen kann auch konstruktiv zur Förderung von Lernprozessen in der frühen Kindheit eingesetzt werden. Vielleicht sollten wir das letzte Wort in dieser Sache einem kleinen von Meltzoff zitierten Jungen überlassen, der den Griff seines Vaters zur Bierflasche mit den Worten kommentierte: «Pepsi light, eine Kalorie weniger!»

Lernen durch Analogie

Beim Lernen durch Analogie werden zunächst Übereinstimmungen zwischen zwei Ereignissen, Situationen oder Wissensbereichen *(domains)* festgestellt und in einem nächsten Schritt Wissen zwischen den beiden transferiert (z. B. Keane, 1988). Analoges Lernen wurde bislang erst ein einziges Mal im Tierreich nachgewiesen, und zwar bei der Ausnahmeäffin Sarah, die begrenzte sprachliche Fähigkeiten entwickelt hat (Gillan, Premack & Woodruff, 1981). In den bestechend klaren Worten Winstons (1980, S. 1) ausgedrückt, besteht Lernen durch Analogieschluss darin, dass «wir uns einer Situation gegenübergestellt sehen, uns an eine ähnliche Situation erinnern, die beiden Situationen miteinander vergleichen, unsere Schlüsse ziehen und – lernen». Um beispielsweise die Frage zu beantworten, ob Hunde ein Herz besitzen, können wir von der Überlegung ausgehen, dass Menschen ja auch eines haben (siehe Kapitel 3). Eine mathematische Aufgabe über das Zusammenwirken von Kräften können wir beispielsweise dadurch lösen, dass wir Parallelen zu einem Tauziehen ziehen (siehe Kapitel 4). Die Fähigkeit zum Analogieschluss ist meistens bei Kindern ab dem Alter von 3 oder mehr Jahren untersucht worden (vgl. zusammenfassend Goswami, 1992). Neuere Forschungsergebnisse zeigen jedoch, dass Lernen durch Analogie auch bereits in der ganz frühen Kindheit vorkommt.

Chen und seine Mitarbeiter haben eine Möglichkeit gefunden, analoges Lernen bei erst 10 Monate alten Kindern zu untersuchen, wobei sie ein Vorgehen wählten, das ursprünglich von Brown (1990) für eine Untersuchung mit eineinhalb bis zweijährigen Kleinkinder entwickelt worden war. In Browns Experimenten wurde beobachtet, ob die Kinder in der Lage waren, an ein für sie interessantes Spielzeug zu gelangen, welches sich außerhalb ihrer Reichweite befand. Dabei wurden den Kindern verschiedene Objekte (von denen einige mehr geeignet waren als andere) gegeben, die als *Mittel* zu einem bestimmten *Zweck* dienten – nämlich das begehrte Spielzeug in Reichweite zu befördern. Die Analogie bestand darin, dass die Mittel-Zweck-Relation, die bei einem der Spielsachen funktionierte, auch bei den anderen Problemen zum Erfolg führte, wenngleich es sich oberflächlich betrachtet um sehr unterschiedliche Probleme zu handeln schien. Brown und ihre Mitarbeiter haben mit Hilfe dieses Paradigmas analoges Schließen bei Kindern im Alter zwischen 17 und 36 Monaten untersucht. Chen, Campbell und Polley (1995) gelang es dann später, das gleiche Vorgehen bei noch kleineren Kindern einzusetzen.

In der Studie von Chen et al. sahen die Kleinstkinder eine Ernie-Puppe, die sich außerhalb ihrer Reichweite hinter einer Barriere (einer Kiste) befand. An der Puppe war eine Schnur befestigt, die auf einer Stoffunterlage lag (siehe Abbildung 2.18). Um an die Puppe zu kommen, mussten die Kinder eine Reihe verschiedener Handlungen erlernen. Sie mussten die Barriere aus dem Weg räumen, die Stoffunterlage zu sich heranziehen, um an die Schnur zu gelangen, und dann schließlich an der Schnur selbst ziehen, um die Puppe in ihre

Reichweite zu befördern. Im Anschluss an die erfolgreiche Bewältigung der ersten Aufgabe, wurden die Kinder vor zwei weitere Versuchsaufbauten gesetzt, in denen die gleichen Elemente vorhanden waren (Stoffunterlage, Kiste und Schnur). Allerdings unterschied sich jedes Problem äußerlich von den vorhergehenden, da die Unterlagen, Kisten und Schnüre jedes Mal anders aussahen. Darüber hinaus wurden stets *zwei* Schnüre und Unterlagen vorgegeben, obwohl nur jeweils eine dazu benutzt werden konnte, an das Spielzeug zu gelangen.

Mit diesem Paradigma testeten Chen et al. 10 und 13 Monate alte Kinder. Sie stellten fest, dass zwar einige der älteren Kinder eigenständig herausfanden, wie sie an die Puppe kommen konnten, die anderen aber darauf angewiesen waren, es zunächst von ihren Eltern vorgemacht zu bekommen. Hatten sie jedoch einmal gesehen, wie das Problem zu lösen war, konnten die 13 Monate alten Säuglinge diese Lösung ohne weiteres auf die anderen beiden Probleme übertragen. Die kleineren (10 Monate alten) Kinder benötigten dagegen einen höheren Grad an äußerer Übereinstimmung, um die Probleme per Analogieschluss zu lösen: Ihnen gelang der Transfer erst, als die Ähnlichkeit zwischen den Problemen erhöht wurde (beispielsweise jedes Mal das gleiche Zielobjekt, z. B. die Erniepuppe, verwendet wurde).

Analoges Schließen ist möglicherweise eine für die kognitive Entwicklung besonders wichtige Form des Lernens, da sie das Berücksichtigen von *Rela-*

Abbildung 2.18: Verschiedene Aufgaben aus der Studie zum analogen Lernen von Chen et al. (1997). Wiedergabe mit freundlicher Genehmigung.

tionen voraussetzt. Wie wir noch an mehreren Stellen im Laufe des Buches sehen werden, spielt das Erfassen von Relationen, vor allem *kausaler* Art, eine sehr wichtige Rolle für die Entwicklung des kindlichen Denkens. Analogien, vor allem solche, die sich auf kausale Relationen beziehen, stellen möglich ein weiteres wichtiges kognitives Instrument für den Erwerb und die Repräsentation von Wissen sowie für die Entwicklung des begrifflichen Denkens dar. Ausführlichere Darstellungen hierzu finden sich bei Carey (1995), Goswami (1992) und Halford (1993). Ein Hinweis für die potenzielle Bedeutung des analogen Schließens für die kognitive Entwicklung stellt auch der Befund von Sigman et al. (1991) dar, wonach Ergebnisse von Informationsverarbeitungstests zum Zeitpunkt der Geburt mit Maßen für die Fähigkeit zum analogen Schließen in der Adoleszenz korrelieren (siehe Kapitel 1).

Was Babys nicht können

Bislang sieht es fast so aus, als stünden die höheren kognitiven Prozesse, die kennzeichnend für das erwachsene Denken sind, auch schon Säuglingen zur Verfügung. Auf der anderen Seite gibt es jedoch einige überraschende Lücken in den kognitiven Fähigkeiten kleiner Kindern – Lücken, die häufig damit erklärt worden sind, dass sich die Babys durch bestimmte Situationen «durcheinander bringen» lassen (*cognitive confusion;* siehe auch Kapitel 8). Neuere Forschungsergebnisse legen jedoch nahe, dass die meisten dieser Lücken darauf zurückzuführen sind, dass das Nervensystem noch nicht ausgereift ist. Vor allem das relativ langsame Ausreifen des frontalen Kortex, der entscheidend an der Planung und Steuerung kognitiver Aktivität beteiligt ist, scheint hier eine wichtige Rolle zu spielen.

Weiter oben ist eine Definition kognitiver Aktivität vorgestellt worden, die auf Andersons (1980) Ausführungen zum schlussfolgernden und problemlösenden Denken zurückgeht. Nach Anderson bestehen die zentralen Merkmale solcher Prozesse darin, dass ein bestimmter Endzustand angestrebt wird, dass zur Erreichung dieses Zustands eine Abfolge mentaler Prozesse erforderlich ist und dass es sich bei diesen mentalen Prozessen um kognitive und nicht um automatisierte Vorgänge handelt. Betrachten wir die dokumentierten Lücken in den kognitiven Fähigkeiten von Säuglingen und Kleinkindern etwas eingehender, zeigt sich interessanterweise, dass die meisten von ihnen mit repetitivem – oder perseverativem – Verhalten zu tun haben.

Suchfehler beim Greifen

Die bekannteste kognitive Lücke ist ein Suchfehler, der ungefähr im Alter von 9 Monaten auftritt und erstmals von Piaget dokumentiert wurde: der «A-nicht-B-Fehler» (eine ausführlichere Darstellung des theoretischen Hintergrundes findet sich in Kapitel 8). Dieser Suchfehler tritt bei einfachen Suchaufgaben auf, bei denen ein Objekt an einer von mehreren Stellen versteckt wird. Angenommen, ein Objekt wird mehrere Male an einem Ort – Ort A – versteckt. Dem Kind gelingt es ohne Schwierigkeit, das Objekt zu finden. Nun wird das Objekt an einer anderen Stelle – Ort B – versteckt. Auch wenn sich dieser Wechsel von A nach B direkt vor den Augen des Kindes vollzieht, sucht es weiter in A. Dies ist der A-nicht-B-Fehler, grafisch veranschaulicht in Abbil-

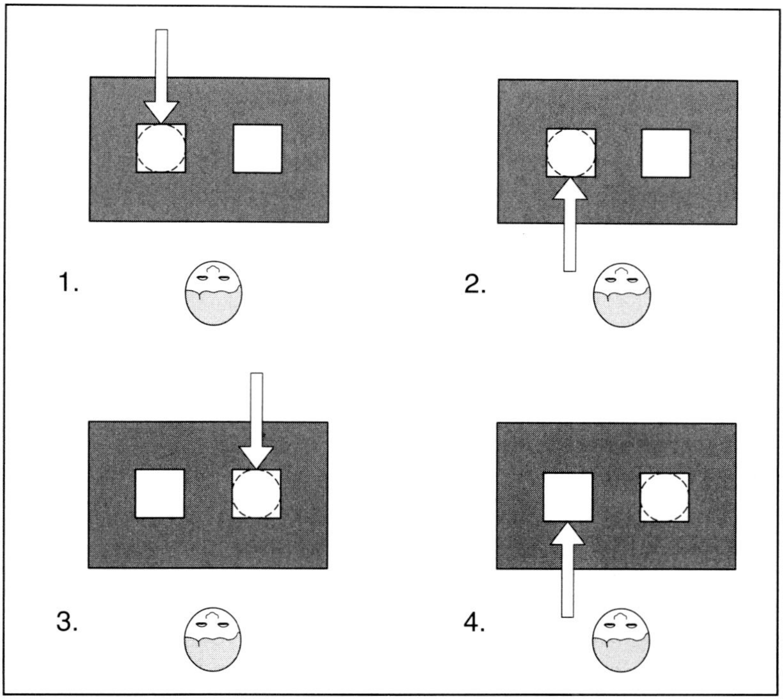

Abbildung 2.19: Versuche zum A-nicht-B-Fehler. Der Versuchsleiter versteckt ein Objekt an Ort A (1) und das Kind findet es dort (2). Nun wird das Objekt an Ort B versteckt (3), das Kind sucht jedoch erneut an A (4). Aus Bremner (1988). Wiedergabe mit freundlicher Genehmigung.

dung 2.19. Führte man den A-nicht-B-Fehler ursprünglich auf «kognitive Konfusion» zurück (siehe Kapitel 8), so zeigen mehrere neuere Studien, dass auch eine einfachere Erklärung in Frage kommt: Der A-nicht-B-Fehler ist – wie auch andere überraschende Leistungslücken bei Säuglingen und Kleinstkindern im Zusammenhang mit perseverativen Verhaltensweisen – möglicherweise darauf zurückzuführen, dass bestimmte Strukturen im präfrontalen Kortex noch nicht ausgereift sind.

Im frontalen Kortex des Gehirns sind eine Reihe kognitiver Funktionen angesiedelt. Seine wichtigste Rolle besteht in der Planung und Überwachung von Handlungen und kognitiver Aktivität. Der Frontallappen gilt als der Ort der höheren kognitiven Prozesse, des abstrakt-logischen Denkens und der psychomotorischen Steuerung. Er enthält den primärmotorischen Kortex, der an der Planung und Steuerung der Bewegungen beteiligt ist. Bei erwachsenen Patienten mit Läsionen im Frontalkortex ist eine Tendenz zu perseverierenden Bewegungsabläufen zu beobachten. Einem Patienten mit einer solchen Schädigung fällt es normalerweise nicht schwer, durch entsprechendes Feedback die Regel herausfinden, nach der ein Kartenspiel zu sortieren ist (Farbe, Form oder Zahl). Wird diese Regel jedoch dann geändert (beispielsweise von Farbe zu Form), ist der Patient nicht in der Lage, die Karten nach der neuen Regel zu sortieren, sondern fährt fort, die alte anzuwenden (z. B. Milner, 1963).

Ähnliche perseverierende Verhaltensweisen wurden bei Affen mit Läsionen im Frontalkortex beobachtet. Der klassische Test für die Funktion des präfrontalen Kortex bei nichthumanen Primaten ist das so genannte «verzögerte Greifen» – praktisch identisch mit der A-nicht-B-Aufgabe. Dabei müssen die Affen ein begehrtes Objekt aus einem von zwei identischen Verstecken holen, kurze Zeit nachdem es dort abgelegt wurde. In welchem Versteck sich das Objekt befindet, variiert zufällig über die Versuchsdurchgänge. Affen mit Läsionen im Frontalkortex finden das Objekt nur, wenn sie es sofort hervorholen können; bereits bei Verzögerungen von ein bis zwei Sekunden versagen sie (Diamond, 1988). Entsprechend kommt es bei 9 Monate alten Säuglingen zu perseverativem Suchverhalten in der A-nicht-B-Aufgabe, wenn sie das Objekt erst nach ein bis zwei Sekunden suchen dürfen; gibt es keine Verzögerung, bewältigen sie die Aufgabe mit Erfolg. Bei längeren Verzögerungen zeigen auch ältere Kleinkinder A-nicht-B-Fehler. Wie gezeigt werden konnte, nimmt die Dauer der Verzögerung, die zum Auftreten von A-nicht-B-Fehlern führt, pro Monat um durchschnittlich zwei Sekunden zu (Diamond, 1985). Acht bis zwölf Monate alte Babys versagen beim verzögerten Greifen schon bei kurzen Verzögerungen (Diamond, 1991).

Diamond vertritt – wie andere Autoren auch – die Auffassung, dass das Auftreten «perseverativer Fehler» bei Babys – wenn beispielsweise ein an Ort B verstecktes Objekt weiter an Ort A gesucht wird – auf eine mangelnde Ausreifung des Frontalkortex zurückzuführen ist. Die Perseveration ist in ihren Augen ein Symptom und keine Erklärung des Problems, das die Kinder haben, wenn sie ein Objekt suchen. Das Grundproblem besteht in der Unfähigkeit, eine dominierende Handlungstendenz zu *unterdrücken*. Bei der A-nicht-B-Aufgabe besteht die dominierende Handlungstendenz darin, in Ort A zu suchen. Wird das Objekt nun in B versteckt, fällt es den Kindern schwer, ihre Tendenz, in A zu suchen, zu unterdrücken und dadurch kommt es zu Perseverationsfehlern. Diese Fehler treten sogar auf, wenn das Objekt in B überhaupt nicht versteckt, sondern deutlich sichtbar ist, was zusätzlich für diese Erklärung spricht (Ergebnisse von Butterworth, 1977). Gleiches gilt für die Patienten mit Frontalläsionen, die nicht in der Lage sind, ein Kartenspiel nach einer neuen Regel zu sortieren: Es fällt ihnen schwer, ihre Neigung zu unterdrücken, weiterhin nach der alten Regel zu verfahren. Manche bringen dies selbst zum Ausdruck, indem sie ihr eigenes Verhalten beim Sortieren der Karten mit den Worten kommentieren: «Das ist falsch und das ist auch falsch ...» (siehe Diamond, 1988).

Suchfehler beim Krabbeln

Auf die Rolle der Hemmung (Inhibition) für die kognitive Entwicklung werden wir noch in Kapitel 5 zurückkommen. An dieser Stelle sei darauf verwiesen, dass es Babys schwer fällt, dominierende Handlungstendenzen nicht nur beim Greifen, sondern auch beim Krabbeln zu unterdrücken. «Perseveratives Krabbeln» wurde sowohl in Studien beobachtet, in denen der Ort, an den die Kinder krabbeln sollten, zufällig variiert wurde (wie in den Studien zum verzögerten Greifen), als auch in Studien, in denen die Kinder mehrfach an die gleiche Stelle krabbeln sollten und dann – nach mehreren erfolgreichen Durchgängen – an eine andere (wie im A-nicht-B-Paradigma).

So untersuchten beispielsweise Rieser, Doxey, McCarrell und Brooks (1982), ob es 9 Monate alten Babys (die bereits in der Lage waren, sich auf allen vieren fortzubewegen) gelang, um eine Barriere herum zu ihrer Mutter zu krabbeln (siehe Abbildung 2.20). Die Barriere stand in der Mitte des Versuchsraums und war so hoch, dass die Babys nicht über sie hinwegsehen konnten. Sie konnten jedoch die Stimme ihrer Mutter von der anderen Seite der Barriere vernehmen. Ehe sie zu ihrer Mutter kriechen durften, wurden die Säuglinge um das Arrangement herumgetragen, wobei sie sehen konnten, dass die Barriere an einer Seite offen war. Im ersten Durchgang schafften es 85 Prozent der Kinder, zur Mutter zu gelangen. Bei weiteren Durchgängen krochen jedoch 75 Prozent der Babys weiterhin zur selben Seite wie zuvor, obwohl die offene Seite der Barriere nun nach dem Zufallsprinzip alternierte. Diese Babys krabbelten *jedes* Mal zur selben Seite, unabhängig davon, ob sie ihr Ziel erreichten oder nicht – und das, obwohl man ihnen bei jedem Durchgang zeigte, auf welcher Seite die Barriere offen war. Die Babys schienen außerstande zu sein, das bestehende Bewegungsmuster zugunsten eines anderen zu unterdrücken. In einer zweiten Studie mit Kindern im Alter zwischen 9 und 25 Monaten wiesen Rieser et al. nach, dass die perseverativen Krabbelreaktionen mit zunehmendem Alter langsam zurückgehen. Perseveratives Krabbeln kam bei 80 Prozent der 9 bis 13 Monate alten Kinder vor, bei 44 Prozent

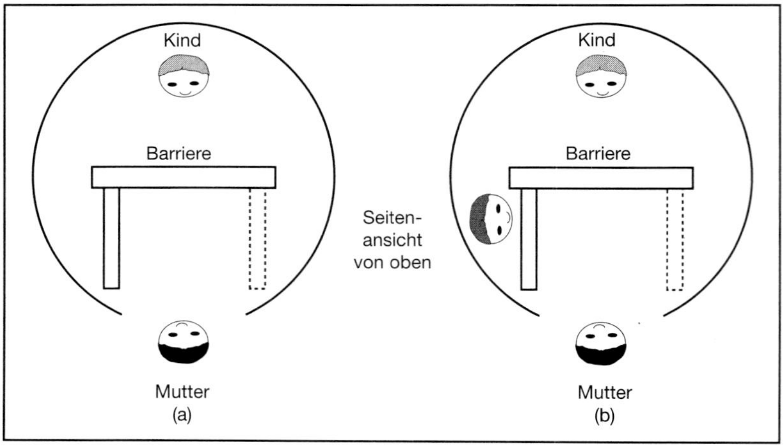

Abbildung 2.20: Versuchsanordnung der Studie von Rieser et al. zum perseverativen Krabbeln: (a) Perspektive des Kindes und (b) Seitenansicht von oben, die dem Kind gezeigt wurde. Aus Bremner (1988). Nachdruck mit freundlicher Genehmigung von Blackwell Publishers, Ltd.

der 17 bis 21 Monate alten Kinder und nur noch bei 6 Prozent der 25 Monate alten Kinder.

McKenzie und Bigelow (1986) konfrontierten 10, 12 und 14 Monate alte Kinder mit einer ähnlichen Krabbelaufgabe. In ihrem Experiment variierte die offene Seite der Barriere jedoch nicht zufällig, sondern blieb zunächst über eine bestimmte Anzahl von Durchgängen hinweg konstant und wechselte dann. Jeweils über vier Durchgänge war die Barriere entweder zur rechten oder zur linken Seite hin offen. Das entscheidende Maß war die Krabbelrichtung beim fünften Durchgang (der dem ersten B-Durchgang in der A-nicht-B-Aufgabe entsprach). McKenzie und Bigelow stellten fest, dass 75 bis 80 Prozent der kleineren Kinder beim fünften Durchgang die nun uangemessene Reaktion beibehielten und in dieselbe Richtung krabbelten wie zuvor. Bei den 14 Monate alten Kindern war eine solche perseverative Reaktion nur noch in 25 Prozent der Fälle zu beobachten. Im Verlaufe des zweiten Blocks von vier Durchgängen lernten jedoch auch die kleineren Kinder, in die richtige Richtung zu krabbeln. Sie waren also in der Lage, ihre perseverativen Fehler zu korrigieren. Es wäre interessant zu untersuchen, welche Auswirkungen die Einführung unterschiedlich langer Verzögerungen in dieser Krabbelaufgabe auf Babys und Kleinstkinder hätte. Es ist denkbar, dass bei längeren Verzögerungen auch noch in späteren Versuchsdurchgängen perseveratives Krabbeln zu beobachten wäre.

Die Beobachtung, dass es kleinen Kindern schwer fällt, dominierende Bewegungstendenzen bei Greif- und Krabbelaufgaben zu unterdrücken, unterstützt die These, dass der A-nicht-B-Fehler nicht darauf zurückzuführen ist, dass die Kinder nicht wüssten, wo sie ein Objekt suchen müssen, welches vor ihren Augen versteckt worden ist. Vielmehr scheint es sich bei diesen Suchfehlern um den Ausdruck eines Defizits in der Steuerung des eigenen Verhaltens zu handeln – eine Unfähigkeit, das Verhalten mit dem Denken in Einklang zu bringen (Diamond, 1988). Die Erkenntnis, dass Wissensrepräsentation, logisches Denken, Problemlösen und Lernen schon in frühester Kindheit ein hohes Niveau erreichen, wird daher durch Fehlleistungen wie den A-nicht-B-Fehler nicht entkräftet.

Zusammenfassung

Das vorliegende Kapitel hat sich sich mit der Repräsentation von Wissen sowie mit schlussfolgerndem und problemlösendem Denken in der frühen

Kindheit befasst. Außerdem wurden Lernprozesse betrachtet, die über die Ausbildung einfacher Assoziationen hinausgehen. Wir haben festgestellt, dass die Wissensrepräsentation mit der Aufnahme der äußeren – der Wahrnehmung direkt zugänglichen – Struktur von Objekten und Ereignissen beginnt und dieses *perzeptuelle* Wissen dann in *konzeptuelle* Repräsentationen überführt wird. Die perzeptuellen Prototypen gewinnen konzeptuelle Signifikanz und es kommt zur Entwicklung von Schemata, in denen die zentralen Aspekte von Ereignissen enkodiert sind und unwichtige äußere Einzelheiten weggelassen werden.

Zwar ist der Prozess, durch den perzeptuelle Repräsentationen in konzeptuelle überführt werden, nicht völlig geklärt, es lassen sich jedoch mehrere mögliche Mechanismen benennen. Nach Mandler kann die mentale Neubeschreibung der räumlichen Merkmale von Objekten oder Ereignissen zum Aufbau von «Bildschemata» führen, in denen nichtsensorische Vorstellungen wie «Enthaltensein» repräsentiert sind. Von Baillargeon stammt die These, dass initiale wahrnehmungsbasierte Beschreibungen von Konzepten wie *Halt* und zentrale Beschreibungen wie *X berührt Y* nach und nach durch Erfahrungen mit der physikalischen Umwelt differenziert und in elaboriertere Repräsentationen überführt werden, in denen Variablen berücksichtigt sind, welche besonders relevant für den Ausgang von Situationen sind – wie beispielsweise das *Ausmaß* des Halts. Leslie geht von der Vorstellung aus, dass kleine Kinder – zumindest in Bezug auf kausale Bewegungsanalysen – mechanische Beschreibungen von Ereignissen generieren, die über die rein äußere Beschreibung des Geschehens hinausgehen und sie in die Lage versetzen, die mechanischen Eigenschaften der beteiligten Objekte (Agenzien) zu verstehen. Wahrscheinlich sind all diese Mechanismen am Übergang von perzeptuellen zu konzeptuellen Wissensrepräsentationen beteiligt. Eine besonders hohe Bedeutung kommt dabei möglicherweise der ausgeprägten Empfänglichkeit für kausale Relationen zu. Ein besonders interessantes Beispiel hierfür stammt aus einer Untersuchung von Gergely et al., die zeigte, dass selbst das Verhalten geometrische Figuren im Raum von Kindern kausal analysiert wird und sie zur Zuschreibung von Intentionen veranlassen kann.

Schlussfolgern und Problemlösen sind ohne die Repräsentation von Wissen nicht möglich. Wie wir gesehen haben, lassen sich schlussfolgerndes Denken und Problemlösen anhand dreier Kriterien definieren. Zum einen gibt es einen angestrebten Endzustand oder ein spezifisches Ziel und zum zweiten eine Abfolge mentaler Prozesse, die zur Erreichung dieses Ziels erforderlich sind. Das dritte Kriterium verlangt, dass es sich bei den mentalen Prozessen um kognitive, nicht um rein automatische handelt. Zahlreiche Experimente von Baillargeon und anderen, in denen Kinder mit unmöglichen physikalischen Ereignissen konfrontiert wurden, zeigten, dass schon Säuglinge über Schlussfolgerungs- und Problemlösekompetenzen verfügen. Baillargeon beschrieb die jungen Teilnehmer ihrer Experimente als Wesen, die ihre physikalische Umwelt unter Rückgriff auf Wissen und Konzepte analysieren, und die Ergebnisse ihrer Versuche, bei denen die «Tricks» hinter den unmöglichen Ereignissen im Nachhinein erkennbar gemacht wurden, unterstützen diese Auffassung. Dass die Kinder unter diesen Bedignungen erkannten, wie die unmöglichen Ereignisse zustande kommen, lässt darauf schließen, dass «höhere» kognitive Prozesse bereits im Alter von fünf Monaten vorhanden sind. Die bereits in frühster Kindheit entwickelte Fähigkeit, durch Imitation und Analogieschluss zu lernen – kognitive Kompetenzen, die bei anderen Spezies so gut wie überhaupt nicht vorkommen –, spricht ebenfalls dafür, dass das Denken schon sehr kleiner Kinder erstaunlich hoch entwickelt ist. Die Fähigkeit, eine Handlung zu imitieren, die man nur per Video beobachtet hat, ist eine besonders bemerkenswerte Demonstration dieses hohen Entwicklungsstands.

Schließlich haben wir uns noch damit befasst, was Kinder *nicht* können. Dabei haben wir gesehen, dass bestimmte kognitive Operationen, die einen ausgereiften frontalen Kortex voraussetzen, in der frühen Kindheit – solange sich dieses neurale System noch in der Entwicklung befindet – nicht möglich sind. Kleinen Kindern fällt es schwer, ihre kognitiven Aktivitäten zu steuern, vor allem, wenn bei diesen Aktivitäten perseverative Verhaltensmuster beteiligt sind. Sie haben – wie Patienten mit Frontalhirnläsionen – Schwierigkeiten damit, dominierende Handlungstendenzen zu unterdrücken. Beispielsweise können sie sich nur schlecht davon abzuhalten, ein Objekt an einer Stelle zu suchen, an der sie es zuvor einmal gefunden haben, an der es sich aber nicht mehr befindet, oder beim Krabbeln zu einem Ziel erneut eine vertraute, aber mittlerweile falsche Richtung einzuschlagen. Diese «kognitiven Fehlleistungen» zeigen, dass es eine enge Verbindung zwischen kognitiver Aktivität und dem zugrunde liegenden neuralen Substrat gibt. Unser Wissen über diese Zusammenhänge ist noch sehr unvollständig, die Bemühungen, mehr über sie zu erfahren, nehmen jedoch deutlich zu. Neue Einsichten sind vor allem von zukünftigen Arbeiten der jungen «entwicklungsbezogenen kognitiven Neurowissenschaft» *(developmental cognitive neuroscience)* zu erwarten (Johnson, 1997).

Kapitel 3

Die Entwicklung des begrifflichen Denkens

Die in den beiden bisherigen Kapiteln erörterten Forschungsarbeiten haben gezeigt, dass sowohl die elementaren als auch die höheren kognitiven Prozesse zum Ende des ersten Lebensjahres ihren festen Platz im Denken des Kindes haben. Studien zu Wahrnehmung, Aufmerksamkeit, Lernen, Gedächtnis, Repräsentation von Wissen, schlussfolgerndem Denken und Problemlösen führen übereinstimmend zu der Erkenntnis, dass die meisten kognitiven Mechanismen schon sehr früh vorhanden sind und dass von ihnen zunehmend Gebrauch gemacht wird, sobald das Kind lernt, sich aufzurichten, sich zu bewegen und – natürlich – zu sprechen und Gesprochenes aufzunehmen. In den nachfolgenden Kapiteln dieses Buches geht es um die weitere kognitive Entwicklung auf der Grundlage der bereits beim Säugling vorhandenen kognitiven Prozesse in und nach den ersten beiden Lebensjahren. Zunächst befassen wir uns mit der Entwicklung des begrifflichen Denkens und des Denkens in Kategorien.

Übergeordnete, untergeordnete und basale Kategorien

Üblicherweise geht man davon aus, dass Kategorien hierarchisch strukturiert sind. Demzufolge gibt es Kategorien auf einer globalen oder *übergeordneten* Ebene (z. B. die Kategorie der Möbel), auf einer mittleren Ebene(unterschiedliche Arten von Möbeln, z. B. Tische und Stühle) und auf einer sehr detaillierten oder *untergeordneten* Ebene (verschiedene Arten von Tischen oder Stühlen, z. B. Liegestühle oder Armsessel). Eine wichtige Quelle für Informationen über diese verschiedenen hierarchischen Ebenen stellt ohne Zweifel die äußere Struktur der Objekte dar. Die Merkmalsstruktur der Dinge, die uns umgeben, liefert eine tragfähige Grundlage für die Zuordnung der Objekte zu bestimmten Kategorien. So haben beispielsweise die meisten Möbelstücke bestimmte äußere Merkmale miteinander gemein, wie z. B. gerade

Kanten und rechtwinklige Formen, und die meisten Stühle verfügen über gemeinsame Merkmale wie Sitzfläche und Rückenlehne. Die äußere – perzeptuelle – Struktur hilft am ehesten bei der Kategorisierung auf der so genannten *basalen* Ebene. Auf dieser basalen Ebene haben wir sowohl einen direkten sinnlichen Zugang zu den Dingen als auch eine Theorie, die – wie meist angenommen wird – auf Prototypen beruht und die uns sagt, wie diese Dinge zu klassifizieren sind. Zwischen Wahrnehmung und Konzeptualisierung zu unterscheiden ist auf dieser basalen Kategorieebene besonders schwierig.

Die Entwicklung des begrifflichen Denkens ist eng mit der Fähigkeit zur Kategorisierung verbunden. Neisser (1987, S. 1) definiert Kategorisierung als die Fähigkeit, «eine Menge von Dingen als in gewisser Weise äquivalent zu betrachten, sie auf den gleichen Haufen zu legen, ihnen den gleichen Namen zu geben oder gleich auf sie zu reagieren». So benutzt man beispielsweise die Kategorie *Vogel*, wenn man ein Rotkehlchen, einen Adler, ein Huhn und einen Strauß «Vogel» nennt, und die Kategorie *Dinge, auf denen man sitzen kann*, wenn man sich auf einen Stuhl, ein Sofa, einen Hocker oder einen Baumstumpf setzt (Mervis & Pani, 1980). Wie bereits oben gesagt, kommen wir um die Kategorisierung der Dinge, die uns umgeben, nicht herum, da unsere Umwelt aus einer unendlichen Anzahl unterschiedlicher Stimuli besteht, die nicht alle als einzigartig behandelt werden können. Wenn wir Objekte oder Ereignisse, die uns zunächst neu sind, einer bekannten Kategorie zuordnen können, wissen wir mehr über diese Objekte oder Ereignisse, als von außen erkennbar ist. Daher handelt es sich bei der Kategorisierung nicht einfach nur um eine andere Form der Wahrnehmung, auch wenn perzeptuelle und konzeptuelle Prozesse ineinander greifen. Vielmehr haben Kategorien auch immer etwas mit *Überzeugungen* zu tun.

Die zentrale Rolle der basalen Ebene

Die Vorstellung einer basalen Ebene der Kategorisierung geht auf die Arbeiten von Rosch zurück, die hervorhob, dass viele der in der natürlichen Umwelt vorkommenden Kategorien anhand äußerer Ähnlichkeiten voneinander unterschieden werden können. Nach Rosch (Rosch & Mervis, 1975; Rosch et al., 1976) sind auf der so genannten basalen Ebene der Kategorieabstraktion Begriffe wie «Katze», «Vogel», «Kuh», «Baum» und «Auto» durch die Kovariation der entscheidenden Merkmale der Elemente der Kategorie «perzeptuell vorgegeben». Aufgrund der Tatsache, dass bestimmte Merkmale regelmäßig zusammen auftreten, sind demzufolge die Dinge in unserer Umwelt «intrinsisch» voneinander unterscheidbar. So treten beispielsweise Federn ausgesprochen häufig gemeinsam mit Flügeln, der Fähigkeit, zu fliegen, und einem niedrigen Körpergewicht auf, was es dem Kind sehr erleichtert, die Kategorie «Vogel» auszubilden. Die Elemente basaler Kategorien teilen die höchste Anzahl von Merkmalen mit anderen Exemplaren der gleichen Kategorie und die niedrigste mit Exemplaren entgegengesetzter Klassen. So haben z. B. Vögel mehr Merkmale mit anderen Vögeln gemein als beispielsweise mit Hunden.

Rosch ging des Weiteren davon aus, dass die basale Ebene der Kategorisierung mit dem größten *psychologischen Nutzen* verbunden war. Ihrer Ansicht nach kann der Organismus auf dieser Ebene mit dem geringsten Aufwand die meiste Information über die Kategorie erlangen. Einer gängigen Interpretation Roschs Arbeiten zufolge stellen *Prototypen* – besonders typische, auf der basalen Ebene angesiedelte Objekte – das effektivste Mittel zur Speicherung begrifflicher Informationen dar (Rosch selbst hat Prototypen allerdings nicht als Grundlage einer Theorie der Repräsentation von Kategorien betrachtet). In Bezug auf die Entwicklung des begrifflichen Denkens wurde angenommen, dass – falls Kinder ihre Umwelt tatsächlich auf der basalen Ebene kategorisieren, also zwischen Objekten wie Katzen, Vögeln, Kühen, Bäumen und Autos unterscheiden – ein Begriffssystems entsteht, welches Kategorien in Form von Prototypen enkodiert.

Wie wir in Kapitel 2 gesehen haben, ist die Wahrnehmung bereits im Säuglingsalter so weit entwickelt, dass die Babys Merkmalskombinationen registrieren, die die prototypischen Elemente einer Kategorie kennzeichnen (z. B. Eimas & Quinn, 1994; Younger & Cohen, 1983). Allerdings betreffen die von diesen Autoren demonstrierten Prototyp-Effekte eher perzeptuelle als konzeptuelle Kategorien. Um die Existenz *konzeptueller* – begrifflicher – Kategorien auf der basalen Ebene zu demonstrieren, wäre der Nachweis zu erbringen, dass diese perzeptuellen Unterschiede eine *konzeptuelle* Bedeutung für die Kinder haben. Eine Möglichkeit, dies zu untersuchen, besteht darin, Kindern, die noch nicht sprechen können, Sortieraufgaben zu geben. Wenn diese Kinder in der Lage sind, Objekte anhand ihrer Zugehörigkeit zu einer basalen Kategorie zu sortieren – also beispielsweise Spielzeughunde anderen Spielzeughunden zuzuordnen und Spielzeugautos anderen Spielzeugautos –, würde dies möglicherweise auf eine konzeptuelle Signifikanz hinweisen, wenngleich natürlich zwischen den entsprechenden Objekten auch ein hoher Grad an äußerer – perzeptueller – Ähnlichkeit besteht.

Sequenzielles Berühren als Maß für Kategorisierungen auf der basalen Ebene

Ob und auf welche Weise kleine Kinder Objekte sortieren, lässt sich mit Hilfe eines Maßes untersuchen, das als «sequenzielles Berühren» bezeichnet wird. Säuglinge und Kleinkinder fassen Gegenstände, die sie interessant finden, gern an, während spontanes Gruppieren von Objekten vor dem 18. Monat nur selten zu beobachten ist. Sequenzielles Berühren hingegen kommt relativ häufig vor: Kinder neigen dazu, Dinge, die der gleichen Kategorie zugehören, häufiger nacheinander anzufassen, als es nach dem Zufallsprinzip zu erwarten wäre. Aus diesem systematischen Berühren entwickelt sich nach und nach das systematische Sortieren. In einer Versuchsreihe von Mandler und Bauer (1988) diente dieses «taktile Verhalten» von Kindern als Maß für den Aufbau von Kategorien. Diese Autoren beobachteten sequenzielle Berührungen, um zu überprüfen, ob die Kinder Spielzeug anhand basaler Kategorien voneinander unterscheiden konnten.

Bei dem Spielzeug, das Mandler und Bauer in ihren Versuchen einsetzten, handelte es sich um a) Hunde versus Katzen (basale Kategorien) und b) Fahrzeuge versus Tiere (übergeordnete Kategorien). Bei der Aufgabe mit den basalen Kategorien bekamen die Kinder einen Spielzeugpudel, einen Collie, einen Bluthund und eine Bulldogge vorgesetzt sowie einen Spielzeugsportwagen, eine Limousine, einen Kombi und einen VW-Käfer. Berührten die Kinder die Autos oder die Hunde nacheinander, wurde dies als Beleg dafür gewertet, dass sie in der Lage waren, die Objekte auf dieser basalen Kategorieebene voneinander zu unterscheiden. Bei der Aufgabe mit den übergeordneten Kategorien wurde den Kindern ein Spielzeugpferd, eine Spinne, ein Huhn und ein Fisch sowie ein Flugzeug, ein Motorrad, ein Laster und eine Lokomotive vorgelegt. Zusätzlich wurde noch eine Reihe von Küchen- und Badezimmerutensilien verwendet (Becher, Löffel, Teller und Topf versus Seife, Zahnbürste, Zahnpasta, Kamm), um zu untersuchen, wie die Kinder auf so genannte «kontextuelle Kategorien» reagierten: Objekte, denen gemein ist, dass sie am gleichen Ort anzutreffen sind oder bei den gleichen Aktivitäten verwendet werden. Die Stichprobe bestand aus Kleinkindern im Alter von 12, 15 und 20 Monaten, die jeweils mit zwei Gruppen von Objekten konfrontiert wurden. Gemessen wurde das Vorkommen von sequenziellem Berühren sowie von spontanem Sortieren der Objekte anhand ihrer Kategorien.

Die 12 und15 Monate alten Kinder schienen – wie Mandler und Bauer feststellten – als Gruppe nur Kategorisierungen auf der basalen Ebene vorzunehmen, da sie nur die Hunde und Autos überzufällig häufig hintereinander berührten. Nur die 20 Monate alten Kinder zeigten auch bei den kontextuellen und den übergeordneten Kategorien sequenzielles Berühren, das reliabel nicht zufallsverteilt war. Dabei gab es allerdings große individuelle Unterschiede. So reagierten beispielsweise 25 Prozent der 12 Monate alten Kinder auf die übergeordneten Kategorien. In einem zweiten Experiment verglichen Mandler und Bauer Sortierverhalten auf der basalen Kategorieebene unter zwei verschiedenen Bedingungen: Einmal stammten die Objekte aus der *gleichen* übergeordneten Klasse und einmal aus *verschiedenen* übergeordneten Klassen. Bei den Objekten aus der gleichen übergeordneten Klasse (Tiere) war die Ähnlichkeit der Elemente innerhalb einer Kategorie hoch, während die Unterschiede zwischen den Kategorien relativ gering waren (z. B. Hunde versus Pferde). Bei den Objekten aus unterschiedlichen übergeordneten Klassen (Tiere versus Fahrzeuge) war die Ähnlichkeit der Elemente innerhalb einer Kategorie ebenfalls hoch, die Unterschiede zwischen den Kategorien jedoch groß (z. B. Hunde versus Autos). Dieses Mal wurden nur Kinder im Alter von 16 und 20 Monaten getestet. Es zeigte sich, dass die basalen Kategorien klar voneinander unterschieden wurden, wenn Tiere mit Fahrzeugen verglichen wurden, nicht jedoch, wenn Tiere mit Tieren verglichen wurden. Nach Mandler und Bauer heißt dies, dass die übergeordneten Klassen bei der Entwicklung der Fähigkeit zur Kategorisierung möglicherweise eine größere Rolle spielen als bisher angenommen. In ihren Versuchen kam es offensichtlich nur dann zu entsprechendem Sortierverhalten, wenn die Objekte aus unterschiedlichen basalen *und* übergeordneten Kategorien stammten.

Man könnte diese Ergebnisse jedoch auch auf das unterschiedliche Ausmaß an äußerer Ähnlichkeit zwischen den verwendeten Stimuli zurückführen. So lassen sich Hunde beispielsweise allein aufgrund äußerer Unterschiede leicht von Autos unterscheiden, sie haben mehr Übereinstimmungen miteinander als mit Autos (Hunde haben einen Kopf, einen Schwanz, vier Beine usw., Autos haben Räder und Sitze, keine Beine usw.). Hunde und Pferde anhand äußerer Merkmale voneinander zu unterscheiden ist schon schwieriger, da sowohl Hunde als auch Pferde einen Kopf, einen Schwanz, vier Beine usw. haben und sich deshalb weniger voneinander abheben (zumal, wenn es sich um *Spielzeug*pferde und -hunde handelt). Daher müssen die Ergebnisse von Mandler und Bauer nicht unbedingt bedeuten, dass die Kinder nicht in der Lage gewesen wären, Objekte, die derselben übergeordneten Kategorie angehören, auf der basalen Ebene voneinander zu unterscheiden.

Darüber hinaus lassen Merkmale, die auf eine Zugehörigkeit zu einer basalen Kategorie hinweisen, häufig auch auf die Zugehörigkeit zu einer übergeordneten Kategorie schließen. Federn bedeuten beispielsweise, dass es sich um ein «Tier» und um einen «Vogel» handelt, Fell weist auf die Zugehörigkeit zu den Kategorien «Tier» und «Katze» hin (siehe Murphy, 1982). Rosch berücksichtigt dies in ihrer Theorie: Sie weist darauf hin, dass perzeptuelle Ähnlichkeit mit struktureller Ähnlichkeit *korreliert*. Die perzeptuelle Ähnlichkeit zwischen Hunden und Pferden ist Ausdruck einer zugrunde liegenden strukturellen Ähnlichkeit – es handelt sich um verwandte biologische Arten. Entsprechend haben Autos als Fahrzeuge Räder und keine Beine und daher größere Ähnlichkeit zu Flugzeugen und Zügen, mit denen sie auch eine größere strukturelle Ähnlichkeit verbindet. Natürlich kann man Hunde und Pferde in natura leicht anhand des auffälligen Größenunterschieds, der Beschaffenheit ihres Fells usw. voneinander unterscheiden – Unterschiede, die bei Spielzeugpferden und -hunden aus Plastik nicht so deutlich sind. Sowohl basale als auch übergeordnete Begriffe entstehen in gewissem Sinn aus perzeptuellem Wissen, wie die in Kapitel 2 besprochenen Arbeiten über die wahrnehmungsbasierten Wissensrepräsentationen gezeigt haben. Das unterschiedliche Ausmaß an äußerer – perzeptueller – Ähnlichkeit zwischen Kategorien wie Pferden, Hunden und Autos ist ein wesentlicher Aspekt der Hypothese von Rosch.

Die *matching-to-sample task*

Eine andere Möglichkeit, Kategorienwissen zu untersuchen, bietet eine Zuordnungsaufgabe, die so genannte *matching-to-sample task*. Hier bekommen die Kinder ein Muster- oder Zielobjekt vorgegeben und sollen dann bestimmen, welches von zwei anderen Objekten zu dem Zielobjekt passt (diese Aufgabe wird häufig in Untersuchungen mit Affen benutzt!). In einem Experiment von Bauer und Mandler (1989a) wurde mit Hilfe dieses Aufgabentyps die Fähigkeit von Kindern im Alter von 19, 25 und 31 Monaten untersucht, Kategorisierungen auf basaler und übergeordneter Ebene vorzunehmen.

Um herauszufinden, ob es einen Unterschied machte, ob die einander zuzuordnenden Objekte aus der gleichen übergeordneten oder der gleichen basalen Kategorie stammten, wurden jeweils die Objekte des Auswahlpaars variiert. So wurde beispielsweise mit Objekten wie einem *Vogel,* einem anderen Vogel und einem Nest sowie einer *Zahnbürste*, einer anderen Zahnbürste und einer Zahnpastatube Zuordnungen auf der basalen Ebene untersucht. Zuordnungen auf der übergeordneten Ebene wurden mit Hilfe von Objekt-

Tabelle 3.1

Beispiele der Stimulusdreiergruppen aus der Studie von Mandler und Bauer (1988)

Spalte 1	*Spalte 2*	*Spalte 3*
Vogel	Nest	Vogel
Zahnbürste	Zahnpasta	Zahnbürste
Becher	Saftkrug	Glas
Bürste	Spiegel	Kamm
Birne	Messer	Apfel
Stuhl	Mensch	Tisch
Baby	Flasche	Erwachsener
Blume	Vase	Pflanze
Bett	Kissen	Kinderbett
Löffel	Teller	Mess-Schaufel
Mantel	Schirm	Sweatshirt
Topf	Spachtel	Bratpfanne
Hammer	Nagel	Zange
Kinderwagen	Kind	Dreirad
Affe	Banane	Bär
Eimer	Schaufel	Blumenkübel
Löwe	Käfig	Elefant
Hemd	Bügel	Hose
Waschbecken	Seife	Badewanne

Die Dreiergruppen auf der basalen Ebene bestanden jeweils aus zwei verschiedenen Objekten aus Spalte 1 und einem Objekt aus Spalte 2. Bei den Aufgaben, bei denen Kategorisierungen auf der übergeordneten Ebene vorgenommen werden sollten, wurde jeweils ein Objekt aus den Spalten 1, 2 und 3 vorgegeben. Die ersten drei Zeilen enthalten die Stimuli aus den Beispielaufgaben.

gruppen wie einem *Stuhl,* einem Tisch und einem Menschen oder einem *Affen,* einem Bären und einer Banane getestet (siehe Tabelle 3.1). Den Kindern wurde gesagt, man wolle ein «Suchspiel» spielen. Der Versuchsleiter zeigte auf das Zielobjekt (beispielsweise die Zahnbürste oder den Affen) und sagte dann: «Siehst du das hier? Findest du etwas, das genauso ist wie das? Kannst du mir etwas zeigen, das genauso ist?»

Bauer und Mandler stellten fest, dass den Kindern die Zuordnungen auf basaler Ebene zwar im Durchschnitt betrachtet etwas leichter fielen, insgesamt aber alle drei Altersgruppen die Kategorisierungsaufgaben auf beiden Ebenen sehr gut bewältigten. Bei den basalen Zuordnungen betrug der Anteil der richtigen Lösungen bei den 16 Monate alten Kindern 85 Prozent, bei den 25 Monate alten Kindern 94 Prozent und bei den 31 Monate alten Kindern 97 Prozent. Die übergeordneten Zuordnungen gelangen den 19 Monate alten Kindern zu 91 Prozent, den 25 Monate alten zu 81 Prozent und den 31 Monate alten Kindern zu 93 Prozent. Dem ist zu entnehmen, dass Kleinkinder später im Alter von 19 Monaten ein Verständnis für Kategorien auf der basalen *und* auf der übergeordneten Ebene entwickelt haben.

Die Rolle der übergeordneten Ebene

In späteren Arbeiten vertreten Mandler und ihre Mitarbeiter die Ansicht, dass Kinder zuerst mit übergeordneten und erst später mit basalen Kategorien umgehen können – was eine Umkehr der von Rosch postulierten Abfolge darstellt. Diese provokative These stützt sich auf mehrere Studien mit Aufgaben, bei denen Objekte zu kategorisieren waren, welche unterschiedlichen basalen, aber der gleichen übergeordneten Kategorie angehörten, z. B. Pferde versus Hunde (z. B. Mandler, Bauer & McDonough, 1991; Mandler & McDonough, 1993).

So untersuchten Mandler et al. (1991) mit Hilfe der Technik des sequenziellen Berührens die Fähigkeit von 19, 24 und 31 Monate alten Kindern, zwischen Spielzeughunden und Spielzeugpferden (geringer perzeptueller Kontrast), Spielzeughunden und Spielzeughasen (mittlerer perzeptueller Kontrast) sowie Spielzeughunden und Spielzeugfischen (hoher perzeptueller Kontrast) zu unterscheiden: Sie stellten fest, dass nur die 31 Monate alten Kinder in der Lage waren, Hunde und Pferde mit einem Mindestgrad an Zuverlässigkeit ($P < .08$) auseinander zu halten. Bestand ein mittlerer Grad an perzeptuellem Kontrast (Hunde versus Hasen), konnten sowohl die 24 als auch die 31 Monate alten Kinder die Tiere verlässlich voneinander unterscheiden, und für den hohen Grad an perzeptuellem Kontrast galt, dass alle Gruppen die Tiere zuverlässig auseinander halten konnten. Darüber hinaus waren auch alle Altersgruppen in der Lage, Tiere von Fahrzeugen sicher zu unterscheiden (ein Kontrast auf übergeordneter Ebene mit hoher perzeptueller Unähnlichkeit). Aus diesen Ergebnissen schließen Mandler et al., dass die Kategorisierung von der Differenzierung globaler Klassen (z. B. Tiere) hin zu feineren Unterscheidungen fortschreitet, bis schließlich die basale Abstraktionsebene erreicht ist. Auch hierzu ist jedoch zu sagen, dass das Kategorisierungsverhalten der Kinder schlicht mit der äußeren Ähnlichkeit der Objekte zu korrelieren scheint, was nicht zwangsläufig als Fehlen der begrifflichen Grundlage zu werten ist.

Weitere Hinweise, die dagegen sprechen, dass die Kategorisierung auf der basalen Ebene beginnt und sich dann zur übergeordneten Ebene hinauf und zur untergeordneten Ebene hinab weiter ausdifferenziert, stammen aus einer Arbeit von Mandler und McDonough (1993) mit 7, 9 und 11 Monate alten Kindern. Sie verglichen erneut Objekte, die sich auf der basalen Ebene voneinander unterschieden – Spielzeughunde versus Spielzeugfische und Spielzeughunde versus Spielzeughasen –, verwendeten dieses Mal jedoch eine «Objektuntersuchungsaufgabe» anstelle der «Objektmanipulierungsaufgabe» aus der Studie mit den älteren Kindern. Dabei wurden den Kindern nacheinander mehrere Objekte in die Hand gegeben, die sie eingehend untersuchen konnten, solange bis sie mit ihnen vertraut waren. Beispielsweise erhielten sie eine Reihe von Spielzeugfischen. Nachdem sie mit den Fischen vertraut waren, gab man ihnen ein sich von den anderen unterscheidendes Exemplar der vertrauten Kategorie (einen neuen Spielzeugfisch) und ein Exemplar einer anderen Kategorie (einen Spielzeughund) in die Hand. Wenn die Kinder das Objekt aus der neuen Kategorie länger untersuchten als das Objekt aus der bekannten Kategorie, wurde dies als Beleg dafür betrachtet, dass sie in der Lage waren, zwischen den beiden Kategorien zu unterscheiden. Es zeigte sich, dass die Kinder bei diesem Vorgehen nicht in der Lage waren, zwischen Hunden und Fischen oder zwischen Hunden und Hasen zu unterscheiden. Wohl konnten sie Tiere und Fahrzeuge auseinander halten (ein kategorialer Unterschied auf der übergeordneten Ebene). Unter Verweis auf diese Daten vertraten Mandler und McDonough die Auffassung, dass Säuglinge und Kleinstkinder einen weitgehend undifferenzierten Begriff von Tieren haben, der keine Informationen über die basale Ebene enthält.

Um zu entscheiden, ob diese Auffassung zutreffend ist, sind weitere Untersuchungen vonnöten. Die Behauptung, dass die Entwicklung des Wissens von relativ globalen Konzepten ausgeht, die nach und nach ausdifferenziert werden, kann sich zurzeit nur auf negative Resultate stützen, d. h. auf Resultate, die *keine* Unterstützung für die Hypothese liefern, dass die *basalen Kategorien* die Grundlage für die Entwicklung des Wissens darstellten. Dies allein reicht allerdings noch nicht als Beleg für die gegenteilige Hypothese von der entscheidenden Bedeutung der globalen Begriffe. Außerdem stammen die angeführten Daten aus Experimenten mit Spielzeug. Spielsachen unterscheiden sich jedoch dahingehend voneinander, wie prototypisch sie für eine Kategorie sind. Außerdem sind sie als Stimuli in ihren wahrnehmbaren Qualitäten sehr reduziert. Sie besitzen nur einen Teil der Merkmale der Objekte, die sie darstellen sollen (zum Beispiel Gesamterscheinung, Zahl der Beine und Zahl der Augen), viele andere fehlen ihnen (wie relative Größe, Geruch und Struktur von Haut oder Fell). Gerade diese Merkmale leisten jedoch einen wichtigen Beitrag, wenn es darum geht, beispielsweise Hunde, Pferde, Fische und Hasen auseinander zu halten (echte Fische sehen völlig anders aus als Hunde, fühlen sich anders an und riechen anders als diese!). Dass es wichtig sein kann, in Studien zur Entwicklung des begrifflichen Denkens Stimuli zu verwenden, die reich an äußeren Merkmalen sind, betonen Jones und Smith (1993).

Unterschiede zwischen basalen Kategorien von Kindern und Erwachsenen

Ein anderer Grund für die negativen Resultate, von denen Mandler und ihre Mitarbeiter berichten, könnte darin liegen, dass für ein Kind etwas anderes «basal» ist als für einen Erwachsenen. Von Mervis und ihren Mitarbeitern (z. B. Mervis, 1987) stammt die Vorstellung, es gäbe so etwas wie «kindliche basale Kategorien», die sich von «erwachsenen basalen Kategorien» unterscheiden ließen. Mervis wies darauf hin, dass Kinder bei einem bestimmten Objekt möglicherweise andere Merkmale feststellen oder besonders beachten als Erwachsene, was beispielsweise darauf zurückzuführen sein könnte, dass sie noch nicht die Erfahrungen und das Wissen über die (kulturellen) Funktionen der Objekte haben wie Erwachsene. Aus diesem Grund bilden sie möglicherweise etwas andere basale Kategorien als Erwachsene, wenngleich sie dabei prinzipiell nicht anders vorgehen als diese, also Objekte mit ähnlichen

Formen, Funktionen usw. zu Gruppen zusammenfassen. Die Kategorien der Kinder können somit breiter oder enger sein als die entsprechenden Kategorien von Erwachsenen oder sich mit ihnen überschneiden.

Zu Veranschaulichung ihrer Theorie zeichnete Mervis detailliert die Entwicklung der ersten Kategorie ihres Sohnes Ari auf: *Ente*. Die Objekte, die er zu einem bestimmten Zeitpunkt als dieser Kategorie zugehörig betrachtete, sowie die Objekte, die er nicht als «Ente» durchgehen ließ, sind in Abbildung 3.1 dargestellt. Die Kategoriegrenzen wurden getestet, indem er vier Objekte vorgegeben bekam und aufgefordert wurde: «Kann Ari das Entchen nehmen?» Im Laufe der Zeit wurde die Kategorie *Ente* zunächst um Bilder von Enten erweitert, dann um die in Abbildung 3.1 gezeigte Entenrassel aus Kunststoff, und schließlich um die Entenkopfrassel aus Plüsch und den Donald-Duck-

Abbildung 3.1: Beispiele für Objekte, die Ari als der Kategorie Ente zugehörig und nicht zugehörig betrachtete: in der oberen Reihe Objekte, die sofort als zugehörig betrachtet wurden (Stockente aus Plüsch, Lappentaucher aus Holz, Schneegans aus Porzellan, Küken zum Aufziehen); in der zweiten Reihe Objekte, die Ari als Ente betrachtete, sobald er sie genauer untersuchen konnte (Kanadagans, Schwan, Reiher, Strauß aus Plüsch); und in der dritten Reihe Objekte, die er anfangs ausschloss (Entenrassel aus Plastik, Donald-Duck-Kopf,

Kopf. Zu dieser Zeit begann Ari Enten zu entdecken, die seiner Mutter nicht aufgefallen waren, beispielsweise einen entenförmigen Schwimmreifen auf einem Foto in einer Zeitschrift, die sie las, oder eine Seifendose in Form eines Schwanes in einem Geschäft. Die Tatsache, dass Ari zunächst einige Spielzeugfiguren als Enten betrachtete und andere nicht, sollte zu denken geben bei der Planung zukünftiger Studien zur Unterscheidung basaler Kategorien, in denen Spielzeugfiguren verwendet werden.

Perzeptuelle versus strukturelle Ähnlichkeit

In den soeben vorgestellten Studien zur Kategorisierung auf basaler, übergeordneter und untergeordneter Ebene hat wiederholt der Grad der äußeren Ähnlichkeit zwischen den verschiedenen Exemplaren einer Kategorie das Kategorisierungsverhalten der Kinder entscheidend beeinflusst. Wie bereits gesagt, hängt dies unter anderem damit zusammen, dass perzeptuelle und strukturelle Ähnlichkeit miteinander korreliert sind. Eine perzeptuelle – also äußerlich wahrnehmbare – Ähnlichkeit lässt häufig Rückschlüsse auf eine strukturelle Ähnlichkeit zu, kann als Hinweis dafür dienen, dass die Objekte tiefer gehende Charakteristika miteinander teilen (wie beispielsweise die nicht beobachtbaren Merkmale, die vielen biologischen Arten gemein sind: ein Herz zu haben, einen Blutkreislauf und so weiter).

Allerdings lässt sich auch untersuchen, wie Kinder reagieren, wenn perzeptuelle und konzeptuelle Ähnlichkeit *nicht* korreliert sind. Liegen perzeptuelle Ähnlichkeit und Zugehörigkeit zu einer Kategorie miteinander im Konflikt, sind Kinder erstaunlich gut in der Lage, tiefer liegende strukturelle Merkmale zur Grundlage ihrer Kategorisierungen zu machen. Dabei schneiden kleinere Kinder (Zweijährige) besser ab, wenn ihre Vermutungen über die Zugehörigkeit zu einer Kategorie durch sprachliche Mittel unterstützt werden, was bei etwas älteren Kindern (Dreijährigen) nicht der Fall ist. Dies ergaben experimentelle Untersuchungen von Susan Gelman und ihren Mitarbeitern, die mit einer Versuchstechnik arbeiteten, die es erlaubte, äußere Merkmale und Kategoriezugehörigkeit unabhängig voneinander zu variieren (z. B. Gelman & Coley, 1990; Gelman & Markman, 1986, 1987).

So stellten beispielsweise Gelman und Coley (1990) zwei Jahre alten Kindern Fragen über die Merkmale typischer und atypischer Mitglieder von ihnen vertrauten Kategorien wie Vögeln und Dinosauriern. Die Kinder bekamen Bilder von Vögeln und Dinosauriern gezeigt und sollten Fragen beantworten wie: «Das ist ein Vogel. Lebt er in einem Nest?» und «Das ist ein Dinosaurier. Hat er große Zähne?» Bei jedem Kategorievergleich wurde den Kindern zunächst ein Bild – das Zielbild – mit einem typischen Element der Kategorie gezeigt, zum Beispiel ein typischer Vogel, und es wurde ihnen eine Frage dazu gestellt («Lebt es in einem Nest?»). Dieses Bild blieb während der Präsentation der Testbilder – Bilder von Mitgliedern derselben und einer anderen Kategorie, die nun sukzessive vorgegeben wurden – weiterhin im Blick der Kinder. Bei jedem Testbild wurde die gleiche Frage («Lebt es in einem Nest?») gestellt.

Die zentrale experimentelle Manipulation bestand darin, dass eines der Exemplare der anderen Kategorie dem Zielbild sehr ähnlich sah, während sich andererseits eines der Mitglieder der gleichen Kategorie äußerlich sehr von ihm unterschied (siehe Abbildung 3.2). Als atypisches Mitglieder der Vogel-

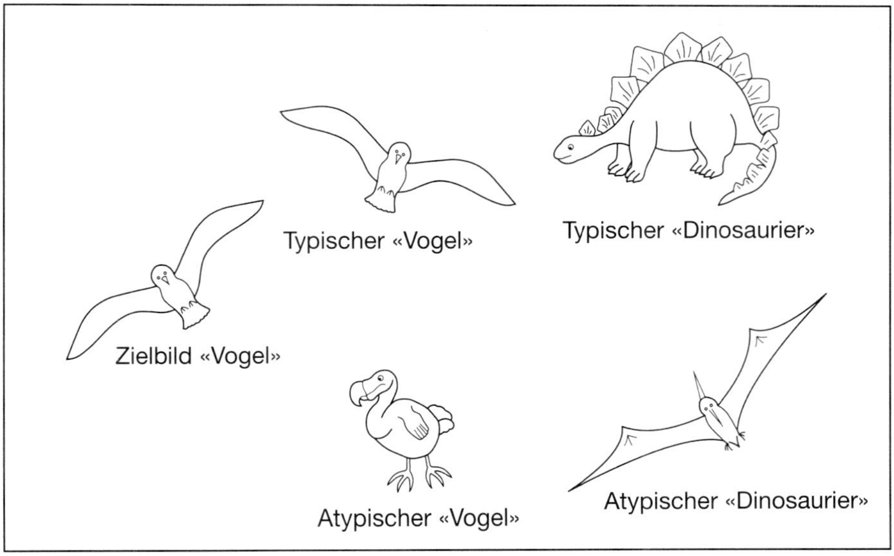

Abbildung 3.2: Beispiele für die Stimuli zur Überprüfung der Kategorie «Vogel» in der Studie von Gelman und Coley (1990). Copyright American Psychological Association. Wiedergabe mit freundlicher Genehmigung.

kategorie wurde beispielsweise eine *Dronte* gezeigt, als sehr typisches ein weit verbreiteter Singvogel *(Elfenblauvogel)*. Die andere Kategorie (Dinosaurier) war durch einen *Stegosaurier* als typisches und einen *Pterodaktylus* als atypisches Exemplar vertreten. Machten die Kinder die Gesamterscheinung der Tiere zur Grundlage ihrer Einschätzungen, mussten sie zu dem Schluss kommen, dass es sich bei dem Elfenbeinvogel und dem Pterodaktylus, nicht aber bei dem Stegosaurier und der Dronte um Nestbewohner handelte. Waren sie sich hingegen der tiefer liegenden strukturellen Eigenschaften bewusst, die ausschlaggebend für die Zugehörigkeit zu einer Kategorie waren, sollten sie die Ansicht äußern, dass der Elfenblauvogel und die Dronte in Nestern leben, nicht jedoch der Stegosaurier und der Pterodaktylus.

Gelman und Coley stellten fest, dass die Zweijährigen die verschiedenen Eigenschaften von Vögeln, nach denen gefragt wurde, dem atypischen Kategoriemitglied (Dronte) nur in 42 Prozent der Fälle zuschrieben, dem typischen Mitglied (Elfenblauvogel) hingegen in 76 Prozent. Diese 42-Prozent-Marke lag signifikant *unterhalb* des Zufallsniveaus, was zeigt, dass die äußere Erscheinung in dieser Altersgruppe ausschlaggebend für die Beurteilung der Kategoriezugehörigkeit ist, solange keine sprachlichen Zusatzinformationen gegeben werden. Wenn jedoch während der Befragung die entsprechenden Kategorien genannt wurden – indem beispielsweise gesagt wurde «Das ist ein Vogel/Dinosaurier. Macht der Vogel/Dinosaurier piep, piep?» – schrieben die Zweijährigen dem atypischen Kategoriemitglied zu 69 Prozent und dem typischen zu 74 Prozent die jeweiligen Eigenschaften zu. Erwachsene bewältigten die gleiche Aufgabe, auch ohne dass die Kategoriezugehörigkeit genannt wurde – was keine Überraschung ist, da ihnen (im Gegensatz zu den Kindern) die atypischen Kategoriemitglieder bekannt sind. Dieses Experiment zeigt eindeutig, dass Kinder, wenn man sie verbal auf die Kategoriezugehörigkeit hinweist, diese – und nicht die äußere Erscheinung – zum Ausgangspunkt ihrer Zuschreibung von Eigenschaften machen.

In weiteren Arbeiten zum Thema haben S. Gelman und Markman (1986, 1987) gezeigt, dass Drei- und Vierjährige eine ähnliche Kategorisierungsaufgabe auch ohne Informationen über die Kategoriezugehörigkeit bewältigen. In ihrer Untersuchung mit Dreijährigen bekamen die Kinder beispielsweise ein Bild mit einem Zielobjekt – z. B. einer Katze – zu sehen und erhielten eine Information darüber, beispielsweise: «Es kann im Dunkeln sehen». Anschließend wurden ihnen vier weitere Tiere gezeigt (siehe Abbildung 3.3), von denen eines wie das Zielobjekt aussah und der gleichen Kategorie angehörte (eine andere Katze), eines wie das Zielobjekt aussah, aber einer anderen Kategorie angehörte (ein Skunk), eines nicht wie das Zielobjekt aussah, aber der gleichen Kategorie zugehörig war (eine andersfarbige Katze) und eines nicht wie das Zielobjekt aussah und auch einer anderen Kategorie angehörte (ein Dinosaurier). In jedem Fall wurden die Kinder gefragt, ob das jeweilige Tier über die gleiche Eigenschaft verfügte, wie sie zuvor dem Zielobjekt zugeschrieben worden war («kann im Dunkeln sehen»). Gelman und Markman stellten fest, dass die Kinder die Fragen relativ konsequent auf der Grundlage der Kategoriezugehörigkeit und nicht der äußeren Erscheinung machten. Dieses Ergebnis ist ein klarer Hinweis darauf, dass 3 bis 4 Jahre alte Kinder in der Lage sind, Schlussfolgerungen über biologische Arten *allein* auf der Basis ihrer Kategoriezugehörigkeit zu ziehen.

Allerdings sollten diese Befunde nicht als Beleg dafür gewertet werden, dass die Kategoriezugehörigkeit für Drei- bis Vierjährige *wichtiger* wäre als die äußere Ähnlichkeit, wenn sie Schlussfolgerungen über das Vorliegen von Eigenschaften ziehen. Schließlich handelte es sich bei den Stimuli in diesen Experimenten um Strichzeichnungen, also um perzeptuell relativ stark reduzierte Vorlagen. Nach Jones und Smith (1993) spielen perzeptuelles und nichtperzeptuelles Wissen keine streng voneinander zu unterscheidende Rollen für unsere Begriffe, vielmehr sind sie komplementär und die Grenze zwischen

Abbildung 3.3: Beispiele der Stimuli, die in der Studie von Gelman und Markman (1987) auf ihre Zugehörigkeit zur Kategorie «Katze» eingeschätzt wurden. Wiedergabe mit freundlicher Genehmigung.

ihnen ist fließend. Die bislang vorgestellten experimentellen Arbeiten scheinen diese Auffassung zu unterstützen: «Die Oberflächenerscheinung unterstützt – genau wie nichtperzeptuelle Eigenschaften – theoretische Relationen innerhalb und zwischen verschiedenen Wissensbeständen» (Jones & Smith, 1993, S. 126).

Die Rolle der Sprache

Auf die möglicherweise entscheidende Bedeutung der Sprache für die Entwicklung des begrifflichen Denkens weist der Befund von Gelman und ihren Mitarbeitern hin, demzufolge verbale Benennungen Zweijährigen helfen, konzeptuelle Unterscheidungen vorzunehmen. Mittlerweile liegen zahlreiche Arbeiten zum Zusammenhang zwischen Sprache und begrifflichem Denken vor. Wir wollen an dieser Stelle nur einen kurzen Eindruck von dieser Art von Forschungsarbeiten vermitteln. Eine zentrale Erkenntnis dieser Arbeiten besteht in der Existenz eines so genannten «linguistischen Bias», d. h., dass sich die Begriffsorganisation mit ihren verschiedenen von Rosch identifizierten Ebenen an grammatikalisch-sprachlichen Merkmalen orientiert.

Durch den Erwerb neuer Wörter lernen Kinder auch etwas über die begrifflichen Relationen zwischen Objekten bzw. Klassen von Objekten. So geben Bezeichnungen in der natürlichen Sprache Auskunft über Relationen zwischen basalen Objekten und über- und untergeordneten Kategorien. Allein der Erwerb eines gemeinsamen Etiketts «Tier» für verschiedene Referenten wie Hunde, Pferde und Fische versetzt Kinder in die Lage, diese Referenten als Mitglieder der gleichen übergeordneten Kategorie zu klassifizieren. Insbesondere wurde in Arbeiten zum Spracherwerb festgestellt, dass Kinder, wenn sie neue *Substantive* lernen, diese als Bezeichnungen für übergeordnete Kategorien interpretieren, während sie neue *Adjektive* als Bezeichnungen für untergeordnete Kategorien auffassen.

Zu den Arbeiten, die zu dieser Schlussfolgerung geführt haben, gehören die von Waxman, der in seinen Experimenten Kindern neue Bezeichnungen (japanische Wörter) für Objekte aus bekannten Kategorien unterschiedlicher hierarchischer Ebenen beigebracht hat. Beispielsweise lernten Dreijährige neue Bezeichnungen die japanischen Wörter für Kategorien wie *Tier* (Waxman, 1990). Die Objekte auf der basalen Ebene waren Fotos von Hunden, Katzen und Pferden und auf der untergeordneten Ebene Fotos von Collies, Settern und Terriern. Den Kindern wurden einige japanische Puppen gezeigt, von denen es hieß, dass sie kein Englisch sprächen und sehr wählerisch seien. Jede Puppe fand nur an einer bestimmten Art von Dingen Gefallen, von denen jeweils drei Beispiele vom Versuchsleiter vorgegeben wurden. Wenn die Puppe *Tiere* (übergeordnete Ebene) mochte, legte er Fotos von einem Hund, einem Vogel und einem Fisch neben die Puppe; mochte die Puppe *Hunde*, wurden Fotos von einem Setter, einer Bulldogge und einem Setter neben sie gelegt. Die Kinder bekamen dann eine Reihe weiterer Fotos vorgelegt, die sie den Puppen zuordnen sollten (z. B. für die *übergeordnete* Kategorie: Pferd, Elefant, Ente, Schwein sowie Kleidungsstücke und Nahrungsmittel; für die *basale* Kategorie: vier andere Hunde sowie verschiedene Katzen und Pferde).

Einem Teil der Kinder wurden Substantive, einem anderen Adjektive beigebracht: So sagte der Versuchsleiter in der Substantiv-Bedingung beispielsweise etwas wie: «Diese Puppe mag nur *Suikahs* und das hier sind *Suikahs*.» In der Adjektiv-Bedingung sagte er: «Diese Puppe mag nur solche, die *sukisch* sind, und diese hier sind *sukisch*.» Waxman stellte einen bezeichnenden Cross-over-Effekt fest: In der Substantiv-Bedingung klassifizierten die Dreijährigen mehr Bilder auf der übergeordneten Ebene als auf der untergeordneten Ebene korrekt (ordneten beispielsweise Tiere besser zu als Hunde), während die Dreijährigen aus der Adjektiv-Bedingung mehr Bilder auf der untergeordneten Ebene als auf der übergeordnete Ebene korrekt klassifizierten (also Hunde besser als Tiere zuordneten). Substantive scheinen also als Bezeichnungen für übergeordnete Kategorien interpretiert zu werden, während Adjektive eher als Bezeichnungen für untergeordnete Kategorien gedeutet werden. Dabei waren die perzeptuellen Stimuli in beiden Bedingungen identisch: Die Kinder sortierten in beiden Fällen die gleichen Fotos.

Auf der basalen Ebene gelang die Klassifizierung den Kindern in beiden Bedingungen zu annähernd 100 Prozent, wobei die sprachlichen Hinweise die Leistung weder positiv noch negativ beeinflussten. Nach Waxman benutzen Kinder daher vor allem auf den nichtbasalen Ebenen syntaktische Informationen als Hilfe zur Erschließung taxonomischer Klassen. Hier äußert sich, wie sie meint, der erwähnte linguistische Bias: Die Kinder wissen um die Zusammenhänge zwischen den verschiedenen Begriffsebenen und den sprachlichen Mitteln, die zu ihrer Beschreibung verwendet werden. Der Erwerb neuer verbaler Bezeichnungen kann daher die Klassifikation genau auf denjenigen Ebenen unterstützen, die am meisten der kulturellen Beeinflussung und Variation unterliegen – den nichtbasalen.

Die Unterscheidung zwischen Gegenständen und Lebewesen

Wie jedoch bereits weiter oben gesagt spielen bei der Kategorienbildung auch Überzeugungen *(beliefs)* über die Umwelt eine Rolle. Während Kinder Begriffshierarchien innerhalb einer Kategorie wie Tiere oder Autos aufbauen, gewinnen sie gleichzeitig auch Einsichten über einige grundlegende begriffliche Unterschiede. Eine der ersten und wichtigsten davon ist der zwischen Belebtem und Unbelebtem – die Grundlage für alles Wissen über die Biologie. Lebewesen zeichnen sich durch eine Reihe bestimmter Merkmale aus. Sie können sich eigenständig fortbewegen, können größer und dicker werden und (in einigen Fällen) ihre Farbe oder Form verändern. Außerdem können sie Eigenschaften von ihren Vorfahren vererbt bekommen. Daneben sind ihnen auch bestimmte Substanzen gemein, z. B. Blut, Knochen oder Zellulose. Unbelebte Dinge bewegen sich nicht eigenständig, weisen weder Wachstum, noch Metamorphose noch Vererbung auf, können allerdings ebenfalls bestimmte Kerneigenschaften teilen (beispielsweise aus Kunststoff sein). Kleine Kinder sind sich schon erstaunlich früh einiger dieser Unterschiede zwischen Belebtem und Unbelebtem bewusst. Dieses Grundwissen um den Unterschied zwischen Belebtem und Unbelebtem wird dann durch die Erfahrungen, die das Kind mit seiner Umwelt macht, nach und nach weiter ausgebaut. So lernt es irgendwann zum Beispiel, dass Pflanzen zwar zum belebten Teil der Natur gehören, sich aber im Gegensatz zu den Tiere nicht eigenständig fortbewegen können. Biologisches Wissen geht also über die Kenntnis des Unterschieds zwischen Belebtem und Unbelebtem hinaus, wenngleich sie einen wesentlichen Grundstein dieses Wissens darstellt.

Biologische Bewegungsmuster

Eine Möglichkeit herauszufinden, ob sich Säuglinge und Kleinkinder des Unterschieds zwischen Belebtem und Unbelebtem bewusst sind, besteht in der Untersuchung ihrer Fähigkeit, zwischen «biologischer Bewegung» und «nichtbiologischer Bewegung» zu unterscheiden. Eine ausgesprochen sinnreiche Studie von Bertenthal, Proffitt, Spetner und Thomas (1985) kommt zu dem Schluss, dass diese Unterscheidung schon von fünf Monate alten Babys getroffen wird. In ihrer Studie zeigten Bertenthal et al. den Kindern so genannte «Punkt-Licht-Geher» – eine Methode, die auf Johansson (1973) zurückgeht, der kleine Lämpchen an Hauptgelenken und Kopf von Personen anbrachte, sie in Schwarz kleidete und sie beim Gehen im Dunkeln filmte. Johansson stellte fest, dass Erwachsene solche 10 bis 12 sich bewegende Lichtpunkte leicht als gehenden Menschen erkannten. Erwachsene Versuchspersonen erkannten es auch, wenn der Mensch, den sie sahen, Liegestütze machte, tanzte oder Rad fuhr. Eine spätere Arbeit zeigte, dass es sogar möglich war, das Geschlecht der Person anzugeben (Cutting, Proffitt & Kozlowski, 1978).

Ein wichtiger Hinweis für das Erkennen der Lichtpunkte als Mensch ist das wechselnde Muster von sichtbaren und verdeckten Punkten: Betrachten wir einen Punkt-Licht-Geher von der Seite, so verschwinden die Punkte auf den Gliedmaßen (Handgelenk, Knie, Ellbogen, Fußgelenk) der uns abgewandten Seite jedes Mal kurz, wenn sie durch die Gliedmaßen der uns zugewandten Seite bzw. den Rumpf verdeckt werden. Genau dies machten sich Bertenthal et al. zunutze, um die Fähigkeit der Kinder zu testen, Lichtpunkte als menschliche Wesen zu erkennen. Sie schufen Computerdarstellungen dieser Lichtpunkte, die die experimentelle Manipulation dieses Verdeckungseffekts ermöglichten, und zeigten den Babys Punkt-Licht-Darstellungen mit und ohne Verdeckungseffekt. Dabei wurde den Babys zunächst bis zur Habituation eine Darstellung mit und danach eine Version ohne Verdeckung gezeigt oder umgekehrt. Andere Babys sahen ungeordnete Lichtpunkte mit oder ohne Verdeckungseffekt, um zu überprüfen, ob sie Verdeckung erkannten, die nicht auf biologische Bewegung zurückzuführen war.

Bertenthal et al. stellten bei den Babys eine Dishabituationsreaktion auf die Lichtmuster fest, die biologische Bewegungen simulierten, nicht aber auf die ungeordneten Punkte. Säuglinge reagieren also vor allem auf «Verdeckungsmuster», wie sie bei Bewegungen von Menschen und Tieren entstehen. In einem späteren Experiment zeigten Berthenthal et al., dass diese Reaktion darauf zurückzuführen ist, dass die Babys in den Lichtpunkten eine menschliche Gestalt erkennen. In diesem Versuch waren die Säuglinge in der Lage, die gehende Figur von einem zufälligen Verdeckungsmuster zu unterscheiden, jedoch nicht, wenn die Darstellung um 180 Grad gekippt war. Für Berthenthal et al. bedeutet dies, dass die Identifikation biologischer Bewegung Resultat eines schnellen Lernprozesses bei den Säuglingen ist, die – wie Erwachsene auch – das Bewegungsmuster nur erkennen , wenn sich die Figur in der vertrauten aufrechten Position befindet. Bei jüngeren Säuglingen (3 Monate) war die Dishabituation nicht auf den aufrechten Punkt-Licht-Geher beschränkt.

Neben dem Verdeckungsmuster werden offensichtlich noch andere Hinweisreize für die Unterscheidung zwischen biologischer und nichtbiologischer Bewegung genutzt. Nach Lamsfuss (1995) spielen z. B. auch *Vorhersehbarkeit* und *Regelmäßigkeit* der Bewegung eine wichtige Rolle: Während wir die Bewegungsabläufe nichtbiologischer Objekte (z. B. von Autos und anderen Maschinen) relativ genau vorhersagen können, ist es nicht möglich, genaue Voraussagen über die Bewegungen von Lebewesen (z. B. einer Stubenfliege) zu machen. Zur Überprüfung dieser Überlegung zeigte Lamsfuss vier und fünf Jahre alten Kindern jeweils zwei Abbildungen von «Spuren», die angeblich entweder von einem Tier oder von einer Maschine stammten. Bei diesen Spuren handelte es sich um simple Punktmuster (siehe Abbildung 3.4), von denen jeweils eines einen höheren Grad an Regelmäßigkeit aufwies als das

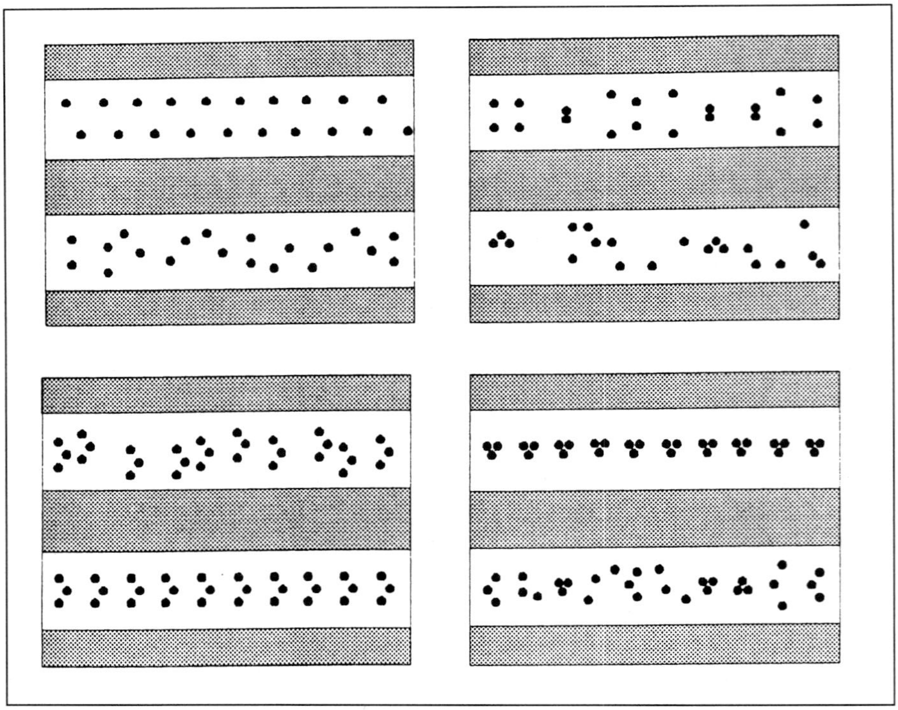

Abbildung 3.4: Einige der einfachen Punktmuster aus der Studie von Lamsfuss (1996) zur Untersuchung der Fähigkeit von Kindern, zwischen biologischen und nichtbiologischen Bewegungen zu unterscheiden. Wiedergabe mit freundlicher Genehmigung.

andere. Über das Punktmuster hinaus wurden keine weiteren Angaben darüber gemacht, wer oder was die Spuren hinterlassen hatte. Als Antwort auf die Frage, welche der beiden Spuren vermutlich eher von einer Maschine stammten, nannten die Kinder signifikant häufiger das regelmäßige Muster, als wenn sie nach den Tierspuren gefragt wurden. Die Kinder gingen – so interpretierte Lamsfuss ihre Ergebnisse – davon aus, dass sich Tiere auf unvorhersehbare Weise bewegen – regelmäßig oder unregelmäßig –, während sie von Maschinen weitgehend vorhersehbare und regelmäßige Bewegungen erwarteten. Erwachsene Laien sowie Biologieexperten, die ebenfalls an der Studie teilnahmen, zeigten das gleiche Antwortmuster wie die kleinen Kinder. Damit scheinen also mehrere Aspekte von Bewegungsabläufen als Informationsquelle für die Unterscheidung zwischen Biologischem und Nichtbiologischem zu dienen.

Selbstgenerierte Bewegungen

Eine andere Möglichkeit zur Überprüfung der Fähigkeit kleiner Kinder, zwischen Belebten und Unbelebtem zu unterscheiden, besteht in der Klärung der Frage, ob sie sich der Tatsache bewusst sind, dass Lebewesen über die Fähigkeit zu selbstgenerierten Bewegungen verfügen. Dieser Frage gingen Massey und R. Gelman (1988) nach, indem sie drei und vier Jahre alten Kindern Fotos von ihnen unbekannten Objekten zeigten und sie fragten, ob die abgebildeten Objekte allein einen Hügel hinaufsteigen und wieder herunterkommen könnten. Auf den Fotos waren wenig bekannte Exemplare zweier belebter Kategorien – Säugetiere (Tarsier, Marmosette) und Nichtsäugetiere (z. B. Tarantel, Eidechse) – sowie dreier unbelebter Kategorien – Tierstatuen, Objekte mit Rädern (z. B. Golfcaddie, Fahrrad) und komplexe unbewegliche Objekte (z. B. Kamera, Sportgerät) – abgebildet. Die Kategorien waren so gewählt, dass richtige Antworten allein auf der Grundlage gemeinsamer äußerer Merkmale (beispielsweise runder oder eckiger Kanten) nicht möglich waren. Während einige der unbelebten Objekte sich eigenständig einen Hügel *herunter*bewegen konnten, so kamen doch nur die belebten Wesen auch allein den Hügel *herauf*.

Massey und Gelman führten die Kinder in die Aufgabe ein, indem sie ihnen zunächst ein Foto von einem Hügel zeigten sowie Fotos von verschiedenen Übungsitems (ein Mann, ein kleines Mädchen, eine Gabel und ein Stuhl). Die Frage lautete jeweils, ob das entsprechende Objekt bzw. die Person in der

Lage war, allein den Hügel hinauf- und wieder herunterzukommen. Im Anschluss daran wurden dem Kind in zufälliger Abfolge die Zielbilder vorgelegt und es sollte erneut entscheiden, ob die entsprechenden Wesen oder Gegenstände allein den Berg ersteigen und wieder herunterkommen konnten. Insgesamt gaben die Dreijährigen bei 78 Prozent und die Vierjährigen bei 90 Prozent der Fotos richtige Antworten. Zwar wurden die Tiere auf den Fotos nicht in Bewegung dargestellt und ihre Füße waren nur selten zu sehen, dennoch verwiesen die Kinder in ihren Antworten häufig auf Füße oder Beine. Zum Beispiel (Echidna): «Es kann sich ganz langsam bewegen ... es hat kleine Beinchen. Wo es die hat? Untendrunter» (Gelman, 1990, S. 93) und «Es hat Füße und keine Schuhe» (Gelman, 1980, S. 88). [Versuchsleiter: «Kannst du mir mal die Füße zeigen?»] «Die sieht man nicht.» Verfügten dagegen unbelebte Objekte über Füße (z. B. die Statuen), bestritten die Kinder, dass es sich um «richtige» Füße handele, da man mit ihnen nicht gehen konnte. Die meisten Fehler machten die Dreijährigen bei den Nichtsäugetieren, die ihnen fremd waren, also zum Beispiel den Taranteln und Eidechsen. Dabei waren sie sich – wie ihren Antworten zu entnehmen war – durchaus der Tatsache bewusst, dass es sich um Lebewesen handelte. Allerdings hielten sie beispielsweise das «Krabbeltier» (die Spinne) für zu klein, um «ganz allein einen so großen Berg» hinaufzugehen.

Ähnliche Resultate bezüglich der Annahmen kleiner Kinder über selbstgenerierte Bewegungen legten S. Gelman und Gottfried vor (1993; Diskussion in S. Gelman, Coley & Gottfried, 1994). Sie zeigten vierjährigen Kindern Videoaufnahmen mit Tieren, Spielsachen zum Aufziehen sowie Haushaltsgegenständen, die sich auf einer Fläche hin- und herbewegten. Bei den Tieren und dem Spielzeug handelte es sich dabei um möglichst wenig bekannte Objekte, beispielsweise ein Chinchilla oder ein aufziehbares Spielzeugsushi. Die Haushaltsgegenstände waren durchsichtig, um feststellen zu können, ob es den Kindern dadurch schwerer fallen würde, eine interne Ursache für die Bewegung anzunehmen. In einer Kontrollbedingung wurden alle Tiere, Spielsachen und Objekte manuell bewegt, wobei die Hand in dem Film deutlich zu sehen war.

Den Kindern wurden drei kritische Fragen über jedes Tier und jedes Objekt gestellt. Diese lauteten: Hat jemand es dazu gebracht, sich zu bewegen? Hat etwas, das darin steckt, es dazu gebracht, sich zu bewegen? Hat es sich von allein bewegt? Gelman und Gottfried stellten fest, dass die Kinder diese Fragen bei den Tieren anders beantworteten als bei den Gegenständen. In der Bedingung, in der die Hand sichtbar gewesen war, sagten die Kinder, dass sich die Tiere von selbst bewegt hätten, die Spielsachen und die anderen Gegenstände jedoch von einem Menschen bewegt worden wären. In der Bedingung, in der sich die Objekte von allein in Bewegung gesetzt hatten, führten die Kinder diese Bewegung auf innere Mechanismen zurück, auch bei den durchsichtigen Objekten. Genauer konnten sie allerdings nicht erklären, wie die Bewegung zustande gekommen war. Viele Kinder vermuteten die Beteiligung einer übernatürlichen Kraft, versteckter Personen oder unsichtbarer natürlicher Ursachen (beispielsweise Elektrizität). Damit sind sich Kinder also bereits im Alter von vier Jahren dieses wichtigen Unterschieds zwischen Tieren und unbelebten Gegenständen bewusst: Tiere sind zu selbstgenerierter Bewegung fähig, Spielsachen und Haushaltsgegenstände nicht.

Gemeinsame Kerneigenschaften

Relevant für die Unterscheidung zwischen Belebtem und Unbelebtem sind auch Gemeinsamkeiten und Unterschiede in den äußeren und inneren Merkmalen. Wichtiger sind dabei letztendlich die inneren Merkmale. Beispielsweise sind biologischen Arten bestimmte innere Kerneigenschaften gemein (z. B. verfügen sowohl Hunde als auch Vögel über einen Blutkreislauf oder Knochen) und diese unterscheiden sich von den Kerneigenschaften unbelebter Gegenstände (Stühle und Türen sind beispielsweise aus Holz und Metall). Um zu untersuchen, inwieweit sich kleine Kinder des Unterschieds zwischen inneren und äußeren Merkmalen bewusst sind, legten S. Gelman und Wellman (1991) Drei- und Vierjährigen Fotos von verschiedenen Objekten vor und ließen sie beurteilen, welche dieser Objekte innere und äußere Merkmale teilten.

Die Kinder wurden gefragt: «Welches von den Dingen ist *von innen* so wie X?» (innere Merkmale), bzw. «Welches von den Dingen sieht X am ähnlichsten?» (äußere Merkmale). Dabei wurden jedes Mal Fotos von drei verschiedenen Objekten gezeigt, von denen jeweils zwei ähnliche innere Merkmale und zwei ähnliche äußere Merkmale aufwiesen. Bei der Triade *Apfelsine, Zitrone* und *orangefarbener Ballon* beispielsweise teilten Apfelsine und Zitrone innere und Apfelsine und Ballon äußere Merkmale. Bei der Dreiergruppe *Schwein, Sparschwein* und *Kuh* hatten Schwein und Kuh mehr innere Übereinstimmungen und Schwein und Sparschwein mehr äußere. Gelman und Wellman stellten fest, dass sowohl die Drei- als auch die Vierjährigen mehr richtige Antworten gaben, als es der Fall gewesen wäre, hätten sie einfach nach dem Zufallsprinzip geantwortet, wobei die Vierjährigen besser abschnitten als die Dreijährigen (73 versus 58 Prozent richtige Antworten). Weitere Analysen ergaben, dass die Fehler, die die Kinder machten, nicht allein darauf zurückzuführen waren, dass sie von äußeren Ähnlichkeiten auf innere Übereinstimmungen schlossen («perzeptuelle Fehler», beispielsweise zu sagen, Schwein und Sparschwein stimmten in ihren inneren Merkmalen überein). Zwar kamen derartige Fehler vor, genauso viele Fehler kamen jedoch dadurch zustande, dass die äußere Ähnlichkeit auf der Grundlage innerer Übereinstimmungen bewertet wurde (dass also z. B. gesagt wurde, Kühe und Schweine sähen einander ähnlich). Gelman und Wellman erklärten dies damit, dass es vor allem die Fähigkeit war, mit *Widersprüchen* zwischen inneren und äußeren Merkmalen umzugehen, die sich mit zunehmendem Alter entwickelte – und nicht so sehr die Fähigkeit, zwischen inneren und äußeren Merkmalen zu unterscheiden.

Diese Annahme findet Bestätigung durch die Ergebnisse einer Untersuchung von Rochel Gelman und Meck (zitiert in Gelman, 1990). Gelman und Meck befragten Kinder im Alter von drei, vier und fünf Jahren nach den inneren Merkmalen von Lebewesen und Gegenständen. Bei den Lebewesen handelte es sich um Menschen, Elefanten, Katzen, Vögel und Mäuse, bei den Gegenständen um Steine, Bälle, Puppen und Marionetten. Die Antworten der Kinder zeigten, dass sie klar zwischen Lebewesen und unbelebten Gegenständen unterschieden. Sie sagten, dass die Lebewesen in ihrem Inneren Blut, Knochen und ein Herz hätten, die unbelebten dagegen «hartes Zeug» (Steine, Bälle) bzw. Material und Watte (Puppen und Marionetten). Bei allen unbelebten Gegenständen war ein Teil der Kinder der Auffassung, sie hätten «nichts innendrin», von den Lebewesen behauptete dies keines der Kinder. Bei den Lebewesen gab es auch eine Tendenz zu sagen, dass sich Inneres und Äußeres voneinander unterschieden (zu den äußeren Merkmalen zählten beispielsweise Haut, Haare und Augen), während in Bezug auf die unbelebten Objekten die Ansicht vorherrschte, dass sie äußerlich und innerlich gleich wären («hartes Zeug», «Material»).

Konkretes oder abstraktes Wissen?

Während die Antworten darauf hinzuweisen scheinen, dass kleine Kinder relativ konkrete Vorstellungen von den inneren und äußeren Merkmalen von Dingen und Lebewesen hätten, vertreten Simons und Keil (1995) die Auffassung, dass derartige Beurteilungen eher auf *abstrakten Erwartungen* als auf konkretem Wissen beruhten. Diesen beiden Autoren zufolge haben Kinder keine konkreten Kenntnisse darüber, was sich im Inneren von Gegenständen und Lebewesen befindet, sondern eher eine Art konzeptuelles Gerüst, das bestimmte *kausale* Erwartungen enthält und an dem sie sich bei der Suche nach konkreten Unterschieden orientieren. Zur Überprüfung dieser Vorstellung führten Simons und Keil eine Versuchsreihe mit drei-, vier- und fünfjährigen Kindern durch. Das Ziel war es festzustellen, wie es den Erwartungen der Kinder zufolge im Inneren von Lebewesen und Gegenständen aussah. Dabei sahen sie keinen Widerspruch zwischen ihrer Hypothese und den Ergebnissen von Wellman und Gelman bzw. Gelman und Meck, da diese Autoren Aufgaben verwendet hatten, mit denen abstraktes Wissen über die Zugehörigkeit zu einer Kategorie überprüft wurde.

In ihren Experimenten stellten Simons und Keil den Kindern ein Spielzeugkrokodil namens Freddy vor, das über die Fähigkeit verfügte, in die Dinge hineinzuschauen. Den Kindern wurde gesagt, dass Freddy zum ersten Mal die Erde besuche und deshalb manchmal durcheinanderbringe, wie es in den verschiedenen Dingen aussähe. Daher sollten die Kinder Freddy dabei helfen, zu entscheiden, welches von zwei Objekten jeweils die richtigen «Dinge innendrin» hatte. In einem Versuch bekamen die Kinder beispielsweise zwei Bilder gezeigt, die entweder jeweils ein Tier (ein Schaf, einen Forsch oder einen Elefanten) oder einen künstlich hergestellten Gegenstand darstellten (eine Uhr, ein Telefon oder einen Bus). Alle Motive hatten in der Mitte eine computererzeugte Darstellung ihres möglichen Innenlebens (siehe Abbildung 3.5). Dieses war stets in einem Fall dem eines Tieres und im anderen Fall dem einer Maschine nachempfunden. So hatte beispielsweise eines der Schafe ein mechanisches Getriebe und das andere verschiedene Organe in seinem Inneren. Die Kinder wurden aufgefordert, Freddy «das Schaf mit den richtigen Dingen innendrin» zu zeigen. In einer anderen Studie wurde den Kindern einfach ein einzelnes Bild mit einem Schaf ohne Darstellung seines Innenlebens gezeigt sowie drei Glasbehälter, von denen einer Verbindungsstücke aus Metall, Scheiben und Draht (maschinelles Innenleben) enthielt, einer die konservierten Eingeweide zweier Katzen (biologisches Innenleben) und der dritte einige kleine weiße Steine in Gelatine («gemischtes» Innenleben). In diesem Fall sollten die Kinder auf das Glas zeigen, das die Art von Innenleben enthielt, das Freddy im Inneren des jeweiligen Tieres oder Gerätes sehen würde.

Die verschiedenen Studien kamen zu weitgehend übereinstimmenden Ergebnissen. Den kleineren Kindern fiel es schwerer, das richtige Innenleben auszuwählen als den älteren; sie antworteten aber nicht willkürlich, sondern unterschieden eindeutig zwischen den Lebewesen und den Geräten. Schon die kleinsten Kinder zeigten eine relativ hohe Treffsicherheit, wenn es um das Innere von Maschinen ging; den Tieren schrieben sie jedoch genauso häufig das gemischte wie das biologische Innenleben zu. Nach Simons und Keil wussten die kleineren Kinder nichts Genaues über das Innenleben der Objekte, die sie beurteilten, wussten aber, dass bestimmte Dinge mit größerer Wahrscheinlichkeit in Tieren als in Maschinen vorkommen und umgekehrt. Selbst die kleinsten Kinder hatten also *abstrakte* Erwartungen über das, was sich im Inneren von Tieren und Maschinen befindet. Was ihnen fehlte, waren *konkrete* Erfahrungen.

Eine andere Möglichkeit, das Wissen von Kindern über gemeinsame Kerneigenschaften zu untersuchen, besteht darin, sie *verbale* Beurteilungen über das Innenleben von Lebewesen und Gegenständen machen zu lassen. Ohne die Hilfe von Bildern sind die Kinder gezwungen, über Kategorien als «abstrakte Gesamtheiten» nachzudenken. Gelman und O'Reilly (1988) fragten fünf und acht Jahre alte Kinder, ob verschiedene Lebewesen und unbelebte Objekte – Hunde, Pferde, Schlangen und Traktoren – «die gleiche Art von Sachen innendrin» hätten. Die Vergleiche wurden nacheinander vorgenommen; in zufälliger Folge wurden die Kinder gefragt, ob (1) alle Hunde, (2) Hunde und Pferde, (3) Hunde und Schlangen und (4) Hunde und Traktoren «die gleichen Sachen innendrin» hätten. Wie Gelman und O'Reilly feststellten, wussten die Kinder, dass verschiedene Tiere ein ähnliches Innenleben haben, sich aber in dieser Hinsicht von Artefakten wie dem Traktor unterscheiden. Sie äußerten

Abbildung 3.5: Schafe mit mechanischem und natürlichem Innenleben aus der Studie von Simons und Keil (1995). Wiedergabe mit freundlicher Genehmigung von Elsevier Science.

sich beispielsweise folgendermaßen: «Alle Hunde sind gleich – wenn ihnen nicht etwas fehlt, der Schwanz oder etwas anderes» und «Stühle sind nicht alle gleich. Manche sind mit Metall, manche mit Holz. Manche sind auch mit Eisen» (S. 884).

Struktur versus Funktion bei der Kategorisierung von natürlichen Arten und Artefakten

Die Forschungsarbeiten zu den Vorstellungen, die Kinder von inneren und äußeren Merkmalen von Lebewesen und unbelebten Gegenständen haben, beruhten auf der Annahme, dass diese weitgehend anhand der gleichen Kerneigenschaften kategorisiert werden. Demgegenüber hat Keil (1994) darauf verwiesen, dass Kinder zwar Lebewesen möglicherweise in erster Linie anhand ihrer gemeinsamen – inneren und äußeren – *Struktur* kategorisieren, Apparate und Geräte jedoch möglicherweise eher anhand ihrer *Funktion*. Während gemeinsame funktionelle Merkmale bei Geräten nicht notwendigerweise mit äußeren Übereinstimmungen einhergehen, ist dies bei gemeinsamen strukturellen Merkmalen von Tieren häufig der Fall. So können beispielsweise die Griffe einer Tasche sehr unterschiedlich aussehen – fest oder biegsam, dick oder dünn, lang oder kurz. Dennoch ordnen wir Taschen nicht anhand der Form ihrer Griffe unterschiedlichen Kategorien zu, solange diese Unterschiede keine *funktionellen* Auswirkungen haben. Anders ist dies im Fall der Tiere: Nagetiere unterscheiden sich beispielsweise häufig hinsichtlich des Aussehens ihres Schwanzes – dick oder dünn sein, buschig oder haarlos, lang oder kurz – etwa genauso sehr voneinander wie Taschen hinsichtlich des Aussehens ihrer Griffe. Im Gegensatz zur Form der Henkel ist die Form des Schwanzes jedoch oft relevant für die Klassifizierung. Zwar haben die Unterschiede häufig keine direkte Auswirkung auf die Funktion des Schwanzes, wohl aber für die Unterscheidung der unterschiedlichen Arten (z. B. Eichhörnchen versus Ratten). Im Fall der Tiere hängen Unterschiede im Aussehen bestimmter Körperteile häufig mit anderen weiter reichenden Unterschieden zusammen, zum Beispiel solchen genetischer Art.

Um die Hypothese zu überprüfen, dass für Kinder gemeinsame *Funktionen* wichtig für die Kategorisierung von Artefakten und gemeinsame *Strukturen* (innere und äußere) wichtig für die Kategorisierung von Lebewesen sind, benutzte Pauen (1996a) Bilder von jeweils zwei Geräten und Lebewesen, die alle ein wichtiges Teil gemein hatten, das jeweils in zwei verschiedenen Formen vorkam. Die Funktion dieses Teils war dabei bei beiden gleich, nur sah es auf dem einen Bild anders aus als auf dem anderen. So hatte beispielsweise die eine von zwei Mäusen einen breiten und die andere einen schmalen Schwanz; dieser breite oder schmale Schwanz glich genau dem – entweder breiten oder schmalen – Henkel zweier Tonbandgeräte, die auf einem anderen Bildpaar zu sehen waren (ansonsten unterschieden sich die beiden Mäuse bzw. die Tonbandgeräte nicht voneinander, siehe Abbildung 3.6).

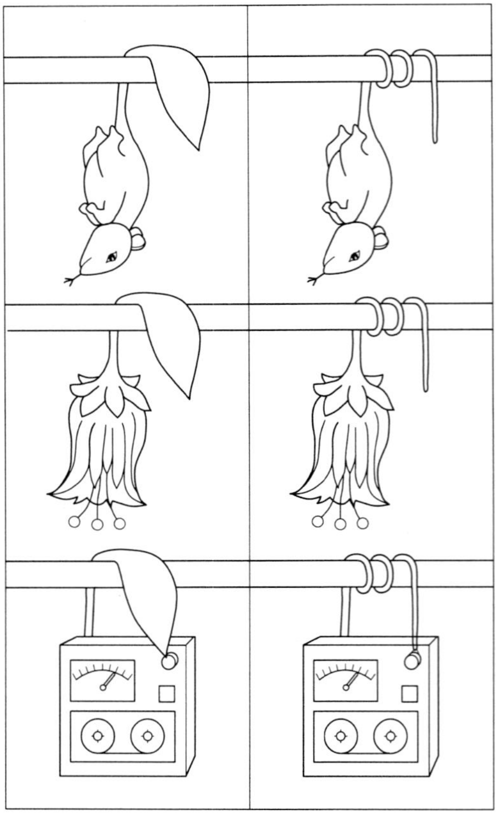

Abbildung 3.6: Das gleiche Element entweder als Mäuseschwanz, Blumenstengel oder Henkel eines Tonbandgerätes in der Studie von Pauen (1996a). Nachdruck mit freundlicher Genehmigung.

Jeweils vier Bilder wurden Kindern im Alter von vier und fünf Jahren gezeigt und man erzählte ihnen eine kleine Geschichte, in der es um die Notwendigkeit ging, das Zimmer aufzuräumen. Dazu gehörte auch das Zusammenlegen derjenigen Bilder, auf denen «die gleichen Sachen» abgebildet waren. Der Versuchsleiter begann mit dieser Aufgabe, indem er die Gegenstände von den Lebewesen trennte. Daraufhin erschien ein «Experte», der den Kindern sagte, dass hier noch etwas nicht stimmte, da einige der zusammengelegten Sachen «nicht wirklich gleich» wären. Es sei notwendig, eines der beiden Paare (entweder die Gegenstände oder die Lebewesen) wieder auseinander zu legen. Die Kinder sollten sagen, welches der beiden vom Versuchsleiter zusammengelegten Bilder wohl wieder getrennt werden musste. Pauen stellte fest, dass die Mehrzahl der Kinder angab, dass die Tierbilder eher auseinander zu legen seien als die Bilder mit den Geräten. Dieses Ergebnis unterstützt die Vorstellung, dass Kinder äußere Unterschiede als Hinweis auf das Vorliegen verschiedener Subkategorien innerhalb biologischer Arten werten. Für Artefakte scheint dies nicht zu gelten, zumindest dann nicht, wenn das unterschiedliche Aussehen keine funktionalen Auswirkungen hat.

Wachstum

Inwieweit Kinder sich des Unterschieds zwischen Unbelebtem und Belebtem bewusst sind, lässt sich auch untersuchen, indem man sich mit ihrem Wissen um Wachstumsprozesse beschäftigt. Über die Zeit hinweg verändern Lebewesen ihre äußere Erscheinung. Sie werden entweder größer (z. B. ein Baum), wechseln ihre Farbe (z. B. eine Tomate) oder bekommen ein völlig anderes Aussehen (z. B. eine Raupe, die zum Schmetterling wird). Artefakte ändern sich nicht im Laufe der Zeit. Sie können vielleicht verkratzen oder ein abgenutztes Äußeres bekommen, aber nicht wachsen, ihre Form verändern oder ihre Farbe wechseln.

In einer Reihe von Studien zu der Frage, was kleine Kinder über diese Dinge wissen, konnten Rosengren und seine Mitarbeiter zeigen, dass sich bereits Dreijährige dieses Unterschieds zwischen Lebewesen und toten Gegenständen bewusst sind. So zeigten Rosengren, Gelman, Kalish und McCormick (1991) beispielsweise Drei- und Fünfjährigen Bilder von Tierbabys und neuen, unbenutzten Gebrauchsgegenständen und forderten sie auf, zu entscheiden, welches von zwei weiteren Bildern dasselbe Tier oder Objekt zeigte, nachdem sehr viel Zeit vergangen war. Bei einem Teil dieser Bilder hatte eines der Objekte die gleiche Größe wie das ursprüngliche, während das andere größer war (*Gleich-groß/größer*-Bedingung), in anderen mussten sie sich zwischen einem gleich großen und einem kleineren entscheiden (*Gleich-groß/kleiner*-Bedingung, siehe Abbildung 3.7.). Im Fall der Artefakte waren die gleich großen Gegenstände so gezeichnet (mit Kratzern und Rissen), dass man ihnen ansah, dass sie nicht mehr neu waren. Bei den dargestellten Tieren handelte es sich u. a. um Alligatoren, Bären und Eichhörnchen, bei den Gegenständen um Becher, Glühbirnen und Fernsehgeräte. Wenn sich Kinder der

Tatsache bewusst sind, dass Tiere wachsen und künstlich hergestellte Produkte nicht, müssten sie bei den Artefakten stets das gleich große auswählen und bei den Tieren niemals das kleinere.

Rosengren et al. stellen fest, dass die Fünfjährigen keinerlei Schwierigkeiten bei den Aufgaben mit den Tieren hatten: Beim Gleich-groß/kleiner-Vergleich waren ihre Antworten zu 100 Prozent und beim Gleich-groß/größer-Vergleich zu 97 Prozent korrekt. Auch die jüngeren Kinder bewältigten die Tieraufgaben relativ gut: Richtige Antworten gaben sie bei 78 Prozent der Gleich-groß/kleiner-Vergleiche und bei 89 Prozent der Gleich-groß/größer-Vergleiche. Für die Aufgaben mit den Artefakten galt, dass die älteren Kinder auch hier keine Schwierigkeiten. Bei den kleineren Kindern dagegen waren die Antworten in der Gleich-groß/kleiner-Bedingung nur zu 78 Prozent korrekt, und in der Gleich-groß/größer-Bedingung lag der Anteil der richtigen Antworten im Zufallsbereich. Beide Altersgruppen schienen sich also der Tatsache bewusst zu sein, dass Tiere im Laufe der Zeit ihre Größe verändern, und sie wussten auch, dass sie größer und nicht kleiner werden. Die Dreijährigen schienen sich jedoch nicht im Klaren darüber zu sein, ob Artefakte nicht auch möglicherweise im Laufe der Zeit wachsen, und entschieden sich in der Gleich-groß/größer-Bedingung häufig für das größere und

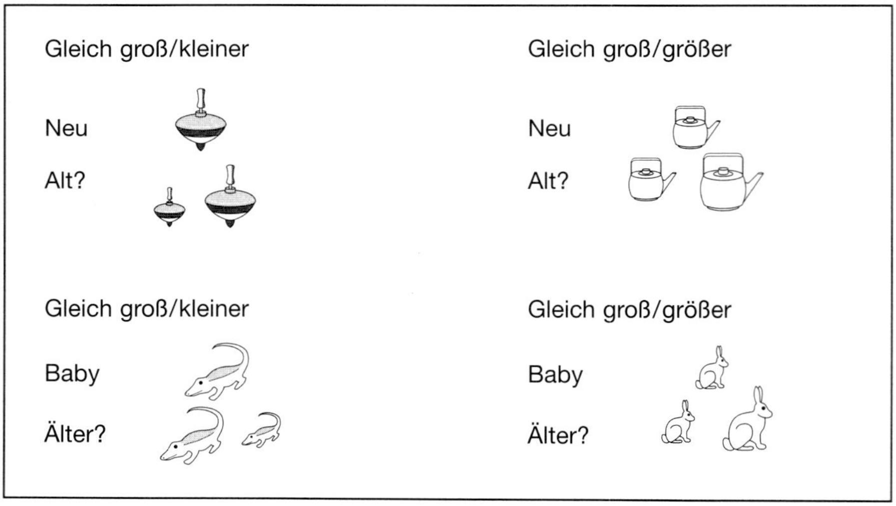

Abbildung 3.7: Beispiele der Artefakte (obere Reihe) und der natürlichen Arten (untere Reihe) aus der Untersuchung von Rosengren et al. (1991) zur Untersuchung des kindlichen Verständnisses für Wachstum. Nachdruck mit freundlicher Genehmigung.

gegen das gleich große, abgenutzte Exemplar.

Rosengrens Arbeit zufolge entwickeln Kinder zunächst im Wissensbereich der Biologie ein Verständnis für das Wachstumsprinzip. Schon die kleinen Kinder gehen davon aus, dass sich Tiere im Laufe der Zeit verändern; sie wissen, dass Lebewesen nur größer und nicht kleiner werden. Weniger genau verstehen sie, wie es sich mit künstlich geschaffenen Objekten verhält. Zwar entwickelt sich im Laufe der Kindheit das Wissen, dass Artefakte nicht wachsen können, die kleinen Kinder wussten jedoch offensichtlich noch nicht genau, mit welchen Veränderungen bei diesen Dingen zu rechnen ist und mit welchen nicht. Im Alter von fünf Jahren waren die Kinder jedoch in der Lage, sicher zwischen Transformationsmustern bei Lebewesen und bei unbelebten Objekten zu unterscheiden.

Die Analogie als Mechanismus zum Verstehen biologischer Prinzipien

Weitere Belege dafür, dass fünf bis sechs Jahre alte Kinder begriffen haben, dass das Wachstumsprinzip nur für biologische Arten gilt, entstammen einer Studie von Inagaki und Hatano (1987). Diese Autoren machten es sich zur Aufgabe herauszufinden, wie oft Kinder Analogien zum Menschen heranziehen, um Vorhersagen über biologische Phänomene zu machen. Da der Mensch diejenige biologische Art darstellt, die kleine Kinder am besten kennen, und da – wie wir wissen – Kinder schon früh in ihrer Entwicklung in der Lage sind, in Analogien zu denken (siehe Kapitel 2), liegt die Vermutung nahe, dass sich Kinder möglicherweise ihres biologischen Wissens über den Menschen bedienen, um biologische Phänomene bei anderen Arten zu verstehen. Zur Klärung dieser Frage baten Inagaki und Hatano fünf bis sechs Jahre alte Kinder, Vorhersagen über eine Person, einen Hasen, eine Tulpe und einen Stein zu machen. Die Frage, die sich auf das Wachstum bezog, lautete: «Stell dir vor, jemand hat ein Baby (einen Babyhasen/eine Babytulpe/einen Babystein) und will machen, dass es (er/sie) immer so klein und niedlich bleibt wie jetzt. Geht das wohl?» Inagaki und Hatano stellten fest, dass die Kinder bei dem Menschenbaby zu 89 Prozent sagten, dass dies nicht möglich sei, bei dem Hasen zu 90 Prozent und bei der Tulpe zu 81 Prozent. Dagegen hielten es 80 Prozent der Kinder für möglich, dass der Stein seine Größe behielt. Das Wissen, dass Tiere und Menschen wachsen *müssen,* scheint also in dieser Altersgruppe bereits vorhanden zu sein. Inagaki und Hatano stellten darüber hinaus fest, dass die Kinder auch eine gewisse Vorstellung von dem biologischen Mechanismus hatten, auf dem dieses unausweichliche Wachstum beruht. Viele von ihnen machten Bemerkungen wie: «Nein, man kann nicht machen, dass ein Baby immer so klein bleibt, weil es ja isst und trinkt. Und wenn es isst und trinkt, wird es immer größer und größer und irgendwann ist es erwachsen.»

Der Vergleich mit dem Menschen scheint für Kinder im Vorschulalter in der Tat eine wichtige Quelle zu sein, wenn es darum geht, sich verschiedene biologische Phänomene verständlich zu machen. Inagaki und Sugiyama (1988) stellten Vier-, Fünf-, Acht- und Zehnjährigen eine Reihe von Fragen über verschiedene Zielobjekte, darunter: «Atmet X?», «Hat X ein Herz?», «Tut es X weh, wenn wir es mit einer Nadel stechen?» und «Kann X denken?». Bei den Zielobjekten handelte es sich um Personen, Hasen, Tauben, Fische, Grashüpfer, Bäume, Tulpen und Steine. Ein vorgeschaltetes Rating hatte ergeben, dass der Grad der Ähnlichkeit zum Menschen in dieser Reihenfolge abnahm: Hasen waren dem Menschen als am ähnlichsten und Steine als am unähnlichsten eingeschätzt worden. Die Kinder zeigten mit abnehmender Ähnlichkeit zum Menschen auch eine abnehmende Neigung, den Zielobjekten die physiologischen Eigenschaften zuzuschreiben, nach denen gefragt wurde («Atmet X?»). Von den Vierjährigen abgesehen, schrieben nur sehr wenige Kinder den Steinen, Tulpen und Bäumen physiologische Attribute zu, und auch von den Vierjährigen gingen nur 15 Prozent von physiologischen Prozessen bei Steinen aus. Ähnliches galt für die mentalen Eigenschaften («Kann X denken?»). Diese Untersuchung unterstützt die Hypothese, dass das Wissen von Kindern im Vorschulalter über biologische Phänomene zumindest teilweise darauf beruht, dass sie Vergleiche zum Menschen herstellen.

Vererbung

Ein weiteres Merkmal von Lebewesen ist, dass sie einen Teil ihrer Eigenschaften an ihre Nachkommen weitergeben. Ein Kängurujunges gleicht in vielem einem erwachsenen Känguru und kleine Ziegen haben viel mit großen Ziegen gemein. Bei Artefakten ist dies anders: Sie pflanzen sich nicht fort und können daher ihre Eigenschaften auch nicht an eine andere Generation weitergeben. Eine Kaffeekanne vererbt weder ihre Form noch ihre Farbe an eine kleinere Kaffeekanne: Kaffeekannen sind von Menschenhand geschaffen. Diese und andere Aspekte der Vererbung scheinen Kindern schon sehr früh bewusst zu sein.

Eine wichtiger Aspekt der Vererbung ist, dass sich die genetische Grundlage nicht verändern lässt – ein Kängurujunges ist und bleibt ein Känguru, auch wenn es unter Ziegen aufwächst. Gelman und Wellman (1991) untersuchte, in wieweit kleinen Kindern diese grundlegende Tatsache bekannt ist, indem sie Vierjährigen von jungen Tieren erzählten, die zusammen mit Tieren einer anderen Art aufwachsen. So bekamen die Kinder beispielsweise ein Bild von einem Kängurujungen zu sehen, das das Aussehen eines formlosen Klecks hatte, und es wurde ihnen gesagt, dass das Känguru zu einem Bauernhof gebracht würde und dort zusammen mit Ziegen aufwachse. Man zeigte ihnen ein Bild mit einer Ziegenfarm und fragte sie, wie sich das kleine Känguru verhalten würde, wenn es erst erwachsen wäre. Würde es beispielsweise gut springen oder gut Berge besteigen können? Würde es einen Beutel haben? Die Kinder waren sich fast alle sicher, dass das erwachsene Känguru ein guter Springer sein und einen Beutel haben würde.

Ein weiterer wichtiger Aspekt der Vererbung besteht darin, dass die Identität erhalten bleibt, auch wenn sich das Äußere ändert. Wenn beispielsweise ein Tierarzt einem Tiger das Fell bleicht und ihm eine Mähne annäht, sieht das Tier vielleicht wie ein Löwe aus, ist und bleibt aber ein Tiger. Bemalt der Tierarzt einen Waschbären, so dass er wie ein Stinktier aussieht, so bleibt er doch ein Waschbär. Wenn jedoch der Arzt den Henkel und den Ausgießer einer Kaffeekanne absägt, den Deckel zuklebt, eine kleine Stange und ein Fenster anbringt und dann noch ein bisschen Vogelfutter hineinstreut, dann sieht das Resultat nicht nur so aus wie ein Vogelhäuschen, sondern kann auch die Funktion eines solchen übernehmen (siehe Abbildung 3.8). Keil (1989) hat gezeigt, dass für kleinere Kinder derartige Veränderungen sowohl bei

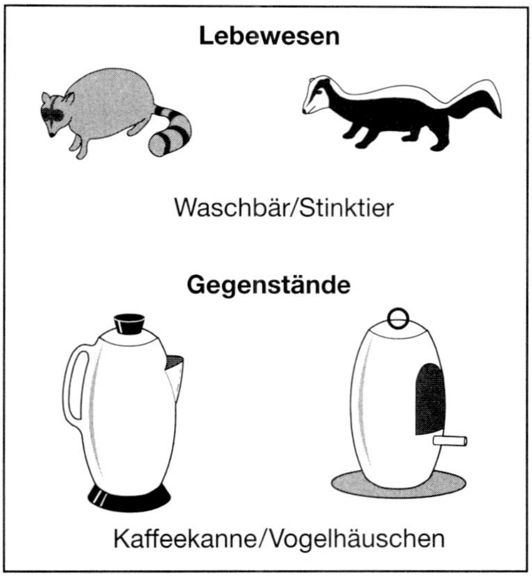

Abbildung 3.8: Ein Waschbär wird so angemalt, dass er einem Stinktier ähnelt, aus einer Kaffeekanne wird ein Vogelhäuschen: zwei Beispiele aus der Studie von Keil (1989). Wiedergabe mit freundlicher Genehmigung von MIT Press.

den natürlichen Arten als auch bei den Artefakten zu einer neuen Identität führen (der Tiger wird zum Löwen wie die Kaffeekanne zum Vogelhäuschen). Ältere Kinder hingegen (im Alter von 7 und 9 Jahren) akzeptieren einen derartigen Identitätswechsel nur für die Artefakte. Er erklärt dies damit, dass die älteren Kinder auf der Grundlage einer biologischen *Theorie* vorgehen, in der die Identität natürlicher Arten durch bestimmte Wesensmerkmale und Kausalzusammenhänge determiniert ist. Artefakte definieren Kinder aller Altersstufen dagegen über die Funktionen, die sie erfüllen.

Wurden die kleineren Kinder z. B. gefragt, ob das Tier nach der Operation ein Tiger oder ein Löwe wäre, antworteten sie beispielsweise:

> *Kind*: «Ich glaube, dass er jetzt ein richtiger Löwe ist.»
>
> *Versuchsleiter:* «Aha. Auch wenn er vorher ein Tiger war, jetzt ist er ein Löwe, glaubst du?»
>
> *Kind:* «Hm, ja.»
>
> *Vl:* «Und warum?»
>
> *Kind:* «Weil ein Tiger keine langen Haare an seinem Hals hat.» (S. 205)

Die älteren Kinder gaben dagegen Antworten wie:

> *Kind:* «Es sieht aus wie ein Löwe, aber es ist ein Tiger.»
>
> *Vl:* «Und warum glaubst du, dass es ein Tiger ist und kein Löwe?»
>
> *Kind:* «Weil es vorher ein Tiger war.» (S. 190).

Bei dem Beispiel mit der Kaffeekanne, das zum Vogelhäuschen wurde, lauteten typische Antworten dagegen beispielsweise:

> *Kind:* «Ich glaube, dass man ein Vogelhäuschen daraus gemacht hat, weil es nichts zum Ausgießen hat und eine Kaffeekanne braucht ja was zum Ausgießen. Und es hat auch keinen Henkel, wie soll man das denn hochheben, wenn es keinen Henkel hat?»
>
> *Vl:* «Kann es ein Vogelhäuschen sein, obwohl es früher eine Kaffeekanne war?»
>
> *Kind:* «Ja.» (S. 192)

Selbst den kleinsten Kinder schien es jedoch bewusst zu sein, dass Veränderungen von einer natürlichen Art zu einer völlig anderen (beispielsweise vom Stachelschwein zum Kaktus) nicht möglich waren: Dies steht im Einklang mit Keils Vorstellung, der zufolge biologisches Wissen theoriegeleitet ist und die natürlichen Arten auf der Grundlage tiefer liegender struktureller Merkmale identifiziert werden, z. B. lebendig zu sein und Nachfahren hervorzubringen. So schloss beispielsweise dasselbe Kind, das die Ansicht vertreten hatte, man könne aus einem Tiger einen Löwen machen, die Möglichkeit aus, ein Stachelschwein in einen Kaktus zu verwandeln.

Kind: «Ich glaube, es ist in Wirklichkeit immer noch ein Stachelschwein.»

Vl: «Und warum?»

Kind: «Weil es am Anfang ein Stachelschwein war.»

Vl: «Ach so. Und obwohl es jetzt aussieht wie ein Kaktus, meinst du, dass es eigentlich noch ein Stachelschwein ist.»

Kind: «Ja.»

Vl: «Gut. Kennst du noch einen anderen Grund, warum es immer noch ein Stachelschwein ist? Irgendetwas, was du darüber weißt?»

Kind: [Schüttelt den Kopf.] (S. 206)

Während jedoch bestimmte körperliche Eigenschaften wie die Augenfarbe oder das Geschlecht unveränderlich sind, lassen sich andere wie das Lauftempo oder das Körpergewicht durchaus ändern, in diesem Fall durch Training oder Diät. Inagaki und Hatano (1993) untersuchten, ob sich japanische Kinder im Alter von vier und fünf Jahren dieses Unterschieds bewusst waren. Dazu gaben sie den Kindern beispielsweise folgende Fälle vor: «Taro, ein kleiner Junge, hat schwarze Augen. Er will, dass seine Augen blau werden, wie die von weißen Ausländern. Geht das?» und «Taro ist ein schlechter Läufer. Er will ein besserer Läufer werden. Geht das?»

Inagaki und Hatano stellten fest, dass die Kinder sehr gut zwischen diesen beiden Veränderungen unterscheiden konnten. Sie wussten, dass es nicht möglich ist, die Augenfarbe zu verändern, das Lauftempo dagegen wohl. In Bezug auf die modifizierbaren Eigenschaften gaben sie Erklärungen ab wie beispielsweise: «Er kann schneller werden, wenn er mehr übt.» Die Autoren schlossen daraus, dass Kinder schon relativ früh biologische Phänomene wie

Vererbung verstehen. Dass die kleineren Kinder in der Studie von Keil in diesem Punkt größere Unsicherheiten zeigten, ist möglicherweise darauf zurückzuführen, dass Keil nach nicht-natürlichen Veränderungen (wie medizinischen Eingriffen) gefragt hatte, die die Kinder vielleicht nicht richtig einschätzen konnten.

Natürliche Ursachen

Die Frage nach natürlichen Ursachen ist nicht ganz identisch mit der nach der Vererbung, wenngleich auch hier die Vorstellung ins Spiel kommt, dass Eigenschaften angeboren sein können. Ein neugeborener Hase beispielsweise hüpft noch nicht, dennoch ist die Fähigkeit dazu in ihm angelegt. Das Verhalten von Artefakten dagegen ist nicht das Ergebnis natürlicher Ursachen. Ein Ball kann springen, dies liegt aber daran, dass ihn jemand so geschaffen hat – die Ursache ist künstlich.

S. Gelman und Kremer (1991) fragten vier- und siebenjährige Kinder nach dem Verhalten verschiedener natürlicher Arten und von Menschenhand geschaffener Gegenstände (z. B. hüpfende Hasen, fliegende Vögel, die Farbe wechselnde Blätter, sich in Wasser auflösendes Salz, aufsteigende Ballons, Berge hinauffahrende Autos, läutende Telefone, klingende Gitarren, malende Buntstifte). Beispielsweise wurde den Kindern das Bild eines Hasen gezeigt: «Sieh mal. Das ist ein Hase. Er hüpft.» Dann wurden sie gefragt: «Warum hüpft er?» Auf diese offene Frage folgten zwei direkte Nachfragen: «Hat irgendjemand gemacht, dass er gehüpft ist?» und «Steckt irgendetwas in ihm, das ihn zum Hüpfen gebracht hat?» Im Beispiel mit dem Ballon lauteten die entsprechenden Fragen: «Hat irgendjemand gemacht, dass er in den Himmel gestiegen ist?» und «Steckt irgendetwas in ihm, dass ihn dazu gebracht hat, in den Himmel zu steigen?»

Gelman und Kremer stellten fest, dass die Kinder dazu neigten, die Bedeutung künstlicher Ursachen für Phänomene, mit denen sie weniger gut vertraut waren, zu überschätzen. So führten beispielsweise 42 Prozent der Kinder das Auflösen von Salz in Wasser auf menschliches Einwirken zurück. Der Prozentsatz der Kinder, die das Wechseln der Farbe von Blättern mit künstlichen Ursachen in Zusammenhang brachte, lag dagegen bei 0 Prozent. Im Gegensatz dazu wussten die Kinder relativ gut Bescheid über die Bedeutung menschlichen Eingreifens für das Funktionieren von Artefakten. Ihnen war beispielsweise klar, dass Gitarren allein keine Musik machen konnten. In den Fällen, in denen von Menschenhand geschaffenen Gegenständen natürliche Ursachen zugeschrieben wurden, hing dies eng mit dem Artefakt zusammen: Internale Ursachen wurden vor allem für solche Funktionen verantwortlich gemacht, die sobald sie einmal in Gang gesetzt waren, von allein weiterliefen, wie etwa das Klingeln des Telefons, das Aufsteigen des Ballons oder das Hinauffahren des Autos auf den Berg. Nur selten wurden andere Abläufe wie das Spiel einer Gitarre oder das Malen eines Stifts auf natürliche Ursachen zurückgeführt.

Gelman und Kremer zogen aus diesen Ergebnissen den Schluss, dass Kinder bereits mit vier Jahren wissen, dass es natürliche Ursachen gibt, die unabhängig von menschlichen Einflüssen existieren. Die Kinder schrieben natürlichen Arten und Artefakten *unterschiedliche Kausalmechanismen* zu und waren sich der Bedeutung internaler Ursachen bewusst, die für das Verhalten aller natürlichen Arten verantwortlich gemacht wurden: «Die Blätter verändern von alleine die Farbe», «Hasen sind so gemacht, dass sie hüpfen», «Die Blume macht selbst, dass sie aufgeht», «Es ist so gewachsen». Nach Gelman und Kremer entwickeln Kinder ein Grundverständnis für die natürlichen Ursachen der Eigenschaften und Verhaltensweisen von Objekten, noch ehe sie Genaueres über die Ursprünge dieser natürlichen Ursachen wissen. Kinder verstehen außerdem auch, dass Verursachungsmechanismen eher zu erschließen als zu beobachten sind. Wie wir noch bei der Diskussion der Entwicklung des begrifflichen Denkens sehen werden, spielt die Vorstellung, dass Kinder schon früh über direkt beobachtbare Informationen hinaus die Bedeutung von nicht direkt zugänglichen Faktoren erfassen können, eine zunehmend größere Rolle in den theoretischen Ansätzen zu diesem Thema.

Die Repräsentation kategorialen Wissens

Bevor wir uns mit Theorien zur Entwicklung des begrifflichen Denkens beschäftigen, müssen wir uns zunächst anschauen, wie begriffliches Wissen im semantischen Gedächtnis repräsentiert ist. Das semantische Gedächtnis Erwachsener ist auf der Grundlage *kategorialen Wissens* organisiert. In der Vergangenheit herrschte die Vorstellung vor, dass dies bei kleinen Kindern anders sei. Man glaubte, dass sie begriffliches Wissen vielmehr anhand *thematischer* Bezüge organisieren.

Die Bedeutung thematischer Relationen für die Organisation begrifflichen Wissens

Die Überzeugung, dass das semantische Gedächtnis kleiner Kinder auf der Grundlage thematischer Assoziationen organisiert ist, stammt aus Experimenten, aus denen hervorging, dass kleinere Kinder besser thematische als kategoriale Zusammenhänge lernen. Ein thematischer Zusammenhang ist ein Zusammenhang assoziativer Art: Hund und Knochen, Biene und Honig. Da in der Umgebung des kleinen Kindes in der Regel Exemplare bestimmter Kategorien häufig gemeinsam mit Exemplaren bestimmter anderer Kategorien auftreten, schien die Vorstellungen, dass Kategorien am Anfang als thematische Relationen repräsentiert sind, relativ plausibel.

So zeigte sich beispielsweise in einem Bildersortierexperiment von Smiley und Brown (1979) bei vier- und sechsjährigen Kindern eine Präferenz für thematische gegenüber kategoriale Relationen. Erst im Alter von 10 Jahren schienen die kategorialen Relationen die Oberhand zu gewinnen. In der Untersuchung von Smiley und Brown sollten die Kinder jeweils ein Bild einem von zwei anderen Bildern zuordnen. Bei den drei Bildern einer Gruppe handelte es beispielsweise um *Biene*, Honig, Schmetterling; *Hund*, Knochen, Katze oder *Vogel*, Nest, Rotkehlchen (siehe Tabelle 3.2). Die Kinder wurden z. B. gefragt: «Was passt besser zu der Biene, der Honig oder der Schmetterling?» Die Entscheidung für den Honig wurde als thematische Präferenz, die für den Schmetterling als kategoriale Präferenz gewertet. Smiley und Brown stellten fest, dass die kleineren Kinder in der Regel die thematischen Relationen zur Grundlage ihrer Antworten machten.

Allerdings waren die Anweisungen, die den Kindern in diesem Experiment gegeben wurden, sehr vage. Neuere Arbeiten haben gezeigt, dass Kinder schon mit einem Jahr in der Lage sind, Objekte anhand ihrer Zugehörigkeit zu

Tabelle 3.2

Beispiele der von Smiley und Brown (1979) verwendeten Stimuli

Standard	*Thematisch*	*Taxonomisch*
Biene	Honig	Schmetterling
Kuh	Milch	Schwein
Krone	König	Hut
Spinne	Netz	Heuschrecke
Hund	Knochen	Katze

einer Kategorie anstatt anhand ihres thematischen Zusammenhangs zu sortieren, wenn die Aufgabenstellung konkreter formuliert wird. Bauer und Mandler (1989a) verwendeten eine ähnliche Zuordnungsaufgabe wie Smiley und Brown. Allerdings verwendeten sie keine Bilder, sondern reale Objekte. So wurde den Kindern beispielsweise eine Zahnbürste gezeigt, die sie entweder einer anderen Zahnbürste (kategorialer Zusammenhang) oder einer Tube Zahnpasta (thematischer Zusammenhang) zuordnen sollten. Oder man zeigte ihnen einen Hammer und gab ihnen als Alternativen für die Zuordnungsaufgabe einen weiteren Hammer und einem Nagel vor. Die Anweisung, die Bauer und Mandler den Kindern gaben, lautete: «Zeig mir eins, das genauso ist wie dieses.» Außerdem überprüften sie, ob die thematischen Beziehungen ihren kleinen Versuchspersonen bekannt waren.

Unter diesen Umständen ordneten die 16 Monate alten Kinder nur 26 Prozent und die 20 Monate alten nur 15 Prozent der Objekte unter thematischem Aspekt zu. Zwar ließe sich einwenden, dass es den Kindern hier besonders einfach gemacht wurde, da jeweils zwei Objekte bei den Aufgaben gleich waren, jedoch ist eine Nachfolgestudie mit nur wenig älteren Kindern zu weitgehend übereinstimmenden Ergebnissen gekommen. In dieser Studie wurden unterschiedliche Objekte aus der gleichen übergeordneten Kategorie verwendet (*Affe*, Banane, Bär; *Hammer*, Nagel, Zange; *Bett*, Kissen, Kinderbett; diese Untersuchung wurde bereits weiter oben vorgestellt). Die Resultate von Bauer und Mandler lassen den Schluss zu, dass Kinder semantisches Wissen genauso organisieren wie Erwachsene – also auf der Grundlage kategorialer Zusammenhänge. Nur unter dem Einfluss bestimmter Aufgabenstellungen zeigen sie eine Präferenz für thematische Relationen.

Begriffliches Wissen ist also bei Kindern ebenso wie bei Erwachsenen kategoriales Wissen. Die nächste Frage, die sich stellt, ist, wie dieses kategoriale Wissen repräsentiert ist. Studien mit Erwachsenen legen nahe, dass begriffliche Informationen auf mindestens zwei verschiedene Weisen im semantischen Gedächtnis repräsentiert werden können, nämlich anhand ihrer *definierenden* Merkmale oder anhand ihrer *typischen* Merkmale.

Die Repräsentation von Kategorien nach typischen versus definierenden Merkmalen

Ein typisches Merkmal ist eines, das in der Mehrzahl der Fälle auf einen Begriff zutrifft. Ein typisches Merkmal für Großmütter besteht beispielsweise darin, dass sie alt sind. Ein definierendes Merkmal ist eines, dass auf alle Elemente einer Kategorie zutrifft. Ein definierendes Merkmal einer Großmutter ist, dass sie die Mutter eines der beiden Elternteile ist. In der Entwicklungspsychologie ist die Hypothese aufgestellt worden, dass Begriffe im Kindesalter zunächst auf der Grundlage ihrer *typischen* Merkmale repräsentiert werden, welche in der Regel äußerlich sichtbar sind. Durch Erfahrungen, die die Kinder mit ihrer Umwelt machen, würden sie dann durch eine Phase der begrifflichen Reorganisation gehen, in der sie konzeptuelle Repräsentationen aufbauen, in denen *definierende* Merkmale berücksichtigt sind. Dieser Hypothese zufolge ändert sich im Laufe der Entwicklung die Grundlage der Kategorisierung: Zunächst sind die leicht zugänglichen typischen Merkmale und später die zu erschließenden – und damit anspruchsvolleren – definierenden Merkmale entscheidend. Diese Reorganisationshypothese wurde unter anderem als «Wandel vom Typischen zum Definierenden» *(characteristic-to-defining shift,* Keil, 1991*)* bezeichnet. In anderen Arbeiten ist ähnlich verallgemeinernd von einem Umschwung «vom Konkreten zum Abstrakten», «vom Perzeptuellen zum Konzeptuellen» oder «vom Holistischen zum Analytischen» die Rede (siehe Keil, 1987).

Eine Möglichkeit zur Überprüfung der Hypothese, dass die begrifflichen Repräsentationen einen Wandel vom Typischen zum Definierenden durchlaufen, besteht darin, jüngere und ältere Kinder dahingehend miteinander zu vergleichen, welche Bedeutung sie typischen und definierenden Merkmalen beimessen. Dies taten Keil und Batterman (1984) in einer Untersuchung mit Fünf-, Sieben- und Neunjährigen. Sie erzählten den Kindern kleine Geschichten, in denen – ungenannt bleibende – Begriffe eine Rolle spielten, die den Kindern vertraut waren, etwa Onkel, Räuber oder Insel. Von den Geschichten gab es jeweils zwei Versionen: In der ersten Geschichte wurden keinerlei typische, wohl aber definierende Merkmale der Begriffe genannt, in der zweiten war es genau umgekehrt. Die Frage, die den Kindern dann jedes Mal gestellt wurde, lautete: «Könnte [x] ein Onkel, ein Räuber oder eine Insel sein?»

Zu den Geschichten mit den definierenden Merkmalen zählten die folgenden beiden:

> Stell dir vor, deine Mama hat viele, viele Brüder, von denen manche ganz alt und manche ganz jung sind. Einer von den Brüdern deiner Mama ist sogar erst zwei Jahre alt. Könnte das ein Onkel sein? (S. 227)

> Irgendwann besucht euch eine sehr nette und fröhliche Frau, gibt euch allen schön die Hand, aber dann schraubt sie einfach euer Klo ab und nimmt es ohne Erlaubnis mit und bringt es nie wieder zurück. Könnte das eine Diebin sein? (S. 226)

Im Folgenden zwei Beispiele für Geschichten mit typischen Merkmalen:

> Es gibt einen Mann, der ist ungefähr so alt wie dein Vater und hat dich und deine Eltern sehr lieb und kommt euch gerne besuchen und bringt Geschenke mit. Er ist aber überhaupt nicht mit deinen Eltern verwandt. Er ist kein Bruder von deiner Mama oder deinem Papa oder so etwas. Könnte das ein Onkel sein? (S. 227)

> Irgendwann kommt ein stinkender, fieser alter Mann mit einer Pistole in der Tasche zu euch und nimmt euren Farbfernseher mit, weil deine Eltern den nicht mehr haben wollen und ihm sagen, dass er ihn haben kann. Könnte das ein Dieb sein? (S. 226)

Keil und Batterman fanden tatsächlich einen Umschwung vom Typischen zum Definierenden, wenngleich nicht für alle Begriffe zur gleichen Zeit. Grundsätzlich waren jedoch für die kleineren Kinder eher die typischen Merkmale und für die älteren Kinder eher die definierenden Merkmale ausschlaggebend. Die Autoren zogen daraus den Schluss, dass Begriffe auf verschiedenen Altersstufen tatsächlich unterschiedlich repräsentiert werden. Natürlich könnte hier auch einfach ein zunehmendes Wissen über die tatsächlichen definierenden Merkmale von Begriffen zum Tragen kommen. So ist es beispielsweise relativ weit verbreitet, dass Eltern Freunde der Familie als «Onkel» bezeichnen; ein genaues Wissen über Verwandtschaftsbeziehungen stellt sich möglicherweise erst später in der Entwicklung ein – und dann ersetzen die definierenden Merkmale die typischen Merkmale als Grundlage der Repräsentation.

Die Repräsentation von Kategorien als Prototypen

Eine etwas andere Frage ist die, ob Kategorien in Form von Prototypen gespeichert werden. Diese Möglichkeit ist in der Folge der weiter oben vorgestellten einflussreichen Arbeiten von Rosch ausgiebig von der allgemeinen kognitiven Psychologie untersucht worden. Ein Prototyp ist ein Exemplar, das besonders repräsentativ für eine bestimmte Kategorie ist. Dabei denkt man entweder an ein Element, das *durchschnittliche* Werte in den mit der Kategorie verbundenen Merkmalen oder Attributen hat (Rosch & Mervis, 1975), oder an ein Exemplar, das deshalb typisch für die Kategorie ist, weil es Ähnlichkeit mit besonders vielen Elementen dieser Kategorie aufweist (Medin & Schaffer, 1978). Wenn Prototypen auf der Grundlage von durchschnittlichen Merkmalsausprägungen gebildet werden, würde die Erschließung der Prototypen von den Exemplaren abhängen, mit denen die Kinder konfrontiert werden (siehe Eimas & Quinn, 1994; Younger, 1990, erörtert in Kapitel 2). Wenn Prototypen von der Auswahl typischer Exemplare abhängen, müssten die Kategoriegrenzen auf der Grundlage der Ähnlichkeit zum Prototypen bestimmt werden. Wenngleich sich aus diesem unterschiedlichen Verständnis von Prototypen unterschiedliche Konsequenzen für die Entwicklung des begrifflichen Denkens ergeben, führen in der Praxis beide Maße oft zu dem gleiche Prototyp: Das durchschnittlichste Element einer Kategorie ist häufig auch das typischste.

Prototyp-Effekte bei Kategorisierungsaufgaben. Zwar gibt es zahlreiche entwicklungspsychologische Studien, die Prototyp-Effekte bei Kategorisierungsaufgaben nachweisen konnten, bei den meisten dieser Studien handelt es sich jedoch um Arbeiten mit Säuglingen und Kleinstkindern. Wenn Prototyp-Effekte tatsächlich eindeutige Schlüsse über Kategorisierungsprozesse zulassen, dann zeigen diese Daten höchstens, dass *perzeptuelle* Kategorien anhand von Prototypen repräsentiert werden (siehe Kapitel 2 und auch Lakoff, 1987, der eine abweichende Ansicht vertritt). Studien zur Repräsentation *konzeptueller* Kategorien über Prototypen sind relativ dünn gesät und beschränken sich weitgehend auf die Demonstration, dass die Abstrahierung von Kategorien einfacher ist, wenn als Beispiele prototypische Elemente der Kategorie vorgegeben werden.

So untersuchten beispielsweise Mervis und Pani (1980) die Generalisierung und den Erwerb von Kategorien mit Hilfe eines Versuchsparadigmas, in dem künstliche Kategorien verwendet wurden, welche die Struktur natürlicher

Objektkategorien in der Wirklichkeit nachbilden sollten. Bei den Stimuli handelte es sich um 24 dreidimensionale Objekte, die sich aus sechs Kategorien mit jeweils vier Elementen zusammensetzten. Alle Elemente einer Kategorie wiesen bestimmte Merkmale auf, die auch anderen Elementen gemein waren («Familienähnlichkeit»), jedoch waren einige Elemente repräsentativer für ihre Kategorie als andere (siehe Abbildung 3.9). Die repräsentativsten Elemente hatten viele Merkmale mit den Elementen ihrer Kategorie und wenige Merkmale mit Elementen anderer Kategorien gemein. Jede Kategorie bestand aus einem «besten», einem «guten», einem «schlechten» und einem «sehr schlechten» Element. Auf diese Weise sollte die Abstrahierung von Kategorien auf der basalen Ebene simuliert werden, der Ebene, auf der die Merkmalsstruktur der Objekte in der natürlichen Umgebung eine brauchbare Grundlage für ihre Zuordnung zu einer bestimmten Kategorie liefert.

Im Experiment von Mervis und Pani wurde fünfjährigen Kindern der Name eines Objektes aus jeder Kategorie beigebracht. Danach wurden sie aufgefordert, bei Nennung eines Namens durch den Versuchsleiter auf diejenigen Objekte von insgesamt 24 zeigen, die sie genauso nennen würden. Außerdem sollten sie alle 24 Objekte beim Namen nennen. Der einen Hälfte der Kinder wurden die Bezeichnungen der sechs «besten» (repräsentativsten) Exemplare beigebracht, der anderen Hälfte die Bezeichnungen der sechs schlechtesten. Mervis und Pani sagten voraus, dass die Kinder in der Bedingung mit den besten Exemplaren die Kategorienamen mit höherer Genauigkeit generalisieren würden als in der Bedingung mit den schlechtesten Exemplaren. Die Ergebnisse bestätigten diese Vermutung, und zwar sowohl für die rezeptive Aufgabe (Zeigen) als auch für die produktive (Benennen). Mervis und Pani schlossen daraus, dass die Kinder die Zugehörigkeit zu einer Kategorie ge-

Abbildung 3.9: Elemente der künstlichen Kategorie «Naete» (Mervis & Pani, 1980). Nachdruck mit freundlicher Genehmigung der Academic Press Inc.

nauer einschätzen können, wenn es sich beim ursprünglichen Exemplar um ein «gutes» Element der Kategorie handelt. Nach Auffassung der Autoren steht dieser Befund in Einklang mit der Annahme, dass Kategorien in Form von Prototypen repräsentiert werden.

Prototyp-Effekte bei Aufgaben mit sequenziellem Berühren. Vor einiger Zeit haben Bauer und ihre Mitarbeiter die Frage untersucht, ob «Prototypikalität» die Bildung von Kategorien erleichtert. Dazu haben sie das «sequenzielle Berühren» verwendet, ein Maß, das ursprünglich von Bauer und Mandler (z.B. 1988, siehe oben) entwickelt worden war. Bauer, Dow und Hertsgaard (1995) überprüften, inwieweit Kleinstkinder im Alter von 13, 16 und 20 Monaten Objekte kategorisierten, die entweder aus prototypischen oder aus nichtprototypischen Elementen bestanden. Bei den Kategorien handelte es sich um *Tiere* und *Fahrzeuge*, und zwar um Exemplare, die sich entweder auf der übergeordneten oder der basalen Ebene voneinander unterscheiden. So bestand beispielsweise eine Gruppe von prototypischen Tieren auf der übergeordneten Ebene aus einer Kuh, einem Hund, einem Schwein und einer Katze. Eine Gruppe prototypischer Fahrzeuge auf der übergeordneten Ebene umfasste z.B. einen Bus, ein Motorrad, einen Laster und ein Auto. Eine Gruppe nichtprototypische Tiere auf der übergeordneten Ebene konnte etwa eine Schlange, ein Rhinozeros, einen Alligator und einen Strauß umfassen und eine Gruppe nichtprototypischer Fahrzeuge auf der übergeordneten Ebene ein Kanu, einen Panzer, ein Raumschiff und ein Kriegsschiff. Die Gruppen, deren Elemente sich auf der basalen Ebene voneinander unterschieden, bestanden aus entweder prototypischen oder nichtprototypischen Fischen, Hunden, Autos und Flugzeugen (z.B. Forelle, Lachs, Barsch und Hecht versus Sonnenfisch, Aal, ungewöhnlicher Goldfisch und Ammenhai; siehe Tabelle 3.3). Wenn die Prototypikalität von Bedeutung für die Kategoriebildung ist, sollte sich dies beim sequenziellen Berühren sowohl auf der übergeordneten als auch auf der basalen Ebene bemerkbar machen. In diesem Fall müssten die Kinder beispielsweise Kuh, Schwein, Hund und Katze ebenso häufig hintereinander berühren wie Forelle, Lachs, Barsch und Hecht.

Bauer et al. stellten fest, dass die Kinder die prototypischen Objekte tatsächlich besser kategorisierten als die nichtprototypischen. Dabei kategorisierten die 13-Monatigen jedoch ausschließlich auf der basalen Ebene, während die 16- und 20-Monatigen sowohl auf der basalen als auch auf der übergeordneten Ebene kategorisierten. Weniger einheitlich war das Kategorisierungsverhalten bei den nichtprototypischen Objekten. Bei den 16-Monatigen war eine Kategorisierung nichtprototypischer Objekte nur auf der basalen Ebene festzustellen (beispielsweise Sonnenfisch, Aal, Goldfisch, Hai). Alle anderen nichtprototypischen Objekte wurden in rein zufälliger Abfolge berührt. Dieser Befund bestätigt offensichtlich das «kognitive Primat» der basalen Ebene. Bei den 24 Monate alten Kindern kam es nur auf der überge-

Tabelle 3.3

Beispiele für die Stimuli aus der Studie von Bauer et al. (1995)

		Ebene des Vergleichs	
Stimulusart/	*Globale Ebene*	*Basale Ebene*	
Kategorie	*Tier vs. Fahrzeug*	*Hunde vs. Fische*	*Autos vs. Flugzeuge*
Prototypisch			
Kategorie 1	Schwein	Schäferhund	Mercedes-Benz
	Hauskatze	Collie	Mustang-Kabrio
	Hund	Labrador	Renault-Limousine
	Kuh	brauner Mischling	Thunderbird
Kategorie 2	Schulbus	Barsch	Pan Am Airliner
	Motorrad	Forelle	KLM Airliner
	Kleinlastwagen	Hecht	Comanche Propeller
	Viertürige Limousine	Lachs	Kriegsflugzeug
Nichtprototypisch			
Kategorie 1	Alligator	Bulldogge	Indy Rennwagen
	Schlange	Chihuahua	Drag Rennwagen
	Rhinozeros	Spitz	Lotus
	Strauß	Terrier	dreirädriges Cabrio
Kategorie 2			
	Kanu	Sonnenfisch	Segelflugzeug
	Panzer	Aal	Bomber
	Kriegsschiff	ungewöhnlicher Goldfisch	Bomber aus dem 1. Weltkrieg
	Raumschiff	Ammenhai	X-wing-Jäger

ordneten Ebene zur Kategorisierung nichtprototypischer Objekte, während die 28 Monate alten auf beiden Ebenen (der basalen und der übergeordneten) kategorisierten. Weiterhin zeigte sich, dass die Prototypikalität einen höheren Varianzanteil aufklärte als Alter und kategoriale Ebene (basal versus übergeordnet). Dieses Ergebnis zeigt, welche große Bedeutung der Prototypikalität für das Zuordnen zu Kategorien zukommt. Damit ist jedoch nicht gesagt, ob begriffliche Kategorien auch in Form von Prototypen *repräsentiert* sind.

Es ist daher schwierig, eindeutige Schlussfolgerungen über die Repräsentation von Kategorienwissen bei Kindern zu ziehen. Da die Diskussion darüber, wie dieses Wissen bei Erwachsenen repräsentiert ist, noch im Gang ist, ist es nicht weiter verwunderlich, dass die Frage auch in der Entwicklungspsychologie noch ungeklärt ist. Darüber hinaus ist es angesichts der enormen Komplexität und Vielfalt unserer Begriffe auch unwahrscheinlich, dass hier nur ein einziges Repräsentationsmedium ausschlaggebend ist. Lakoff (1986) hat die Auffassung geäußert, dass die Eigenschaften, anhand derer sich Kategorien voneinander unterscheiden, keinesfalls als objektiv gegeben betrachtet werden können. Vielmehr ist unser *Verständnis* dieser Eigenschaften von unserer Auseinandersetzung mit der Welt, in der wir leben, abhängig. Unsere Theorien über die Welt haben einen Einfluss darauf, welche Dinge wir gemeinsamen Kategorien zuordnen. Diese Vorstellung ist in neuerer Zeit auch von der Entwicklungspsychologie aufgegriffen worden, indem man sich mit der Bedeutung von «Essenzen» für das begrifflichen Denken befasst hat.

Begriffsbildung, «Essenzen» und naive Theorien

Verschiedentlich trifft man in der kognitiven Psychologie auf die Auffassung, dass die Zugehörigkeit zu einer bestimmten Kategorie nicht allein durch typische oder definierende Merkmale, Ähnlichkeit mit Prototypen etc. bestimmt wird, sondern durch so genannte «Essenzen». Einer der wichtigsten Vertreter dieser Anschauung ist Medin (1989). Seine Position lässt sich am besten mit Hilfe des folgenden Zitates zusammenfassen (S. 1476): «Menschen handeln, als hätten die Dinge (z. B. Objekte) eine Essenz, etwas, das in ihnen steckt und das sie zu dem macht, was sie sind». Anders gesagt: Menschen haben implizite Annahmen über die Struktur der Welt und über die Wesensart der Kategorien und diese Vorstellungen zeigen sich in den Kategorien, die sie aufstellen. Diese Auffassung wird bisweilen als «psychologischer Essenzialismus» bezeichnet. Er besagt, dass Kategorien nicht durch die passive Beobachtung von Korrelationen zwischen Merkmalen entstehen. Vielmehr werden sie dadurch geschaffen, dass die «Natur an ihren Nahtstellen auseinander genommen wird».

Dass die Zugehörigkeit zu einer Kategorie sich nicht im Aufweisen bestimmter Merkmalsmuster erschöpft, lässt sich erneut am Beispiel mit den Vögeln veranschaulichen. Es stimmt zwar, dass Federn in schöner Regelmäßigkeit zusammen mit Flügeln, der Fähigkeit zu fliegen sowie einem geringen Körpergewicht einhergehen und dass diese gemeinsam auftretenden Merkmale dazu beitragen, Elemente der Kategorie «Vogel» zu identifizieren. Als Erwachsene verfügen wir jedoch auch über eine «Theorie», die erklärt, warum diese Merkmale miteinander einhergehen. Diese Theorie enthält Aussagen über kausale Zusammenhänge. Erwachsene meinen, dass ein niedriges Gewicht, Federn und Flügel Voraussetzungen für das Fliegen sind, womit sie der Kovariation dieser Merkmale bei Vögeln ein gewisses Maß an *kausaler Zwangsläufigkeit* zuschreiben. Diese Tendenz, kausal-explanative Konstrukte zu erschaffen, besteht möglicherweise nicht nur bei Erwachsenen. Um begriffliche Strukturen zu verstehen, könnten auch Kinder intuitive Theorien entwickeln, Gruppen von zusammenhängenden Überzeugungen über Kategorien und ihre Elemente.

Der essenzialistische Bias

Solche kausalen Überzeugungen über das gemeinsame Auftreten von Kernmerkmalen gelten für einen großen Teil der Begriffe (wenngleich nicht für alle). Sie betreffen vor allem natürliche Arten, z. B. Tiere, Vögel und Pflanzen. Eine Reihe von Autoren glauben, dass die Zunahme des kategorialen Wissens über natürliche Arten bei Kindern zum Teil auf ihrem wachsenden Verständnis der kausal-explanativen Zusammenhänge beruht, mit denen sich die Bündelung von Merkmalen in einzelnen Kategorien erklären lassen (z. B. Carey & Spelke, 1994; Gelman et al., 1994; Keil, 1994). So vertreten Gelman et al. beispielsweise die Auffassung, dass kleine Kinder einen «essenzialistischen Bias» haben und dass dieser Bias ihr Denken über die natürlichen Arten in ganz bestimmte Richtungen lenkt. Sie betrachten die Lebewesen aus einer quasi theoretischen Perspektive und suchen nach unsichtbaren kausalen Mechanismen, um sie sich zu erklären.

Ein Teil der in diesem Kapitel referierten Belege steht im Einklang mit Gelmans Vorstellung, der zufolge Kinder bei der Entwicklung biologischer Konzepte bereits sehr früh über die beobachtbaren Merkmale hinausgehen. So wissen anscheinend bereits Vierjährige, dass Lebewesen einige ihrer Eigenschaften an ihre Nachkommen weitergeben. Auch Erkenntnisse aus Studien, die in vorangegangenen Kapiteln besprochen wurden, weisen in die gleiche Richtung. Beispielsweise haben wir gesehen, dass Kinder eine natürliche Tendenz haben, nach kausalen Erklärungen für Phänomene ihres Alltags zu suchen, und dass sie schon früh in der Lage sind, über die Ebene der Oberflächenmerkmale hinauszugehen und strukturelle Eigenschaften zu berücksichtigen (wenn sie beispielsweise Analogieschlüsse ziehen, siehe Kapitel 2). Einer strengen Version des «psychologischen Essenzialismus» zufolge sind die Theorien und Kernprinzipien, derer sich die Kinder bedienen, *angeboren*. Dieses angeborene Wissen soll die kognitive Entwicklung steuern, indem es darüber entscheidet, welche Informationen gelernt und welche nicht gelernt werden (z. B. Carey & Gelman, 1991). Noch ist nicht geklärt, ob diese Auffassung zu deterministisch ist. Eindeutige Belege für die Existenz derartig vorgeprägter Lernprozesse gibt es allerdings aus Tierstudien. So lernen beispielsweise Ratten mit höher Wahrscheinlichkeit, dass Übelkeit auf ungewöhnlich schmeckendes Wasser zurückzuführen ist als auf Wasser, das aus einem blinkenden und Geräusche produzierenden Röhrchen läuft (z. B. Garcia & Koelling, 1966), auch wenn die Kovariationsinformation für die beiden potenziellen Ursachen identisch ist.

Das Modell der «Ursachen und Auswirkungen von Veränderungen»

Auch wenn diese starke Version des «psychologischen Essenzialismus» nicht zu halten wäre, so reicht doch schon allein die Vorstellung, dass Kinder eine innewohnende Neigung haben, nach kausalen Erklärungen zu suchen, aus, um die in diesem Kapitel dokumentierten Muster der Begriffsbildung zu stützen. Besonders klar ist diese Position vor wenigen Jahren von Pauen (1996b) formuliert worden. Sie weist darauf hin, dass Kinder vom ersten Tag ihres Lebens besonders auf *Veränderungen* in ihrer Umwelt achten, und sagt, dass möglicherweise allein das Nachvollziehen der *Ursachen* und *Auswirkungen* dieser Veränderungen die frühen begrifflichen Lernprozesse erklären kann. Ihren Ansatz bezeichnet Pauen als *causes and effects of change*-Modell oder kurz CEC-Modell der Begriffsbildung.

Pauen beschreibt drei entscheidende Dimensionen von Veränderungen, nämlich die Frage, ob die Ursachen der Veränderung *selbstinitiiert* oder *von außen angestoßen werden,* den *funktionalen Wert* der Veränderung sowie ihre *Vorhersagbarkeit.* So gilt beispielsweise für biologische Arten, dass Veränderungen des Standorts selbstinitiiert sind und nicht von außen gesteuert werden, dass solche Veränderungen vorgenommen werden können, um das Überleben zu sichern (also einen funktionalen Wert besitzen), und dass Veränderungen des Standorts sehr viel schwieriger vorherzusagen sind als bei Maschinen. Einfach gesagt ist das Verhalten bestimmter Objekte weitgehend unberechenbar, sie nehmen ohne äußere Einwirkung Veränderungen vor und diese Veränderungen vollziehen sich unabhängig von menschlichen Intentionen. Bei dieser Art von Objekten handelt es häufig um biologische Wesen. Die Veränderungen, die andere Objekte vollziehen, sind in hohem Maße abhängig von menschlichen Absichten, folgen bekannten Regeln und sind vergleichsweise einfach vorherzusagen. Bei diesen Objekten handelt es sich mit hoher Wahrscheinlichkeit nicht um Lebewesen. Der Vorteil des CEC-Modells besteht darin, dass es nur eine angeborene «Beschränkung» der lernbaren Information postuliert, nämlich eine besondere Beachtung kausaler Zusammenhänge. Wie wir noch an verschiedenen Stellen dieses Buches sehen werden, ist eine besondere Fokussierung auf kausale Zusammenhänge in vieler Hinsicht sehr wichtig für die kognitive Entwicklung. Dass Pauens Modell dies berücksichtigt, macht es zu einem sehr attraktiven Ansatz.

Veränderung von Begriffen

Wir haben uns bislang mit zahlreichen Belegen befasst, denen zufolge Kinder über ein umfassendes Netz von Begriffen verfügen, die sie in der Auseinandersetzung mit ihrer Umwelt abstrahiert haben, jedoch bislang noch nicht mit der Veränderung dieser Begriffe. Das Wissen, das aus kausalen Informationen, die der Wahrnehmung zugänglich sind, abstrahiert werden kann, ist begrenzt. Zwar beruht die frühe Begriffsbildung anscheinend auf der Verfeinerung früher Kernprinzipien, die aus wahrgenommenen Ursachenzusammenhängen abgeleitet wurden (z. B., dass Lebewesen zu selbstgenerierten Bewegungen in der Lage sind, unbelebte Gegenstände hingegen nicht), dabei wird es jedoch beispielsweise irgendwann nötig, auch Pflanzen als Lebewesen zu identifizieren, die wesentliche Gemeinsamkeiten mit Tieren haben, auch wenn sie sich hinsichtlich ihrer Fähigkeit zu selbstgenerierten Bewegungen eindeutig von ihnen unterscheiden. Wenn ein solcher Begriffswandel eintritt, entstehen neue Prinzipien, «welche die Welt an anderen Nahtstellen auseinander nehmen» (siehe ausführlichere Darstellung bei Carey & Spelke, 1994).

Nach Carey beruhen konzeptuelle Veränderungen in der Kindheit (und in der Wissenschaft) darauf, dass die Kinder (bzw. die Wissenschaftler) Zusammenhänge zwischen verschiedenen Wissensbereichen herstellen (er spricht von *mapping,* also sozusagen einem kartografischen Vergleich). Dabei werden Objekte eines Systems (z. B. Menschen) mit den Objekten eines anderen Systems (z. B. Pflanzen) in Beziehung gesetzt. Durch ein solches *mapping* können die Prinzipien, auf denen das Verständnis der Kinder für Menschen fußt, für ihr Verständnis für Pflanzen nutzbar gemacht werden. Wie wir bereits gesehen haben, stellen Kinder solche Zusammenhänge her, um zu entscheiden ob Tiere und Pflanzen für alle Zeit klein und niedlich bleiben können oder ob sie Schmerz empfinden, wenn sie mit einer Nadel gestochen werden (siehe die weiter oben in diesem Kapitel vorgestellte Arbeit von Inagaki und ihren Mitarbeitern). Darüber hinaus liegen zunehmend mehr Arbeiten vor, die zeigen, dass «analoges *mapping*» bereits von Dreijährigen in verschiedenen kognitiven Bereichen wie dem Denken in Kausalzusammenhängen (Goswami & Brown, 1989), dem physikalischen Denken (Pauen & Wilkening, 1997) und dem Denken über natürliche Arten und Artefakte (Goswami, 1996) genutzt wird. Dass Kinder über diesen von Carey beschriebenen Mechanismus verfügen, ist also gut dokumentiert.

Carey (1985) hat für den Bereich der Biologie Daten vorgelegt, die ihre Ansicht über die Bedeutung des analogen *mapping* überzeugend untermauern (siehe allerdings Kuhn, 1989). Ihrer Auffassung nach unterscheidet sich das Denken von Kindern im Vorschulalter über biologische Phänomene grundlegend von dem älterer Kinder. Ihre Ergebnisse zeigen, dass kleinere Kinder verhaltensbezogene und psychologische Eigenschaften in unterschiedlichem Ausmaß vom Menschen auf Tiere projizieren, und zwar in Abhängigkeit davon, wie groß die Ähnlichkeit zwischen dem jeweiligen Tier und dem Menschen ist. So waren 100 Prozent der Vierjährigen aus Careys Stichprobe der Ansicht, dass Menschen atmen; dass Erdferkel atmen glaubten jedoch nur 78 Prozent, bei Dronten waren es 67 und bei Mistkäfern nur 33 Prozent. Keines der Kinder hielt es für möglich, dass Pflanzen atmen. Nur die älteren Kinder hatten die Konzepte *Tier* und *Pflanze* in einem neuen Konzept *Lebewesen* vereinigt. Nach Carey entwickelt sich das biologische Verständnis von Kindern direkt aus ihrer Kenntnis des Menschen heraus. Die Übertragung physiologischer und psychologischer Eigenschaften vom Menschen auf andere

Objekte wird auch als «Personifikationsanalogie» bezeichnet (Inagaki & Hatano, 1987; Inagaki & Sugiyama, 1988).

Einige der Aspekte von Careys Modell sind jedoch nicht unwidersprochen geblieben (z. B. Atran, 1994; Keil, 1989; Kuhn, 1989; Zusammenfassung bei Wellman & Gelman, 1997). Die vielleicht umfassendste Darstellung der Mechanismen des Begriffswandels stammt von Wellman und Gelman (1997). Ihrer Auffassung nach entwickeln kleine Kinder mehrere alternative «Begriffsgerüste» *gleichzeitig*. Anstatt ein monolithisches Bild von ihrer Umwelt aufzubauen, erarbeiten sich die Kinder solche Begriffsgerüste zur Beschreibung der grundlegenden Wissensbereiche Biologie, Psychologie und Physik – Wissensbereiche, die vermutlich die Aneignung weiterer Konzepte anstoßen, formen und in bestimmte Bahnen lenken. Wellman und Gelman heben hervor, dass viele Begriffe in *mehr als einem* dieser grundlegenden Gerüste repräsentiert sind. So sind beispielsweise Menschen sowohl psychologische als auch biologische als auch physikalische Wesen. Wellman und Gelman meinen, dass diese zwangsläufige *konzeptuelle Vielfalt* das Bedürfnis nährt, Begriffe zu vergleichen, zu teilen, zu verschmelzen und neu zu schaffen. Innerhalb eines Begriffsgerüsts stehen den Kindern mindestens zwei Analyseebenen zur Verfügung: eine, die Oberflächenphänomene erfasst (auf Merkmalen beruhende *mappings),* und eine, die auf tiefere Ebenen vordringt (auf Zusammenhängen beruhende *mappings).*

Abschließend sei noch darauf hingewiesen, dass das Verschmelzen, Teilen und Neuerschaffen von Begriffen, das sich in der Kindheit abspielt, in Kulturen mit einer entwickelten Wissenschaft wie den westlichen Kulturen anders geprägt ist als in Kulturen ohne eine entwickelte Wissenschaft. Innerhalb der von Wellman und Gelman skizzierten allgemeinen Begriffsgerüste müssen Kinder zahlreiche kulturspezifische Lernprozesse durchlaufen. Unterschiedliche bereichsübergreifende *mappings* können beispielsweise durch die Annahmen der sie umgebenden Erwachsenen, die Techniken ihrer Kultur und den systematischen Unterricht in der Schule angeregt werden. Ähnliche Faktoren können auf der individuellen Ebene der Grund für Unterschiede in der kognitiven Entwicklung von Kindern sein, die zwar in der gleichen Kultur aufwachsen, aber dennoch qualitativ unterschiedlichen «Input» von den Erwachsenen aus ihrer Umgebung erhalten und nicht in gleichem Maß vom Schulunterricht profitieren. Aber auch Unterschiede auf der Ebene der Wissensstrukturen und der *mapping*-Fähigkeiten können für kognitive Unterschiede zwischen Kindern verantwortlich sein.

Zusammenfassung

Die in diesem Kapitel erörterten Befunde zeigen, dass die Entwicklung des begrifflichen Denkens in der frühen Kindheit aus unterschiedlichen Informationsquellen gespeist wird. Eine wichtige Informationsquelle ist die Wahrnehmung. Die Merkmalsstruktur der Umwelt liefert Informationen über die Zugehörigkeit von Objekten zu bestimmten Kategorien, und zwar prinzipiell auf allen Ebenen (übergeordnet, basal, untergeordnet), besonders reichhaltig sind die Informationen jedoch auf der Ebene der basalen Kategorien. Dadurch, dass das Kind bemerkt, dass bestimmte äußere – perzeptuelle – Merkmale wie Flügel, Federn und Schnäbel häufig oder immer miteinander einhergehen, lernt es, dass es eine Kategorie *Vogel* gibt, und erwirbt die Fähigkeit, Vögel von anderen Tieren zu unterscheiden.

Eine zweite Quelle von Informationen über Kategorien ist sprachlicher Art. Die Organisation der Begriffe wird teilweise durch bestimmte Merkmale unserer Sprache geleitet, die die Aufstellung von Begriffshierarchien unterstützen. So interpretieren Kinder beispielsweise Substantive, mit denen sie konfrontiert werden, als Hinweis auf übergeordnete und Adjektive als Hinweis auf untergeordnete Kategorien. Eine dritte Quelle ist die Neigung von Kindern, nach Ursachenerklärungen für Alltagsphänomene zu suchen. Indem sie beobachten, ob Bewegungen von Objekten selbstinitiiert sind oder von außen verursacht werden und ob Objekte bestimmte strukturelle oder funktionelle Kernmerkmale teilen, lernen sie, Lebewesen von unbelebten Gegenständen zu unterscheiden. Da sich diese Kernprinzipien im Lauf der Aneignung von immer mehr Weltwissen zunehmend ausdifferenzieren, werden auch die begrifflichen Strukturen der Kinder immer detaillierter und besser organisiert. Und schließlich ziehen Kinder auch Analogien zur Unterstützung der Bildung und Ausdifferenzierung von Begriffen heran. Der Vergleich mit dem Menschen hilft Kindern, biologische Phänomene bei zahlreichen biologischen Arten zu verstehen und z. B. Vorhersagen darüber zu treffen, ob Steine, Tulpen oder Hasen Schmerz empfinden oder ein Herz haben. Kinder können Analogien auch nutzen, um vergleichende Zusammenhänge *(mappings)* zwischen verschiedenen Wissensbereichen zu ziehen, was die Veränderung von Konzepten ermöglicht.

Die Neigung von Kindern, nach Ursachenerklärungen für Alltagsphänomene zu suchen, liefert auch einen wichtigen Beitrag zum Aufbau naiver Theorien, die sie entwickeln, um zwischen Lebewesen und toten Gegenständen zu unterscheiden. Es wurde gesagt, dass Kinder über ein relativ abstraktes «Gerüst kausaler Erwartungen» in Bezug auf natürliche Arten auf der einen und Artefakte auf der anderen Seite verfügen, das die Grundlage für ihre naiven Theorien bildet. Die Entwicklung des begrifflichen Denkens umfasst also sowohl die Entwicklung von Auffassungen über den Aufbau der Welt als auch die Entwicklung perzeptueller und sprachlicher Fähigkeiten. Darüber hinaus hängt die Einschätzung der Relevanz bestimmter Eigenschaften für die Zugehörigkeit verschiedener Objekte zu einer Kategorie in gewissem Ausmaß auch von unserem individuellen *Verständnis* ab, welches wiederum nicht unabhängig von unserem allgemeinen Weltwissen und unserer Auseinandersetzung mit der Umwelt ist. Wie wir gesehen haben, können sich die basalen Kategorien von Kindern von denen Erwachsener unterscheiden. Kinder messen bei der Zuordnung zu Kategorien typischen Merkmalen zunächst höhere Bedeutung bei als definierenden Merkmalen. Die Beurteilung der Kategoriezugehörigkeit kann auch auf der Grundlage von «Essenzen» erfolgen. Der Begriff «Essenz» bezieht sich auf das Wesen der Dinge, das, was sie zu dem macht, was sie sind. Nach Auffassung des «psychologischen Essenzialismus» haben Kinder implizite Annahmen über die Struktur der Welt und über das «Wesen» der Kategorien, theorieähnliche Vorstellungen, die auf Gruppen von zusammenhängenden Kausalüberzeugungen über Kategorien und ihre Elemente beruhen. So basiert das Verständnis von Kindern für natürliche Arten beispielsweise zum Teil auf ihrer impliziten Einschätzung der kausal-explanativen Beziehungen, welche die Bündelung von Merkmalen innerhalb einzelner Kategorie erklären (wie z. B. die Fähigkeit zu selbstgenerierter Bewegung die Bündelung von Merkmalen wie Beine und Füße bei natürlichen Arten erklärt).

Dass Kinder sich schon früh theoriegeleitet Wissen über natürliche Arten aneignen, bedeutet, dass sie nach unsichtbaren kausalen Mechanismen suchen, um sich das Verhalten von Objekten zu erklären, also von den beobachtbaren, äußeren Merkmalen zu den tiefer liegenden strukturellen Eigenschaften vordringen. Auf der basalen Ebene der Kategorisierung gibt es eine weitgehende Entsprechung zwischen den beobachtbaren Merkmalen und den tieferen strukturellen Eigenschaften. Auf dieser Ebene lässt also perzeptuelle Ähnlichkeit auf strukturelle Ähnlichkeit schließen. Dies gilt prinzipiell auch für die übergeordneten und die untergeordneten Ebenen von Begriffshierarchien, jedoch in geringerem Ausmaß. Aus diesem Grund geht man davon aus, dass die basale Ebene die zentrale Rolle bei der Entwicklung des begrifflichen Denkens spielt.

Kapitel 4

Die Entwicklung des kausalen Denkens

Die Vorstellung, dass Menschen mit einer gewissen Vorprägung auf die Welt kommen, kausale Zusammenhänge zu erkennen und nach Ursachen zu suchen, sollte inzwischen ein vertrauter Gedanke sein. In Kapitel 1 haben wir erfahren, dass kleine Kinder sich Ereignisse merken, die in kausalem Zusammenhang zueinander stehen, und Ereignisse vergessen, bei denen ein solcher Zusammenhang nicht gegeben ist. In Kapitel 2 konnten wir sehen, dass kleine Kinder kausale Erklärungen für physikalische Ereignisse suchen, dass sie sich mit Hilfe von Informationen über den Ausgangsstatus die Ursachen «unmöglicher» Ereignisse erklären können und dass sie die kausalen Absichten anderer nachvollziehen können. In Kapitel 3 haben wir dann erfahren, dass diese kausale Vorprägung einen starken Einfluss auf das begriffliche Lernen in der frühen Kindheit hat und dass die Suche nach Ursache-Wirkungs-Zusammenhängen zur Erklärung von Merkmalsbündeln innerhalb von Kategorien eine enorme Menge an konzeptueller Information erzeugt. Wir haben beispielsweise gesehen, dass kleine Kinder aussagekräftige Unterschiede wie den zwischen selbst- und fremdverursachter Bewegung nutzen, um die Welt in verschiedene Kategorien und Arten zu unterteilen, und gemeinsame Kernstrukturen bzw. Kernfunktionen, um konzeptuelles Wissen über biologische Arten und Artefakte aufzubauen. Das Denken in Ursache-Wirkungs-Zusammenhängen spielt daher von frühester Kindheit an eine wichtige Rolle bei der Interpretation, Repräsentation und Speicherung von physikalischen Ereignissen, mit denen das Kind konfrontiert wird.

Bei dieser Fokussierung auf kausale Informationen scheint es sich um einen für die kognitive Entwicklung von Kindern entscheidenden Mechanismus zu handeln. Wie Shultz und Kestenbaum (1985) hervorheben, liegt ein möglicher Grund für die Konzentration der Kinder auf kausale Informationen darin, dass das Begreifen der Verursachung eines Ereignisses sie in die Lage versetzt, das Ereignis selbst zu verstehen (eine Form von «Erklärungslernen», siehe Kapitel 7). Allerdings ist die besondere Beachtung kausal relevanter Informationen nicht nur dem allgemeinen Wissensaufbau und der Begriffsbildung dienlich, sondern ermöglicht auch die Entwicklung von Wissen über kausale Zusammenhänge selbst. Der Aufbau von Wissen über physikalische Verursachung wird manchmal als Entwicklung einer «naiven» oder «intuitiven» Physik bezeichnet. Das Denken in Ursache-Wirkungs-Zusammenhängen befähigt die Kinder, sowohl ihre physikalische Umwelt zu verstehen, als auch Ereignisse in ihr vorherzusagen oder sogar steuernd zu beeinflussen. Dieses wiederum ist förderlich für die Entwicklung des wissenschaftlichen und logischen Denkens.

Voraussetzung für diese Fortschritte ist jedoch, dass das kausale Denken der Kinder bestimmten Prinzipien folgt. Zu nennen wären hier das Prinzip der kausalen Priorität, das Kovariationsprinzip sowie das Prinzip der zeitlichen Kontiguität. Diese Prinzipien werden im weiteren Verlauf des Kapitels noch ausführlicher besprochen. Die kausalen Einsichten der Kinder werden außerdem nur dann förderlich für ihr wissenschaftliches und logisches Denken sein, wenn sie sich der Bedeutung von Hypothesen und Belegen bewusst sind. Logisches Denken setzt die Fähigkeit zur systematischen Überprüfung kausaler Hypothesen voraus, wobei erkannt werden muss, welche möglichen Ursachen angesichts der verfügbaren kausalen Belege auszuschließen sind und welche aufrechterhalten werden können. Dies erfordert die zutreffende Einschätzung von Belegen, die eine Hypothese widerlegen, und solchen, die sie bestätigen, sowie eine Beurteilung dessen, was in einer gegebenen Situation kausal relevant ist.

Das Thema dieses Kapitels ist das kausale Denken selbst. Im Vordergrund steht dabei das kausale Denken von Kindern über physikalische Objekte und Ereignisse und weniger ihr kausales Denken über psychische Zustände und Erlebnisse. Zwar scheint sich die Einsicht in psychologische Ursachenzusammenhänge parallel zur Einsicht in physikalische Ursachenzusammenhänge zu entwickeln, dennoch werden die beiden Bereiche in der Regel getrennt betrachtet. So handelt es sich beispielsweise nach Wellman und Gelman (1997) zwar sowohl bei der «naiven Psychologie» als auch bei der «naiven Physik» um *grundlegende* Wissensbereiche (solche, die die Aneignung weiterer Konzepte anstoßen, formen und in bestimmte Bahnen lenken); außerdem sehen sie in der Kausalität einen elementaren Entwicklungsmechanismus, der die Entwicklung in beiden Wissensbereichen beeinflusst. Dennoch konnten sie auch zeigen, dass zwischen naiven psychologischen Theorien und naiven physikalischen Theorien deutliche Unterschiede bestehen. Auch andere Autoren halten die beiden Formen kausalen Wissens für relativ unterschiedlich. So vertritt beispielsweise Leslie (1994) die Ansicht, dass sich die Einsicht in psychologische Ursache-Wirkungs-Zusammenhänge in einem eigenen Modul des Gehirns entwickelt, dem *theory of mind*-Modul (z. B. Leslie, 1994), und dass dieses Modul unabhängig vom physikalisch-kausalen Denken arbeitet, welches in einem anderen Modul des Gehirns angesiedelt ist.

Denken in Ursache-Wirkungs-Zusammenhängen

Mit drei Jahren haben Kinder bereits Erfahrungen mit vielen verschiedenen physikalischen Ursachen und Wirkungen gemacht. Sie kennen zum Beispiel Vorgänge wie *Schneiden* (Äpfel, Papier, Haare), *Schmelzen* (Schokolade, Schnee, Butter), *Entzweigehen* (ein Spielzeug, eine Tasse, ein Stuhl), *Nasswerden* (Waschen der Wäsche, Regnen, Baden) usw. Die Entwicklung des kausalen Denkens lässt sich daher u. a. untersuchen, indem man überprüft, ob Kinder wissen, dass kausale Faktoren Objekte transformieren können, sie von einem Zustand in einen anderen versetzen können. Wenn Kindern beispielsweise das Bild einer Tasse und das der Scherben einer Tasse gezeigt wird, können sie dann angeben, dass der Verursacher dieser Transformation mit höherer Wahrscheinlichkeit ein Hammer ist als ein Messer oder eine Schere?

Kausale Transformationen vertrauter Objekte

Gelman, Bullock und Meck (1980) benutzten auf drei Bildern dargestellte kausale Ereignisse wie *Tasse, Hammer, Scherben* zur Untersuchung des Denkens in Ursache-Wirkungs-Zusammenhängen bei drei und vier Jahre alten Kindern. Zunächst brachten sie den Kindern bei, die Bilderfolge von links nach rechts zu lesen. Nach dieser Vorbereitung zeigten sie den Kindern Bilderfolgen, in denen ein Objekt entweder von seinem ursprünglichen Zustand (die intakte Tasse) in einen neuen (die Scherben) überführt wurde oder umgekehrt (von der zerbrochenen zur intakten Tasse). Das mittlere Bild der Abfolge zeigte stets den Verursacher (als korrekte Lösungen in diesem Fall einen Hammer bzw. Klebstoff). Neben den vertrauten kausalen Transformationen wie dem Zerbrechen einer Tasse wurden den Kindern auch kausale Transformationen gezeigt, mit denen sie nicht vertraut waren, beispielsweise wie eine zerschnittene Banane mit Nadel und Faden wieder in ihre ursprüngliche Form gebracht wurde.

Im Experiment wurden den Kindern unvollständige Bildfolgen gezeigt, bei denen jeweils eines der drei Bilder fehlte. Ihre Aufgabe bestand darin, aus drei vorgegebenen Möglichkeiten das korrekte Bild herauszusuchen. Fehlte beispielsweise das Bild des Verursachers, wurden drei mögliche Verursacher zur Auswahl vorgegeben. Fehlte das erste oder das dritte Bild in der Abfolge, wurden den Kindern Bilder des korrekten Objekts mit jeweils einer richtigen und einer falschen kausalen Transformation sowie ein Bild eines falschen Objekts mit der richtigen kausalen Transformation gezeigt. Beispiele für diese verschiedenen Aufgaben finden sich in Abbildung 4.1.

Gelman et al. stellten fest, dass 92 Prozent der Dreijährigen und 100 Prozent der Vierjährigen in der Lage waren, den richtigen Verursacher auszuwählen, wenn in einer Geschichte, in der ein Objekt von seinem ursprünglichen Zustand in einen anderen überführt wurde (z. B. von der Tasse zu den Scherben), das mittlere Bild fehlte. Handelte es sich um eine Transformation in die andere Richtung (von den Scherben zur Tasse) nannten 75 Prozent der Dreijährigen und 100 Prozent der Vierjährigen den richtigen Verursacher. Etwas schlechter schnitten die jüngeren Kinder ab, wenn das letzte Bild fehlte (83 Prozent bzw. 100 Prozent bei Transformationen vom ursprünglichen in einen anderen Zustand und 58 Prozent bzw. 100 Prozent bei der entgegengesetzten Richtung), und deutlich schlechter, wenn das erste Bild fehlte (66 Prozent bzw. 92 Prozent und 58 Prozent bzw. 100 Prozent). Dennoch lagen die Leistungen in allen Fällen oberhalb des Zufallsniveaus. Gelman et al. zogen aus diesen Ergebnissen den Schluss, dass Kinder im Vorschulalter in der Lage sind, den Zustand von Objekten, die durch eine kausale Transformation verändert werden, vorherzusagen oder abzuleiten und die Art von Transformation zu erkennen, durch die der eine Zustand in den anderen überführt wird.

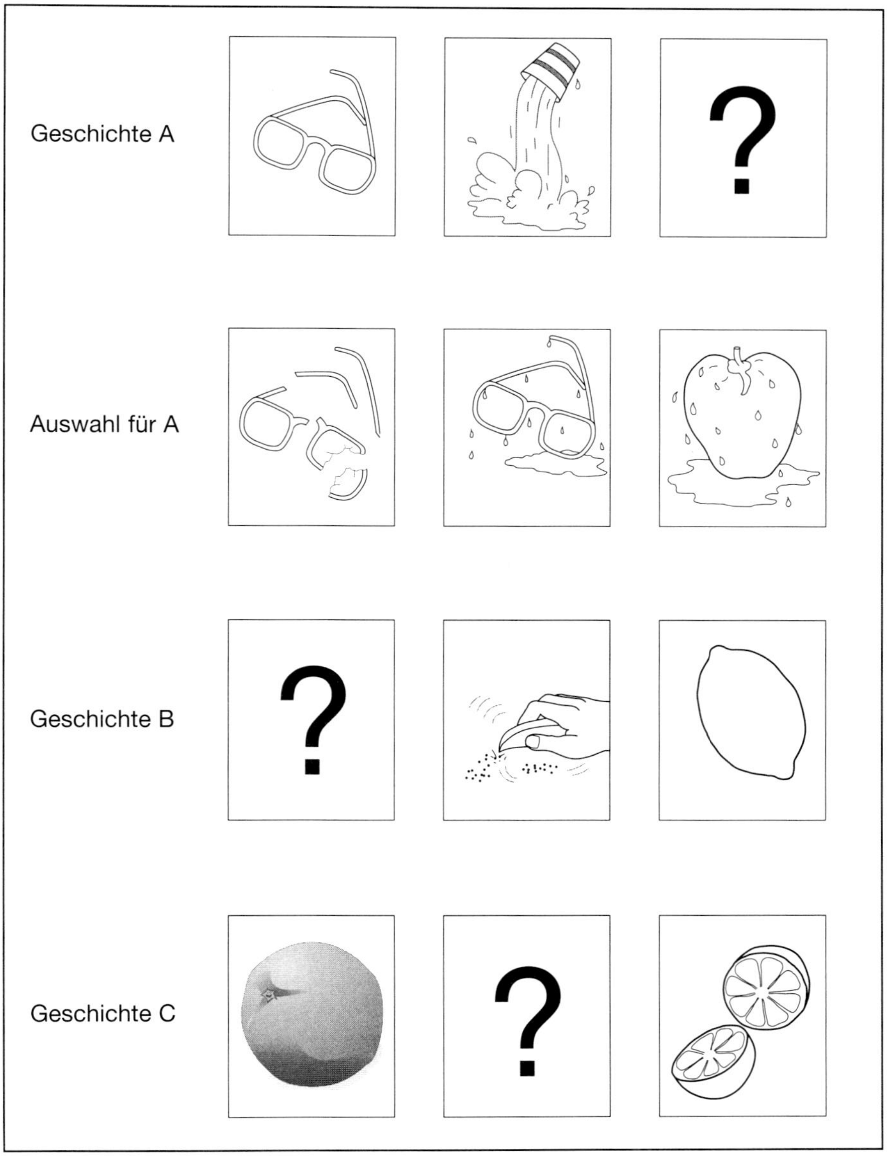

Abbildung 4.1: Beispiele für die aus drei Bildern bestehenden kausalen Sequenzen in der Untersuchung von Gelman et al. (1980). In Geschichte A fehlt das letzte Bild, in Geschiche B das erste Bild und in Geschichte C das Bild mit dem Verursacher. Wiedergabe mit freundlicher Genehmigung.

Reversibilität kausaler Transformationen

In einer zweiten Studie wurde die *Reversibilität* des kausalen Denkens der Kinder untersucht. Dieses Mal fehlte stets das mittlere Bild und die Kinder sollten zunächst das Bild eines Verursachers auswählen, der in Frage kam, wenn die Sequenz *von links nach rechts* gelesen wurde, und dann einen möglichen Verursacher für die Abfolge *von rechts nach links*. Dies verlangte von den Kindern, jeweils ein Objektpaar (z. B. Tasse und Scherben) auf zwei verschiedene Arten zu betrachten. Die dreijährigen Kinder hatten relativ große Schwierigkeiten mit diesem Aufgabentyp: Nur 49 Prozent ihrer Antworten waren korrekt. Bei den Vierjährigen waren es 75 Prozent. Nach Gelman et al. schnitten die Dreijährigen deshalb so schlecht ab, weil sie häufig die Bilder entgegen der Aufgabenstellung in der ihnen angemessen erscheinenden Reihenfolge betrachteten. Dabei gaben sie den Transformationen vom ursprünglichen in einen anderen Zustand den Vorzug, was dazu führte, dass ihre Lösungen zur Hälfte als falsch bewertet wurden. Insgesamt, so meinen Gelman et al., sind die Repräsentationen kausaler Transformationen bei den Dreijährigen jedoch abstrakt genug, um Reversibilität zuzulassen.

Die Arbeiten von Gelman et al., die nahe legen, dass Kinder schon früh viele Ursache-Wirkungs-Zusammenhänge und ihre Reversibilität verstehen, sind von Das Gupta und Bryant (1989) aus methodischen Gründen kritisiert worden. Diese beiden Autoren meinen, dass die Aufgaben mit den reversiblen kausalen Sequenzen rein assoziativ und ohne kausale Schlussfolgerungen gelöst werden können. Dies ist ein wichtiger Einwand, da assoziatives Denken eine relativ primitive Form kognitiver Aktivität darstellt, die auch bei Tieren wie Fischen oder Ratten vorkommt. Nach Das Gupta und Bryant haben die Kinder bei ihrer Entscheidung für einen Verursacher möglicherweise gar nicht Ausgangs- *und* Endzustand der Objekte berücksichtigt, sondern sich einfach auf den auffälligeren nichtursprünglichen Zustand (z. B. die Scherben) konzentriert und das mit diesem Zustand assoziierte Instrument (den Hammer) ausgewählt. Möglicherweise haben die Kinder also die Aufgaben gelöst, ohne den Ursprungszustand des Objektes überhaupt in ihre Überlegungen mit einzubeziehen.

Das Gupta und Bryant gehen davon aus, dass eine *echte* kausale Schlussfolgerung nur möglich ist, wenn die Kinder in der Lage sind, den *Unterschied* zwischen Ausgangs- und Endzustand festzustellen und darauf eine Kausalkette aufzubauen. Um zu untersuchen, ob Drei- und Vierjährige dazu in der Lage sind, zeigten Das Gupta und Bryant ihnen aus drei Bildern bestehende

Kausalsequenzen, wobei bereits das erste Bild das Objekt in einem transformierten Zustand zeigte (z. B. eine zerbrochene Tasse) und auf dem dritten Bild das Objekt in doppelter Hinsicht verändert war (z. B. eine nasse, zerbrochene Tasse). Zu jeder Aufgabe gab es eine zweite Version, d. h., dass die Kinder im weiteren Verlauf des Experiments die umgekehrte Bildfolge vorgelegt bekamen, bei der die Tasse zuerst nur nass und hinterher nass und zerbrochen war. Wie in der Studie von Gelman et al. sollten die Kinder auch hier das fehlende mittlere Glied in der Kette – den Verursacher – auswählen. Bei Das Gupta und Bryant erklärte jedoch der am stärksten mit dem transformierten Zustand des Objektes assoziierte Verursacher (der Hammer) nicht die Umwandlung der zerbrochenen in die nasse, zerbrochene Tasse. Der Hammer kam als Verursacher nur in der Sequenz in Frage, in der aus einer nassen Tasse eine zerbrochene, nasse Tasse wurde (siehe Tabelle 4.1.). Wenn also bei einem Aufgabenpaar stets der gleiche Verursacher ausgewählt werden würde (z. B. der Hammer für die Tasse, die zuerst zerbrochen und hinterher zerbrochen und nass ist, *und* für die Tasse, die zuerst nass und hinterher nass und zerbrochen ist), könnte man nicht von einer echten kausalen Schlussfolgerung sprechen.

Wie bei Gelman et al. sollten die Kinder aus drei möglichen Verursachern – in diesem Fall *Hammer*, *Wasser* und *Feder* (ein irrelevanter Verursacher) – einen auswählen. Das Gupta und Byrant stellten fest, dass die Dreijährige in 49 Prozent der Fälle bei beiden Versionen einer Sequenz den gleichen Verursacher auswählten, während die Vierjährigen dies nur in 21 Prozent der Fälle taten. Der Anteil der Bildfolgen, die in beiden Versionen richtig gelöst worden war, betrug bei den Dreijährigen 39 Prozent und bei den Vierjährigen 78 Prozent. Die Autoren entnahmen diesen Ergebnissen, dass sich die Dreijährigen oftmals von den besonders auffälligen Effekten (wie dem Entzweigehen eines Objektes) ablenken ließen und dadurch das Verhältnis zwischen Ausgangs- und Endzustand aus dem Blick verloren. Dies lässt es fraglich erscheinen, dass ihre Überlegungen tatsächlich den Status von kausalen Schlussfolgerungen hatten.

Tabelle 4.1

Beispiel für kausale Sequenzen aus der Studie von Das Gupta und Bryant (1989)

1. Nasse Tasse	[leer]	Nasse *zerbrochene* Tasse
2. Zerbrochene Tasse	[leer]	Zerbrochene *nasse* Tasse

Die Auffälligkeit nichtursprünglicher Zustände

In einer zweiten Studie vertraten Das Gupta und Bryant die Ansicht, dass sich die Fähigkeit von Kindern, echte kausale Schlüsse zu ziehen, am besten anhand von Sequenzen überprüfen lasse, in denen ein Objekt aus seinem nichtursprünglichen Zustand (die zerbrochene Tasse) in seinen ursprünglichen Zustand (die unversehrte Tasse) überführt wird. Die Beurteilung solcher Sequenzen setzt Überlegungen voraus, die den *Unterschied* zwischen dem Ausgangs- und dem Endzustand des Objekts berücksichtigen. Sequenzen, in denen ein Objekt von seinem ursprünglichen in einen nichtursprünglichen Zustand überführt werden, können dagegen allein unter Beachtung des nichtursprünglichen Zustands gelöst werden. Die besondere Auffälligkeit der zerbrochenen Tasse könnte die Kinder dazu bringen, den Hammer als Lösung in der Sequenz zu wählen, bei der die Tasse zuerst intakt und hinterher zerbrochen ist – aber auch in der Bildfolge, in der aus der zerbrochenen Tasse eine intakte wird. Die Ergebnisse bestätigten diese Vermutung: Dreijährige hatten signifikant größere Schwierigkeiten bei den Aufgaben, in der sich das Objekt auf dem erste Bild in seinem nichtursprünglichen Zustand befand, als bei den Aufgaben, bei denen das erste Bild das ursprüngliche Objekt zeigte. Im ersten Fall lag der Anteil ihrer richtigen Lösungen bei 47, im zweiten bei 88 Prozent. Die Autoren schlossen daraus, dass die Fähigkeit zu echten kausalen Schlussfolgerungen bei Dreijährigen noch nicht vorhanden ist, sondern sich erst im Alter zwischen drei und vier Jahren entwickelt.

Neuere Ergebnisse, die von Blue (1995) vorgelegt wurden, zeigen jedoch, das diese Schlussfolgerungen möglicherweise zu pessimistisch waren. Blue setzte Videofilme ein, um drei Jahre alten Kindern verschiedene Objekttransformationen zu zeigen. Dadurch war er in der Lage, den Kindern den Ausgangs- und Endzustand der Objekte *nacheinander* darzubieten, anstatt gleichzeitig wie in den Arbeiten von Das Gupta und Bryant. In diesen Filmen zeigte eine Person den Kindern zunächst ein Objekt wie ein Blatt Papier mit einer Zeichnung darauf (nichtursprüngliche Form) sowie zwei Instrumente, mit denen eine kausale Transformation durchgeführt werden konnte, etwa einen Bleistift und ein Radiergummi. Die Person verschwand dann mitsamt den Gegenständen und kehrte nach einer Pause mit dem transformierten Objekt (einem weißen Blatt Papier – ursprüngliche Form) zurück. Daraufhin wurden die möglichen Verursacher dieser Umwandlung gezeigt und die Kinder wurden gefragt, welcher von ihnen die Veränderung bewirkt hätte. Die verwendeten Transformationen waren neben dem Zeichnen oder Ausradieren eines Bildes auf einem Blatt Papier das Beschreiben/Abwischen einer Tafel sowie das Schminken/Abschminken eines Gesichts.

Die Ergebnisse waren eindeutig: Die Dreijährigen wählten bei 82 Prozent der Aufgaben den richtigen Verursacher aus, wobei es keinen Unterschied zwischen Umwandlungen von der ursprünglichen in die nichtursprüngliche Form (weißes Blatt zu Blatt mit Zeichnung) und Umwandlungen von der nichtursprünglichen Form in die ursprüngliche Form (Papier mit Zeichnung zu weißem Papier) gab. Diese beeindruckenden Leistungen zeigen, dass es kleinen Kindern nicht schwer fällt, die Ursachen für ihnen vertraute Effekte herauszufinden, selbst wenn es sich bei der zu beurteilenden Transformation um eine handelt, bei der sich das Objekt zuerst in seinem nichtursprünglichen Zustand befindet. Die Schwierigkeiten, die die Kinder in den anderen Experimenten mit dieser Aufgabe hatten, mögen darauf zurückzuführen sein, dass dort Darstellungen verwendet wurden, in denen die äußerst wichtige Information über den *zeitlichen* Verlauf fehlte. Eine andere Erklärung für die Ergebnisse von Blue könnte darin liegen, dass seine ursprünglichen und nichtursprünglichen Zustände weniger scharf von einander abgesetzt waren als die von Das Gupta und Byrne verwendeten. Deren Bildfolgen sind jedoch möglicherweise für derartige Studien mit kleinen Kindern nicht so gut geeignet wie Videofilme.

Schlussfolgern auf der Grundlage kausaler Prinzipien

Nachdem wir gesehen haben, dass Kinder im Alter von drei Jahren offensichtlich zu echten kausalen Schlussfolgerungen in der Lage sind, stellt sich nun die Frage, ob ihr kausales Denken den allgemein anerkannten kausalen Prinzipien folgt. Nehmen wir die einfachste kausale Kontingenz: A verursacht B. Wenn A die Ursache von B sein soll, müssen eine Reihe kausaler Prinzipien gelten. Eines davon ist, dass sich A entweder vor oder gleichzeitig mit B ereignen muss. A kann nicht auf B folgen. Diese Asymmetrie kausaler Relationen wird *Prioritätsprinzip* genannt (Ursachen gehen den Wirkungen entweder voraus oder sind gleichzeitig mit ihnen gegeben). Weitere wichtige Prinzipien für die Zuschreibung von Kausalität sind das *Kovariationsprinzip* (Ursachen und Wirkungen müssen systematisch miteinander kovariieren), das *Prinzip der zeitlichen Kontiguität* (es muss eine zeitlich-räumliche Nähe von Ursachen und Wirkungen geben) und das *Ähnlichkeitsprinzip* (Ursachen und ihre Wirkungen müssen bestimmte Übereinstimmungen aufweisen, so sollte beispielsweise ein mechanische Effekt auf eine mechanische Ursache zurückgehen).

Das Prioritätsprinzip

Das Wissen um die Tatsache, dass die Ursache stets der Wirkung vorausgeht, scheint spätestens mit drei Jahren vorhanden zu sein. Betrachtet man beispielsweise eine Puppe, die eine Murmel in einen Apparat steckt, aus dem kurz danach ein kleiner Teufel auftaucht, neigt man dazu, hier einen kausalen Zusammenhang zu vermuten. Anders ist dies, wenn die Murmel *nach* dem Auftauchen des Teufels in den Apparat gesteckt wird. In diesem Fall wird man keinen kausalen Zusammenhang zwischen den Ereignissen vermuten.

Mit Hilfe eines Apparates, in dem ein «Kastenteufel» eingebaut war, untersuchten Bullock und Gelman (1979), ob drei bis fünf Jahre alte Kinder begreifen, dass das Hervorschnellen des Teufels nur durch ein zeitlich vorangehendes Ereignis ausgelöst werden kann, nicht aber durch ein Ereignis, das stattfindet, nachdem der Teufel bereits aufgetaucht ist. In dem Experiment

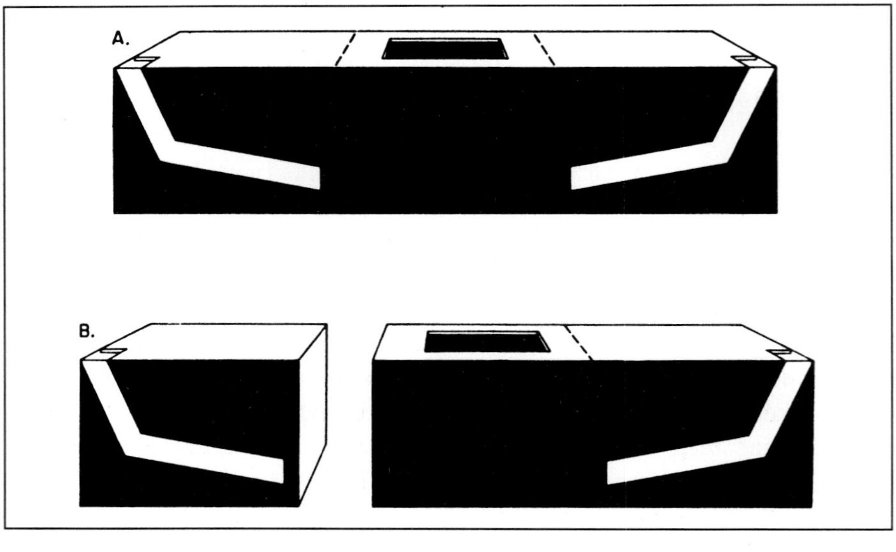

Abbildung 4.2: Der Versuchsapparat aus der Studie von Bullock und Gelman (1979). In A. stehen die Teile des Apparates zusammen, in B. ist der «kausal relevante Schacht» vom übrigen Teil des Kastens abgerückt. Wiedergabe mit freundlicher Genehmigung.

wurde den Kindern eine längliche schwarze Kiste gezeigt. Diese Kiste bestand aus drei Teilen (siehe Abbildung 4.2; die Unterteilung war für die Kinder nicht sichtbar). In den beiden äußeren Teile befand sich jeweils ein kleiner abschüssiger Schacht, durch den Murmeln ins Innere der Kiste rollen konnten. Die Schächte lagen hinter Plexiglasfenstern, waren also sichtbar; nicht zu sehen waren nur ihre Endabschnitte im mittleren, nicht einsehbaren Teil der Kiste, in dem sich auch der Kastenteufel befand. Der Versuchsleiter konnte es so aussehen lassen, dass eine Murmel, die in eine der beiden Schächte gesteckt wurde, den Teufel hervorschnellen ließ; in Wirklichkeit wurde der Mechanismus jedoch durch ein verstecktes Pedal ausgelöst und nicht durch die Murmeln.

Um zu überprüfen, ob sich die Kinder der unumkehrbaren Reihenfolge von Ursache und Wirkung bewusst waren, steckte der Versuchsleiter (über zwei Puppen) eine Murmel in den einen Schacht, bevor der Teufel herauskam, und eine weitere Murmel in den zweiten Schacht, nachdem er herausgesprungen war. Die Kinder sollten daraufhin angeben, welche Murmel den Teufel zum Springen gebracht hatte. Bullock und Gelman stellten fest, dass die meisten Kinder auf den verschiedenen Altersstufen erkannten, dass die erste Murmel das Herauskommen des Teufels bewirkt hatte, und zwar 75 Prozent der Dreijährigen, 88 Prozent der Vierjährigen und 100 Prozent der Fünfjährigen. Nun erhöhten Bullock und Gelman den Schwierigkeitsgrad der Aufgabe, indem sie den «kausal relevanten» Teil der Kiste vom Rest des Apparates abrückten. Nun schien nur einer der beiden Murmelschächte eine direkte Verbindung zum Kastenteufel zu haben, der andere nicht. Der Versuchsleiter ließ eine Murmel in den Schacht des abgetrennten Teils fallen, woraufhin der Teufel herauskam. Im Anschluss daran steckte er eine Kugel in den Schacht des anderen Teils. Auch unter diesen erschwerten Bedingungen schrieben 75 Prozent der Dreijährigen, 94 Prozent der Vierjährigen und 100 Prozent der Fünfjährigen der ersten Kugel die kausale Rolle zu. Die Kinder maßen der zeitlichen Abfolge der Ereignisse offensichtlich größere Bedeutung für die Bewertung der kausalen Zusammenhänge bei als der räumlichen Nähe. Allerdings zeigten sie sich überrascht angesichts des «Fernsteuerungseffekts» und hielten ihn für erklärungsbedürftig («Das ist ein Trick, stimmt's?», «Das ist Zauberei», «Als ich gerade nicht hingeguckt habe, ist die Kugel rübergelaufen»).

Diese Daten besagen nicht unbedingt, dass die Kinder *prinzipiell* der zeitlichen Priorität eine höhere kausale Bedeutung zuschreiben als der räumlichen Nähe. Die einfachste Folgerung ist, dass die Kinder ihre Urteile darauf gründeten, was bei diesem konkreten Versuchsaufbau *kausal relevant* war. Entsprechend konnte Shultz (1982) zeigen, dass Kinder räumliche Faktoren stärker berücksichtigen als zeitliche, wenn die räumlichen im konkreten Fall kausal relevanter sind als die zeitliche Abfolge der Ereignisse.

Shultz bediente sich in seiner Untersuchung eines Versuchsapparates, bei dem zwei elektrische Gebläse auf eine brennende Kerze gerichtet waren, die durch einen dreiseitigen Plexiglasschirm vor den Luftströmen geschützt werden konnte. Dieser Schirm konnte so gewendet werden, dass er die Kerze jeweils vor einem der beiden Gebläse schützte. Shultz zeigte fünfjährigen Kindern diesen Apparat und schaltete eins der beiden Gebläse ein, wobei der Plexiglasschirm so stand, dass er die Kerze schützte. Fünf Sekunden später wurde das zweite Gebläse eingeschaltet und gleichzeitig drehte sich der Schirm so, dass er die Kerze vor diesem zweiten Gebläse schützte. Die Flamme ging sofort aus, was die Kinder zutreffend dem ersten Gebläse zuschrieben, obwohl das Angehen des zweiten Gebläse in unmittelbarer zeitlichen Nähe zum Erlöschen der Kerze gestanden hatte. Die Kausalattributionen von Kindern scheinen also eher von den konkreten kausalen Mechanismen der Situation als von räumlichen oder zeitlichen Parametern *per se* abzuhängen.

Das Kovariationsprinzip

Ein weiteres bedeutsames Prinzip bei der Beurteilung von Kausalität ist das Kovariationsprinzip. Wenn ein Effekt auf mehrere mögliche Ursachen zurückgehen kann, ist die tatsächliche Ursache diejenige, die regelmäßig und vorhersehbar gemeinsam mit dem Effekt auftritt. Wenn beispielsweise einem Kind eine Kiste mit zwei Hebeln gezeigt wird und es herausfinden soll, welcher der beiden Hebel bewirkt, dass ein auf dem Deckel der Kiste befindliches Licht angeht, so lautet die richtige Lösung: der Hebel, der regelmäßig betätigt wird, wenn das Licht angeht. Zeigt man einem Kind eine Kiste mit zwei Löchern und lässt es entscheiden, in welches Loch man eine Murmel stecken muss, um eine Glocke in der Kiste zum Klingen zu bringen, ist die richtige Antwort: in das erste Loch, wenn das Hineinstecken der Murmel dort stets das Erklingen der Glocke bewirkt, und in das zweite, wenn die Glocke immer klingt, nachdem die Murmel dort verschwunden ist.

Shultz und Mendelson (1975) ließen Kinder im Alter von drei und vier Jahren derartige kausale Aufgaben lösen, um ihre Fähigkeit zu untersuchen, sich das Kovariationsprinzip zunutze zu machen. Die Kovariationsinformationen bestanden aus mehreren Kombinationen des Auftretens oder Ausbleibens des Effektes und der möglichen Ursachen. Wenn beispielsweise Hebel 1 das Angehen des Lichtes auf dem Deckel der Kiste bewirkte, so wurden den Kindern zum Beispiel folgende Kombinationen von Effekt und möglichen Ursachen dargeboten: Hebel 1, Licht; Hebel 2, kein Licht; Hebel 1, Licht, Hebel 1 und 2, Licht, Hebel 2, kein Licht, Hebel 1 und 2, Licht. Shultz und Mendelson stellten fest, dass die drei- bis vierjährigen Kinder in der Lage waren, derartige Kovariationsinformationen zu nutzen, um Aussagen über die Kausalität zu machen: Die Mehrzahl der Kinder wählten bei allen verwendeten Versuchsapparaten die richtige Antwort aus. Die Autoren folgerten daraus, dass die Fähigkeit, Kausalattributionen für einfache physikalische Phänomene auf der Grundlage von Kovariationsinformationen vorzunehmen, spätestens im Alter von drei Jahren entwickelt ist.

Siegler und Liebert (1974) entwickelten eine ähnliche Kovariationsaufgabe, bei der sie einen «Computer» und ein «Kartenprogrammiergerät» einsetzten. Bei beiden handelte es sich um schlichte Metallkisten: Auf der einen – dem «Computer» – waren blinkende Lichter angebracht, die andere – das «Programmiergerät» – hatte einen Schlitz, in den man IBM-Programmierkarten einführen konnte. Sowohl der Computer als auch das Programmiergerät waren durch ein Kabel mit einer großen Glühbirne verbunden. Alle Kinder sahen das Licht sechsmal aufleuchten und sollten unter unterschiedlichen Kovariationsbedingungen angeben, welcher kausale Mechanismus die Birne zum Leuchten gebracht hatte. Bei einem Teil der Stichprobe ging das Licht sofort an, nachdem eine Karte in das Programmiergerät gesteckt worden war (100 Prozent Kovariation bei zeitlicher Kontiguität). Bei einem anderen Teil gab es stets eine fünfsekündige Verzögerung zwischen der Einführung der Karte und dem Aufleuchten der Glühbirne (100 Prozent Kovariation ohne zeitliche Kontiguität). Bei einer dritten Gruppe ging das Licht unmittelbar nach dem Einstecken der Karte an, allerdings nur in 50 Prozent der Durchgänge (50 Prozent Kovariation bei zeitlicher Kontiguität), und bei einer vierten Gruppe leuchtete das Licht nach einer Pause von fünf Sekunden auf, jedoch nur in 50 Prozent der Durchgänge (50 Prozent Kovariation ohne zeitliche Kontiguität).

Siegler und Liebert stellten fest, dass sowohl fünfjährige als auch achtjährige Kinder sich stärker durch die zeitliche Kontiguität leiten ließen als durch die Kovariation. Alle neigten eher dazu, das Angehen des Lichts dem Programmiergerät zuzuschreiben, wenn es keine Verzögerung gab, und nur die älteren Kinder zogen auch die Regelmäßigkeit des Auftretens beider Ereignisse in Betracht, indem sie dem Programmiergerät in der 100-Prozent-

Kovariationsbedingung häufiger eine kausale Rolle zuschrieben als in der 50-Prozent-Kovariationsbedingung. Dies muss nicht heißen, dass die kleineren Kinder die Kovariationsinformation überhaupt nicht zur Kenntnis genommen hätten: Auch die älteren Kinder erkannten die Regelmäßigkeit erst gegen Ende der sechs Durchgänge. Siegler und Liebert schreiben, dass bei einer höheren Anzahl an Durchgängen möglicherweise auch die kleineren Kinder die Kovariationsinformation berücksichtigt hätten. Den von Shultz und Mendelson vorgelegten Daten zufolge wäre dies tatsächlich zu erwarten gewesen.

Das Prinzip der zeitlichen Kontiguität

Das Prinzip der zeitlichen Kontiguität, das besagt, dass Ursache und Wirkung zeitlich-räumliche Nähe aufweisen müssen, hängt eng mit dem Kovariationsprinzip zusammen, da in vielen Situationen sowohl die zeitliche Kontiguität als auch die Kovariation Aufschluss über die Ursache geben (ein Beispiel liefert die soeben beschriebene Studie von Bullock und Gelman mit dem Kastenteufel). Eine enge Beziehung besteht auch zum Prioritätsprinzip, dem zufolge die Ursachen stets vor oder gemeinsam mit den Wirkungen auftreten müssen. Das Prinzip der zeitlichen Kontiguität bezieht sich auf die Tatsache, dass Ursache und Wirkung nicht nur systematisch kovariieren müssen, sondern auch durch eine zusammenhängende Kette vermittelnder Ereignisse miteinander verbunden sein müssen (Sedlak & Kurtz, 1981). Das Prinzip der zeitlichen Kontiguität berücksichtigt also Fälle, in denen ein zeitlicher Abstand zwischen Ursache und Wirkung besteht, sofern es eine physikalische Erklärung dafür gibt.

Man stelle sich beispielsweise vor, man betrachtet eine halb grün und halb orange gestrichenen Kiste, die auf einem hölzernen Ständer befestigt ist. Die Kiste ist durch ein etwa ein Meter langes Gummirohr mit einer zweiten Kiste verbunden, in deren Innerem sich eine Glocke befindet. Die orange-grüne Kiste hat auf jeder Seite ein Loch, eines auf der grünen und eines auf der orange gestrichenen Seite. Steckt man eine Murmel in die grüne Seite, ertönt nach einer Wartezeit von fünf Sekunden die Glocke in der zweiten Box. Wird die Murmel in die orangefarbene Seite gesteckt, bleibt sie stumm. Wird zunächst eine Murmel in das Loch auf der grünen Seite gesteckt und fünf Sekunden später in das Loch auf der orangefarbenen Seite, ertönt unmittelbar darauf die Glocke in der anderen Kiste. Welche Seite der Kiste ist ausschlaggebend für das Ertönen der Glocke – die orange oder die grün gestrichene?

Der Kovariationsinformation zufolge ist die grüne Seite verantwortlich für das Erklingen der Glocke; geht man jedoch von der zeitlichen Kontiguität aus, kommt eher die orangefarbene Seite in Betracht – sieht man einmal davon ab, dass die Kugel noch durch das Gummirohr laufen müsste, ehe sie die zweite Kiste erreicht, in der sich die Glocke befindet. Mendelson und Shultz (1974) zeigten Kindern diesen Versuchsaufbau unter zwei Bedingungen. In der ersten Bedingung gab es das erwähnte Gummirohr, in der zweiten Bedingung befand sich die erste Kiste direkt auf der zweiten. Es zeigte sich, dass in der Bedingung mit dem Gummirohr die meisten der Kinder (die im Alter zwischen 4 und 7 Jahren waren) das Erklingen der Glocke der grünen Seite zuschrieben. In der zweiten Bedingung ohne Gummirohr schrieben die meisten Kinder das Ertönen der Glocke jedoch der orange gestrichenen Seite zu, obwohl sie wussten, dass in einigen Fällen die Glocke nicht erklungen war, obwohl man eine Murmel in die orangefarbene Seite gesteckt hatte. Mendelson und Shultz kamen zu dem Schluss, dass die Kinder in Abwesenheit einer physikalischen Erklärung für die zeitliche Verzögerung, der Information über zeitliche Kontiguität größere Bedeutung beimaßen als der Information über Kovariation. War jedoch ein Grund für die zeitliche Verzögerung sichtbar (das Gummirohr), beurteilten sie den Kausalzusammenhang auf der Grundlage der Kovariationsinformation, obwohl keine zeitliche Kontiguität gegeben war.

Das Ähnlichkeitsprinzip

Wir haben bereits gesehen, dass das kausale Denken von Kindern dem Prioritätsprinzip, dem Kovariationsprinzip sowie dem Prinzip der zeitlichen Kontiguität folgt. Bei dem Versuch, ohne Informationen über zeitliche Kontiguität oder Kovariation kausale Zusammenhänge zu erkennen, kann jedoch auch die *Ähnlichkeit* von möglichen Ursachen und Effekten nützlich sein. Stellen wir uns beispielsweise vor, wir sehen eine Kiste, die mit einem schweren, dicken Hebel und einem feinen, dünnen Hebel ausgestattet ist, von denen der eine ein lautes und der andere ein leises elektrisches Klingelgeräusch hervorbringt. Typischerweise glaubt man in einem solchen Fall, dass das leise Geräusch von dem zarten Hebel und das laute Geräusch von dem schweren Hebel ausgelöst wird. Ein anderes Beispiel: Zeigt man uns zwei Fläschchen mit einer klaren Flüssigkeit, eines mit einem rosafarbenen und eines mit einem blauen Deckel, sowie eine Flasche mit rosa schimmerndem Wasser, gehen wir wohl in der Regel davon aus, dass diese Färbung durch die Flüssigkeit aus dem

Fläschchen mit dem rosafarbenen Deckel verursacht wurde. Sehen wir danach, dass ein Tropen der Flüssigkeit aus dem Fläschchen mit dem blauen Deckel das Wasser rosa werden lässt und ein Tropfen der Flüssigkeit aus dem Fläschchen mit dem rosafarbenen Deckel keine Auswirkung auf die Farbe des Wassers hat, ändert diese Kovariationsinformation natürlich höchstwahrscheinlich unsere Kausalattribution. Und wenn wir sehen, dass ein Tropfen der Flüssigkeit aus dem blauen Fläschchen keinen Effekt auf die Wasserfarbe hat, und fünf Sekunden später ein Tropfen aus dem Fläschchen mit dem rosafarbenen Deckel das Wasser augenblicklich blau werden lässt, wird diese zeitliche Kontiguität vermutlich ebenfalls unsere Kausalattribution verändern.

Shultz und Ravinsky (1977) setzten eine Reihe von Aufgaben dieser Art ein, um zu sehen, ob kleine Kinder in Abwesenheit von Informationen über Kovariation oder temporale Kontiguität kausale Schlussfolgerungen auf der Grundlage der Ähnlichkeit von Ursache und Wirkung ziehen würden. Sie wollten auch herausfinden, ob die Kinder das Ähnlichkeitsprinzip aufgeben, wenn es nicht mit Informationen über zeitliche Kontiguität oder Kovariation vereinbar ist. Die Stichprobe ihrer Untersuchung setzte sich aus Kindern im Alter von 6,8,10 und 12 Jahren zusammen, die eine Reihe von physikalischen Aufgaben zu lösen hatten, bei denen Schlüsse aus Ähnlichkeit, Kovariation und zeitlicher Kontiguität gezogen werden mussten. Es zeigte sich, dass *in Abwesenheit* von Informationen über zeitliche Kontiguität oder Kovariation alle Kinder Ähnlichkeitsinformationen heranzogen, um kausale Schlüsse zu ziehen. Bestand ein Widerspruch zwischen Kovariations- und Ähnlichkeitsinformationen, sahen die älteren – zehn- und zwölfjährigen – Kinder über die Ähnlichkeitsinformation hinweg. Den kleineren Kindern schien in diesen Situationen nicht klar zu sein, welches Prinzip anzuwenden war: Sie schwankten in ihren Ursachenzuschreibungen. Ähnliches galt bei den Aufgaben, bei denen Informationen über zeitliche Kontiguität im Widerspruch zur Ähnlichkeitsinformation stand, wobei in diesem Fall nur die Sechsjährigen ein uneinheitliches Antwortmuster zeigten. Shultz und Ravinsky schlossen aus ihren Ergebnissen, dass die Ähnlichkeit von Ursachen und Wirkungen ein entscheidendes Prinzip des kausalen Denkens von Kindern unterschiedlicher Altersstufen ist und dass sich Kinder früher von diesem Prinzip lösen können, wenn es sich im Widerspruch zu Informationen über zeitliche Kontiguität befindet, als wenn es im Widerspruch zu Kovariationsinformationen steht.

Bedeutet dies, dass sich das Wissen um die kausale Bedeutung zeitlicher Informationen vor dem Wissen um die kausale Bedeutung von Kovariationsinformationen einstellt? Shultz und Ravinsky weisen darauf hin, dass ein solcher Schluss mit den Ergebnissen von Mendelson und Shutz (1975) aus dem Experiment mit der Murmel und dem Gummirohr (siehe oben) vereinbar wäre. Auch hier schrieben die Kinder eher einem Ereignis, das in zeitlicher Kontiguität zur Wirkung stand, aber nicht konsequent gemeinsam mit diesem auftrat, kausale Bedeutung zu, als einem Ereignis, dass zwar konsequent, aber ohne zeitliche Kontiguität mit dem Effekt verbunden war. Bevor jedoch eine so weitreichende Schlussfolgerung gezogen werden kann, ist es wohl erforderlich, bei einem breiteren Spektrum von Situationen zu untersuchen, wie Kinder Informationen über zeitliche Kontiguität und Kovariation nutzen. Angesichts neuerer Daten von Bullock, Gelman und ihren Mitarbeitern aus den Studien mit dem Kastenteufel und dem Dominohasen (siehe unten) erscheint es wahrscheinlich, dass *alle* hier besprochenen kausalen Prinzipien kleinen Kindern zur Verfügung stehen. Im konkreten Fall hängen ihre Urteile davon ab, welchen Faktoren in der entsprechenden experimentellen Situation kausale Relevanz zukommt. Shultz selbst hat vor einiger Zeit eine ähnliche Position vertreten und darauf hingewiesen, dass ein Effekt mit größter Wahrscheinlichkeit auf die Ursache zurückgeführt wird, die am ehesten für die entsprechende «Transmission» verantwortlich zu sein scheint (Shultz, Fisher, Pratt & Rulf, 1986).

Kausalketten

Inwieweit Kinder kausale Transmissionen begreifen, lässt sich zum Beispiel mit Hilfe dreigliedriger Kausalketten untersuchen. Bei den bislang vorgestellten Experimenten ging es stets um zweigliedrige Kausalketten. Aufgaben mit dreigliedrigen Kausalketten sind anspruchsvoller, da das Vorliegen einer *vermittelnden Ursache* sowohl transitives Schließen als auch ein Verständnis für physikalische kausale Kontingenzen verlangt (siehe Shultz, Pardo & Altmann, 1982). In einer dreigliedrigen Kausalkette verursacht ein Ereignis A ein Ereignis B, welches wiederum Ereignis C nach sich zieht. So kann beispielsweise ein rollender Tennisball (A) einen Golfball (B) anstoßen und dieser wiederum einen leichten Plastikball (C) in Bewegung setzen. Der Golfball fungiert hier als *vermittelnde Ursache:* Um vorherzusagen, ob der Tennisball den Plastikball in Bewegung setzen wird, muss das Kind eine transitive Schlussfolgerung auf der Grundlage der Relationen Tennisball-Golfball und Golfball-Plastikball ziehen. Der Golfball entspricht dem mittleren Glied bei Aufgaben zum transitiven Schließen (auf die in Kapitel 7 noch näher eingegangen wird). Wenn das Kind begreift, dass A zu C führt, heißt das, dass es sich auch der kausal vermittelnden Rolle von B bewusst ist. Dabei setzt das Wissen um die Bedeutung «kausaler Mediatoren» ein Verständnis der in den vorgehenden Abschnitten beschriebenen kausalen Prinzipien voraus.

Vermittelnde Ursachen

Shultz et al. (1982) konfrontierten drei und fünf Jahre alte Kinder unter zwei Bedingungen mit einfachen Kausalketten der soeben beschriebenen Art. In einer der beiden Bedingungen war das vermittelnde Kausalereignis (B) effektiv, in der anderen nicht. Für die Aufgabe mit dem Tennisball konstruierten die Autoren beispielsweise einen Apparat, in dem Bälle unterschiedlicher Größe aufeinander zulaufende Bahnen entlangrollten (siehe Abbildung 4.3). Die ersten beiden Bahnen waren breit genug für Tennisbälle, die zweiten beiden Bahnen breit genug für Golfbälle, und danach liefen die beiden Bahnen zusammen auf eine einzelne Bahn für einen leichten Plastikball. Der leichte Plastikball wurde genau an die Stelle gelegt, an der die beiden Bahnen zusammenliefen, so dass er, angestoßen durch den Golfball, bis ans Ende des Apparates rollte. An den Übergängen zwischen der Tennisballbahn und der Golfballbahn wurden kleine Bogen aufgestellt, die zu eng waren, um den Golfball hindurchzulassen. Damit der Golfball also als ver-

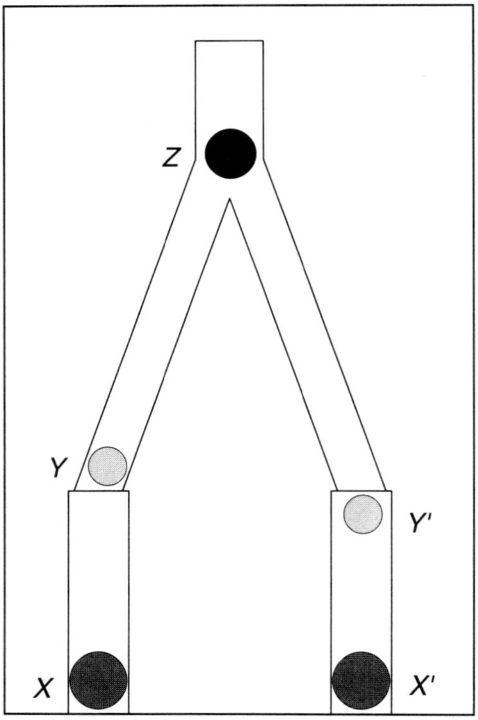

Abbildung 4.3: Der Versuchsapparat aus der Studie von Shultz (1982) zur Untersuchung des kindlichen Verständnisses für vermittelnde Ursachen. Wiedergabe mit freundlicher Genehmigung.

mittelnde Ursache in Frage kam, musste er sich hinter dem Bogen befinden. Um die beiden verschiedenen Bedingungen zu schaffen, wurde der Golfball auf der einen Seite des Apparats vor den Bogen gelegt (an Y' – ineffektive vermittelnde Ursache) und auf der anderen Seite hinter ihn (an Y – effektive vermittelnde Ursache).

Die Aufgabe der Kinder bestand darin zu entscheiden, welcher der beiden Tennisbälle angestoßen werden musste, um den leichten Plastikball in Bewegung zu setzen. Entschied sich das Kind für die Bahn Y', würde der Plastikball sich nicht vom Fleck bewegen; entschied es sich für Bahn Y, konnte das gewünschte Ereignis eintreten. Es gab 10 Durchgänge, wobei die Seite der effektiven und der ineffektiven vermittelnden Ursache nach dem Zufallsprinzip variierte. Shultz et al. stellten fest, dass die Kinder bei der Mehrzahl der Durchgänge die richtige Bahn auswählten. Die Dreijährigen entschieden sich bei 69 Prozent der Durchgänge für die richtige Seite und die Fünfjährigen bei 86 Prozent. Die meisten Fehler machten die Dreijährigen beim ersten und beim dritten Durchgang. Ab dem vierten Durchgang entschieden sich die Kinder mit hoher Sicherheit für die richtige Bahn – erkannten also die effektive vermittelnde Ursache.

Auch Baillargeon und Gelman (1980, beschrieben in Bullock et al., 1982) untersuchten, ob Kinder mit dreigliedrigen Kausalketten umgehen können. Sie konstruierten einen Apparat, in dem das letzte Glied der Kausalkette darin bestand, dass ein Hase (Fred) in sein «Bett» (eine Matte am Ende des Versuchsaufbaus) fiel. Zunächst wurde den Kindern der Hase Fred vorgestellt, der auf einer kleinen Plattform über seinem Bett stand. Die vermittelnde Ursache des Ergebnisses (dass Fred in sein Bett fiel) bestand aus mehreren Holzbrettchen, die wie Dominosteine in einer Reihe vor der Plattform aufgebaut waren (siehe Abbildung 4.4). Jedes Brettchen konnte auf das vor ihm stehende fallen («Dominoeffekt») und das letzte auf einen Hebel, durch den Fred von seiner Plattform in sein Bett befördert wurde. Das erste Glied der Kette bildete ein Stab, der durch einen Pfosten gestoßen werden konnte und damit das erste Brett zum Umfallen brachte. Die Aufgabe der Kinder bestand darin, zu erklären, wie Fred in sein Bett befördert werden konnte.

In mehreren *pretest*-Durchgängen wurde den Kindern zunächst der gesamte Apparat gezeigt. Dann wurde der mittlere Teil (die Brettchen) abgedeckt, so dass die Kinder nur noch den Stab in dem Pfosten und Fred auf seiner Plattform sehen konnten. Der Abstand zwischen der Stange und dem Hasen betrug etwa einen Meter. Die Kinder (Vier- und Fünfjährige) sagten richtig voraus, dass Fred dadurch in sein Bett befördert werden konnte, dass man den Stab durch den Pfosten steckte. Der Versuchsleiter zeigte den Kindern daraufhin zwei weitere Stäbe, einen kurzen, der nicht bis zum ersten Brett reichte, und einen weiteren, der lang genug war. Mit beiden Stäben gelang es nicht, Fred in sein Bett fallen zu lassen (bei dem längeren Stab wurde dies mit Hilfe eines Tricks verhindert). Die Kinder wurden aufgefordert, dies zu erklären.

Baillargeon und Gelman stellten fest, dass die Kinder in der Lage waren, für beide Fälle stimmige Erklärungen zu geben, wobei sie zwischen der relevanten (kurzer Stab) und der irrelevanten (langer Stab) Veränderung unterschieden. Im Fall des kurzen Stabs sagten sie, dass der Stab nicht bis zum ersten Brett gereicht habe, und im Fall des langen Stabs, dass der Versuchsleiter das vermittelnde Ereignis auf irgendeine Weise unterbrochen haben müsse, beispielsweise durch das Entfernen einiger Brettchen. Den gleichen Versuchsapparat benutzten Baillargeon, Gelman und Meck (1981, zitiert in Bullock et al., 1982) etwas später in einer Untersuchung mit Drei- und Vierjährigen. Die Kinder sollten vorhersagen, ob Fred in sein Bett fallen würde, wobei entweder das Ausgangs- oder das vermittelnde Ereignis auf unterschiedliche Weise modifiziert wurde. So wurde der Holzstab durch einen weichen, biegsamen Stab ersetzt oder durch einen Stab, der zu dick war, um

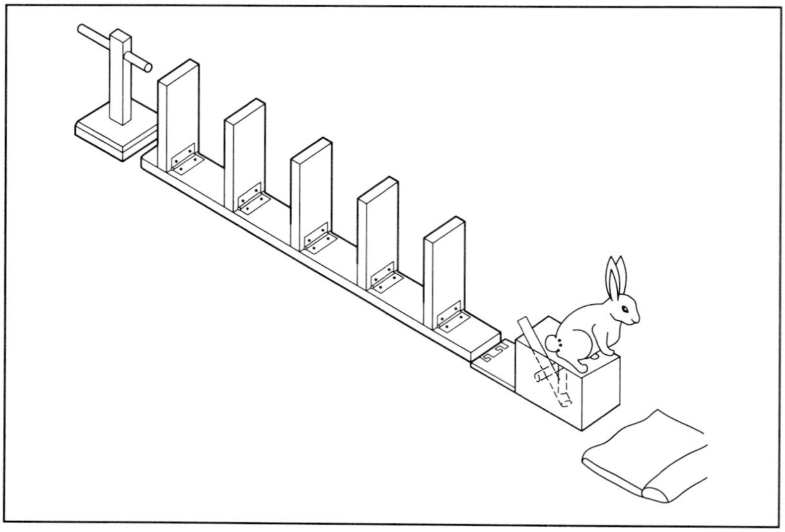

Abbildung 4.4: Darstellung des Versuchsapparates aus der Studie von Bullock, Baillargeon und Gelman (1982). Wiedergabe mit freundlicher Genehmigung der Academic Press Inc.

durch den Pfosten zu passen. Beim vermittelnden Ereignis bestand die Modifikation darin, dass die Plattform, auf der der Hase saß, vom letzten Brett weggerückt wurde oder dass sie neben die Bretterreihe gestellt wurde. Die Vorhersagen der Kinder waren zum großen Teil zutreffend, unabhängig davon, ob das Ausgangs- oder das vermittelnde Ereignis modifiziert wurde (81 bzw. 78 Prozent richtige Lösungen in der Gruppe der Dreijährigen, 87 bzw. 85 Prozent richtige Lösungen in der Gruppe der Vierjährigen).

Diese Arbeiten zeigen, dass Kinder offensichtlich bereits sehr früh Informationen über dreigliedrige Kausalketten nutzen können, um Schlussfolgerungen über mehrere aufeinander folgende Ereignisse zu ziehen. Dies gilt unabhängig davon, ob die kausalen Schlussfolgerungen mit Hilfe von Aufgaben überprüft werden, bei denen Vorhersagen zu treffen (Baillargeon et al., 1981) oder Probleme zu lösen sind (Shultz et al., 1982). Da die Leistungen in Vorhersageaufgaben häufig unter denen in Problemlöseaufgaben liegen (z. B. Goswami & Brown, 1990), stellen die von Baillargeon et al. vorgelegten Daten einen besonders überzeugenden Nachweis der Fähigkeit von Dreijährigen dar, Kausalketten mit einer vermittelnden Ursache zu verstehen.

Suchaufgaben

Eine andere Möglichkeit zu untersuchen, ob Kinder kausale Zusammenhänge innerhalb von Ereignissequenzen verstehen, liegt in der Verwendung von Suchaufgaben. Ein Beispiel: Man stelle sich vor, man will bei einem Zoobesuch die Schimpansen fotografieren, muss aber feststellen, dass man seine Kamera irgendwo unterwegs verloren hat. Da die Schimpansen ungefähr die achte Tierart sind, die man sich ansieht, besteht eine Strategie bei der Suche nach der Kamera darin, zu überlegen, welche Tiere man zuletzt fotografiert hat. Ist man sicher, dass man die Löwen fotografiert hat, kann sich aber nicht daran erinnern, die Elefanten fotografiert zu habe, ist es wahrscheinlich, dass man die Kamera irgendwo auf dem Weg vom Löwengehege zu den Elefanten verloren hat. Wenn sich kleine Kinder einer derartigen Logik bei der Suche nach Objekten bedienen können, müssen sie ein gewisses Verständnis von kausalen Ketten und kausaler Zwangsläufigkeit haben.

Im Rahmen einer Studie mit einer solchen logischen Suchaufgabe führten Wellman, Somerville und Haake (1979) Kinder im Alter von drei, vier und fünf Jahren nacheinander zu acht verschiedenen Geräten auf einem Spielplatz (siehe Abbildung 4.5). An jedem Gerät spielte der Versuchsleiter mit dem

Kind ein anderes Spiel, z. B. Weitsprung im Sandkasten oder Hüpfen auf den Reifen. Am dritten Gerät machte der Versuchsleiter ein Foto von dem Kind beim Weitsprung („da sieht man dich in Aktion"). An Gerät 7 sagte der Versuchsleiter, er wolle eigentlich ein weiteres Foto machen, habe aber anscheinend die Kamera verloren. Das Kind wurde aufgefordert, ihm beim Suchen zu helfen. Wellman et al. wollten wissen, ob das Kind die Suche auf den kritischen Bereich zwischen dem dritten und dem siebten Spielgerät beschränken oder den ganzen bislang besuchten Bereich absuchen würde. In einer Kontrollbedingung bemerkte der Versuchsleiter den Verlust eines Taschenrechners, den er die ganze Zeit in seiner Tasche gehabt hatte. Als er den Verlust feststellte, hatten sie bereits das letzte Gerät erreicht, so dass es in dieser Bedingung eine angemessene Strategie darstellte, auf dem ganzen Spielplatz zu suchen.

Das abhängige Maß war, an wie vielen Geräten des kritischen Bereichs (zwischen Gerät 3 und Gerät 7) die Kinder in den beiden Bedingungen nach dem jeweiligen Objekt suchten. Wie Wellman et al. feststellen konnten, kon-

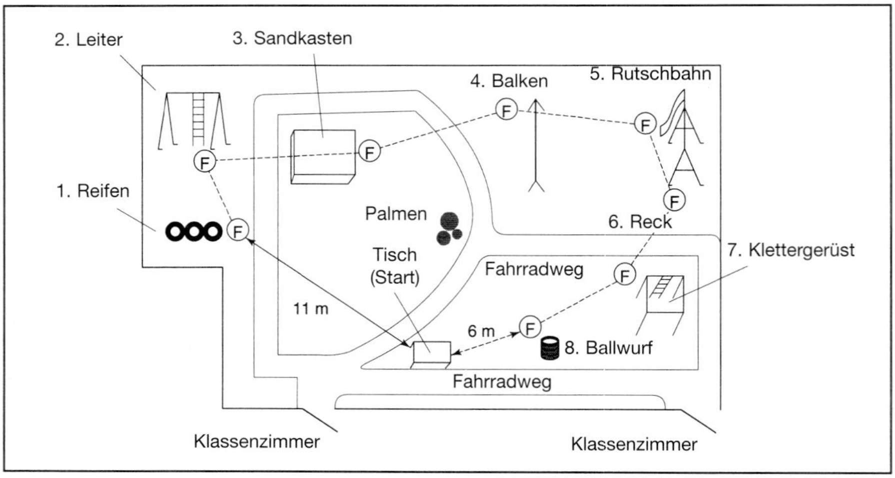

Abbildung 4.5: Schematische Darstellung des Spielplatzes mit acht verschiedenen Spielgeräten, auf dem die Kinder in der Studie von Wellman et al. (1979) einen verlorenen Gegenstand suchen mussten. Copyright American Psychological Association. Wiedergabe mit freundlicher Genehmigung.

zentrierten die meisten Kinder in der Kamera-Bedingung ihre Suche auf den kritischen Bereich, nicht aber in der Taschenrechner-Bedingung. Ausgeprägte Altersunterschiede gab es nicht. Die Dreijährigen zeigten das gleiche logische Suchverhalten wie die Fünfjährigen. Bei genauerer Betrachtung der Daten zeigte sich allerdings, dass sich in der Kamera-Bedingung mehr als die Hälfte der Suchbemühungen der Kinder im kritischen Bereich auf die Umgebung des dritten Gerätes konzentrierten, wo die Kamera zuletzt gesehen worden war. Aus diesem Grund ist nicht ganz klar, ob sich die Kinder der Tatsache bewusst waren, dass sich die Kamera *mit gleicher Wahrscheinlichkeit* überall zwischen dem dritten und dem siebten Gerät befinden konnte.

Diese Überlegung veranlasste Somerville und Capuani-Shumaker (1984) zur Durchführung einer eigenen Untersuchung mit dem Ziel, auf eine direktere Weise zu klären, ob kleine Kinder die kausalen Implikationen im Zusammenhang mit einer Abfolge von Ereignissen verstehen. Auch sie verwendeten eine Suchaufgabe: Die Kinder mussten ein Objekt suchen, das mit gleicher Wahrscheinlichkeit an einer von zwei Stellen versteckt war. Bei dem Objekt handelte es sich um eine kleine Minnie-Maus-Figur, die der Versuchsleiter an einer von vier Stellen verstecken konnte. Bei einem Teil der Aufgaben war es logischer, an den folgenden Stellen – ausgehend von der, an der die Figur zuletzt gesehen wurde – zu suchen, und bei anderen war es naheliegender, *zurück*zugehen und an den vorherigen Stellen zu suchen. Somerville und Capuani-Shumaker wollten wissen, ob die Kinde erkennen würden, dass einige Verstecke aus logischen Gründen wahrscheinlicher waren als andere und das entsprechende Suchverhalten mit größeren Aussichten auf Erfolg verbunden war.

Der Versuchsaufbau bestand aus einem dunklen Tischtuch und vier möglichen Verstecken, die aus kleinen steifen weißen Tüchern bestanden. Die Tücher waren in eine Form gebracht, die nicht erkennen ließ, ob sich unter ihnen eine Minnie-Maus-Figur befand. Es gab zwei Arten von Aufgaben: Versteck- und Suchaufgaben. Bei *Versteckaufgaben* zeigte die Versuchsleiterin den Kindern die Figur, die sie in der offenen Hand hielt, schloss die Hand dann und steckte sie nacheinander unter die ersten beiden Tücher, wo sie sie jeweils eine kurze Zeit liegen ließ. Dann öffnete sie die Hand erneut, um den Kindern zu zeigen, ob die Figur noch da war oder nicht, schloss sie wieder und steckte sie nacheinander unter die anderen beiden Tücher. Hatte sich die Mausfigur nach Tuch 2 noch in der Hand der Versuchsleiterin befunden, bedeutete dies, dass sie unter Tuch 3 oder Tuch 4 versteckt war. War die Maus bereits nach

Tuch 2 nicht mehr in der Hand der Versuchsleiterin gewesen, kamen als Versteck nur Tuch 1 und Tuch 2 in Frage.

Die *Suchaufgaben* stellten das Gegenstück zu den Versteckaufgaben dar (siehe Abbildung 4.6). Hier bestand die Aufgabe der Kinder darin, Minnies *Schwester* zu suchen, die sich, wie ihnen gesagt wurde, immer gern zusammen mit Minnie unter einem Tuch versteckte. Bei diesen Aufgaben war die Hand der Versuchsleiterin zunächst leer, und nachdem sie unter den ersten beiden Tüchern verschwunden war, war sie entweder immer noch leer oder hielt die Minnie-Maus-Figur. Die Frage war, ob die Kinder erkannten, dass sich Minnies Schwester unter Tuch 3 oder 4 befinden musste, wenn Minnie noch nicht aufgetaucht war, nachdem die Hand unter dem zweiten Tuch gewesen war, während sie sich im anderen Fall unter Tuch 1 oder Tuch 2 versteckt haben musste. Getestet wurden Kinder im Alter von drei und vier Jahren.

Somerville und Capuani-Shumaker werteten aus, an welchem Versteck die Kinder zuerst nachsahen. Sie stellten fest, dass die Kinder erkannten, dass von den potenziell vier möglichen Verstecken nur zwei in Frage kamen, da sie –

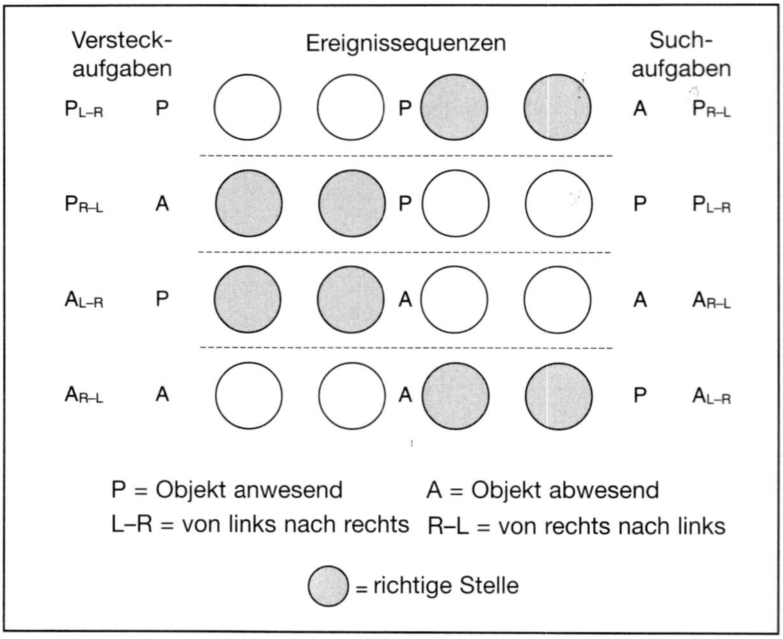

Abbildung 4.6: Schematische Darstellung der Ereignisse in der Suchaufgabe von Somerville und Capuani-Shumaker (1984). Wiedergabe mit freundlicher Genehmigung.

und zwar sowohl die Drei- als auch die Vierjährigen – überzufällig häufig unter einem der beiden richtigen Tücher nachsahen. Interessanterweise gab es mehr richtige Lösungen bei den Durchgängen der Versteckaufgabe, bei denen die Figur nach Tuch 2 noch *anwesend* war, und bei den Durchgängen der Suchaufgabe, bei denen die Figur nach Tuch 2 noch *abwesend* war. Dies lässt die Vermutung zu, dass die kausalen Schlüsse aus der Ereignissequenz leichter zu ziehen waren, wenn Ursache und Wirkung zeitlich näher beieinander lagen (d. h., zeitliche Kontiguität vorlag). Hierin zeigt sich die Anwendung eines der oben beschriebenen Prinzipien des kausalen Denkens. Überraschenderweise ergab die Auswertung, dass die Kinder bei ihrem *zweiten* Lösungsversuch relativ viele Fehler machten – obwohl nach der ersten fehlgeschlagenen Suche eigentlich nur noch ein mögliches Versteck in Frage kam. Spätere Studien, bei denen das Experiment von Somerville und Capuani-Shumaker repliziert und modifiziert wurde, zeigten übereinstimmend, dass zwar bereits Zweijährige beim ersten Versuch an der logisch richtigen Stelle suchen (Haake & Somerville, 1985), aber Kinder unter vier Jahren bei ihrer Suche anscheinend immer nur eine Möglichkeit in Betracht ziehen (Sophian & Somerville, 1988). Wenn sie bei ihrem ersten Versuch im kritischen Bereich keinen Erfolg hatten, suchen sie beim zweiten Mal oftmals außerhalb dieses Bereichs. Die kausalen Zusammenhänge in dieser von Somerville und ihren Mitarbeitern untersuchten Ereignissequenz scheinen Kinder also erst im Alter von vier Jahren ganz zu verstehen.

Wissenschaftliches Denken: Situationen mit mehreren kausalen Variablen

Die bislang vorgestellten Forschungsergebnisse zeigen, dass Kinder im Alter von vier Jahren die Grundprinzipien des kausalen Denkens kennen und berücksichtigen. Schwierig wird es allerdings, wenn die Kinder mit Hilfe der verschiedenen kausalen Prinzipien potenzielle kausale Variablen als Ursache eines konkreten Effektes *ausschließen* müssen. Dies setzt ein Verständnis der «wissenschaftlichen Methode» voraus. Wenn kleine Kinde die Ursachen eines speziellen Phänomens bestimmen sollen, machen sie häufig den Fehler, eine Hypothese nicht systematisch zu überprüfen und mögliche Einflussfaktoren nicht konstant zu halten. Sie kümmern sich auch nicht um Belege, die ihre Hypothese widerlegen könnten, und akzeptieren Ursachen, die nur einen Teil der verfügbaren Daten erklären (Sodian, Zaitchek & Carey, 1991). Zusammengefasst: Kinder scheinen nur wenig von den Grundprinzipien *wissenschaftlichen* Denkens zu verstehen.

Der Großteil der Belege, die die Auffassung unterstützen, dass kleinen Kindern das wissenschaftliche Denken schwer fällt, entstammt den Arbeiten von Kuhn und ihren Mitarbeitern, die ausgiebig untersucht haben, wie Kinder mit Hypothesen und Belegen umgehen (z.B. Kuhn, Amsel & O'Loughlin, 1988; siehe auch die Diskussion zu Piaget, Kapitel 8). Kuhns Studien zeigen, dass Kinder vor dem 12. oder 13. Lebensjahr wenig davon verstehen, wie Hypothesen durch kausal relevante Belege unterstützt oder widerlegt werden. (z.B. Kuhn, 1989). Sie vertritt daher die Ansicht, dass Kinder unfähig zu wissenschaftlichem Denken seien – der Art von Denken, das das Aufeinanderabstimmen und Unterscheiden von Theorien und empirischen Belegen sowie das Bewerten von Hypothesen anhand geeigneter Daten und Experimenten voraussetzt (siehe auch Klahr, Fay & Dunbar, 1993). Kleine Kinder scheinen nicht zu wissen, welche Art von kausalen Belegen eine konkrete Hypothese unterstützen würde und welche Art von Belegen sie widerlegen würde.

So berichten Kuhn et al. (1988) beispielsweise von den Ergebnissen eines Experimentes, bei dem die Teilnehmer gebeten wurden, die empirischen Belege über die Kovariation verschiedener Lebensmittel, die die Schüler einer hypothetischen Internatsschule zu sich nahmen, und ihrer Anfälligkeit für Erkältungen zu bewerten. Die an der Untersuchung teilnehmenden Kinder (Elf- und Vierzehnjährige) erhielten die Kovariationsinformationen in Form von Zeichnungen (siehe Abbildung 4.7). In dieser Abbildung kovariierten beispielsweise Äpfel und Pommes Frites mit Erkältungen, Cornflakes und Cola hingegen nicht. Die Kinder sollten Fragen beantworten wie: «Haben die Sachen, die die Kinder trinken, einen Einfluss darauf, ob sie oft oder selten Schnupfen haben?» Nur die älteren Kinder waren in der Lage, die Kovariationsdaten effektiv zu nutzen, wenngleich auch diese Altersgruppe noch Schwierigkeiten mit der Aufgabe hatte. Die Antworten der Elfjährigen berücksichtigten die Empirie nur zu 30 Prozent, die der Vierzehnjährigen zu 50 Prozent. Erwachsene schnitten übrigens auch nicht wesentlich besser ab als die Vierzehnjährigen.

Kuhn et al. berichteten, dass viele falsche Lösungen der Kinder auf so genannte «Inklusionsfehler» zurückzuführen waren, Fehler, bei denen Variablen kausale Relevanz zugeschrieben wird, die nur bei einer Gelegenheit mit dem zu beurteilenden Effekt kovariieren. Ein Inklusionsfehler liegt zum Beispiel vor, wenn ein Kind das einmalige gemeinsame Auftreten eines bestimmten Lebensmittels und eines Schnupfens als Beleg dafür ansieht, dass dieses Lebensmittel eine Ursache für die Erkältungsanfälligkeit darstelle (beispielsweise das «Granola»-Müsli in Abbildung 4.7). Derartige Fehlschlüsse wurden von den Elfjährigen in 47 Prozent der Fälle und von den Vierzehnjährigen in 65 Prozent der Fälle gezogen. Kuhn hebt hervor, dass es eine sehr fehleranfällige Strategie ist, von einem Einzelfall auf allgemeine kausale Gessetzmäßigkeiten schließen zu wollen, da ein solches Vorgehen zwar manchmal zu richtigen Erkenntnissen, aber häufig auch zu Fehlschlüssen führt. Neuere Arbeiten Kuhns (z. B. Kuhn, Garcia-Mila, Zohar & Andersen, 1995) zeigen, dass ein wichtiger Grund für das Auftreten von Inklusionsfehlern in den «vorgefertigten» Theorien zu suchen ist, die die Kinder über die kausale Bedeutung der beteiligten Variablen haben. Diese Vorüberzeugungen haben einen Einfluss darauf, welchen konkreten Fälle besondere Aufmerksamkeit geschenkt und hohe kausale Relevanz zugeschrieben wird. Im Vergleich zu den Kindern beachten Erwachsene genauer die ihnen vorliegende Evidenz, auch wenn ihnen danach logische Fehler bei der Interpretation der Daten unterlaufen.

Sodian et al. (1991) waren daran interessiert, herauszufinden, wie Kinder bei Schlussfolgerungsaufgaben abschneiden würden, die nicht in einen konkreten Kontext (wie «sich eine Erkältung zuziehen») eingebettet sind, über den sie wahrscheinlich bereits mehr oder weniger festgelegte Vorannahmen haben. Um zu sehen, ob Kinder sich in einem unbekannten Kontext der Bedeutung von Hypothesen und empirischen Belegen bewusst sind, baten Sodian et al. Kinder, zwischen einem schlüssigen und einem nicht schlüssigen Test zur Überprüfung einer Hypothese auszuwählen. Sie verwendeten ein einfaches Paradigma, bei dem vermutlich keine bereits bestehenden Überzeugungen eine Rolle spielten und bei dem mit Hilfe eines einzelnen Tests ein eindeutiger kausaler Schluss gezogen werden konnte. Es ging um die Frage, wie zwei Brüder herausfinden konnten, ob sich eine große oder eine kleine Maus in ihrem Haus befand.

In Sodians Experiment hörten Kinder im Alter von sechs und acht Jahren eine Geschichte von zwei Brüdern, die wussten, dass sich in ihrem Haus eine Maus befand, wenngleich sie sie noch nie gesehen hatten (da sie nur nachts aus ihrem Mauseloch kam). Einer der beiden Brüder glaubte, es sei eine

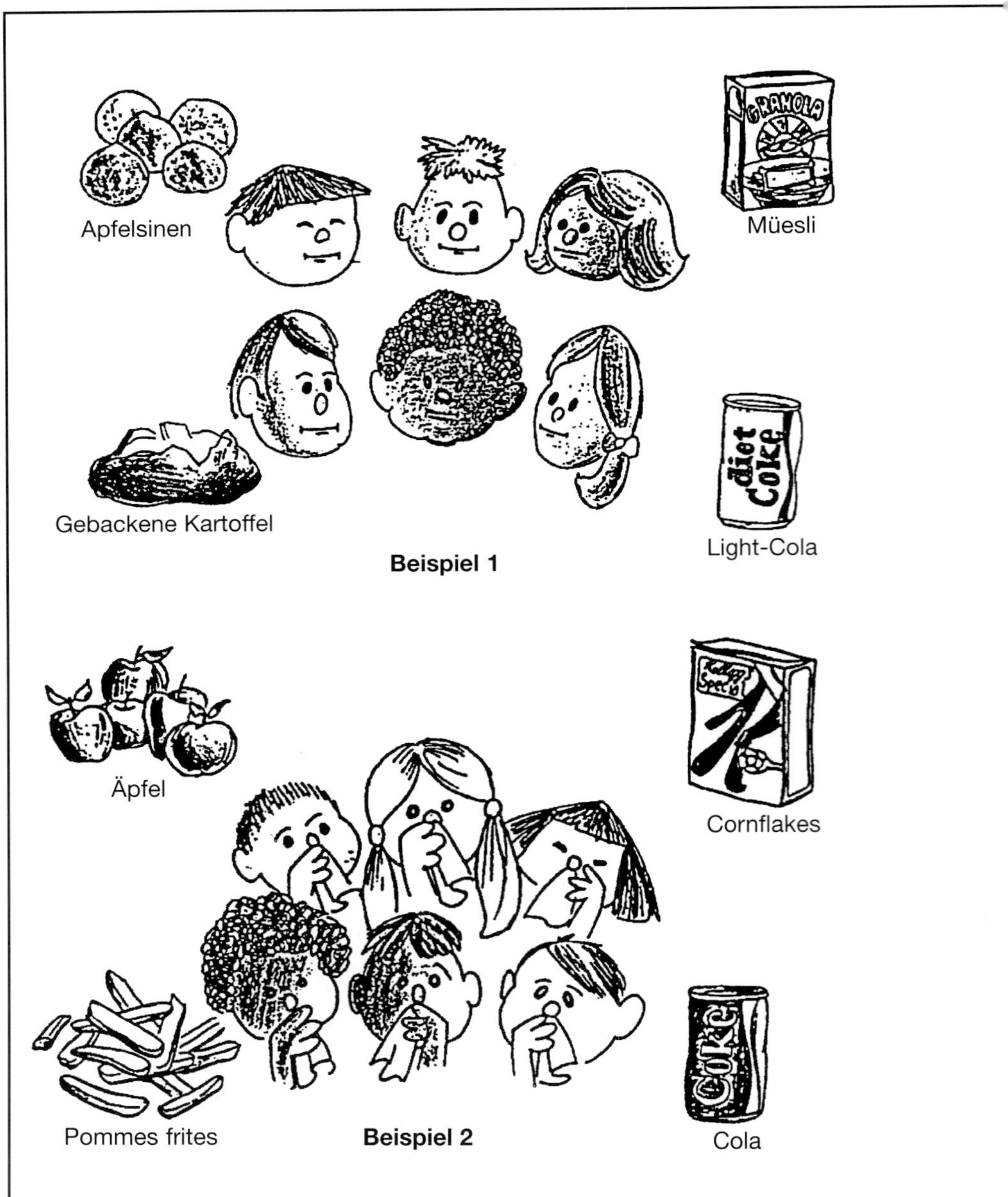

Abbildung 4.7: Vier Beispiele der Kovariationsinformationen über Lebensmittel und Anfälligkeit für Erkältungen aus der Studie von Kuhn et al. (1988).

Beispiel 3

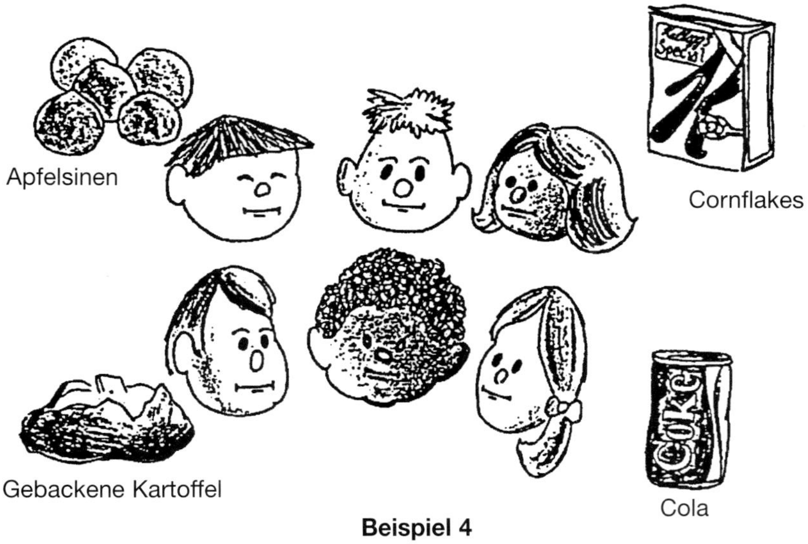

Beispiel 4

«große Papamaus», der andere meinte, es handele sich um eine «kleine Babymaus». Die Frage war, wie sie herausfinden konnte, wer von beiden Recht hatte. Um ihre Hypothesen bezüglich der Größe der Maus zu überprüfen, planten die Brüder, eine Kiste aufzustellen und etwas Käse hineinzulegen. Sie hatten zwei Kisten: eine mit einer großen Öffnung, durch die sowohl die große als auch die kleine Maus hindurchschlüpfen konnte, und eine mit eine kleinen Öffnung, durch die nur die kleine Maus passte. Die Kinder sollten angeben, welche Kiste die Brüder nehmen sollten, um herauszufinden, ob die Maus groß oder klein war. Die meisten Kinder aus beiden Altersgruppen erkannte, dass dies nur mit der Kiste mit der kleinen Öffnung möglich war. So sagte beispielsweise ein Kind (Sodian et al., 1991, S. 758): «Am besten nehmen sie das Haus mit der kleinen Öffnung, und wenn der Käse weg ist, wissen sie, dass es die kleine Maus ist, und wenn er noch da ist, die große.» Sodian et al. schlossen daraus, dass Kinder bereits relativ früh begreifen, worin das Ziel des Überprüfens einer Hypothese liegt, und dass sie unter einfachen Bedingungen zwischen beweiskräftigen und nicht beweiskräftigen Tests zur Überprüfung von Hypothesen unterscheiden können.

Ruffman, Perner, Olson und Doherty (1993) haben mit Hilfe einer Aufgabe mit manipulierten Belegen herauszufinden versucht, ob auch noch kleinere Kinder in der Lage sind, die Bedeutung empirischer Belege für eine Hypothese in Situationen zu erkennen, bei denen es nur eine mögliche Ursache gibt. Die Kinder sollten angeben, welche Art von Lebensmitteln eher zu Zahnausfall führte: grüne oder rote (die «Lebensmittel» bestanden aus farbigen Papierschnipseln). Den vier und fünf Jahre alten Kindern wurden nacheinander Bilder von 10 Jungen beim Essen gezeigt. Fünf von ihnen aßen grüne Lebensmittel und hatten gesunde Zähne und fünf von ihnen aßen rote Lebensmittel und hatten Zahnlücken. Die Kinder wurden gefragt: «Welche Ess-Sachen machen, dass den Kindern die Zähne ausfallen?» Alle antworteten, dass es die roten Lebensmittel seien (benutzten also das Kovariationsprinzip).

Im Anschluss wurde den Kindern ein Bild mit den Köpfen von 10 Jungen gezeigt, von denen fünf gute Zähne und fünf Zahnlücken hatten. Vor dem Mund jedes Jungen befand sich ein rotes oder grünes Nahrungsmittel, womit die Kovariationsinformation dargestellt war. Der Versuchsleiter «fälschte» dann die Belege und ordnete sie so um, dass es danach aussah, als hätte das grüne Essen den Zahnausfall bewirkt. Nun kam eine Puppe namens Sally ins Spiel, die nichts von dieser Manipulation wusste. Die Kinder wurden gefragt: «Wenn Sally das so sieht, wie es jetzt ist – was glaubt *sie*, welches Essen macht, dass den Kindern die Zähne ausfallen?» Die Mehrheit der Fünfjährigen sagte zutreffend, dass Sally zu einer falschen Schlussfolgerung kommen würde. In einem zweiten Experiment, in dem die manipulierten Kovariationsinformationen nicht ganz eindeutig war und nur als Gesamtmuster eine bestimmte Hypothese unterstützte, erkannten nur die sechsjährigen Versuchspersonen, dass Sally einen falschen Schluss ziehen würde, den fünfjährigen war dies nicht klar (vierjährige Kinder wurden nicht getestet). Ruffman et al. schlossen daraus, dass Kinder ungefähr mit sechs Jahren verstehen, wie einfache Kovariationsinformationen die Grundlage für eine Hypothese bilden können.

Kuhns Grundannahme wird aber durch diese Befunde nicht widerlegt. Wenn Kinder kausale Schlussfolgerungen in Situationen ziehen sollen, in denen *viele* potenzielle Ursachenvariablen im Spiel sind, bekommen sie große Schwierigkeiten, auch wenn ihre grundlegenden kausalen Intuitionen stimmig sind. Wie Kuhn et al. (1995) betonen, schneiden auch viele Erwachsene schlecht bei komplexen wissenschaftlichen Aufgaben ab, d. h., bei Aufgaben, die das Auswerten einer Datenlage und das Ziehen von Schlussfolgerungen erfordern. Die wissenschaftliche Analyse von Beziehungen zwischen Variablen in realen Situationen ist keineswegs eine leichte Aufgabe, wenn viele Variablen im Spiel sind. Multivariable kausale Schlussfolgerungen stellen daher auch Menschen vor Schwierigkeiten, die ihre Kindheit bereits hinter sich haben.

Integration kausaler Informationen über verschiedene physikalische Dimensionen

Typisch für das kausale Denken im Alltag ist die Notwendigkeit, Informationen über unterschiedliche Ursachen miteinander in Beziehung zu setzen – zu integrieren –, da wir es nur selten mit isolierten Ursachen und ihren Auswirkungen zu tun haben. Vielmehr müssen wir bei unseren Schlussfolgerungen häufig mehr als eine Ursache gleichzeitig berücksichtigen. Schon ganz normale Alltagsprobleme erfordern es, dass wir eine Reihe von Kausalfaktoren und ihre Effekte in Betracht ziehen, wobei einige der kausalen Faktoren, die für ein konkretes Problem relevant sind, auch miteinander korrelieren können. Daher ist es eher die Regel als die Ausnahme, dass kausales Denken multidimensional ist.

Ein triviales Beispiel: Angenommen, Sie überlegen, ob Sie in der Mittagspause genug Zeit haben, um etwas auf der Post zu erledigen. Dabei müssen Sie nicht nur berücksichtigen, wie weit die nächste Poststelle entfernt ist, wie lang Sie Pause haben und wie schnell Sie gehen können, sondern auch, ob es regnet (das könnte sich auf Ihre Schnelligkeit auswirken), ob in der Post genügend Schalter geöffnet sein werden oder es lange Schlangen gibt (das könnte sich auf die Zeit auswirken, die Sie in der Post selbst benötigen) und ob Sie möglicherweise unterwegs aufgehalten werden könnten. Mit anderen Worten: Sie müssen eine ganze Reihe von Kausalfaktoren und mögliche Interaktionen zwischen ihnen in Betracht ziehen, ehe Sie entscheiden können, ob sich der Versuch lohnt, in Ihrer Mittagspause zur Post zu gehen.

Zwei Dimensionen

Die Frage, ab wann kleine Kinder in der Lage sind, Informationen über verschiedene kausale Dimensionen miteinander in Beziehung zu setzen, ist mit ganz unterschiedlichen Ansätzen untersucht worden. Wir werden uns zunächst mit Experimenten beschäftigen, bei denen es um die Fähigkeit von Kindern ging, Informationen über *zwei* Dimensionen zu berücksichtigen, und im Anschluss daran mit Experimenten, bei denen es *drei* Dimensionen zu berücksichtigen galt. Eines der bekanntesten Paradigmen zur Untersuchung der Fähigkeit von Kindern, Informationen über zwei kausal relevante Dimensionen miteinander in Beziehung zu setzen, ist der Hebelwaagetest.

Der Hebelwaagetest. Der Hebelwaagetest *(balance scale test)* erfasst die Fähigkeit von Kindern, Informationen über Gewicht und Distanz miteinander in Beziehung zu setzen. Dazu wird in der Regel eine Hebelwaage mit zwei gleich langen Armen verwendet, die wie eine Wippe an einem zentralen Drehpunkt befestigt sind (siehe Abbildung 4.8). Auf jeden Arm können in unter-

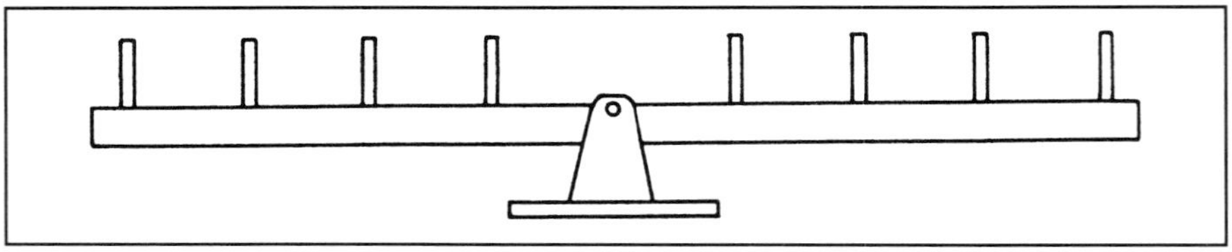

Abbildung 4.8: Hebelwaage.

schiedlichem Abstand zum Drehpunkt Gewichte gesetzt werden. Die Aufgabe des Kindes besteht darin, vorherzusagen, welche Seite der Waage sich senken wird, wenn in unterschiedlichen Kombinationen und in unterschiedlicher Distanz zur Mitte Gewichte auf die Arme gesetzt werden. Um zu einem zutreffenden Urteil zu kommen, müssen die Kinder sowohl die relative Anzahl der Gewichte als auch ihren relativen Abstand zum Drehpunkt berücksichtigen und dann diese Variablen multiplikativ miteinander verknüpfen. Wenn beispielsweise auf einen Arm der Waage drei Gewichte im Abstand von 20 cm zum Drehpunkt gesetzt werden und auf den anderen Arm sechs Gewichte im Abstand von 10 cm zum Drehpunkt, ist die Waage ausgeglichen. Wenn jedoch sowohl die sechs als auch die drei Gewichte in 10 cm Abstand zum Drehpunkt platziert werden, neigt sich die Waage zu der Seite mit den sechs Gewichten.

Mit Hilfe einer solchen Waage untersuchte Siegler (1978) die verschiedenen *Regeln,* derer sich Kinder im Laufe ihrer kognitiven Entwicklung bedienen, um Informationen über Gewicht und Distanz miteinander in Beziehung zu setzen. Dabei bat er die Kinder, Urteile darüber abzugeben, welcher Arm der Waage sich senken würde, wobei er stets eine Variable (Gewicht oder Distanz) konstant hielt und die andere variierte. Bei *Distanzaufgaben* befanden sich auf jedem Arm gleich viele Gewichte in unterschiedlichen Abständen zum Drehpunkt. Bei *Gewichtsaufgaben* waren dagegen unterschiedlich viele Gewichte im gleichem Abstand zur Mitte platziert. Bei *Gewichts-Konflikt-Aufgaben* befanden sich auf der einen Seite mehr Gewichte als auf der anderen, dafür waren die die Gewichte dort weiter vom Drehpunkt entfernt (z. B.: zwei Gewichte in 8 cm Abstand versus drei Gewichte in 6 cm Abstand von der Mitte: Die Waage senkt sich auf der Seite mit den drei Gewichten). Die Stichprobe bestand aus 5, 9, 13 und 17 Jahre alten Mädchen.

Auf der Grundlage seiner Ergebnisse postulierte Siegler, dass die Kinder im Laufe der Entwicklung nacheinander vier verschiedene Regeln anwenden, um die Waageaufgabe zu lösen. Dabei leistet nur die vierte und letzte Regel die Integration der verschiedenen kausalen Dimensionen (siehe Abbildung 4.9). Die ersten drei Regeln berücksichtigen die Dimensionen Gewicht und Abstand *getrennt*, ohne den Versuch einer Integration. Kinder, die die Regel 1 anwenden, sagen stets, dass sich der Arm mit den meisten Gewichten senken wird. Kinder, die Regel 2 anwenden, berücksichtigen zwar Informationen über den Abstand, tun dies aber nur, wenn auf beiden Armen gleich viele Gewichte platziert sind. In allen anderen Fällen ignorieren sie die Distanz und basieren ihre Urteile ausschließlich auf das relative Gewicht.

Kinder, die die Regel 3 anwenden, zeigen einen entwicklungsmäßigen Fortschritt und berücksichtigen sowohl Gewichts- als auch Abstandsinformationen, aber nur wenn die beiden Variablen nicht im Gegensatz zueinander stehen. Ist auf der einen Seite das Gewicht höher und auf der anderen Seite die Distanz zur Mitte größer (wie bei dem erwähnten Gewicht-Konflikt-Problem), antworten sie ganz willkürlich. Nur Kinder, die sich der Regel 4 bedienen, zeigen sich in der Lage, Gewichts- und Distanzinformationen multiplikativ zu integrieren.

Regel 1: Ist das Gewicht gleich?	Wenn **ja**, dann **Gleichgewicht** Wenn **nicht,** dann **höheres Gewicht nach unten**	
Regel 2: Ist das Gewicht gleich?	Wenn **ja**, überprüfe Abstand Ist der Abstand gleich? →	Wenn **ja**, dann **Gleichgewicht** Wenn **nicht,** dann **größerer Abstand nach unten**
Regel 3: Ist das Gewicht gleich?	Wenn **ja,** dann überprüfe Abstand Ist der Abstand gleich? →	Wenn **ja**, dann **Gleichgewicht** Wenn **nicht**, dann **größerer Abstand nach unten**
	Wenn **nicht**, dann überprüfe Abstand Ist der Abstand gleich? →	Wenn **ja**, dann **höheres Gewicht nach unten** Wenn **nicht**, dann überprüfe, ob höheres Gewicht auf der gleichen Seite wie größerer Abstand Wenn **ja**, dann **höheres Gewicht und größerer Abstand nach unten** Wenn **nicht**, dann **irgendwie durchwursteln**
Regel 4: Ist das Gewicht gleich?	Wenn **ja**, dann überprüfe Abstand Ist der Abstand gleich? →	Wenn **ja**, dann **Gleichgewicht** Wenn **nicht**, dann **größerer Abstand nach unten**
	Wenn **nicht**, dann überprüfe Abstand Ist der Abstand gleich? →	Wenn **ja**, dann **größeres Gewicht nach unten** Wenn **nicht**, dann überprüfe, ob höheres Gewicht auf der gleichen Seite wie größeres Gewicht Wenn **ja**, dann **höheres Gewicht und größerer Abstand nach unten** Wenn **nicht**, überprüfe, ob die Kreuzprodukte gleich sind Wenn **ja**, dann **Gleichgewicht** Wenn **nicht, höheres Produkt nach unten**

Abbildung 4.9: Regeln, nach denen Kinder auf verschiedenen Entwicklungsstufen im Hebelwaagetest vorgehen (Siegler, 1978).

Von Wilkening und Anderson (1991) stammt der Einwand, dass Sieglers Aufgabe möglicherweise die Fähigkeit kleiner Kinder, Integrationsregeln anzuwenden, *unterschätzt*, da diese eventuell eine einfachere Integrationsregel benutzen, nämlich die Gewichts- und Distanzinformationen schlicht *addieren*, anstatt sie zu *multiplizieren*. Ein solches Kind würde von Siegler so eingestuft, als folgte es einer der Regeln 1 bis 3, tatsächlich wendet es aber eine *vereinfachte Form* von Integrationsregel an. Um diese Hypothese zu überprüfen, ließen Wilkening und Anderson Kinder eine festgelegte Anzahl von Gewichten auf einen Arm der Waage so umpositionieren, dass ein Ausgleich zu einer bestimmten Menge von Gewichten auf dem anderen Arm der Waage hergestellt wurde.

Dabei mussten die Kinder entweder das Gewicht oder die Distanz variieren. Beispielsweise bestand die festgelegte Menge von Gewichten aus drei Gewichten, die 12 cm vom Drehpunkt entfernt platziert waren, und die variable Menge aus einem, zwei, drei oder vier Gewichten, die 6, 12, 18 oder 24 cm vom Drehpunkt entfernt waren. Das Kind musste den Abstand der festgelegten Menge anpassen, um die Waage ins Gleichgewicht zu bringen. Um *ein* Gewicht mit 6 cm Abstand auszugleichen, musste das Kind z. B. seine *drei* Gewichte 2 cm vom Drehpunkt entfernt platzieren; um *ein* Gewicht mit 12 cm Abstand auszugleichen, musste es *vier* Gewichte 4 cm vom Drehpunkt entfernt platzieren, und so weiter. Dies war die Abstandsanpassungsaufgabe. Daneben wurde auch noch eine entsprechende Gewichtsanpassungsaufgabe verwendet, bei der eine feste Menge von zwei Gewichten in 24 cm Abstand zum Drehpunkt durch Hinzufügen weiterer Gewichte so angepasst werden musste, dass entweder ein, zwei, drei oder vier Gewichte im Abstand von 8, 16, 24 oder 32 cm vom Drehpunkt ausgeglichen wurden. Mit Hilfe dieser Methode fanden Wilkening und Anderson heraus, dass Neunjährige, Zwölfjährige und Erwachsene multiplikative Integrationsregeln verwenden, um die Informationen über Gewicht und Abstand miteinander zu kombinieren. Kinder aus der jüngsten Altersgruppe (Sechsjährige) konzentrierten sich dagegen entweder auf das Gewicht oder auf die Distanz und versuchten nicht, die Informationen zu integrieren. Nach Meinung der Autoren zeigen die Daten jedoch, dass das Vorgehen Sieglers zu einer deutlichen Unterschätzung der Fähigkeit der Kinder geführt hat, die mit dem Hebelwaagetest verbundenen Kausalzusammenhänge zu verstehen.

Das Integrieren von Informationen über die Kausaleffekte von Kräften. Ein weiterer Typ von Informationen, die wir in der Realität integrieren müssen, sind Informationen über Kräfte. Betrachten wir zum Beispiel ein Tauziehen, ein einfaches Kräfteproblem. Zwei Mannschaften ziehen an den beiden Enden eines Seils und versuchen, die Mitte des Seils über einen bestimmten vereinbarten Punkt hinauszubewegen. Besteht ein Team aus 20 Männern und das andere Team aus 10 Männern, neigt man zu der Vorhersage, dass die 20 gewinnen werden, weil sie mehr Kraft aufbieten als die 10. Wiegt jedoch in dem Team der 10 Männer keiner unter 120 kg und in dem Team der 20 Männer keiner mehr als 55 kg, könnte die Vorhersage anders aussehen. Möglicherweise sind die vereinten Kräfte von 10 starken Männern den vereinten Kräften von 20 schwachen Männern überlegen. Wenn dagegen die Mannschaften *gleich* groß und stark sind, bewegt sich die Mitte des Seiles möglicherweise überhaupt nicht, da die Kräfte einander die Waage halten.

Pauen (1996c) ließ kleine Kinder eine derartige Kräfteaufgabe lösen. Dabei benutzte sie neben dem Spezialfall, in dem zwei Kräfte bei 180° aufeinander einwirken (das Tauziehen), auch Aufgaben, bei denen sich die Kräfte im Winkel von 45°, 75° und 105° zueinander befanden. Das Verhältnis der Kräfte – vertreten durch Gewichte – betrug 1:2, 1:3 bzw. 1:6. Um diese Aufgaben korrekt zu lösen, mussten die Kinder gedanklich zwei Kräftevektoren kombinieren. Präsentiert wurden die Aufgaben mit Hilfe eines speziellen Apparates, dem «Kräftetisch» (siehe Abbildung 4.10).

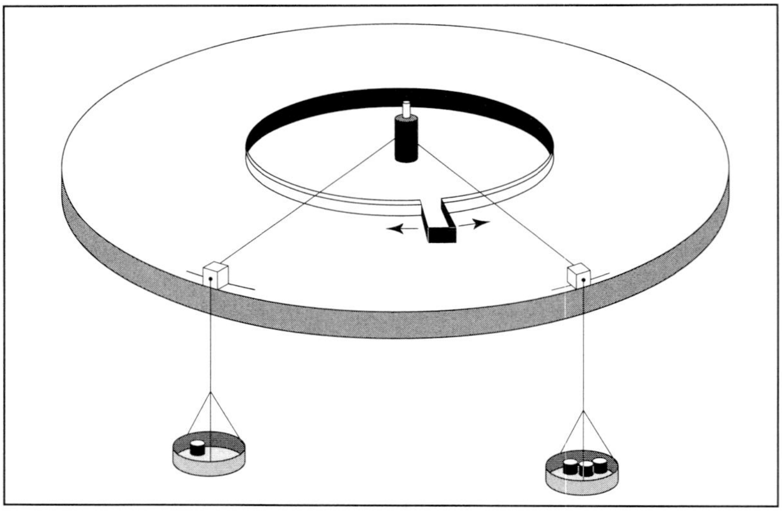

Abbildung 4.10: Der «Kräftetisch» aus der Untersuchung von Pauen et al. (1996c).

Der Kräftetisch bestand aus einem auf der Mitte einer runden Platte angebrachten Objekt, auf das zwei Kräfte einwirkten, die jeweils von einer Schale mit Gewichten ausgingen. Diese Gewichtsschalen hingen an Schnüren, die im Winkel von 45°, 75° oder 105° zueinander an dem Objekt befestigt waren. Die Kinder sollten sich überlegen, in welche Richtung sich das Objekt bewegen würde, sobald es aus seiner festen Position gelöst würde. Sie sollten eine Barriere, die auf der Platte um das Objekt herum lag, so positionieren, dass eine Öffnung in dieser Barriere das Objekt auffangen würde. Die Vorhersagen der Kinder wurden danach ausgewertet, ob sich die Öffnung der Barriere näher an einer der beiden Gewichtsschalen oder in gleichem Abstand zu beiden befand.

Eingebettet wurde die Aufgabe für die Kinder in eine Geschichte über einen König (Objekt in der Mitte), der auf einem zugefrorenen See (der Platte) Schlittschuh lief. Er hatte schließlich genug und wollte zurück an Land – direkt in sein königliches Bett (eine kleine Schachtel hinter der Öffnung der Barriere) – gezogen werden. Die Kinder sollten die Barriere so drehen, dass der König direkt in sein Bett gleiten würde. Es wurden verschiedene Kombinationen von Gewichten verwendet. Die Stichprobe bestand aus Kindern im Alter von 6, 7, 8 und 9 Jahren. Es zeigt sich, dass der Großteil der jüngeren Kinder (80 bis 85 Prozent) vorhersagte, dass der König sich ausschließlich in Richtung auf die stärkere Kraft zubewegen würde. Wenn sich beispielsweise in einer der beiden Schalen drei Gewichte und in der anderen nur ein Gewicht befand, drehten diese Kinder die Barriere so, dass sich die Öffnung direkt unterhalb der Schnur befand, an dem die Schale mit den drei Gewichten hing. Diese Kinder gingen nach einer «Nur-eine-Kraft-zählt-Regel» vor.

Ein Teil der Neunjährigen (45 Prozent) war in der Lage, beide Kräfte gleichzeitig zu berücksichtigen. Diese Kinder erkannten, dass die Öffnung sich in der Nähe des Bandes mit dem schwereren Gewicht befinden musste, aber nicht direkt darunter. Während sie jedoch bei einigen Durchgängen diese Einsicht an den Tag legten, griffen sie bei anderen wieder auf die Nur-eine-Kraft-zählt-Regel zurück. Pauen betrachtete dies als Zeichen dafür, dass sich diese Kinder in einem Übergangsstadium befanden. Nur sehr wenige Kinder (5 bis 10 Prozent in den verschiedenen Altersstufen) zeigten eine sichere Anwendung der Integrationsregel. Dies drückte sich darin aus, dass sie die Öffnung in der Barriere zwischen die Halbierende des Winkels und die stärkere Kraft platzierten. Von den untersuchten Erwachsenen gaben hingegen 63 Prozent Antworten, die auf der Integrationsregel basierten.

In dem Spezialfall, dass sich die Kräfte im Winkel von 180° zueinander befanden (wie beim Tauziehen), gab die Mehrheit der Kinder aller Altersstufen richtige Antworten. Pauen änderte daher den Kontext, in den sie das Problem eingebettet hatte, um herauszufinden, ob es für die Kinder leichter sein würde, die Integrationsregel anzuwenden, wenn die Kräfte in Form von Männern, die an einem Seil ziehen, dargestellt würden anstelle von Schalen mit Gewichten. Dazu ersetzte sie in einem zweiten Experiment mit dem Kräftetisch die Gewichtsschalen durch zwei Gruppen von Spielzeugfiguren, die an einem Seil zogen (siehe Abbildung 4.11). Den Kindern wurde erzählt, dass es sich um zwei Gruppen von Cowboys handele, die versuchten, ein Fass an Land zu ziehen, um es in ihr Lager zu bringen.

In dieser Replikationsstudie wendeten weniger Kinder die falsche Nur-eine-Kraft-zählt-Regel an (40 bis 50 Prozent statt 80 bis 85 Prozent). Der Anteil der korrekten Integrationslösungen nahm jedoch nicht zu, und im Spezialfall des 180°-Winkels ging der Anteil richtigen Antworten bei den kleineren Kindern sogar zurück. Die Ursache dafür lag nach Pauen möglicherweise darin, dass die Kinder bei der Aufgabe mit den Gewichtsschalen die Platte mit einer Waage verglichen. Eine solche Analogie legt die Anwendung der Nur-eine-Kraft-zählt-Regel nahe, was zu richtigen Lösungen im Fall des 180°-Winkels führt, nicht aber bei Winkeln von 45°, 75° oder 105°.

Abbildung 4.11: Der «Kräftetisch» in Pauens Cowboy-Paradigma (Pauen, 1996c).

Irreführende Waageanalogien bei der Lösung von Kräfteintegrationsaufgaben. Auf die Idee, dass die Kinder eine Analogie zur Waage herstellten, brachten Pauen die Kommentare einiger Kinder selbst, die sagten, dass der Kräftetisch sie an eine Waage erinnere (möglicherweise wegen der Gewichtsschalen, die Ähnlichkeit mit Waagschalen hatten). Darauf aufbauend formulierte sie die Hypothese, dass Kinder bei ihren Schlussfolgerungen über die physikalischen Gesetze, die auf dem Kräftetisch gelten, spontane Analogien verwenden, und zwar Analogien, die sie in die Irre führen.

Um diese Überlegung näher zu untersuchen, verwendeten Pauen und Wilkening (1997) ein Vortraining mit einer Waage, ehe sie die Kinder die Aufgabe mit dem Kräftetisch lösen ließen. Dabei wurde bei einem Teil der Kinder eine gewöhnliche Waage eingesetzt, die nach der Nur-eine-Kraft-zählt-Regel funktionierte. Bei einer zweiten Gruppe von Kindern wurde im Vortraining eine andere Waage benutzt, bei der der Schwerpunkt unterhalb der Rotationsachse lag (eine «Schiffsschaukelaufhängung»). Der Umgang mit dieser Waage führte die Kinder an die Integrationsregel heran, da der Waagebalken aufgrund der Schiffsschaukelaufhängung zwar zur schwereren Seite rotierte, es jedoch von den Kräften *auf beiden Seiten* abhing, wie stark die Waage ausschlug. Die beiden unterschiedlichen Waagen sind in Abbildung 4.12 dargestellt.

Die Aufgabe der Kinder bestand darin, die Stellung des auf der Mitte des Waagebalkens angebrachten Zeigers für unterschiedliche Kombinationen von Gewichten vorherzusagen. War die Waage im Gleichgewicht, zeigte der Zeiger senkrecht nach oben. Im Anschluss an das Vortraining mit der Hebelwaage wurden die Kinder mit dem Kräftetisch (mit Gewichtsschalen) getestet. Eine dritte Gruppe von Kindern fungierte als untrainierte Kontrollgruppe und musste nur Kräftetischaufgaben lösen. Pauen und Wilkening vermuteten folgenden Effekt des Analogietrainings: Die Kinder, die ein Vortraining mit der gewöhnlichen Waage erhalten hatten, würden stärker dazu neigen, nach der Nur-eine-Kraft-zählt-Regel zu verfahren, als die Kinder aus der Kontrollgruppe, und die Kinder, die mit der anderen Waage trainiert worden waren, würden eine stärkere Tendenz zeigen, die Integrationsregel anzuwenden, als die Kinder aus der Kontrollgruppe. Diese Vorhersagen bestätigten sich. Die Lösungen der Kinder am Kräftetisch variierten systematisch mit den Lösungen, die das analoge Modell anbot. Diese Resultate zeigen, dass Kinder beim Umgang mit physikalischen Aufgaben spontan auf Analogien zurückgreifen, so wie sie dies auch bei biologischen Aufgaben tun, wie wir bereits gesehen haben (siehe Kapitel 3). Wie wir noch ausführlicher in Kapitel 7 sehen werden, spielen Analogien allem Anschein nach eine wichtige Rolle für das schlussfolgernde Denken von Kindern.

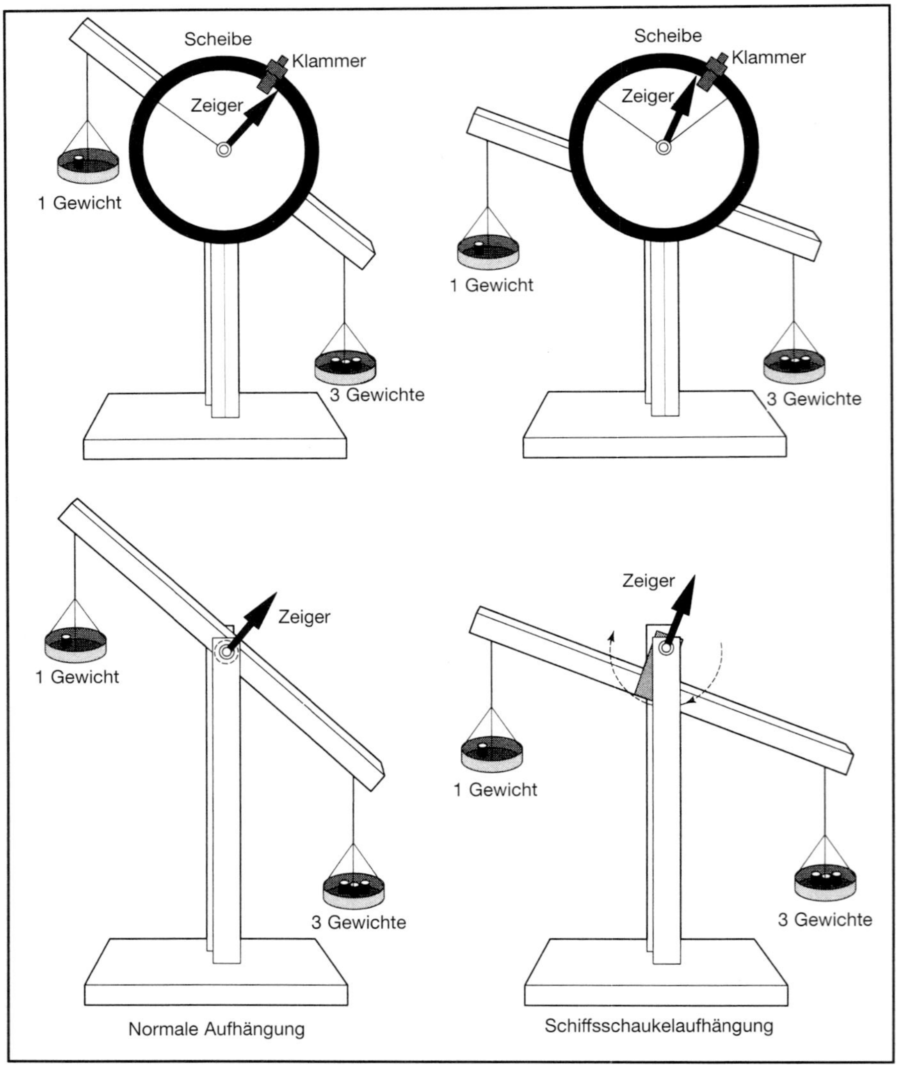

Abbildung 4.12: Die Hebelwaagen, die Pauen und Wilkening (1997) in ihrem Vortraining verwendeten: a) Nur-eine-Kraft-zählt-Regel, b) Integrationsregel. Wiedergabe mit freundlicher Genehmigung.

Drei Dimensionen

Wilkening und seine Mitarbeiter haben sich auch mit der Fähigkeit von Kindern beschäftigt, Informationen über drei verschiedene Dimensionen miteinander in Beziehung zu setzen. In mehreren Arbeiten (z. B. Wilkening, 1981, 1982) untersuchten sie, inwieweit Kinder in der Lage sind, Informationen über Zeit, Distanz und Geschwindigkeit zu integrieren. Zeit, Distanz und Geschwindigkeit sind wichtige Variablen, wenn es zum Beispiel um die oben angesprochene Frage geht, ob man es schaffen kann, in der Mittagspause etwas auf der Post zu erledigen. Die entscheidenden Informationen sind: «Wie lang ist meine Mittagspause?» (Zeit), «Wie weit ist es zur Post?» (Distanz) und «Wie schnell kann ich gehen?» (Geschwindigkeit). Diese Variablen sind durch einfache physikalische Regeln miteinander verbunden. So ist Geschwindigkeit gleich Distanz dividiert durch Zeit, und Distanz ist gleich Zeit multipliziert mit Geschwindigkeit. Zu überprüfen, ob Kinder diese physikalischen Gesetze berücksichtigen, wenn sie Informationen über Zeit, Distanz und Geschwindigkeit miteinander in Beziehung setzen, war das Ziel einer Untersuchung von Wilkening (1981).

Wilkening zeigte den Kindern eine kleine Modellbrücke, auf der eine Schildkröte, eine Katze und ein Meerschweinchen nebeneinander herliefen. Die Tiere flohen – jedes mit seinem eigenen Tempo – vor einem wütend bellenden Hund, der sich auf der linken Seite des Versuchsaufbaus befand. Die Aufgabe der Kinder bestand darin, zu beurteilen, wie weit die einzelnen Tiere innerhalb einer bestimmten Zeit laufen würden. Diese Zeit war entweder zwei, fünf oder acht Sekunden lang – so lange bellte der Hund jeweils. Sobald er aufhörte zu bellen, gaben die Kinder ihre Urteile ab, indem sie die Tiere an die Stelle setzen, bis zu der sie ihrer Meinung nach gekommen sein mussten. Diese Version der Aufgabe verlangte von den Kindern, dass sie Informationen über Zeit und Geschwindigkeit miteinander in Beziehung setzten, um eine Distanz einzuschätzen.

In anderen Versionen der Aufgaben mussten die Kinder Informationen über Distanz und Geschwindigkeit bzw. Distanz und Zeit miteinander integrieren. Die erfolgreiche Integration dieser Informationen setzte nach Wilkening die Anwendung multiplikativer Regeln voraus. Bei der soeben beschriebenen Version mit dem bellenden Hund mussten sie beispielsweise nach der Regel «Distanz gleich Zeit mal Geschwindigkeit» vorgehen. Kinder im Alter von fünf und zehn Jahren, die diese Aufgabe vorgelegt bekamen, wendeten tatsächlich eine Multiplikationsregel an, ebenso wie eine Kontrollgruppe Erwachsener. Bei den anderen Versionen der Aufgabe verwendeten die kleineren Kinder hingegen nicht immer die korrekten Integrationsregeln. Wenn sie beispielsweise Informationen über Distanz und Geschwindigkeit miteinander in Beziehung setzen sollten, um eine Zeitspanne einzuschätzen (also beurteilen sollten, wie lange der Hund gebellt haben musste, wenn man ihnen zeigte, wie weit die Schildkröte, die Katze oder das Meerschweinchen auf der Brücke gekommen waren), arbeiteten die jüngsten Kinder mit einer Subtraktionsregel. Sie waren sich also darüber im Klaren, dass der Hund bei den einzelnen Tieren unterschiedlich oft gebellt haben musste, waren aber nicht in der Lage, die Proportionen dieses Unterschieds anzugeben.

Aber auch die Erwachsenen benutzten bei einigen Versionen dieser Aufgabe eine falsche Integrationsregel. Sollten sie von Distanz und Zeit auf Geschwindigkeit schließen (entscheiden, welches Tier in der Zeit, in der der Hund bellte, einen bestimmten Punkt auf der Brücke erreicht haben konnte), wendeten sie – wie die kleinen Kinder in der Aufgabe, bei der die Zeit zu erschließen war – eine Subtraktionsregel an. Wilkenings Ansicht nach war es jedoch nicht entscheidend, dass Kinder und Erwachsene nicht immer die korrekte Regel heranzogen. Viel wichtiger war die Erkenntnis, dass schon Fünfjährige versuchten, mathematische Regeln zur Lösung dieser Aufgaben anzuwenden. Dies hieß, dass sie zumindest eine gewisse Vorstellung von den beteiligten Variablen und ihren Beziehungen zueinander hatten, auch wenn sie (wie die Erwachsenen) gelegentlich die falsche mathematische Regel zu ihrer Integration heranzogen. Zwar spiegelten die psychologischen Regeln, die für die Integration der Informationen benutzt wurden, nicht immer die physikalischen Regeln der Mechanik wider, jedoch sieht Wilkening in seinen Resultaten den Ausdruck eines impliziten Verständnisses für die korrelativen Zusammenhänge zwischen physikalischen Dimensionen – eine «naive» oder «intuitive» Physik. Die Kinder folgten einem pragmatischen Ansatz bei der Integration der verschiedenen Variablen, wobei sie sich nicht über physikalische Regeln hinwegsetzten, sondern sie vereinfachten.

Intuitive Physik

Das Konzept einer naiven oder intuitiven Physik ist mittlerweile mehrfach in der Entwicklungspsychologie theoretisch definiert worden und spielt eine zentrale Rolle bei der Erklärung der Entwicklung des physikalischen Denkens. Wilkenings Auffassung zufolge hat die intuitive Physik ihren Ursprung in der

Wahrnehmung von Objekten und Ereignissen (siehe Anderson & Wilkening, 1991). Kinder nehmen ihre Umwelt wahr und entwickeln auf der Grundlage dieser Wahrnehmungen mentale Modelle, die die Strukturen und Funktionen der physikalischen Systeme nachbilden und mit deren Hilfe sie dann physikalische Vorgänge analysieren und interpretieren (siehe auch Russell, 1996, der die Rolle mentaler Modelle für das schlussfolgernde Denken von Kindern erörtert). Mentale Modelle im Sinne von Wilkening umfassen unterschiedliche «Wissensebenen». So sagen Anderson und Wilkening beispielsweise, dass die mentalen Modelle, derer sich die intuitive Physik bedient, Wissen auf der aktionalen, der kognitiven und der perzeptuellen Ebene umfassen. Wie wir in Kapitel 2 gesehen haben, verfügen schon Säuglinge über mentale Modelle zur Erklärung physikalischer Ereignisse (z. B. Baillargeon, 1995; Spelke, 1991). Mit den Worten von Anderson (1983, S. 252): «Das Erlernen der intuitiven Physik beginnt in der Wiege.»

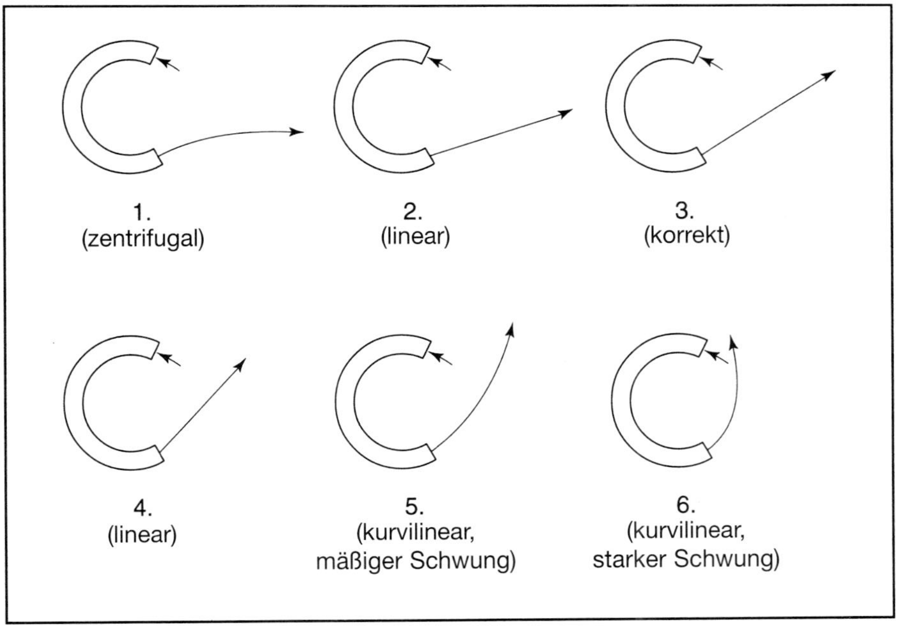

Abbildung 4.13: Schematische Darstellung sechs unterschiedlicher Flugbahnen bei der C-Rohr-Aufgabe (Kaiser et al., 1986).

Flugbahn von Geschossen

Zwar kommen immer mehr Belege über die Existenz einer «intuitiven Physik» zusammen, das heißt jedoch nicht, dass unsere Intuitionen über physikalische Ursache-Wirkungs-Zusammenhänge immer richtig wären. Es gibt eine ganze Reihe von weit verbreiteten *falschen Vorstellungen* über physikalische Phänomene. Zu den bestdokumentierten dieser Irrtümer zählen solche, die die Flugbahn von Geschossen betreffen.

Wenn Kinder oder Erwachsene die Bahn eines fallenden Objektes vorhersagen sollen, scheinen sie stets eine «Gerade-nach-unten-Regel» anzuwenden. Anscheinend sind sie der Auffassung, dass ein Gegenstand der von einer gehenden Person fallen gelassen wird, immer in gerader Linie nach unten fällt. In Wirklichkeit folgt er einer gekrümmten – parabolischen – Linie (z. B. Kaiser, Profitt & McCloskey, 1985). Sollen Erwachsene oder Kinder vorhersagen, in welche Richtung ein Ball fliegt, der aus einem gekrümmten, C-förmigen Rohr katapultiert wird, geben sie an, dass der Ball seine gekrümmte Flugbahn beibehalten wird, während er tatsächlich einer geraden Linie folgt (z. B. Kaiser, McCloskey & Profitt, 1986; siehe Abbildung 4.13). Mehrere Autoren haben darauf hingewiesen, dass diese falschen Vorstellungen eine auffallende Ähnlichkeit zu mittelalterlichen physikalischen Theorien haben, beispielsweise der damals vorherrschenden Theorie der Bewegung, in der der Impetusbegriff eine große Rolle spielte (z. B. Viennot, 1979).

Intuitive falsche Vorstellungen über mechanische Zusammenhänge sind oft nur schwer auszuräumen. Die erwähnte «Gerade-nach-unten-Regel» tritt beispielsweise nicht nur bei der Vorhersage der Flugbahn von Geschossen zutage, sondern auch bei Aufgaben, mit denen untersucht werden soll, ob Kinder die Auswirkungen der Schwerkraft verstehen. Ein Beispiel ist die von Hood (1995) entwickelte «Röhrenaufgabe»: Kleine Kinder (zwei bis vier Jahre alt) werden aufgefordert, einen Ball zu finden, der in eine von drei Röhren gesteckt wird. Die Röhren sind undurchsichtig und können miteinander zu einem Labyrinth verflochten werden. In einem solchen Labyrinth bewirkt die Anwendung der Gerade-nach-unten-Regel, dass die Kinder den Ball an der falschen Stelle suchen. Die Schwierigkeitsstufe der Röhrenaufgabe lässt sich über die Zahl der Röhren und die Komplexität ihrer Verflechtung variieren (siehe Abbildung 4.14).

Hood stelle fest, dass die Kinder, die Fehler bei der Lösung der Aufgabe machten, den Ball stets an der Stelle suchten, die sich direkt unterhalb des Lochs befand, in das der Ball hineingesteckt worden war. Er sprach von

«Schwerkraftfehlern». Diese stellten den häufigsten Fehlertyp auf jeder Schwierigkeitsstufe dar, wobei die Leistungen insgesamt sowohl mit dem Alter (die älteren Kinder hatten in der Regel keine Schwierigkeiten bei den einfachen Aufgaben) als auch mit dem Geschlecht (die Jungen zeigten bessere Leistungen als die Mädchen) korrelierten. Falsche Lösungen kamen überwiegend dadurch zustande, dass die Kinder von einer linearen Fallbahn ausgingen und den Verlauf der Röhre unberücksichtigt ließen.

In späteren Experimenten, bei denen Hood durchsichtige Röhren verwendete, zeigte sich, dass bereits die jüngsten untersuchten Kinder (Zweijährige) in der Lage waren, den Ball zu finden, wenn sie seine Fallbahn verfolgen konnten, und zwar bei Aufgaben aller Schwierigkeitsgrade. Überraschenderweise fand sich jedoch kein Hinweis auf einen Transfer. Gab man Kindern, die soeben eine Aufgabe mit transparenten Röhren erfolgreich gelöst hatten, gleich im Anschluss daran eine gleich schwierige Aufgabe mit undurchsichtigen Röhren, versagten sie wieder. Auch mit Hilfe eines ausgedehnten Trainings in der Röhrenaufgabe mit einer einzelnen Röhre ließ sich der hartnäckige Schwerkraftfehler bei einer Gruppe von Zweijährigen nicht ausmerzen. Hood kam zu dem Schluss, dass diese Aufgabe das zunehmende Verständnis für den Einfluss von Röhren auf die Bahn von fallenden – der Sicht nicht zugänglichen – Objekten dokumentiert. Dieser Erklärung zufolge handelt es sich bei dem Schwerkraftfehler um eine intuitive Fehleinschätzung, die selbst bei Kindern, die die Röhrenaufgabe nach einem entsprechenden Training gut beherrschen, bei einem anderen Apparat erneut wieder auftreten würde.

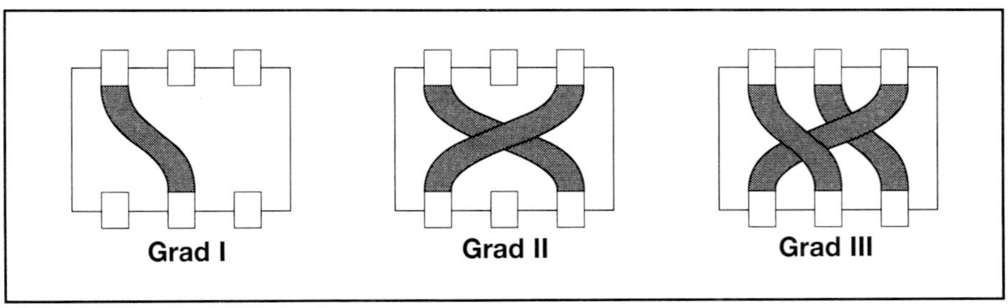

Abbildung 4.14: Schematische Darstellung verschiedener Schwierigkeitsgrade in der Röhrenaufgabe von Hood (1995). Wiedergabe mit freundlicher Genehmigung.

Der Unterschied zwischen Wissen und Handeln

Es ist bemerkenswert, dass bei den meisten der bisher besprochenen komplexeren Aufgaben zum kausalen Denken das Wissen über Handlungen erfasst wurde. So sollten die Kinder in dem Experiment von Shultz et al. (1982) zur kausalen Transmission Tennisbälle in Bewegung setzen; in der Studie von Wilkening und Anderson, bei der es um die Integration von Informationen über Gewicht und Distanz ging, mussten Gewichte auf einer Waage positioniert werden, und in der Untersuchung von Wilkening (1982) zur gleichzeitigen Berücksichtigung von drei physikalischen Variablen (Zeit, Distanz und Geschwindigkeit) sollten die Kinder Spielzeugfiguren auf einer Brücke platzieren. Dies führt zu der interessanten Frage, ob es möglicherweise einen Unterschied gibt zwischen intuitivem physikalischem Wissen, das über Handlungsaufgaben gemessen wird, und solchem, das mit Hilfe von Beurteilungsaufgaben erfasst werden kann. Beurteilungsaufgaben erfordern ein Bewusstmachen des eigenen physikalischen Wissens. Es kommt vor, dass Wissen (zum Beispiel über die Flugbahn von Geschossen), das im Handeln zum Ausdruck kommt, relativ hoch entwickelt ist, während explizite Urteile zum gleichen Thema naiv ausfallen. Handlungsbasiertes Wissen und verbalisierbares Wissen entwickeln sich möglicherweise auch getrennt voneinander (siehe Kapitel 5, in dem unterschiedliche Entwicklungsverläufe von implizitem/prozeduralem und explizitem/deklarativem Wissen erörtert werden). Die Möglichkeit, dass intuitive Physik am besten direkt, d. h. über Handlungsaufgaben erfasst werden kann, wurde von Krist, Fieberg und Wilkening (1993) unter Verwendung einer Flugbahnaufgabe überprüft.

Genauer gesagt handelte es sich um eine Wurfaufgabe: Sechsjährige, Zehnjährige und Erwachsene wurden gebeten, einen Tennisball aus unterschiedlichen Höhen auf ein am Boden befindliches Ziel zu werfen. Dabei sollten die Versuchspersonen eine horizontale Wurfbewegung erzeugen, was nicht ganz leicht war, da sie dazu mit dem Arm über ein waagerechtes «Wurfbrett» fahren mussten, ehe sie den Ball losließen. Ob das Ziel getroffen wurde, hing dabei entscheidend davon ab, bei welcher Geschwindigkeit der Ball losgelassen wurde. Während des Experiments wurde die Höhe des Wurfbretts verändert, so dass die Versuchspersonen ihre Wurfgeschwindigkeit anpassen mussten (ein niedrigeres Brett verlangte eine höhere Wurfgeschwindigkeit). Krist et al. ließen die Versuchsteilnehmer nicht nur selbst werfen, sondern baten sie auch einzuschätzen, bei welcher Geschwindigkeit der Ball losgelassen werden musste, damit er das Ziel traf, wenn die Bretthöhe nach oben oder nach unten verändert wurde. Diese Beurteilungen wurden entweder vor oder nach der Handlungsphase des Experiments abgegeben.

Krist et al. stellten fest, dass die funktionale Beziehung von Geschwindigkeit und Höhe in den *Handlungsdaten* aller Altersgruppen sichtbar wurde, in den *Beurteilungsdaten* jedoch nur bei den Erwachsenen. Im Gegensatz zu den Erwachsenen sagten die Zehnjährigen, dass ein niedrigerer Wurftisch keine höhere Wurfgeschwindigkeit erfordere. Und ein Teil der Sechsjährigen gab sogar an, dass *umgekehrt* eine größere Höhe eine höhere Geschwindigkeit notwendig mache. Die Durchschnittsgeschwindigkeit, mit der der Ball tatsächlich geworfen wurde, entsprach hingegen in vielen Fällen relativ genau den physikalischen Tatsachen, und zwar bei allen Altersgruppen. Während also die Leistungen in der Beurteilungsaufgabe einen deutlichen Alterstrend aufwiesen und die Integration von Höhe und Distanz immer besser gelang, zeigte sich in den Leistungen in der Handlungsaufgabe ein intuitives Wissen um diesen Zusammenhang. Diese Daten stehen mit dem von Anderson und Wilkening (1991) stammenden Konzept der «mentalen Modelle» im Einklang, das weiter oben beschrieben wurde. Diese Autoren vertreten die Auffassung, dass derartige Modelle auf der Grundlage perzeptuell-motorischer Kenntnisse und Fähigkeiten entstehen, welche ihrerseits zur Entwicklung intuitiver Konzepte über mechanische Zusammenhänge führen.

Schließen von der Ursache auf die Wirkung und von der Wirkung auf die Ursache

Eine weitere Variable, die vermutlich das kausale Denken von Erwachsenen beeinflusst, ist die Richtung der Schlussfolgerung: vorwärts – von der Ursache zur Wirkung – oder rückwärts – von der Wirkung zur Ursache. Beispielsweise vertreten Waldmann, Holyoak und Fratianne (1995) die Auffassung, dass Erwachsene bevorzugt Ursache-Wirkungs-Zusammenhänge lernen und weniger leicht Wirkungs-Ursachen-Zusammenhänge, was dem Zweck diene, die kognitive Komplexität von Lernaufgaben zu reduzieren. Ihrer «Kausalmodell-Theorie» des Lernens zufolge werden Situationen unabhängig von der zeitlichen Reihenfolge, in der die kausal relevanten Informationen vorgegeben werden, vorzugsweise als Ursache-Wirkungs-Zusammenhänge repräsentiert.

Der zeitlichen Reihenfolge, in der kausale Informationen aufgenommen werden, hat man bislang keinen besonders hohen Stellenwert für die Entwicklung des kausalen Denkens zugeschrieben, was möglicherweise ein Fehler war. So zeigt beispielsweise die Arbeit von Blue, der Kindern per Video Transformationen von Objekten im ursprünglichen und nichtursprünglichen Zustand vorführte, dass kleine Kinder in diesen Aufgaben gut abschneiden, wenn sie vom Effekt auf die Ursache schließen können. In ihrer Arbeit zur Erinnerung kleiner Kinder an Ereignisse, die eine kausal zwingende zeitliche Reihenfolge haben (wie z. B. ein Klappergeräusch zu erzeugen, indem man ein kleines Objekt in einen Behälter steckt, siehe Diskussion der Arbeiten von Mandler & McDonough in Kapitel 2 und von Bauer & Shore in Kapitel 5), stellten Bauer, Mandler und ihre Mitarbeiter fest, dass die Kinder besser abschneiden, wenn sie Informationen über den Endzustand (d. h. die Wirkung) erhalten (Bauer, Schwade, Wewerka & Delaney, 1999). Andere Ergebnisse (aus einer Untersuchung mit Dreijährigen) zeigen ebenfalls, dass es möglicherweise einfacher ist, «rückwärts» von einer Wirkung auf eine Ursache zu schließen als «vorwärts» von einer Ursache auf eine Wirkung (Cutting, 1996). Andererseits stellten Bauer und ihre Mitarbeiter fest, dass Kinder bis zum Alter von etwa 36 Monaten nicht in der Lage sind, die Handlung des Versuchsleiters *nachzuahmen,* wenn er ihnen die Klapperaufgabe in umgekehrter Abfolge (mit dem Endzustand anfangend) zeigt.

Cutting verwendete in seiner Arbeit zwei Aufgaben, die von Cutting, Charlesworth und Goswami (1991) entwickelt worden waren und mit denen die Fähigkeit von Kindern erfasst werden soll, zwischen Schein und Wirklichkeit zu unterscheiden (kurz «ARD» für *appearance-reality-distinction).* Ein Ausdruck dieser Fähigkeit ist es, wenn jemand versteht, dass Objekt, die hinter einen farbigen Filter gestellt werden, nur *scheinbar* ihre Farbe wechseln. In den von Cutting et al. verwendeten ARD-Aufgaben wurden dreijährigen Kindern beispielsweise zwei Buntstifte gezeigt, ein grüner und ein gelber. Beide Stifte wurden dann unter einen blauen Filter gelegt, so dass sie beide grün aussahen. Den Kindern sagte man: «Wir können gelbe Autos mit gelben Stiften malen und grüne Autos mit grünen Stiften. Was können wir mit diesen Stiften malen? Können wir ein gelbes Auto und ein grünes Auto malen oder zwei grüne Autos?» Diese Aufgabe erforderte – neben dem Verständnis des Unterschieds von Schein und Wirklichkeit – ein *vorwärts* gerichtetes kausales Denken, von der Ursache zur Wirkung. In der *Rückwärts*version der Aufgabe wurden die Kinder gefragt: «Mit welchem Stift kann ich einen grünen Laster malen? Mit diesem [zeigt auf einen der beiden Stifte] oder mit diesem [zeigt auf den anderen Stift]?»

Bei den Leistungen der Kinder in derartigen Aufgaben kam immer wieder eine interessante Diskrepanz zum Vorschein: Aufgaben, bei denen «rückwärts» – von einer Wirkung auf eine Ursache – geschlossen werden musste, schienen den Kindern leichter zu fallen als Aufgaben, bei denen sie «vorwärts» – von einer Ursache auf eine Wirkung – schließen mussten. Die Aufgabe mit den Autos war leichter als die Aufgabe mit den Lastern und Entsprechendes galt für eine Reihe ähnlicher Experimente mit den unterschiedlichsten Materialien. Wie Cutting hervorhob, hatten es die Kinder bei den Aufgabe, bei denen vorwärts gedacht werden musste, allerdings mit *zwei* Effekten (grünen versus gelben Autos) zu tun, während bei den Aufgaben, bei denen rückwärts gefolgert werden musste, nur *ein* Effekt (ein grüner Laster) zu berücksichtigen war. Möglicherweise war die Autoaufgabe allein aus diesem Grund schwieriger.

Deshalb entwarf Cutting ein neues Experiment, das eine weitere «Rückwärts-Bedingung» enthielt: die 4-Items-Aufgabe. Bei dieser Aufgabe wurden den Kindern zwei Stifte*paare* gezeigt (grün/grün und grün/gelb), die anschließend unter blaue Filter gelegt wurden. Dazu sagte man ihnen: «Ich will zwei Stifte haben, um zwei grüne Laster damit zu malen. Welche beiden Stifte kann ich nehmen, um zwei grüne Laster zu malen? Diese beiden [zeigt auf eines der beiden Stiftepaare] oder diese beiden [zeigt auf das andere Paar]?» Nach Cutting erforderten die 2-Items- und die 4-Items-Rückwärts-Aufgabe die gleichen Denkschritte und sollten daher einfacher sein als die (2-Items-)Vorwärtsaufgabe, trotz der unterschiedlichen Anzahl der zu berücksichtigenden Ursachen und Wirkungen.

Es zeigte sich, dass nur 27 Prozent der Antworten bei der Vorwärtsaufgabe richtig waren, dagegen 70 bzw. 78 Prozent in der 2-Items- und 4-Items-Rückwärtsaufgabe. Die Trefferzahl in der Aufgabe, bei der vorwärts gefolgert werden musste, lag signifikant unter dem Zufallsniveau; in der Aufgabe, die rückwärts gerichtetes Schlussfolgern verlangte, lag sie signifikant darüber. Nach Cutting bedeutet dies, dass es für kleine Kinder leichter ist, rückwärts – also von Effekten auf Ursachen – zu schließen als vorwärts – von Ursachen auf Effekte. Einschränkend verwies sie jedoch auf die Notwendigkeit, weitere Untersuchungen mit unterschiedlich vielen Ursachen und Wirkungen durchzuführen. Möglicherweise gibt es auch in Bezug auf die bevorzugte Richtung des Kausalschlusses auch Unterschiede zwischen Schlussfolgerungs- und Problemlöseaufgaben, wie den hier besprochenen, und den Lernsituationen, wie sie von Waldmann et al. (1995) beschrieben werden. Ob Kinder möglicherweise bevorzugt Zusammenhänge *lernen*, bei denen die Ursache der Wirkung vorangeht, aber beim Schlussfolgern die andere Richtung (von der Wirkung auf die Ursache) bevorzugen, ist eine interessante Fragestellung für zukünftige Forschungsarbeiten auf dem Gebiet der Entwicklung des kausalen Denkens.

Zusammenfassung

Begonnen haben wir dieses Kapitel mit der Feststellung, dass die Konzentration auf kausal relevante Informationen einen für die kognitive Entwicklung von Kindern äußerst wichtigen Mechanismus darstellt. Darüber hinaus wurde gesagt, dass diese Konzentration auf kausale Zusammenhänge sich nur dann auszahlt, wenn das kausale Denken des Kindes den anerkannten kausalen Prinzipien folgt. Eine Vielfalt empirischer Belege zeigt, dass das schlussfolgernde Denken von Kindern tatsächlich in Einklang mit diesen kausalen Prinzipien steht, und zwar bereits erstaunlich früh in der Entwicklung. Kinder befolgen das Prinzip der kausalen Priorität, welches besagt, dass Ursachen ihren Wirkungen vorausgehen oder gleichzeitig mit ihnen auftreten, das Kovariationsprinzip, dem zufolge echte Ursachen regelmäßig und vorhersagbar mit ihren Effekten kovariieren, und das Prinzip der zeitlichen Kontiguität, das besagt, das Ursachen und Auswirkungen in zeitlicher und räumlicher Nähe zueinander stehen müssen. Bei der Anwendung dieser Prinzipien berücksichtigen die Kinder, was in der jeweiligen (experimentellen) Situation *kausal relevant* ist.

Kinder haben auch eine gewisse Vorstellung von der Bedeutung von Hypothesen und Belegen; für kleinere Kinder gilt dies jedoch nur mit Einschränkung. In Situationen, in denen es mehrere potenzielle Ursachen gibt, neigen Kinder zu Inklusionsfehlern, d. h., sie schreiben Variablen kausale Relevanz zu, die möglicherweise nur in einem einzigen Fall mit einem bestimmten Effekt kovariieren. Andererseits können in simplifizierten Kontexten schon Sechsjährige einen schlüssigen Test von einem Test unterscheiden, der keine eindeutigen Schlussfolgerungen über die Gültigkeit der Hypothese zulässt. Bemerkenswert ist in diesem Zusammenhang die Tatsache, dass auch Teenager und sogar Erwachsene Schwierigkeiten mit dem schlussfolgernden Denken haben, wenn multiple kausale Variablen beteiligt sind. Es fällt ihnen auch schwer, kausale Informationen über mehrere Dimensionen miteinander in Beziehung zu setzen, was natürlich auch für kleine Kinder gilt. Wie wir gesehen haben, stellt die Integration kausaler Informationen Kinder unter etwa zehn Jahre vor große Schwierigkeiten. Allerdings versagten sie nicht völlig bei Aufgaben, die die Integration kausaler Informationen verlangten, sondern verwendeten nur vereinfachte Integrationsregeln. Außerdem zogen sie manchmal Vergleiche zu anders funktionierenden physikalischen Systemen und ließen sich durch falsche Analogien in die Irre führen. Interessanterweise gelang es bereits Sechsjährigen relativ gut, Informationen über unterschiedliche Dimensionen miteinander in Beziehung zu setzen, wenn die Leistungen nicht in Form von Beurteilungen, sondern in Form von *Handlungen* gemessen wurden. Dies kann ein Hinweis darauf sein, dass es die Fähigkeit ist, sich das eigene physikalische Wissen bewusst zu machen, die sich mit zunehmendem Alter verbessert, und nicht so sehr die Fähigkeit zur Integration kausaler Informationen selbst.

Insgesamt zeigen die vorliegenden Belege, dass die Unterschiede zwischen dem kausalen Denken von Kindern und dem von Erwachsenen nicht so sehr groß sind. Kausale Schlussfolgerungen, die Erwachsenen leicht fallen, bereiten auch Kindern keine besonders großen Schwierigkeiten, und kausale Schlussfolgerungen, die für Erwachsene schwierig sind, sind es auch für Kinder. Kinder und Erwachsene teilen auch einige falsche – intuitive – Vorstellungen über physikalische Phänomene, die nicht alle mit zunehmendem Alter korrigiert werden. Schon in der frühesten Kindheit ist jedoch ein Wissen um physikalische Zusammenhänge vorhanden, wenngleich es sich dabei um eine «naive Physik» handelt.

Ist die Entwicklung des kausalen Denkens bereichsübergreifend?

Zu Beginn des Kapitels haben wir gesagt, dass wir uns in erster Linie damit befassen wollten, wie Kinder zu Schlussfolgerungen über Objekte und Dinge – nicht so sehr über psychologische Ursache-Wirkungs-Zusammenhänge – kommen. Möglicherweise liegen jedoch der Entwicklung des kausalen Denkens über physikalische Ereignisse und der des kausalen Denkens über psychologische Ereignisse die gleichen logischen Prozesse zugrunde. Es lassen sich einige Parallelen feststellen, die nahe legen, dass die Entwicklung des kausalen Denkens bereichsübergreifend sein könnte. So meinten Sedlak und Kurtz (1981), dass die Neigung kleiner Kinder, bei der Integration von Informationen über physikalische Ursachen keine multiplikativen Regeln anzuwenden (Wilkening, 1981), in Zusammenhang zu ihrer Tendenz stehen könnte, additive anstelle von multiplikativen Regeln zu verwenden. Das Gupta und Bryant (1989) vermuteten einen Zusammenhang zwischen den Schwierigkeiten, die Drei- und Vierjährige haben, wenn sie auf der Grundlage des Unterschieds zwischen Anfangs- und Endzustand eines Objekts auf die Ursache einer Veränderung schließen sollen, und den Schwierigkeiten, die Kindern dieser Altersgruppe die Schein-Wirklichkeits-Aufgabe bereitet (z. B. Flavell, Flavell & Green, 1983), eine Aufgabe, bei der zu entscheiden ist, ob verschiedene Transformationen den tatsächlichen oder scheinbaren Zustand von bestimmten Objekten verändern.

Später haben Frye, Zelazo und Palfai (1995) die Auffassung vertreten, dass die Entwicklung des Verständnisses für psychologische Ursache-Wirkungs-Zusammenhänge – die Entwicklung der *theory of mind* – möglicherweise durch Veränderungen grundlegender Schlussfolgerungsprozesse angestoßen wird. Insbesondere haben sie die Hypothese aufgestellt, dass die Entwicklung des Verständnisses für psychologische Verursachung eng mit dem Erwerb der Fähigkeit verbunden ist, mit «eingebetteten Regeln» umzugehen – d. h., Situationen aus einer bestimmten Perspektive und unter Ausblendung einer anderen zu beurteilen. Frye et al. haben signifikante Korrelationen zwischen den Leistungen Dreijähriger bei einigen *theory of mind*-Aufgaben und einer Aufgabe zur kausalen Kontingenz festgestellt, wie sie von Shultz und seinen Mitarbeitern verwendet wurde. Diese Aufgabe verlangte ein «Umschalten» von einer Regel auf eine andere *(rule switching)*. Mit derartigen *rule switching*-Aufgaben werden wir uns noch im fünften Kapitel näher befassen. Die Möglichkeit, dass es Verbindungen zwischen allgemeinen, das logische Denken betreffenden Entwicklungen und spezifischen Entwicklungen bezüglich des physikalischen und psychologischen Schlussfolgerns gibt, eröffnet zukünftigen Forschungsbemühungen auf dem Gebiet der Entwicklung des kausalen Denkens weitere viel versprechende Fragestellungen.

Kapitel 5

Die Entwicklung des Gedächtnisses

Erwachsene haben nur sehr wenige Erinnerungen an die Zeit vor dem dritten Lebensjahr. Dies ist erstaunlich, wenn man sich vor Augen führt, dass die ersten drei Jahre einen sehr aktiven Zeitabschnitt in Bezug auf die Begriffsbildung darstellen, an der das semantische Gedächtnis beteiligt ist, das unser Weltwissen enthält, und auch in Bezug auf die Entwicklung des physikalischen Wissens und des kausalen Denkens, die nicht ohne ein stabiles und leistungsfähiges Gedächtnis für Ereignisse und ihre Folgen auskommt. Das Fehlen früher Erinnerung wird häufig als *infantile Amnesie* bezeichnet. Erklärt wurde dieses Phänomen unter anderem mit einer altersabhängigen Reorganisation oder strukturellen Veränderung der Gedächtnissysteme, wobei sich das für die bewussten Erinnerungen zuständige System erst spät entwickeln soll (z. B. Schachter & Moscovitch, 1984). Auf diese Theorie wollen wir im nächsten Kapitel noch näher eingehen. Andererseits lassen es die in den Kapiteln 1 und 2 vorgestellten Forschungsergebnisse über die frühe Entwicklung eher unwahrscheinlich erscheinen, dass Säuglinge und Kleinkinder Ereignisse wesentlich anders als Erwachsene repräsentieren und aus dem Gedächtnis abrufen. Da die Funktionen Lernen, Schlussfolgern und Problemlösen den «amnestischen» Kindern voll zur Verfügung stehen und diese Prozesse auf ein funktionierendes Gedächtnis angewiesen sind, ist die Theorie einer altersabhängigen strukturellen Veränderung des Gedächtnisses nicht besonders überzeugend.

Bei der Beschäftigung mit der Entwicklung des Gedächtnisses ist auf jeden Fall zu berücksichtigen, dass Kinder (und Erwachsene) Ereignisse nicht wortwörtlich in ihrem Gedächtnis abspeichern. Auch wenn man meint, man könne sich «ganz genau» daran erinnern, was beispielsweise passiert ist, als man einen Freund besucht hat, wird sich die Erinnerung des Freundes an dasselbe Ereignis zwangsläufig von der eigenen Erinnerung unterscheiden. Wie ursprünglich von Bartlett (1932) gezeigt wurde, *konstruieren* Kinder und Erwachsene Erinnerungen – ein Prozess, bei dem Vorwissen und persönliche Interpretationen eine entscheidende Rolle spielen sowie die Fähigkeit der Person, sich die zeitliche Struktur ihrer Erfahrungen zu erklären. Mit anderen Worten: Die Entwicklung des Gedächtnisses kann nicht losgelöst von der Entwicklung anderer kognitiver Prozesse betrachtet werden, da das Erinnern in engem Zusammenhang mit weiter reichenden sozialen und kognitiven Aktivitäten steht. Daher spielen die Wissensstrukturen, auf deren Grundlage die Kinder ihre Erfahrungen verarbeiten, vermutlich eine entscheidende Bedeutung für die Entwicklung des Gedächtnisses.

Trotz der Bedeutung des sozialen und kognitiven Kontextes für das Gedächtnis ist es in der kognitiven Psychologie gängige Praxis, das Gedächtnis als modulares System darzustellen. Man betont die «Fraktionierung», die Tatsache, dass das Gedächtnis aus verschiedenen Untersystemen besteht, die man unabhängig voneinander untersuchen kann. In vielen Studien zu diesen verschiedenen «Gedächtnismodulen» werden Aufgaben eingesetzt, die bewusst nicht in einen größeren sozialen bzw. kognitiven Kontext eingebettet sind. Solche Aufgaben sollen ein «reines» Maß für das betreffende Gedächtnissystem liefern. Ein ungewollter Nebeneffekt eines solchen Vorgehens ist jedoch, dass die Anwendbarkeit der Ergebnisse aus derartigen Studien möglicherweise begrenzt ist. Nach Neisser (1987, S. 1) haben «die Erforscher des menschlichen Gedächtnisses die ganz normalen Erinnerungen der Menschen fast vollständig ignoriert. Ihre Forschung befasste sich nicht mit Orten oder Geschichten oder Freunden oder Lebenserfahrungen, sondern mit Listen von Silben und Wörtern ... Bevorzugt wurden bedeutungsloses Material und unnatürliche Lernaufgaben.» In diesem Kapitel werden wir überall da, wo es möglich ist, solche Studien zur Gedächtnisentwicklung heranziehen, die normalere, weniger künstliche Situationen verwendet haben und die mit Gedächtnisaufgaben gearbeitet haben, die eine gewisse Bedeutung und Relevanz für das Kind besitzen – mit anderen Worten: Aufgaben mit einer höheren «ökologischen Validität».

Zu den verschiedenen Subtypen des Gedächtnisses, die in Arbeiten zum entwickelten erwachsenen Gedächtnis unterschieden werden, zählen das semantische Gedächtnis, das Wiedererkennungsgedächtnis, das Arbeitsgedächtnis, das implizite Gedächtnis, das episodische Gedächtnis und das prozedurale Gedächtnis. Mit der Entwicklung und der Organisation des semantischen Gedächtnisses haben wir uns bereits in dem Kapitel über die Begriffsbildung (Kapitel 3) beschäftigt; Beispiele für Funktionen des prozeduralen Gedächtnisses in der frühen Kindheit wurden in Kapitel 1 beschrieben. Auch die anderen von der Psychologie beschriebenen Gedächtnissysteme sind in Studien mit Kindern untersucht worden. Mit einem Teil dieser Studien werden wir uns in diesem Kapitel befassen – im Anschluss an eine kurze Übersicht über die frühe Entwicklung des Gedächtnisses. In Kapitel 6 geht es dann um die Entwicklung mnemotechnischer Strategien sowie um neuere Theorien zur kognitiven Entwicklung, die der Verarbeitungskapazität und der Repräsentation im Gedächtnis eine zentrale Bedeutung beimessen.

Frühe Entwicklung des Gedächtnisses

Infantile Amnesie: Gibt es sie wirklich?

Das Fehlen von Erinnerungen an Ereignisse, die sich vor dem dritten Lebensjahr abgespielt haben, ist ein reales Phänomen (z. B. Howe & Courage, 1993). Selbst wenn wir überzeugt sind, uns an Dinge aus unserer frühesten Kindheit erinnern zu können, stellt sich oft heraus, dass uns diese Dinge gar nicht selbst passiert sind. So berichtete beispielsweise der Gedächtnisforscher David Bjorklund (Bjorklund & Bjorklund, 1992, S. 207) von einer lebhaften Erinnerung an eine Bronchitis in frühen Kindertagen:

> Über meinem Gitterbett lag ein Betttuch, aber ich weiß noch, wie ich durch die Stäbe ins Wohnzimmer sehen konnte. Ich höre noch das Surren des Verneblers, spüre die Enge in meiner Brust und habe den Geruch der Medizin in der Nase. Noch heute zieht sich meine Brust zusammen, wenn ich das Zeug rieche...

Als er jedoch mit seiner Mutter über diese Erinnerung sprach, stellte sich heraus, dass er nie eine Bronchitis gehabt hatte. Sie erzählte ihm: «Du warst als Baby nie krank. Dein Bruder Dick hatte eine Bronchitis. Du warst damals drei Jahre alt.»

Interessant ist die Frage, warum wir so wenige Erinnerungen an die erste Zeit unseres Lebens haben. Eine der ersten Erklärungen der infantilen Amnesie stammt von Freud (1938), der sie auf die Verdrängung traumatischer Erlebnisse in der frühen Kindheit zurückführte. Zwar könnte dies eine mögliche Erklärung für die aktive Verbannung emotional belastenden Materials aus dem Bewusstsein sein, offen ist jedoch, warum auch Erinnerungen an angenehme Ereignisse später nicht mehr zugänglich sind. Eine andere Möglichkeit wäre, dass frühe Erinnerungen nur als Handlungen oder Empfindungen enkodiert werden. Sie wären damit später nicht mehr abrufbar, da sie in einem anderen «Format» als spätere Erinnerungen gespeichert sind, bei denen Enkodierung und Speicherung sprachlich vermittelt sind. Der Befund, dass weibliche Personen im Durchschnitt frühere Erinnerungen haben als männliche, scheint für diese Erklärung zu sprechen, da Mädchen in ihrer sprachlichen Entwicklung den Jungen in der Regel voraus sind. Dies hieße also, dass frühe Erinnerungen zwar vorhanden sind, sich aber der Kontext, in dem sie verankert sind, so stark von dem unterscheidet, in dem wir sie später (als Kinder oder Erwachsene) abrufen wollen, dass es unmöglich ist, zu den relevanten Erinnerungsspuren vorzudringen (Howe & Courage, 1993).

Eine andere, bereits erwähnte Möglichkeit besteht darin, dass sich die Gedächtnissysteme, die die Bildung bewusster Erinnerungen unterstützen, erst spät entwickeln, weil die Hirnstrukturen, in denen diese Systeme angesiedelt sind, bei der Geburt noch nicht voll funktionsfähig sind (z. B. Schachter & Moscovitch, 1984). Man hat zum Beispiel die Hypothese aufgestellt, dass die subkortikalen limbisch-dienzephalischen Strukturen entscheidend an der Bildung bewusster Erinnerungen beteiligt sind, und dass dieses Gehirnsystem erst im Alter von zwei bis drei Jahren voll funktionsfähig ist. Diese Argumentation beruht jedoch zu einem großen Teil auf angenommenen Parallelen zwischen Kindern und Affenjungen (Affenbabys zeigen bis zum zweiten Lebensjahr schlechte Leistungen in Aufgaben, die mit dem limbisch-dienzephalischem System in Zusammenhang gebracht werden). McKee und Squire (1993) haben diese Hypothese jedenfalls zurückgewiesen und dies damit begründet, dass die limbisch-dienzephalischen Strukturen die Grundlage für das visuelle Wiedererkennen darstellen – eine Gedächtnisfunktion, die offensichtlich bereits Säuglingen zur Verfügung steht (siehe Kapitel 1). Ihrer Auffassung nach lässt sich das Phänomen der infantilen Amnesie besser mit der fehlenden Reife neokortikaler Areale (beispielsweise im inferotemporalen Kortex) erklären, die ihrerseits von limbisch-dienzephalischen Strukturen abhängen.

Als letzte Erklärung für das Phänomen der infantilen Amnesie bietet sich der Entwicklungsstand der Wissensstrukturen an. So meinen Fivush und Hammond (1990), dass die infantile Amnesie zum einen auf dem Fehlen distinktiver Abrufreize und zum anderen auf der Tatsache beruht, dass kleine Kinder erst noch *Rahmenstrukturen* erwerben müssen, um Ereignisse nachzuerzählen und in ihr Gedächtnis aufzunehmen. Da kleine Kinder noch intensiv damit beschäftigt sind, die Welt um sie herum zu verstehen, konzentrieren sie sich auf die Gemeinsamkeiten zwischen den Ereignissen, d. h. auf das, was sich regelmäßig wiederholt. Dieser Aspekt – das Routinemäßige an Ereignissen – ist jedoch schlecht dazu geeignet, das Abrufen zu erleichtern, wenn man später versucht, sich an sie zu erinnern. Da kleine Kinder außerdem noch nicht über eigene Rahmenstrukturen verfügen, um Erinnerungen zu konstruieren, sind diese frühen Erinnerungen fragmentiert, was das spätere Abrufen noch schwieriger macht. Dieser Erklärung zufolge ist die Kindheitsamnesie also eine natürliche Begleiterscheinung der Entwicklung des Gedächtnisses selbst.

Die Stärke der Argumentation von Fivush und Hammond liegt darin, dass sie die infantile Amnesie fest in den Kontext der allgemeinen Gedächtnisentwicklung verankert. Dieser Theorie zufolge ist das Fehlen früher Erinnerungen nicht auf grundlegende strukturelle Veränderungen des Gedächtnissystems im Laufe der Entwicklung zurückzuführen, sondern das Resultat fehlender abstrakter Wissensstrukturen für die Beschreibung der zeitlichen und kausalen Zusammenhänge von Ereignissen. Auf die Entwicklung dieser abstrakten Wissensstrukturen wollen wir im nächsten Abschnitt eingehen. Bis zum Erwachsenenalter haben sich die Erinnerungen an routinemäßige Abläufe zu *Skripts* (oder generischen Wissensstrukturen) über spezifische Ereignisse verdichtet (z. B. «was passiert, wenn wir in ein Restaurant gehen»). Die infantile Amnesie wäre somit auf das Bemühen um die Bildung von Skripts und das Vergessen von aus dem Rahmen fallenden Ereignissen zurückzuführen (siehe auch Nelson, 1993).

Die Bedeutung symbolischer Repräsentationen für das Gedächtnis

Die Entwicklung abstrakter Wissensstrukturen zur Beschreibung der temporalen und kausalen Aspekte von Ereignissen ist teilweise von sprachlichen Kodierungsprozessen abhängig. Bei der Sprache handelt es sich um ein symbolisches System: Wörter stehen für Konzepte und Ereignisse in der Umwelt und wir benutzen sie als Symbole zur Enkodierung unserer Erfahrungen. Wörter sind jedoch nicht die einzigen Symbole, derer wir uns bedienen. Kleine Kinder benutzen zusätzlich zur Sprache noch mehrere andere symbolische Systeme. Beispielsweise machen sie Gesten, zeigen auf Dinge und spielen symbolische Spiele («so tun als ob»). Diese symbolischen Systeme scheinen wie die Sprache eine angeborene Grundlage zu haben (wenngleich bei einigen Kindern, beispielsweise solchen mit einer autistischen Behinderung, die Anlagen für Gesten, Zeigeverhalten und Symbolspiel zu fehlen scheinen).

Andere Symbole sind kultureller Art. Hierzu zählen beispielsweise Symbole wie Landkarten oder Modelle. Diese Symbole – zu denen auch Zeichnungen, Fotografien oder Skulpturen gehören – repräsentieren Objekte oder Ereignisse. Alle diese Symbole verweisen auf etwas anderes und bringen es dadurch in Erinnerung. Viele dieser Formen symbolischer Kodierung ermöglichen es Kindern, Informationen im Gedächtnis auf eine Weise zu repräsentieren, die ein späteres Abrufen ermöglicht. Auch die Fortentwicklung der

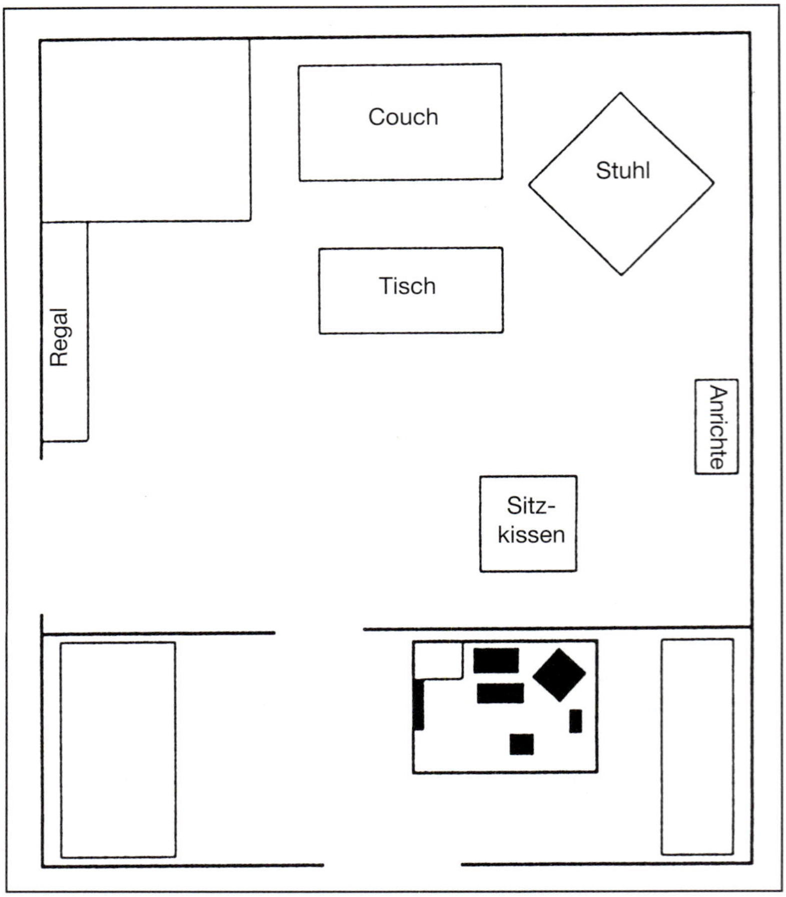

Abbildung 5.1: Grafische Darstellung des Versuchsraums aus der Studie von DeLoache (1989); im unteren Teil das maßstabsgerechte Modell (schwarze Flächen entsprechen den Möbelstücken im Raum). Wiedergabe mit freundlicher Genehmigung.

Fähigkeit, mit Symbolen umzugehen, selbst ist ein Faktor, der erklärt, warum frühe Erinnerungen weniger gut zugänglich sind als spätere. Zu den interessantesten Experimenten zur Entwicklung des symbolischen Verständnisses zählen Arbeiten über die Fähigkeit kleiner Kinder, Modelle zu verstehen (z. B. DeLoache, 1987, 1989, 1991).

Das Basisparadigma, das DeLoache in diesen Studien verwendet, ist immer das gleiche. Einem zweieinhalb oder dreijährigem Kind wird ein maßstabsgerechtes Modell eines Raumes mit verschiedenen Möbelstücken wie einem Sofa, einem Schrank, einem Stuhl und einigen Kissen gezeigt (siehe Abbildung 5.1). Dann stellt man dem Kind zwei Figuren vor, die Stofftiere Klein-Snoopy und Groß-Snoopy, und sagt ihnen, dass sie beide sich gern verstecken. Bei dem Modell handele es sich um Klein-Snoopys Zimmer. Ein angrenzendes Zimmer, das genauso aufgeteilt ist wie das Modell und die gleichen Möbel enthält, wird als das Zimmer von Groß-Snoopy vorgestellt. Dem Kind wird gesagt: «Sieh mal, die Zimmer sind genau gleich. In beiden sind die gleichen Sachen.» Auf jede Übereinstimmung wird hingewiesen: «Sieh mal hier – das ist das große Sofa von Groß-Snoopy und das ist das kleine Sofa von Klein-Snoopy. Sie sind genau gleich.»

Im Anschluss an diese «Orientierungsphase» beobachtet das Kind, wie der Versuchsleiter einen der beiden Snoopys in seinem Zimmer versteckt, zum Beispiel Klein-Snoopy unter dem kleinen Sofa in dem Modellzimmer. Das Kind wird dann aufgefordert, Groß-Snoopy in dem echten Zimmer zu suchen, wobei man ihm sagt: «Denk daran, Groß-Snoopy versteckt sich an der gleichen Stelle wie Klein-Snoopy.» Die dreijährigen Kinder gehen daraufhin unmittelbar zum großen Sofa und finden Groß-Snoopy. Anders die zweieinhalbjährigen: Sie durchsuchen den Raum unsystematisch, obwohl sie sich, wie ein im Anschluss durchgeführter Test zeigt, genau daran erinnern, wo Klein-Snoopy versteckt ist. DeLoache erklärt dies damit, dass die kleineren Kinder die *Korrespondenz* zwischen dem Modellzimmer und dem echten Zimmer nicht verstehen. Daher sind sie sich der Tatsache nicht bewusst, dass sie einen klaren Anhaltspunkt für ihre Suche nach Groß-Snoopy haben.

Die Vermutung, dass das Problem kleiner Kinder in ihrer Unfähigkeit liegt, die Korrespondenz zwischen Modell und echtem Zimmer zu verstehen, wird am überzeugendsten durch die Studien bestätigt, in denen zweieinhalbjährigen Kindern erzählt wurde, man habe eine «Schrumpfmaschine» gebaut, die Puppen und Zimmer verkleinern könnte (DeLoache, Miller & Rosengren, 1996). Im Anschluss daran wurde ihnen gezeigt, wo sich Groß-Snoopy im großen Zimmer versteckte, und sie wurden aufgefordert, Klein-Snoopy im kleinen Zimmer zu suchen. Da die Kinder in dem Glauben waren, es handele sich bei dem Modell um den geschrumpften Raum, gab es keinen abstrakten, repräsentationalen Zusammenhang zwischen großem Zimmer und Modell (das Modell war keine *Darstellung* des Zimmers), der sie hätte verwirren können, und in diesem Fall hatten sie kaum Schwierigkeiten, Klein-Snoopy zu finden. DeLoache hat auch gezeigt, dass junge Kinder in der Lage sind, Groß-Snoopy zu finden, wenn man ihnen Klein-Snoopys Versteck auf einem Bild zeigt, was zeigt, dass sie den repräsentationalen Zusammenhang zwischen dem *Bild* und dem Zimmer sehr wohl verstehen (DeLoache, 1991).

Darüber hinaus gibt es einen Lerntransfer von der Bilderaufgabe auf die Modellaufgabe. Erfahrungen mit einem symbolischen Medium, das man zumindest teilweise versteht (die Bilder), scheinen den Umgang mit einem unbekannten symbolischen Medium (dem Modell) zu erleichtern. So konnten beispielsweise Marzolf und DeLoache (1994) zeigen, dass die Erfahrung mit dem *Modell* eines Zimmers zweieinhalbjährigen Kindern helfen kann, den *Plan* eines Zimmer zu verstehen. DeLoache zufolge ist der frühe Umgang mit symbolischen Beziehungen hilfreich für die Entwicklung einer symbolischen Sensibilität, d. h. einer grundlegenden Bereitschaft zu erkennen, dass ein Objekt oder Ereignis für ein anderes stehen kann. Damit Kinder bei Lern- und Gedächtnisaufgaben mit diesen anderen Symbolen umgehen können, müssen sie vielleicht überhaupt erst einmal lernen, was es heißt, etwas zu *repräsentieren.*

DeLoaches Arbeiten zeigen eindeutig, dass der Zusammenhang zwischen Symbol und Referent (dem Symbolisierten) kleinen Kindern nicht immer klar ist. Die Fähigkeit jedoch, die abstrakteren Relationen zwischen Symbol und Referent zu repräsentieren, entwickelt sich anscheinend relativ zügig innerhalb der ersten drei Lebensjahre. Wie DeLoache schreibt, stellt die Fähigkeit, Übereinstimmungen zwischen Symbolen und Referenten festzustellen, eine zentrale Komponente der Entwicklung des Verständnisses für Symbol-Referent-Relationen dar. Sie ist häufig von der Fähigkeit abhängig, *relationale* Übereinstimmungen miteinander zu vergleichen. Auf die Bedeutung dieser *relationalen mappings* oder Analogien für die kognitive Entwicklung ist bereits an mehreren Stellen des Buches hingewiesen worden. Angesichts des hohen Stellenwertes, den die Verwendung von Symbolen für kognitive Prozesse beim Menschen einnimmt, ist es interessant festzustellen, dass DeLoache der Fähigkeit zu relationalem *mapping* eine Schlüsselrolle für die Entwicklung des frühen symbolischen Verständnisses zuschreibt (vgl. DeLoache, 1995). Der Zusammenhang zwischen dem frühem symbolischen Verständnis und der Entwicklung des Gedächtnisses im Allgemeinen ist jedoch noch weitgehend ungeklärt.

Die Entwicklung unterschiedlicher Gedächtnissysteme

Wie bereits gesagt sind in der kognitiven Psychologie in Untersuchungen mit Erwachsenen eine Reihe verschiedener Gedächtnissysteme identifiziert worden. All diese Gedächtnissysteme lassen sich auch bei Kindern untersuchen. Wir werden uns im Folgenden mit entwicklungspsychologischen Studien zum Wiedererkennungsgedächtnis, impliziten Gedächtnis, episodischen Gedächtnis, Augenzeugengedächtnis und Arbeitsgedächtnis beschäftigen.

Das Wiedererkennungsgedächtnis

Auf dem Wiedererkennungsgedächtnis basiert die Fähigkeit zu erkennen, dass man etwas kennt, schon einmal oder häufiger damit in Berührung gekommen ist. In der Psychologie wird das Wiedererkennen *(recognition)* von der Wiedergabe *(recall)* unterschieden, dem Abrufen bewusster Erinnerungen. Wir haben bereits gesehen, dass Säuglinge ein gutes visuelles Wiedererkennungsgedächtnis haben und dass diesbezügliche individuelle Unterschiede in der frühen Kindheit ein zuverlässiger Prädiktor für spätere Intelligenzunterschiede sind (siehe Kapitel 1). Daneben kann gesagt werden, dass ein Großteil der weiteren in den Kapiteln 1 und 2 besprochenen Studien über das frühkindliche Gedächtnis eher das Wiedererkennungs- als das Wiedergabegedächtnis betreffen. Bei der Habituation, einem der wichtigsten Maße für Informationsverarbeitungsprozesse in der frühen Kindheit, handelt es sich um ein Wiedererkennungsmaß; das Gleiche gilt für die konditionierten Reaktionen, die in manchen Studien erhoben wurden (beispielsweise in der Arbeit von Rovee-Collier, bei der die Kinder durch Fußtritte ein Mobile in Bewegung setzen konnten, oder in dem Versuch von DeCaspar und Fifer, bei dem die Kinder durch ihr Saugen beeinflussen konnten, ob sie die Stimme ihrer Mutter hörten).

Das Wiedererkennen ist eine Fähigkeit, die der Mensch mit vielen Tierarten teilt. So «erinnerten» sich beispielsweise Tauben in einem *recognition*-Experiment noch nach 700 Tagen an 320 Bilder (Vaughan & Greene, 1984). Es stellt sich sogar die Frage, ob es sich beim Wiedererkennen überhaupt um eine kognitive Fähigkeit handelt. Nach Auffassung Fagans ist beispielsweise das Wiedererkennungsgedächtnis ein Maß für *Verarbeitung,* nicht aber für einen kognitive Prozess im eigentlichen Sinne (siehe Fagan, 1992). Daraus müsste sich ergeben, dass sich das Wiedererkennungsgedächtnis im Laufe der Entwicklung nur wenig verändert. Genau dies ist das Ergebnis entsprechender Untersuchungen.

Typischerweise wird das Wiedererkennungsgedächtnis kleiner Kinder dadurch untersucht, dass man ihnen eine Reihe von Bildern zeigt und dann misst, wie viele dieser Bilder sie wieder erkennen, nachdem eine gewisse Zeit verstrichen ist. In einer klassischen Studie nach diesem Muster zeigten Brown und Scott (1971) Kindern im Alter von drei bis fünf Jahren 60 Bilder aus vier verschiedenen Kategorien: Menschen, Tiere, Situationen/Objekte außerhalb des Hauses und Situationen/Objekte im Haus. Vierundvierzig Motive wurden zweimal und zwölf Motive nur einmal gezeigt, insgesamt betrachteten die Kinder also 100 Bilder. Die Bilder, die zweimal gezeigt wurden, wiederholten sich entweder nach einem Abstand von 0, 5, 10, 25 oder 50 Items. Die Aufgabe der Kinder bestand darin, «ja» zu sagen, wenn sie ein Bild schon einmal gesehen hatten, und «nein», wenn dies nicht der Fall war.

Brown und Scott stellten fest, dass die Kinder 98 Prozent der zum zweiten Mal gezeigten Bilder wieder erkannten. Es gab nur geringfügige Unterschiede der Wiedererkennungsgenauigkeit in Abhängigkeit vom Abstand zwischen den Bildern. Der Anteil der richtigen Lösungen bei einem Abstand von 0 und einem Abstand von 50 Bildern war sogar genau gleich, nämlich 100 Prozent; bei einem Abstand von 5 und 25 Bildern lag die Wiedererkennungsgenauigkeit bei ungefähr 95 Prozent und bei einem Abstand von 10 Bildern bei 98 Prozent. Etwas niedriger lag der Anteil der richtigen Lösungen in einem Test für langfristiges Behalten, der nach 1, 2, 7 oder 28 Tagen durchgeführt wurde. Dabei wurden den Kindern die 12 Bilder gezeigt, die sie nur einmal gesehen hatten, 24 der 44 Bilder, die sie zweimal gesehen hatten, sowie 36 neue Bilder. Bei dem 7-Tage-Intervall lag der Wiedererkennungsanteil bei den Bildern, die zweimal gezeigt worden waren, bei 94 Prozent. Etwas niedriger war er bei den nur einmal gesehenen Bildern: 84 Prozent nach einem Tag und 70 Prozent nach sieben Tagen. Nach 28 Tagen wurden noch 78 Prozent der zweimal gesehen Bilder wieder erkannt und 56 Prozent der einmal gesehenen. In einer nachfolgenden Studie zeigten Brown und Scott, dass das bessere Erinnern der zweimal gesehen Items sowohl darauf zurückzuführen war, dass diese zweimal gezeigt wurden, als auch darauf, dass diese bei der Wiedererkennungsaufgabe in der ersten Phase des Experiments ja schon einmal beurteilt werden mussten. Hier «ja» zu sagen, wenn man ein Bild schon einmal gesehen hatte, schien als Abrufhilfe *(retrieval cue)* zu fungieren.

Die ausgezeichneten Leistungen kleiner Kinder bei Wiedererkennungsaufgaben könnten zu dem Schluss führen, dass es in Bezug auf das Gedächtnis für die Entwicklungspsychologie wenig zu erforschen gibt. In jüngerer Zeit haben jedoch Arbeiten zur Entwicklung des impliziten Gedächtnisses das Interesse an dem Thema neu entfacht.

Das implizite Gedächtnis

Implizites Gedächtnis ist «Gedächtnis ohne Bewusstsein». Bei Aufgaben zum impliziten Gedächtnis zeigen Versuchspersonen, dass ihr Gedächtnis über Informationen verfügt, an die sie sich nicht bewusst erinnern können. Zwar verstehen die meisten Menschen Erinnerung eher im Sinne von «Wiedergabe» als im Sinne von «Wiedererkennen», jedoch ist die Vorstellung ausgesprochen faszinierend, dass frühere Erfahrungen förderlich für die Leistung in bestimmten Gedächtnisaufgaben sein können, auch wenn der Betreffende keine bewussten Erinnerungen an diese früheren Erfahrungen hat. Andere Bezeichnungen für das implizite Gedächtnis sind «nichtintentionales Gedächtnis» oder «perzeptuelles Lernen».

Aufgaben zum perzeptuellen Lernen. Eine der ersten Studien zum impliziten Gedächtnis bei Kindern stammt von Carroll, Byrne und Kirsner (1985). Diese Autoren untersuchten das «perzeptuelle Lernen» bei fünf, sieben und zehn Jahre alten Kindern, wozu sie eine Aufgabe verwendeten, bei der Bilder wieder erkannt werden mussten. In der ersten Phase dieses Experiments sahen die Kinder eine Anzahl von Bildern und mussten entweder sagen, ob das jeweilige Bild ein Kreuz enthielt (33 Prozent der Bilder waren nach dem Zufallsprinzip mit einem Kreuz versehen worden) oder ob auf dem Bild etwas Tragbares zu sehen war. Die «Kreuzaufgabe» sollte eine «flache Verarbeitung» der Bilder allein auf der Wahrnehmungsebene bewirken, während die «Tragbarkeitsaufgabe» eine «tiefere Verarbeitung» auf der Bedeutungsebene anstoßen sollte.

Die Erinnerung an die gesehenen Bilder wurde dann mit Hilfe einer Wiedererkennungsaufgabe überprüft, die den Kindern zuvor nicht angekündigt worden war. Dabei sollten sie angeben, welche Dinge sich auf einer Reihe von Bildern befanden, von denen sie einige bereits gesehen hatten und andere nicht. Das implizite Gedächtnis wurde anhand des Unterschieds zwischen den Reaktionszeiten bei der Benennung des bereits gesehenen und denen bei der Benennung der neuen Bilder gemessen. Eine Hälfte der Kinder bekam diese *implizite* Gedächtnisaufgabe, die andere Hälfte sollte sagen, ob sie die Bilder schon gesehen hatten oder nicht. Dies war das Maß für das *explizite* Gedächtnis.

Die Hypothese von Carroll et al. lautete, dass nur das explizite, nicht aber das implizite Gedächtnis abhängig von der Verarbeitungstiefe sein würde. Mit anderen Worten: Eine tiefe Verarbeitung sollte zu einem besseren expliziten Erinnern führen als eine flache Verarbeitung, während es beim impliziten Erinnern keinen Unterschied zwischen den beiden Bedingungen geben sollte. Dies entsprach im Wesentlichen den Resultaten. Carroll et al. schlossen daraus, dass sich das perzeptuelle Lernen (das implizite Gedächtnis) mit zunehmendem Alter nicht weiterentwickelt.

Bild- und Wortergänzungsaufgaben. Eine weitere Möglichkeit herauszufinden, ob sich das implizite Gedächtnis weiterentwickelt, bieten Ergänzungsaufgaben mit Wörtern oder Bildern. Solche Aufgaben wurden beispielsweise von Naito (1990) in Japan eingesetzt, um das implizite Gedächtnis von Kindern im Alter von fünf, acht und elf Jahren zu untersuchen. Die Kinder bekamen einige Buchstaben aus einem Zielwort vorgegeben und sollten daraus das erste sinnvolle Wort bilden, das ihnen in den Sinn kam, beispielsweise aus KI – – – – E das Wort «Kirsche». Dabei wurde darauf geachtet, dass die gegebenen Buchstaben im Japanischen nur eine mögliche Ergänzung zuließen.

Vor der Ergänzungsaufgabe bearbeiteten die Kinder zwei weitere Aufgaben, bei denen 67 Prozent der späteren Zielwörter verwendet wurden. Bei der Hälfte dieser Wörter sollten die Kinder beurteilen, zu welcher Kategorie das Wort gehörte. Dazu stellte man ihnen *forced choice*-Aufgaben (z. B. «Ist dies eine Frucht oder ein Kleidungsstück?»). Diese Aufgabe sollte eine «tiefe» Verarbeitung in Gang setzen. Bei der anderen Hälfte der Wörter sollten die Kinder angeben, ob das Wort einen bestimmten Buchstaben enthielt («flache» Verarbeitung). Die Frage war, ob es bei der anschließenden Ergänzungsaufgabe mehr richtige Lösungen bei den 32 bereits vorgekommenen Wörtern geben würde als bei den 16 neuen. Naito stellte fest, dass die «alten» Items signifikant häufiger korrekt ergänzt wurden als die «neuen», und zwar von Kindern aller Altersstufen. Die Verarbeitungstiefe (tief oder flach) hatte hingegen keinen Einfluss auf das implizite Gedächtnis. Es gab auch keine Unterschiede zwischen den verschiedenen Altersgruppen (auch eine Vergleichsgruppe aus Erwachsenen schnitt nicht besser ab). In einem weiteren Experiment, bei dem sich die Kinder explizit an die Zielwörter erinnern sollten, stellte Naito dagegen eine deutliche Verbesserung der Gedächtnisleistung mit zunehmendem Alter sowie einen Effekt der Verarbeitungstiefe fest. Zusammengefasst bedeutet dies, dass sich das implizite Gedächtnis nicht weiterentwickelt, wohl aber das explizite Gedächtnis. Aus entwicklungspsychologischer Perspektive gäbe es, so interpretiert Naito ihre Ergebnisse, einen großen Unterschied zwischen diesen beiden Formen des Gedächtnisses.

Bei *Bild*-Ergänzungsaufgaben werden nach und nach mehr Fragmente eines vertrauten Gegenstandes (z. B. eines Kochtopfes oder eines Telefons) gezeigt, bis das Objekt erkannt wird (siehe Abbildung 5.2). Wenn das entsprechende Objekt bereits in einer vorherigen Aufgabe vorgegeben wurde, etwa in einer Bildbenennungsaufgabe, sollte implizites Lernen dazu führen, dass dieses Objekt schneller erkannt wird als andere, die zum ersten Mal auftauchen.

Unter Verwendung einer solchen Bildergänzungsaufgabe untersuchten Russo, Nichelli, Gibertoni und Cornia (1995) das implizite Gedächtnis bei Vier- und Sechsjährigen. Die Kinder bekamen zunächst 12 Bilder für jeweils drei Sekunden gezeigt und sollten sagen, was auf ihnen zu sehen war. Nach einer 10-minütigen Unterbrechung, in der die Kinder mit Klötzen spielten, bekamen sie in zufälliger Reihenfolge die bereits gesehenen 12 sowie 12 neue Bilder als Fragmente vorgegeben. Sie sollten jeweils so schnell wie möglich

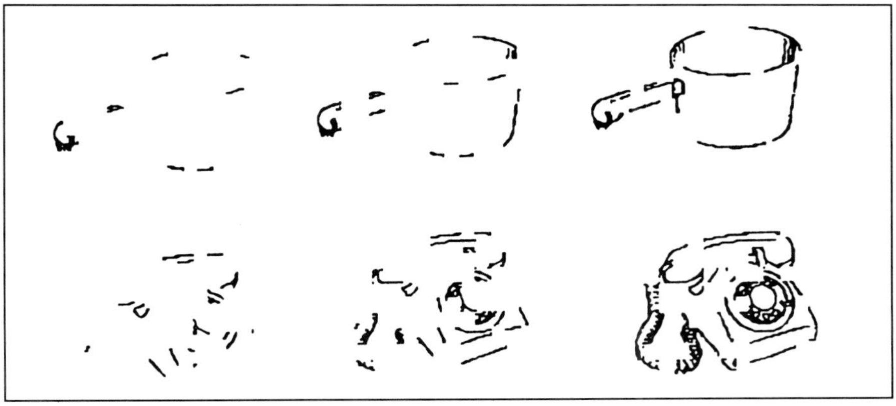

Abbildung 5.2: Beispiele der Bild-Ergänzungsaufgaben, wie sie von Russo et al. (1995) verwendet wurden. Wiedergabe mit freundlicher Genehmigung der Academic Press Inc.

sagen, um welchen Gegenstand es sich ihrer Meinung nach handelte. Dabei wurde die Anzahl der vorgegebenen Fragmente so lange erhöht, bis das Kind den Gegenstand erkannte. Die Leistungen in dieser Bedingung wurden mit den Leistungen in einer expliziten Version der Aufgabe verglichen, die ohne Zeitbegrenzung vorgegeben wurde. Bei den expliziten Aufgaben sollten die Kinder mit Hilfe der Fragmente versuchen, sich an die Bilder zu erinnern, die bei der Benennungsaufgabe gezeigt worden waren.

Russo et al. stellten fest, dass beide Altersgruppen die bereits gesehenen Bilder anhand einer geringeren Anzahl von Fragmenten erkannten als die neuen Bilder, was als Leistung des impliziten Gedächtnisses zu werten ist. Die Ergebnisse entsprachen denen einer Gruppe junger Erwachsener, die die gleiche Aufgabe bekamen. Signifikante Altersunterschiede fanden sich hingegen bei der expliziten Wiedergabe, bei der die Sechsjährigen den Vierjährigen überlegen waren. Russo et al. schlossen daraus, dass das implizite Gedächtnis, so wie es durch Ergänzungsaufgaben gemessen werden kann, bei Kindern und Erwachsenen äquivalent ist, und dass die Prozesse, auf denen implizite Gedächtnisleistungen beruhen, im Alter von vier Jahren voll entwickelt sind.

Einer ähnlichen Studie von Bullock Drummey und Newcombe (1995) ist zu entnehmen, dass möglicherweise schon Dreijährige über ein voll entwickeltes implizites Gedächtnis verfügen. Die Aufgabe, die diese Autoren verwendeten, verlangte das Wiedererkennen verschwommener Bilder nach längeren Zwischenzeiten. Die Stichprobe bestand aus Dreijährigen, Fünfjährigen und Erwachsenen, die verschwommene Versionen von Bildern wieder erkennen sollten, die sie drei Monate zuvor in einem Lesebuch gesehen hatten. Es zeigte sich, dass die Leistungen der drei Altersgruppen vergleichbar waren. Allerdings waren die Erwachsenen den Kindern hinsichtlich ihrer *expliziten* Erinnerung an die Bilder überlegen.

Das Gedächtnis für Gesichter

Ein drittes Maß, das sich zur Untersuchung des impliziten Gedächtnisses bei Kindern eignet, ist das Gesichtergedächtnis. Der Vorteil von Gesichtern ist, dass es sich um auffällige und wichtige Stimuli handelt, die nicht verbal verarbeitet werden müssen, um behalten zu werden. Wird das gleiche Gesicht erwachsenen Versuchspersonen zweimal gezeigt, brauchen sie beim zweiten Mal deutlich weniger Zeit, um das Gesicht als bekannt einzustufen. Es handelt sich um einen so genannten «Priming-Effekt». Ellis, Ellis und Hosie

(1993) untersuchten, ob derartige Priming-Effekte für Gesichter auch bei Kindern festzustellen sind.

In ihrem Experiment zeigten sie Kindern im Alter von fünf, acht und elf Jahren Bilder von ihren Klassenkameraden und von unbekannten Kindern und forderten sie auf anzugeben, ob die Kinder lächelten (was die Hälfte der Kinder tat) und ob es ein Junge oder ein Mädchen war. Nach dieser «Primingphase» wurden die Bilder der Klassenkameraden ein zweites Mal gezeigt, im Wechsel mit vorher nicht gesehenen Bildern anderer Klassenkameraden sowie mit Bildern anderer unbekannter Kinder. Bei diesem zweiten Durchgang sollten die Kinder sagen, ob sie das Kind auf dem Foto kannten. Die Kinder aller Altersstufen erkannten, wie Ellis et al. feststellten, die Klassenkameraden, deren Bild sie bereits in der Primingphase gesehen hatten, schneller als diejenigen, von denen beim ersten Durchgang kein Bild dabei gewesen war. Der implizite Gedächtniseffekt, gemessen anhand des Unterschieds zwischen «geprimten» und «ungeprimten» Reaktionszeiten, war bei den Fünf- und den Achtjährigen gleich stark und bei den Elfjährigen etwas *schwächer* ausgeprägt. Dies ist ein weiterer Beleg dafür, dass die für das implizite Gedächtnis verantwortlichen Prozesse bereits in der frühen Kindheit voll entwickelt sind.

Eine andere Möglichkeit zur Untersuchung des Gesichtergedächtnisses ist die Vorgabe von Bildern ehemaliger Klassenkameraden. Newcombe und Fox (1994) zeigten ihrer Stichprobe – Kinder im Alter von zehn Jahren – Dias von drei- und vierjährigen Kindern, mit denen sie gemeinsam die Vorschule besucht hatten. Zwischen diesen Dias befanden sich andere von Kindern, die dieselbe Vorschule fünf Jahre später besucht hatten. Um zu überprüfen, ob die Kinder implizite Erinnerungen an ihre ehemaligen Klassenkameraden hatten, wurden ihre galvanischen Hautreaktionen gemessen, ein Maß für die Aktivierung des autonomen Nervensystems. Im Anschluss daran wurden den Kindern die Bilder erneut gezeigt; dieses Mal sollten sie angeben, ob sie die Kinder auf den Fotos kannten und wie nett sie sie fanden. Damit wollte man feststellen, ob die Kinder möglicherweise mehr Sympathie für ihre früheren Klassenkameraden empfanden, auch wenn sie sich nicht an sie erinnern konnten.

Wie Newcombe und Fox herausfanden, zeigten sowohl das implizite als auch das explizite Maß, dass die Kinder Erinnerungen an ihre früheren Klassenkameraden hatten. Zwar war die Wiedererkennungsquote insgesamt relativ niedrig (26 Prozent anhand des impliziten und 21 Prozent anhand des expliziten Maßes), es gab jedoch große individuelle Unterschiede. Interessanterweise konnten nach einer Teilung der Gruppe in «gute explizite Erinnerer» und «schlechte explizite Erinnerer» keine Unterschiede zwischen den beiden Gruppen in Bezug auf die *impliziten* Erinnerungen festgestellt werden. Dies ist ein bemerkenswertes Resultat: Es zeigt, dass es implizite Erinnerungen an Erlebnisse aus der Vorschulzeit geben kann, auch wenn explizite Erinnerungen fehlen. Die von Newcombe und Fox vorgelegten Daten unterstützen die These von Naito (1990), dass sich das implizite und das explizite Gedächtnis getrennt voneinander entwickeln.

Die beschriebenen Studien zeigen, dass bereits drei- bis vierjährige Kinder über «Gedächtnis ohne Bewusstsein» verfügen. Kleine Kinder haben unbewusste Erinnerungen an gesehene Bilder oder Wörter und diese Erinnerungen erleichtern das Wiedererkennen dieser Stimuli in Ergänzungsaufgaben. Außerdem reagieren sie deutlich schneller auf Bilder (oder Kinder!), die sie zuvor bereits gesehen haben. Dennoch ist die Vorstellung, dass es zwei getrennte Gedächtnissysteme gibt, nicht unumstritten (z. B. Shanks & St. John, 1994). Die Existenz zweier getrennter Gedächtnissysteme würde die Existenz zweier getrennter Lernsysteme voraussetzen, eines impliziten Systems, das unabhängig vom Bewusstsein funktioniert, und eines expliziten Systems, in dem das Gelernte bewusst verarbeitet wird. Shanks und St. John vertreten die Auffassung, dass der Großteil der vorgelegten Daten zum impliziten Lernen und Gedächtnis keinen zwingenden Nachweis für das Auftreten von Lernen ohne Bewusstsein darstellten. Sie ließen sich auch dadurch erklären, dass sich die Versuchspersonen die in der Trainingsphase der Experimente präsentierten Exemplare oder Fragmente gemerkt hätten. Unabhängig davon, ob sich diese Argumentation

Trip/H. Rogers

als stichhaltig erweisen wird oder nicht, gilt auf jeden Fall die Tatsache, dass das Vorkommen derartiger Gedächtnisprozesse in der frühen Kindheit gut belegt ist.

Das episodische Gedächtnis

Im Zusammenhang mit dem episodischen Gedächtnis gibt es keine vergleichbare Debatte: Es herrscht Einigkeit darüber, dass dieses Gedächtnissystem Bewusstheit voraussetzt. Der Begriff episodisches Gedächtnis bezieht sich meistens auf das Gedächtnis für Episoden oder Ereignisse und damit auf bewusstes oder explizites Erinnern. Bei Erwachsenen ist das episodische Gedächtnis weitgehend um «Schemata» oder um Skripts für häufig wiederkehrende Ereignisse herum organisiert. Unter einem Skript versteht man eine generische oder abstrakte Wissensstruktur, die die zeitliche und kausale Abfolge von Ereignissen in einem ganz spezifischen Kontext repräsentiert. So verfügen Erwachsene beispielsweise über ein «Restaurantskript», das die übliche Folge von Ereignissen beim Besuch eines Restaurant enthält, oder ein «Wäscheschema» für die übliche Folge von Ereignissen beim Waschen der Wäsche. Unter entwicklungspsychologischem Aspekt stellt sich die Frage, ob Kinder episodische Informationen auf ähnliche Weise organisieren wie Erwachsene. Eine Möglichkeit, dies herauszufinden, besteht darin, den Kindern einen vertrauten Ablauf vorzugeben – beispielsweise «ein Bad nehmen» – und dann zu überprüfen, ob sie die zeitliche und kausale Folge von Ereignissen in diesem spezifischen Kontext repräsentiert haben, indem man sie auffordert, das vorgeführte Ereignis zu reproduzieren.

Die zeitliche Reihenfolge als Organisationsprinzip des kindlichen episodischen Gedächtnisses. Bauer und Shore (1987) führten Kleinstkindern im Alter von 17 bis 23 Monaten das Ereignis «ein Bad nehmen» vor, indem sie einen Teddybär badeten. Dabei wurde dem Teddy zuerst das T-Shirt ausgezogen, dann wurde er in eine Spielzeugbadewanne gelegt und danach tat der Versuchsleiter so, als würde er den Teddy waschen und anschließend abtrocknen. Mit den Worten «Kannst *du* jetzt mal den schmutzigen Teddy baden?» überreichte er den Teddybär dann dem Kind. Unmittelbar im Anschluss an die Vorführung waren die Kinder relativ gut in der Lage, die Ereignisabfolge zu reproduzieren. Und auch sechs Wochen später bei einem weiteren Test, bei dem sie den Teddybär ohne erneute Demonstration baden sollten, erinnerten sie sich an die korrekte Abfolge. Diese Daten legen nahe, dass kleine Kinder Ereignisse prinzipiell sehr ähnlich repräsentieren wie Erwachsene. Ihr Ereignisgedächtnis besteht nicht aus unzusammenhängenden Bildern einzelner Bestandteile von Ereignissen, vielmehr sind ihre Repräsentationen wie bei Erwachsenen zeitlich geordnet und um ein Ziel herum organisiert.

Abläufe wie „ein Bad nehmen" sind kleinen Kindern allerdings sehr vertraut, was das Erinnern der zeitlichen Reihenfolge der verschiedenen Schritte erleichtern mag. Eine wichtige Frage ist, ob dies auch der Fall ist, wenn es sich nicht um einen vertrauten, sondern um einen neuartigen, unbekannten Ablauf von Ereignissen handelt. Um dies herauszufinden, konstruierten Bauer und Shore eine neue kausal zusammenhängende Ereignisabfolge: „Wir bauen eine Rassel". Dem Kind wurde dabei demonstriert, wie ein Plastikball in einen zusammensteckbaren Behälter gelegt wurde, dieser in einen weiteren, etwas größeren Behälter gesteckt wurde, welcher dann in Ohrhöhe hin und her geschüttelt wurde. Auch in diesem Fall erinnerten sich die Kinder sowohl unmittelbar im Anschluss an die Demonstration als auch einige Zeit später an die einzelnen Schritte des Geschehens und ihre zeitliche Abfolge. Für Bauer und ihre Mitarbeiter zeigt dies, dass auch sehr kleine Kinder schon bei der ersten Begegnung mit solchen Abläufen für die kausalen Zusammenhänge empfänglich sind, die ihnen zugrunde liegen, was bedeutet, dass ihre Repräsentationen – genau wie die von Erwachsenen – eine zielorientierte zeitliche Ordnung aufweisen.

Kausale Zusammenhänge als Organisationsprinzip des kindlichen episodischen Gedächtnisses. In einer Studie zur Überprüfung der Hypothese, dass kausale Zusammenhänge besonders wichtig dafür sind, wie kleine Kinder die zeitliche Reihenfolge von Ereignissen organisieren, verwendeten Bauer und Mandler (1989b) zwei unbekannte und zwei bekannte Abfolgen kausal zusammenhängender Ereignisse. Ihre Stichprobe bestand aus Kleinstkindern im Alter von entweder 16 oder 20 Monaten. Die unbekannten Ereignisse waren *eine Rassel zusammenbauen* und *einen Frosch zum Hüpfen bringen.* Bei letzterem wurde zuerst aus einem keilförmigen Holzblock und einem Brett eine Wippe gebaut; dann wurde auf das eine Ende des Brettes eine Froschfigur gesetzt, die schließlich dadurch zum Hüpfen gebracht wurde, dass die andere Seite des Brettes ruckartig nach unten bewegt wurde. Die bekannten Ereignisabfolgen waren *den Teddy baden* und *den Tisch abwischen,* wobei ein Papierkorb, ein Papiertuch und eine leere Sprühflasche zum Einsatz kamen. Der Versuchsleiter tat so, als sprühte er den Tisch ein, wischte ihn mit dem Papiertuch ab und warf dieses dann fort. Um zwischen rein zeitlich und kausal zusammenhängender Information unterscheiden zu können, verwendeten Bauer und Mandler in ihrem Experiment auch «neue willkürliche» Ereignisse, beispielsweise eine *Zugfahrt.* Hier wurden zwei Spielzeugwaggons aneinander gehängt, eine Lokführerpuppe in einen der Waggons gesetzt und zum Schluss wurden Gleise zusammengesteckt, auf denen der Zug fahren konnte. Für diese Reihenfolge gab es keine logische Notwendigkeit, so dass die einzelnen Bestandteile des Ereignisses auch ohne Auswirkungen auf das Endergebnis in eine andere Reihenfolge gebracht werden konnten.

Bauer und Mandler stellten fest, dass sich die Kinder bei den willkürlichen Ereignissen tatsächlich schlechter an die zeitliche Reihenfolge des Ablaufs erinnerten als bei den kausal zusammenhängenden. Außerdem zeigte sich, dass bei Einführung einer irrelevanten Komponente (wie dem Anbringen eines Aufklebers auf die Rassel oder auf den Lokführer) diese in der kausalen Ereignisabfolge mit sehr viel höherer Wahrscheinlichkeit an einer anderen Stelle im Ablauf eingebaut wurde als die anderen Bestandteile des Ereignisses. Bei der Ereignisabfolge *eine Rassel bauen* wurde das Anbringen des Aufklebers häufig an einer anderen Stelle als der ursprünglichen eingefügt oder völlig weggelassen. Bei der *Zugfahrt* dagegen wurde das Befestigen des Aufklebers nicht anders behandelt als die anderen Komponenten des Ereignisses. Dieser Befund zeigt, dass kausal zusammenhängende Elemente einen privilegierten Status in der Repräsentation von Ereignisabfolgen einnehmen. Mandler und Bauer kommen zu dem Schluss, dass kausale Zusammenhänge als Organisationsprinzip sowohl für den Aufbau von Erinnerungen als auch für deren Abruf eine wichtige Rolle spielen. Die Bedeutung kausaler Zusammenhänge für die Strukturierung des *episodischen* Gedächtnisses ergänzt die Befunde aus Kapitel 3, die gezeigt haben, wie wichtig kausale Informationen für die Entwicklung und Organisation des *semantischen* Gedächtnisses sind (z. B. Pauen, 1996b).

Bauer und ihre Mitarbeiter haben mit ihren Arbeiten überzeugend dargelegt, dass sich schon sehr kleine Kinder gut unbekannte Ereignisse merken können. Eine andere Möglichkeit herauszufinden, ob Kinder episodische Informationen auf ähnliche Weise organisieren wie Erwachsene, besteht darin, sie zu Ereignissen zu befragen, die ihnen sehr geläufig sind. Bauers Ergebnisse lassen vermuten, dass Kinder derartige Informationen in Form von Skripts organisieren.

Die Verwendung von Skripts zur Organisation episodischer Erinnerungen. Kindern Fragen über alltägliche Abläufe zu stellen war die Methode, die Nelson und ihre Mitarbeiter in ihrer bahnbrechenden Arbeit zur Entwicklungspsychologie der Skripts verwendeten. Sie untersuchten das episodische Gedächtnis von drei- und fünfjährigen Kindern für Ereignisse wie dem Einkauf von Lebensmitteln, dem Besuch einer Geburtstagsparty und dem Backen eines Kuchens. Dabei baten sie die Kinder einfach, ihnen zu erzählen, was während eines solchen Ereignisses «alles passiert» und stellten ihnen Fragen der folgenden Art: «Du weißt ja bestimmt schon viel über das Einkaufen von Ess-Sachen. Kannst du mir mal erzählen, was alles passiert, wenn man Ess-Sachen einkauft? ... Kannst du mir noch mehr über das Einkaufen von Ess-Sachen erzählen? ... Was passiert als erstes? Was passiert danach?»

Trip/H. Rogers

Schon die kleinsten Kinder gaben geordnete und den üblichen Abläufen entsprechende Beschreibungen der Ereignisse, nach denen sie gefragt wurden. So beschrieb beispielsweise ein Fünfjähriger das Einkaufen von Lebensmitteln mit den folgenden Worten (Nelson, 1986, S. IX):

> Äh, also, wir nehmen uns einen Einkaufswagen, und, äh, dann suchen wir Zwiebeln und Pflaumen und Kekse und Tomatensoße, Zwiebeln und all so Sachen, und wenn wir fertig sind, gehen wir zur Kasse, und, äh, dann pakken wir die Sachen in eine Tüte und tun die Tüte in den Wagen, dann gehen wir raus zum Auto, tun die Tüten in unseren Kofferraum und dann fahren wir nach Hause.

Forschungsarbeiten wie diese zeigen, dass das episodische Gedächtnis bereits sehr früh um Repräsentationen häufig wiederkehrender Ereignisse organisiert ist. Nelson (1993) vertritt die Auffassung, dass sich kleine Kinder und Erwachsene hinsichtlich der Art und Weise, wie sie die Realität strukturieren, repräsentieren und interpretieren, nicht grundlegend voneinander unterscheiden.

Aus diesem Grund spielen Skripts nach ihrer Auffassung möglicherweise eine herausragende Rolle für die Entwicklung des Gedächtnisses. Nach Nelson (1988) versuchen kleine Kinder vor allem, sich häufig wiederkehrende Ereignisse zu merken, da diese Routineereignisse – wie der Gang zum Babysitter – ihre Umwelt vorhersehbarer machen. Und diese Konzentration auf gewohnheitsmäßig wiederkehrende Abläufe geht auf Kosten der neuen und ungewöhnlichen Geschehnisse, die leichter vergessen werden.

Die Beziehung zwischen Skripts und neuartigen Ereignissen. Neuere Studien haben allerdings gezeigt, dass sich auch kleine Kinder noch nach längerer Zeit an neuartige und ungewöhnliche Ereignisse erinnern können. In einer Untersuchung von Fivush und Hamond (1990) berichtete ein Vierjähriger, dass er mit zweieinhalb Jahren einmal seinem Fisch zu viel zu essen gegeben habe «und dann ist er gestorben und meine Mama hat ihn ins Klo geworfen». Auch ein anderer Vierjähriger erzählte von einem Ereignis, dass sich zugetragen hatte, als er zweieinhalb Jahre alt war: «Meine Mama hat mir Jonathans Milch gegeben und da musste ich spucken» (der Junge hatte eine Milchzuckerallergie). Beide Ereignisse waren tatsächlich passiert, es handelte sich also um echte Erinnerungen. Offensichtlich hatten die Vorfälle einen so großen Eindruck bei den betroffenen Kindern hinterlassen, dass sie sich noch 18 Monate später an sie erinnerten. Fivush und Hamond stimmten prinzipiell der These Nelsons zu, dass sich Kinder vor allem auf gewohnheitsmäßige Abläufe konzentrieren, ihrer Meinung nach hilft ihnen ihr Wissen über diese routinemäßigen Ereignisse jedoch auch dabei, neuartige Geschehnisse zu verstehen – Geschehnisse, die vom üblichen Gang der Dinge abweichen.

Diese Vorstellung – dass der Aufbau von Skripts dem Behalten neuartiger Ereignisse förderlich ist – scheint zunächst im Widerspruch zu anderen Ergebnissen zu stehen, denen zufolge kleine Kinder dazu neigen, neuartige Ereignisse in ihre Skripts zu *integrieren*. Während ältere Kinder in der Lage sind, zwischen neuartigen und gewöhnlichen Ereignissen zu unterscheiden, und erstere im Gedächtnis als atypisch markieren, gibt es bei kleineren Kindern eine Tendenz, das Gewöhnliche mit dem Außergewöhnlichen zu vermischen. Dies zeigte sich zum Beispiel in einer Studie von Farrar und Goodman (1990), bei der die Fähigkeit von Vier- und Siebenjährigen untersucht wurde, sich an neuartige und an routinemäßige Ereignisse zu erinnern. Bei dieser Untersuchung kamen die Kinder innerhalb von zwei Wochen insgesamt fünfmal ins Labor, um «Tierspiele» zu spielen, bei denen stets Hasen- und Froschpuppen über einen Zaun sprangen und Bären und Eichhörnchen sich voreinander versteckten. Jedes Spiel wurde an einem besonderen Tisch gespielt, und die Reihenfolge der Spiele war jedes Mal gleich. Bei einem Besuch gab es jedoch zusätzlich zu den bekannten Spielen ein neues (zwei bislang nicht dabeigewesene Puppen, die unter eine Brücke krochen).

Eine Woche später wurden die Kinder zu ihren Erinnerungen an die Besuche interviewt, wobei sowohl die Methode der freien Wiedergabe als auch spezifische Fragen verwendet wurden (z. B. «Was passiert, wenn du an diesem Tisch mit den Puppen spielst?»). Die kleineren Kinder gaben an, dass das einmalige Ereignis sowohl bei den regulären Besuchen als auch bei dem einen abweichenden Besuch vorgekommen sei. Anscheinend waren sie unfähig, zwischen einem typischen Besuch und dem einmaligen Ereignis zu unterscheiden. Anders die älteren Kinder: Sie unterschieden in ihren Erinnerungen mit höherer Wahrscheinlichkeit zwischen den regulären Besuchen und dem aus dem Rahmen fallenden Besuch, d. h. markierten das neuartige Ereignis als einmalige Abweichung vom typischen Skript.

Nach Ansicht von Farrar und Goodman zogen die kleineren Kinder einfach ihr allgemeines Ereignisgedächtnis heran, als sie sich an die Spiele im Labor erinnerten, und in dieses allgemeine Gedächtnis waren sowohl die regulären als auch der abweichende Besuch eingegangen. Daraus schlossen die Autoren, dass sich die Fähigkeit, separate Erinnerungen an ungewöhnliche Ereignisse aufzubauen, im Alter von vier Jahren noch in der Entwicklung befindet. Möglicherweise haben beide Forscherteams Recht: Ob kleine Kinder neuartige Ereignisse einfach in ihr allgemeines Ereignisgedächtnis übernehmen, könnte davon abhängen, wie sehr sich das neue Ereignis in den Augen des Kindes vom Üblichen abhebt. Stark aus dem Rahmen fallende Ereignisse, wie die von Fivush und Hamond zitierten (über die dann häufig auch in der Familie immer wieder gesprochen wird), könnten im Gedächtnis der kleinen Kinder einen speziellen Status erhalten, während weniger spektakuläre Ereignisse wie die Spiele in Goodmans Labor in die Skripts eingebaut werden.

Der elterliche Interaktionsstil und die Entwicklung episodischer Erinnerungen. Es gibt auch eine zunehmende Zahl von Belegen dafür, dass die Art und Weise, wie die Eltern mit dem Kind interagieren, den Aufbau von Erinnerungen beeinflusst. Viele Eltern stellen ihren Kindern oft Fragen über gemeinsam erlebte Dinge wie: «Wo waren wir gestern?», «Wen haben wir getroffen?» und «Wer war alles dabei?» (Hudson, 1990). Fragen dieser Art könnten kleinen Kindern dabei helfen, Ereignisse temporal und kausal richtig einzuordnen und sich darüber klar zu werden, welche Aspekte sie sich besonders merken sollten. Wenn dies so wäre, müssten Kinder, deren Eltern häufiger derartige spezifische Fragen stellen, ein besseres Gedächtnis für Ereignisse haben. Dies scheint tatsächlich der Fall zu sein, wie u.a. die Ergebnisse einer Längsschnittstudie von Reese, Haden und Fivush (1993) zeigten, die Mutter-Kind-Gespräche über vergangene Ereignisse beobachteten. Die Kinder waren zu den verschiedenen Untersuchungszeitpunkten 40, 46, 58 und 70 Monate alt. Die Mütter wurden gebeten, mit ihrem Kind über einmalige Ereignisse aus der Vergangenheit – beispielsweise den Besuch einer bestimmten Sportveranstaltung oder eine Reise – zu sprechen. Dabei sollten keine Ereignisse ausgewählt werden, die sich turnusmäßig wiederholten – wie Geburtstagspartys oder Weihnachten – und bei deren Erwähnung ein bestimmtes Skript aufgerufen werden konnte.

Reese et al. stellten bei den Müttern zwei unterschiedliche «Erzählstile» fest sowie einen Zusammenhang zwischen diesen Erzählstilen und der Fähigkeit der Kinder, sich vergangene Erlebnisse ins Gedächtnis zu rufen. Ein Teil der Mütter ging konsequent auf alles ein, woran sich die Kinder erinnerten, und bewerteten es. Die anderen, weniger «elaborativen» Mütter wechselten häufig das Thema und gaben weniger Erzählstruktur vor. Außerdem gingen sie weniger auf das ein, was die Kinder sagten, und gaben weniger Bewertungen ab. Eine der ersten Gruppe zuzurechnende Mutter stellte ihrem Kind, das sich an einen Theaterbesuch erinnern sollte, beispielsweise Fragen wie: «Wo waren unsere Plätze?» und «Wie sah die Bühne aus?» Eine Mutter aus der zweiten Gruppe stellte ihrem Kind, das sich an eine Reise nach Florida zu erinnern versuchte, dagegen beispielsweise immer wieder die gleiche Frage («Was für Tiere hast du gesehen? Und welche noch? Und welche noch?»). Die Kinder der stärker strukturierenden Mütter erinnerten sich im Alter von 58 und von 70 Monaten im Durchschnitt an mehr Dinge

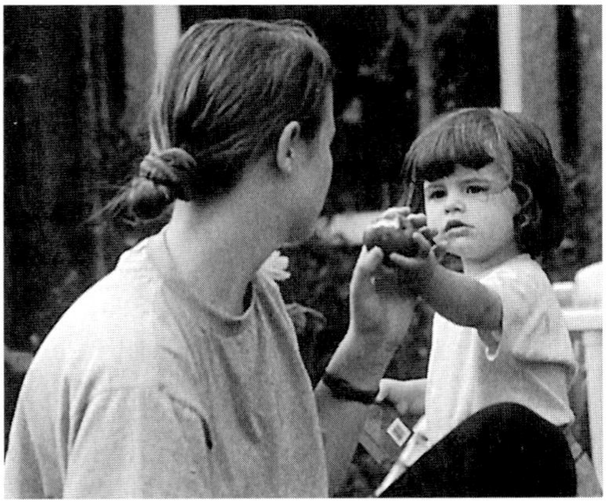
Trip/H. Rogers

als die Kinder der weniger strukturierenden Mütter. Nach Ansicht von Reese et al. zeigt dies, dass die Art der Rückmeldungen, die das Kind von der Mutter erhält, ein entscheidender Faktor bei der Entwicklung seiner Erinnerungsfähigkeit ist.

Das Augenzeugengedächtnis

Eine andere Art von Erinnerungen sind solche an Dinge, die zu dem Zeitpunkt, an dem sie sich ereigneten, unbedeutend zu sein schienen. Dies ist der Fall bei den Erinnerungen von Augenzeugen. Studien zu den Erinnerungen erwachsener Augenzeugen zeigen, dass sich diese oft ausgesprochen schlecht an Ereignisse erinnern, die sie beobachtet haben. So können beispielsweise Erwachsene, die einen Autounfall auf Video gesehen haben, einfach durch Fragen des Versuchsleiter wie «Haben Sie beschädigte Scheinwerfer gesehen?» dazu gebracht werden, sich an Dinge (wie beschädigte Scheinwerfer) zu «erinnern», die in Wirklichkeit überhaupt nicht zu sehen waren (Loftus, 1979). Wenn schon die Augenzeugenberichte von Erwachsenen wenig zuverlässig sind, wird dies vermutlich umso mehr für die Angaben von Augenzeugen im Kindesalter gelten. Diese Frage ist nicht nur aus wissenschaftlicher Perspektive interessant, sondern gewinnt auch unter juristischen Gesichtspunkten zunehmend an Bedeutung. Da immer mehr Kinder als Zeugen in Fällen vernommen werden, in denen ein Verdacht auf Kindesmisshandlung bzw. sexuellen Missbrauch besteht, stellt sich die wichtige Frage nach der Zuverlässigkeit ihrer Aussagen. In derartigen Fällen muss entschieden werden, ob die Misshandlung oder der Missbrauch tatsächlich stattgefunden hat, oder ob entsprechende «Erinnerungen» möglicherweise das Resultat einer wiederholten suggestiven Befragung durch Erwachsene sind.

Die Genauigkeit der Augenzeugenberichte von Kindern. Man stelle sich vor, ein Forscher kommt an eine Schule, bringt ein Kind aus seiner Klasse in einen anderen Raum, wo es mit zwei Freunden ein Puzzle legen soll, und geht hinaus. Während das Kind an dem Puzzle arbeitet, betritt ein Fremder den Raum, geht umher, lässt einen Stift fallen und macht sich an verschiedenen Sachen zu schaffen. Er behauptet, den Schulleiter zu suchen. Dann stiehlt er eine Handtasche und verlässt den Raum. Wie gut wird sich das Kind später an diese Ereignisse erinnern? In einer Studie von Ochsner und Zaragoza (1988, zitiert in Goodman, Rudy, Bottoms & Aman, 1990) konnten sich die sechsjährigen Versuchsteilnehmer relativ gut an das Geschehen erinnern. Die Kinder machten mehr zutreffende Aussagen und weniger falsche Aussagen über die Ereignisse, deren Zeuge sie geworden waren, als eine Vergleichsgruppe, die das gleiche Ereignis beobachtet hatte, nur dass hier der Mann den Raum verlassen hatte, ohne die Handtasche zu stehlen. Die Experimentalgruppe zeigte sich auch weniger suggestibel, kreuzte beispielsweise bei einem Multiple-Choice-Test weniger Antworten an, in denen falsche Schlussfolgerungen nahe legt wurden. Den Ergebnissen dieser Studie zufolge sind die Augenzeugenberichte kleiner Kinder möglicherweise nicht ungenauer als die von Erwachsenen.

Die Rolle lenkender Fragen. Andere Studien sind hingegen zu dem Ergebnis gekommen, dass sich kleine Kinder zwar insgesamt genauso gut an bedeutende Ereignisse erinnern wie Erwachsene, aber suggestibler sind als diese. So legten beispielsweise Cassell, Roebers und Bjorklund (1996) die Ergebnisse einer Studie vor, in der sechs- und achtjährige Kinder und Erwachsene ein Video über einen Fahrraddiebstahl sahen. Eine Woche später sollten sich die Versuchspersonen an die Ereignisse aus dem Video erinnern, wobei ihnen eine Reihe zunehmend suggestiverer Fragen gestellt wurden. Cassell et al. stellten fest, dass sich Kinder und Erwachsene etwa gleich gut an die zentralen Aspekte des Ereignisses erinnerten (z. B., wenn sie gefragt wurden: «Wem gehörte das Fahrrad?»). Der Verglich der Auswirkungen wiederholter suggestiver Befragungen auf die Kinder und die Erwachsenen ergab jedoch eine höhere Zahl falscher Erinnerungen bei den Kindern. Interessanterweise zeigte sich, dass auch nichtsuggestive Fragen wie «Gehörte das Fahrrad (a) der Mutter, (b) dem Jungen oder (c) dem Mädchen?» genauso häufig falsch beantwortet wurden wie stark lenkende Fragen nach dem Muster: «Das Fahrrad gehörte doch der Mutter, oder?» Dies ist ein wichtiges Ergebnis, da es zeigt, dass die Mechanismen, die zu fehlerhaften Erinnerungen führen, *allgemeiner* Art sind. Sie haben mit der Funktionsweise des sich entwickelnden Gedächtnisses zu tun und sind nicht auf die Erinnerungen an negative Ereignisse beschränkt.

Da in der Studie von Cassell et al. Videoaufnahmen verwendet wurden, stellt sich die Frage, ob sich kleine Kinder bei späteren Berichten noch *stärker* beeinflussen lassen, wenn sie das Ereignis mit eigenen Augen beobachtet haben. Um diese Frage zu beantworten, brachten Goodman und ihre Mitarbeiter Kinder im Alter von vier und sieben Jahren zu einem alten, verwahrlosten Wohnwagen – ein Ort, den die Kinder nicht so leicht vergessen würden (Rudy

& Goodman, 1991; siehe auch Goodman et al., 1990). Jeweils zu zweit spielten die Kinder in dem Wohnwagen Spiele mit einem fremden Mann. Jeweils ein Kind wurde mit der Aufgabe des Beobachters betraut, während das andere Kind mit dem Mann spielte. Auf diese Weise konnte überprüft werden, ob das Ausmaß der Suggestibilität der Kinder von ihrer Rolle als Beteiligte oder Zuschauer abhängen würde. Gespielt wurden Verkleiden, Fotografieren, Kitzeln und «Simon says»: ein Spiel, bei dem Kommandos gegeben werden, die nur dann befolgt werden dürfen, wenn sie mit «Simon sagt» eingeleitet werden. Während des «Simon says»-Spiels sollte das Kind unter anderem das Knie des Versuchsleiters berühren. Diese Spiele wurden ausgewählt, weil sexuell misshandelte Kinder häufig berichten, fotografiert, «gekitzelt» oder auf andere Weise berührt worden zu sein.

Später wurden die Kinder zu den Geschehnissen in dem Wohnwagen befragt. Zunächst bat der Interviewer das Kind, ihm alles zu erzählen, was sich in dem Wohnwagen abgespielt hatte. Im Anschluss daran wurden (in eine falsche Richtung) lenkende Fragen gestellt wie: «Er hat dich ausgezogen, stimmt's?», «Wie oft hat er dich gehauen?» und «Er hatte doch einen Bart, oder?» In Wirklichkeit hat das Kind beim Verkleidenspielen alle seine Kleider anbehalten. Es wurde auch kein Kind geschlagen und der Mann war glattrasiert. Goodman et al. stellten fest, dass die Kinder beider Altersgruppen zutreffende Angaben zu den Vorgängen in dem Wohnwagen machten. Weder die Beteiligten noch die Beobachter erfanden etwas hinzu. Auch die Antworten, die die Kinder auf spezifische Fragen gaben, in denen es um Misshandlung oder Missbrauch ging («Wie oft hat er dich geschlagen?», «Hat er dir irgendetwas in den Mund gesteckt?»), waren überwiegend korrekt. Die Siebenjährigen beantworteten 93 Prozent dieser Fragen korrekt, die Vierjährigen 83 Prozent.

Eine ähnliche Studie mit Drei- und Fünfjährigen ergab, dass auch dann nicht häufiger falsche Angaben gemacht werden, wenn «anatomische Puppen» benutzt wurden, mit denen die Kinder nicht nur erzählen, sondern auch *demonstrieren* konnten, was passiert war (Goodman & Aman, 1990). Allerdings erwiesen sich die kleineren Kinder in dieser Untersuchung anfälliger für suggestive Fragen als die älteren. Lenkende Fragen, die eine Misshandlung oder einen Missbrauch nahe legten, beantworteten die dreijährigen Kinder in 20 Prozent der Fälle zustimmend. Allerdings schmückten sie ihre Antworten nur selten weiter aus. Die meisten falschen Antworten bestanden darin, dass die Kind mit dem Kopf nickten, wenn sie gefragt wurden: «Hat er dich geküsst?» Sehr viel weniger falsche Antworten gaben die kleineren Kinder auf

Fragen nach schwerwiegenderen Vorkommnissen wie «Er hat dich ausgezogen, stimmt's?» und «Wie oft hat er dich geschlagen?»

Das auffälligste Ergebnis dieser ausgesprochen «ökologisch validen» Untersuchungen ist, dass die Kinder sich im Allgemeinen keine Vorfälle ausdachten. Sie ließen sich auch kaum durch suggestive Fragen von Erwachsenen beeinflussen, und zwar auch dann nicht, wenn sie anatomische Puppen zur Verfügung hatten, was sie möglicherweise dazu hätte bewegen können, falsche Angaben zu machen. Allerdings reagierten – wie in der Videostudie von Cassell et al. – die kleineren Kinder anfälliger auf suggestive Fragen. Auch andere Untersuchungen zeigen eine stärkere Suggestibilität kleinerer Kinder, wenn sie von erlebten Ereignissen berichten sollen (siehe Übersicht von Ceci & Bruck, 1993). Das Ausmaß dieser Beeinflussbarkeit variiert u.a. in Abhängigkeit von Faktoren wie der emotionalen Atmosphäre während des Interviews, dem Wunsch des Kindes, es dem Gesprächspartner recht zu machen, sowie davon, ob das Kind selbst am Geschehen beteiligt war oder nicht. In allen Studien zeigte sich jedoch zumindest eine gewisse Altersabhängigkeit der Suggestibilität.

Zusammenhänge zwischen der Entwicklung des episodischen Gedächtnisses und des Augenzeugengedächtnisses. Nach Ceci und Bruck (1993) gibt es möglicherweise einen Zusammenhang zwischen der größeren Beeinflussbarkeit kleinerer Kinder durch wiederholte Befragungen durch Erwachsene und den Befunden von Nelson und anderen zum Ereignisgedächtnis. Ihrer Ansicht nach könnte die stärkere Abhängigkeit der kleineren Kinder von ihrem «Skriptwissen» dazu führen, dass das, was ihnen von dem Befrager suggeriert wird, in das entsprechende Ereignisskript aufgenommen und anschließend so wiedergegeben wird, als hätte es tatsächlich stattgefunden. Dies stände eindeutig im Einklang mit dem Befund von Farrar und Goodman, wonach kleine Kinder ein neuartiges Ereignis, welches sich im Rahmen eines vertrauten Geschehens abspielt, in das bestehende Skript aufnehmen, anstatt es als Sonderfall einzuordnen (Farrar & Goodman, 1990). Mit zunehmendem Alter gelingt es den Kindern dann immer besser, sich suggerierte Ereignisse gesondert zu merken und diese Erinnerung nicht mit ihren Skripts zu vermengen. Gleichzeitig nimmt ihre Beeinflussbarkeit durch suggestive Fragen ab.

In eine ähnliche Richtung geht die Argumentation von Ornstein und seinen Mitarbeitern, die darauf verweisen, dass Kinder keine genauen Angaben über Ereignisse machen können, an die sie sich nicht erinnern. Um herauszufinden, wie gut sich Kinder tatsächlich herausragende, persönlich erlebte Ereignisse merken können, untersuchten Ornstein, Gordon und Larus (1992) die Erinnerungen drei und sechs Jahre alter Kinder an eine ärztliche Untersuchung. Diese dauerte ungefähr 45 Minuten und umfasste unter anderem das Messen und Wiegen des Kindes, Hör- und Sehtests, eine Blutentnahme, eine Untersuchung der Genitalien sowie das Abhören von Herz und Lungen. Nach Ansicht von Ornstein et al. haben derartige Untersuchungen eine Reihe von Merkmalen mit einem sexuellen Missbrauch gemein, zum Beispiel den körperlichen Kontakt und die emotionale Anspannung, die beispielsweise der Einsatz von Spritzen hervorruft. Die Erinnerung an die Untersuchung wurde unmittelbar nach deren Beendigung sowie nach Ablauf von einer Woche und von drei Wochen getestet.

Ornstein et al. erfassten die Erinnerungen der Kinder zunächst mit Hilfe offener Fragen wie «Erzähl mir mal, was bei der Untersuchung alles passiert ist.» Danach wurde konkreter nachgefragt, z. B.: «Hat der Doktor/die Frau Doktor irgendwelche Teile deines Gesichts untersucht?» und «Hat er/sie deine Augen untersucht?» Es wurden auch irreführende Fragen gestellt und nach Dingen gefragt, die nicht Bestandteil der Untersuchung gewesen waren. Ornstein et al. stellten fest, dass die Kinder sich direkt im Anschluss an den Arztbesuch gut an das Erlebte erinnerten: die Dreijährigen an 82 Prozent und die Sechsjährigen an 92 Prozent der einzelnen Untersuchungen. Nach drei Wochen waren die Erinnerungen bei Kindern beider Altersgruppe etwas verblasst, aber immer noch relativ genau (71 Prozent bei den Dreijährigen). Auch die irreführenden Fragen wurden weitgehend richtig beantwortet: Zum großen Teil verneinten Kinder beider Altersgruppen, dass die betreffenden Dinge Bestandteil der Untersuchung gewesen waren. Nach drei Wochen beantworteten die Dreijährigen noch 60 Prozent und die Sechsjährigen 65 Prozent der irreführenden Fragen zutreffend. Auch in Bezug auf «Intrusionen» («Erinnerungen» an Dinge, die nicht stattgefunden haben) unterschieden sich die beiden Altersgruppen nicht wesentlich voneinander: Bei den Dreijährigen lag der Anteil nach drei Wochen bei 26 Prozent und bei den Sechsjährigen bei 32 Prozent. Ornstein et al. schlossen aus diesen Ergebnissen, dass sich kleine Kinder erstaunlich gut an persönlich erlebte Ereignisse erinnern, was die Befunde von Goodman und ihren Mitarbeitern aus der Wohnwagenstudie bestätigt.

Eine weitere Möglichkeit, den Zusammenhang zwischen dem Wissen von Kindern über routinemäßig ablaufende Ereignisse (Skriptinformationen) und ihren Augenzeugenberichten zu betrachten, besteht darin, zu untersuchen, ob Kinder, die *mehr* über eine bestimmte Klasse von Ereignissen wissen, möglicherweise *weniger* anfällig für Suggestionen sind. Dieser Hypothese zufolge sollte ein solides Vorwissen über bestimmte Ereignisse zum Aufbau stabiler Erinnerungen führen, welche wiederum besser dazu geeignet sind, dem Einfluss irreführender Fragen zu widerstehen. Überprüfen lässt sich diese Hypothese, indem man die Bedeutung von Wissen für das Gedächtnis des Kindes untersucht, was Ornstein und seine Mitarbeiter in einer späteren Arbeit getan haben.

Clubb, Nida, Merritt und Ornstein (1993) haben sich mit der Frage befasst, ob die Erinnerungen von Kindern an einen Arztbesuch mit ihrem grundsätzlichen Wissen über routinemäßige kinderärztliche Untersuchungen zusammenhängen. Dazu wurden die Kinder (Fünfjährige) zunächst zu diesem Thema befragt, wobei zuerst offene Fragen (beispielsweise «Sag mir mal, was passiert, wenn du zum Arzt gehst») und im Anschluss daran Ja-/Nein-Fragen gestellt wurden (wie «Untersucht der Arzt dein Herz?»). Clubb et al. stellten fest, dass sich die Kinder mehrheitlich an besonders auffällige Bestandteile von Arztbesuchen erinnerten, etwa eine Spritze zu bekommen (64 Prozent) oder das Herz abgehört (64 Prozent) oder den Mund untersucht (55 Prozent) zu bekommen. Andere Bestandteile wurden nur von sehr wenigen Kindern angeführt, etwa eine Untersuchung der Handgelenke (5 Prozent). Diese Prozentsätze dienten im Weiteren als «Wissensindizes». Eine andere Gruppe Fünfjähriger lieferte die Vergleichswerte für das Augenzeugengedächtnis. Diese Gruppe wurde nach einem realen Arztbesuch (der im Rahmen einer früheren Studie stattgefunden hatte) interviewt. Clubb et al. erfassten, wie viel Prozent dieser Kinder spontan von den einzelnen Untersuchungen (Spritze, Herz abhören, Mund) berichteten, und zwar unmittelbar nach dem Arztbesuch sowie nach Ablauf von einer, drei und sechs Wochen. Diese Zahlen zum Augenzeugengedächtnis wurden dann mit den entsprechenden Wissensindizes der anderen Kindergruppe korreliert.

Es zeigte sich, dass die Korrelationen zwischen den Wissensindizes und den Gedächtniswerten bei allen Messzeitpunkten hochsignifikant waren. Die Autoren schlossen daraus, dass sich Kinder an Dinge, über die sie von vornherein mehr wissen, auch besser erinnern. Allerdings sagen die signifikanten Korrelationen von Clubb et al. nichts über die *Richtung* des Zusammenhangs zwischen Wissen und Gedächtnis aus. Denkbar ist, dass das Erinnern eher das Wissen determiniert als umgekehrt. Außerdem wären die Ergebnisse überzeugender, wenn sie an ein- und derselben Kindergruppe erhoben worden wären. Dennoch wäre es lohnenswert, die Hypothese weiter zu untersuchen, dass es einen Zusammenhang zwischen episodischem Wissen und der Empfänglichkeit für suggestive Fragen gibt.

Das Arbeitsgedächtnis

Sowohl das episodische Gedächtnis als auch das Augenzeugengedächtnis sind dem Langzeitgedächtnis zuzurechnen. Nun verfügt der Mensch auch über ein System für das Erinnern kurz zurückliegender Ereignisse, das so genannte Kurzzeit- oder Arbeitsgedächtnis. Hierbei handelt es sich um einen Speicher, in dem Informationen vorübergehend aufbewahrt und gleichzeitig für andere kognitive Aufgaben wie Schlussfolgerung, Interpretation und Lernen weiterverarbeitet werden (z. B. Baddeley & Hitch, 1974). Die im Kurzzeitspeicher befindlichen Informationen sind entweder neu oder wurden aus dem Langzeitgedächtnis abgerufen.

Das Arbeitsgedächtnis besteht aus mindestens drei Subkomponenten: Der «zentralen Exekutive» *(central executive),* dem «visuell-räumlichen Skizzenblock» *(visuo-spatial sketchpad)* und der «phonologischen Schleife» *(phonological loop,* siehe Abbildung 5.3). Die zentrale Exekutive ist als steuernde Instanz aufzufassen, die die verschiedenen Aktivitäten des Arbeitsgedächtnisses koordiniert und Ressourcen verteilt. Der visuell-räumliche Skizzenblock soll visuelle und räumliche Informationen verarbeiten und in einem visuell-räumlichen Code festhalten sowie verbale Informationen, die bildlich gespeichert werden. Die phonologische Schleife dient, so meint man, der Verarbeitung und dem Behalten verbaler Information in Form von gesprochener Sprache. Bereits nach ein bis zwei Sekunden verlassen die aufgenommenen verbalen Informationen bereits wieder die phonologische Schleife, so dass verbale Informationen gegebenenfalls durch subvokales Nachsprechen *(rehearsal)* aufgefrischt bzw. aufrechterhalten werden müssen.

Unter entwicklungspsychologischem Aspekt sind in erster Linie die beiden «Zuarbeitersysteme» der zentralen Exekutive erforscht worden, der visuell-räumliche Skizzenblock und die phonologische Schleife. Einer weit verbreiteten Vorstellung zufolge arbeitet das Kurzzeitgedächtnis von Kindern zunächst vor allem mit visuellen Codes und geht, wenn die Kinder ungefähr fünf Jahre alt sind, zur Verwendung phonologischer Codes über (z. B.. Conrad, 1971). Das Alter dieses Übergangs ist möglicherweise sehr bedeutsam, da es ungefähr dem Alter entspricht, in dem Piaget einen wichtigen Umbruch im logischen Denken der Kinder ansiedelt (siehe Kapitel 8). Dieses zeitliche

Zusammentreffen spielt eine gewisse Rolle in bestimmten – manchmal als neopiagetianisch bezeichneten – Informationsverarbeitungstheorien der kognitiven Entwicklung. Da das Arbeitsgedächtnis eine große Bedeutung für das logische Denken, Verstehen und Lernen hat, ist das Argument, die Entwicklung des Arbeitsgedächtnisses müsse Auswirkungen auf die allgemeine kognitive Entwicklung haben, durchaus plausibel. Möglich ist jedoch andererseits auch, dass die Entwicklung des Denkens, des Verstehens und des Lernens ihrerseits Auswirkungen auf die Entwicklung des Arbeitsgedächtnisses hat. Im nächsten Kapitel werden wir uns kurz mit diesen neopiagetianischen Theorien befassen.

Der visuell-räumliche Skizzenblock. Ein Großteil der Belege dafür, dass das Kurzzeitgedächtnis von Kindern bis zum Alter von ungefähr fünf Jahren überwiegend mit visuellen Codes arbeitet, ist indirekter Natur. Gezeigt wurde vor allem, dass bestimmte Effekte, die mit der Verwendung von Sprachlauten für die Kodierung im Arbeitsgedächtnis zusammenhängen, bei diesen kleineren Kindern *nicht* zu beobachten sind. Da das Auftreten dieser Effekte im Allgemeinen als Beleg für die Existenz der phonologischen Schleife betrachtet wird (siehe unten), wertet man die Abwesenheit dieser sprachlichen Effekte als Hinweis darauf, dass das Kurzzeitgedächtnis kleinerer Kinder vornehmlich mit dem visuell-räumlichen Skizzenblock arbeitet.

Die klassische Studie in dieser Tradition stammt von Conrad (1971). In seiner Untersuchung mussten sich Kinder im Alter zwischen drei und elf Jahren eine Reihe von Bildern einprägen. Die Dinge, die auf den Bildern zu sehen waren, hatten Bezeichnungen, die entweder ähnlich (Ratte, Katze, Matte, Hut, Schläger, Mann, Tasche, Wasserhahn – englisch: *rat, cat, mat, hat, bat, man, bag, tap*) oder unterschiedlich klangen (Mädchen, Bus, Zug, Löffel, Fisch, Pferd, Uhr, Hand – englisch: *girl, bus, train, spoon, fish, horse, clock, hand)*. Zunächst wurde den

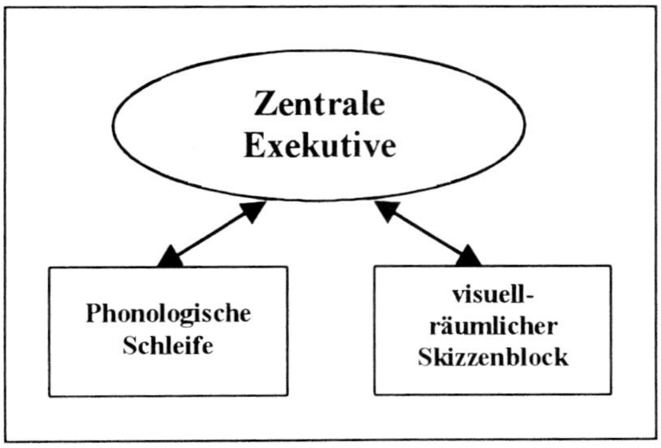

Abbildung 5.3: Das Arbeitsgedächtnis im Modell von Baddeley und Hitch (1974). Wiedergabe mit freundlicher Genehmigung der Academic Press Inc.

Kindern eine Art Memoryspiel mit den Bildern beigebracht. Dabei wurde zunächst ein kompletter Bildersatz offen vor sie hingelegt. Danach wurden ihnen zwei oder drei Bilder aus einem zweiten Satz mit den gleichen Bildern gezeigt, die dann umgedreht wurden und den entsprechenden Bildern aus dem ersten Satz zugeordnet werden mussten. Nachdem die Kinder das Prinzip des Spiels verstanden hatten, begannen die eigentlichen Versuchsdurchgänge. Der Versuchsleiter breitete die acht Karten des kompletten Satzes vor dem Kind aus (Dinge mit entweder gleich oder unterschiedlich klingenden Bezeichnungen) und verbarg sie dann vor dem Blick des Kindes. Dann wurden einige Karten des zweiten Satzes gezeigt. Der Versuchsleiter sagte, was auf dem jeweiligen Bild zu sehen war, legte sie mit dem Bild nach unten ab und zeigte dem Kind dann erneut den kompletten ersten Satz. Die Kinder mussten dann die verdeckten Karten des zweiten Satzes den Bildern des ersten Satzes zuordnen.

Conrad erwartete, dass es den Kindern schwerer fallen würde, die gleich klingenden Bezeichnungen zu behalten als die unterschiedlich klingenden. Dieser «phonologische Verwechselbarkeitseffekt», der in Studien mit Erwachsenen auftritt, ist jedoch darauf zurückzuführen, dass diese dazu neigen, die Bilder verbal zu benennen und die Bezeichnungen durch Rehearsal in der phonologischen Schleife zu halten. Conrad meinte, dass ein Ausbleiben des phonologischen Effekts bei den Kindern (d. h., wenn ihnen das Behalten der unterschiedlich klingenden Begriffe genauso schwer fallen würde wie das der gleich klingenden) ein Nachweis dafür wäre, dass ihr Gedächtnis mit anderen Codes arbeitet, vermutlich bildlichen.

Conrads Ergebnisse zeigten, dass sich nur die jüngeren Kinder (zwischen drei und fünf Jahren) beide Bildersätze gleich gut merken konnten. Ihre Gedächtnisspanne war bei den phonologisch verwechselbaren und den nicht verwechselbaren Bildern (gemessen anhand der Zahl der korrekt zugeordneten Bilder) gleich. Die Kinder, die sechs Jahre und älter waren, zeigten dagegen eine größere Gedächtnisspanne für die unterschiedlich klingenden Bilder als für die gleich klingenden, was darauf schließen lässt, dass sie Rehearsal-Strategien anwandten, um sich die Items zu merken. Die Möglichkeit, dass die kleineren Kinder ebenfalls Rehearsal anwendeten, dabei aber andere, eigene Benennungen benutzten (z. B. «Mietze» für Katze) und damit den Gleichklangeffekt ausschalteten, konnte anhand der spontan von den Kindern benutzten Bezeichnungen ausgeschlossen werden. Die kleinsten Kinder sprachen nämlich häufig, während sie die Aufgabe bearbeiteten, und sagten Dinge wie

«Katze gehört zu Katze» oder «die Katze ist hier». Kleine Kinder scheinen somit visuell vorgegebenes Material auch visuell abzuspeichern.

Sollte es sich beim Kurzzeitgedächtnis kleiner Kinder um einen vorwiegend visuellen Speicher handeln, müssten äußerlich ähnliche Objekte im Kurzzeitgedächtnis leicht verwechselt werden, so wie dies im Fall eines phonologischen Speichers für phonologisch ähnliche Bezeichnungen gilt. Diese Möglichkeit lässt sich leicht überprüfen, indem man Bilder von ähnlich aussehenden Objekten in einer Aufgabe zur Erfassung der Gedächtnisspanne verwendet und dann vergleicht, ob äußerlich ähnliche Objekte schwieriger zu behalten sind als äußerlich unterschiedliche. Die Ergebnisse einer solchen Untersuchung legten Hitch, Halliday, Schaafstal und Schraagen (1988) vor. Sie benutzten Bilder mit ähnlich aussehenden Gegenständen (Nagel, Schläger, Spaten, Kamm, Säge, Gabel, Kugelschreiber) und Gegenständen, die keine äußere Ähnlichkeit miteinander hatten (Puppe, Badewanne, Handschuh, Löffel, Gürtel, Kuchen, Blatt, Schwein). Außerdem wurde noch ein Satz von Bildern mit unähnlichen Objekten mit langen Bezeichnungen verwendet: Elefant, Känguru, Flugzeug (im Englischen dreisilbig: *aeroplane*), Banane, Klavier *(piano),* Polizist, Schmetterling und Schirm *(umbrella).* Abbildung 5.4 zeigt jeweils zwei Beispiele der drei Gruppen. Die Stichprobe bestand aus fünf und zehn Jahre alten Kindern. Die von Hitch et al. verwendete Aufgabe glich der von Conrad, allerdings brauchten die Kinder hier keine Zuordnungen vorzunehmen. Statt dessen zeigte der Versuchsleiter zunächst jedes Bild einzeln und legte es dann verdeckt auf den Tisch. Das Kind hatte die Aufgabe, die Bezeichnungen der abgebildeten Gegenstände in der Reihenfolge, in der sie gezeigt worden waren, wiederzugeben. Den Fünfjährigen wurden Reihen mit drei Bildern und den Zehnjährigen mit fünf Bildern vorgelegt. Wenn sich die Kinder, so meinten Hitch et al., mit Hilfe von Rehearsal an die Reihenfolge der Bilder erinnern wollten, müsste es ihnen schwerer fallen, sich an die Objekte mit den langen Bezeichnungen zu erinnern als an die äußerlich ähnlichen Bilder und an die Kontrollbilder.

Bedienten sie sich hingegen visueller Gedächtnisstrategien, müssten die visuell ähnlichen Bilder ihnen die größten Schwierigkeiten bereiten. Wie sich zeigte, waren für die Zehnjährigen die Bilder mit den langen Bezeichnungen die am schwierigsten zu behaltenden. Den Fünfjährigen fiel es dagegen am schwersten, sich die optisch ähnlichen Bilder zu merken, wenngleich es auch bei ihnen einen geringfügigen Wortlängeneffekt gab. Hitch et al. schlossen daraus, dass die Neigung des Kurzzeitgedächtnisses, visuelle Codes zu benutzen, im Laufe der Entwicklung zurückgeht.

Bei all diesen Experimenten ging es allerdings stets um das Behalten *visuell dargebotener* Items. Daher zeigen sie womöglich nicht, dass das Kurzzeitgedächtnis kleiner Kinder *grundsätzlich* visuelle Codes verwendet, sondern

Abbildung 5.4: Beispiele für Stimuli aus den drei verschiedenen Bedingungen der Gedächtnisaufgabe von Hitch et al. (1989). Nachdruck mit freundlicher Genehmigung der Psychonomic Society Inc.

nur, dass es mit visuellen Codes arbeitet, *wenn es visuelle Informationen zu behalten gibt*. Dies hieße, dass diese Studien nur die Tendenz kleiner Kinder dokumentieren würden, Informationen in der Modalität zu speichern, in der sie ihnen dargeboten werden – und nicht eine allgemeine Tendenz, visuelle Gedächtniscodes zu verwenden. Ältere Kinder könnten hingegen stärker dazu neigen, visuell präsentiertes Material in verbale Codes zu übersetzen. Die von Conrad und von Hitch et al. beobachteten Effekte sind daher möglicherweise darauf zurückzuführen, dass die kleineren Kinder keine mnemotechnischen Strategien einsetzen, und nicht darauf, dass das Kurzzeitgedächtnis in der frühen Kindheit ausschließlich mit visuell-räumlichen Codes arbeitet. Auf diese Möglichkeit werden wir im folgenden Abschnitt noch näher eingehen.

An dieser Stelle sei zunächst auf die interessante Beobachtung hingewiesen, dass das Gedächtnis gehörloser Kinder auch mit zunehmendem Alter weiterhin vornehmlich mit visuell-räumlichen Codes arbeitet, und zwar auch, wenn es um Dinge geht, die hörende Kinder sprachlich codieren. O'Connor und Hermelin (1973) konzipierten einen Aufgabe, mit der dieser Unterschied zwischen Hörenden und Gehörlosen nachgewiesen werden konnte. Dabei wurden drei Ziffern (z. B. 5, 2, 7) nacheinander auf einem Bildschirm präsentiert, und zwar in drei nebeneinander angeordneten Fenstern. Dabei entsprach die räumliche Anordnung (von links nach rechts) nicht immer der zeitlichen Reihenfolge der Darbietung. So konnte beispielsweise die erste Ziffer in dem mittleren Fenster auftauchen, die zweite in dem rechten und die dritte in dem linken Fenster, so dass sich die räumliche Anordnung 7-5-2 ergab. O'Connor und Hermelin stellten fest, dass die hörenden Kinder dazu neigten, sich die Zahlen in der Reihenfolge ihres *zeitlichen* Auftauchens auf dem Bildschirm zu merken (5, 2, 7), während sich die gehörlosen Kinder die Ziffern eher in der Reihenfolge ihrer räumlichen Anordnung (von links nach rechts, 7, 5, 2) einprägten. Dies lässt den Schluss zu, dass die hörenden Kinder die Ziffern innerlich vor sich hersagten, um sie sich zu merken (Rehearsal), während die gehörlosen Kinder sie als visuelle Bilder repräsentierten.

Die phonologische Schleife. Die Aktivität der phonologischen Schleife wird gewöhnlich über das Auftreten von Effekten gemessen, die mit der Verwendung von Sprachlauten für die Codierung von zu behaltendem Material zusammenhängen. So ist es beispielsweise schwieriger, Wörter über einen kurzen Zeitraum im Gedächtnis zu behalten, die ähnlich klingen (z. B. Ratte, Matte, Platte, Latte, Pappe, Kappe, Watte) als Wörter, bei denen dies nicht der Fall ist. Dieses Phänomen wird als phonologischer Verwechselbarkeits-

oder Ähnlichkeitseffekt *(phonological confusability* oder *similarity effect)* bezeichnet. Darüber hinaus gilt, dass lange Wörter mit drei und mehr Silben (Elefant, Banane, Sonnenschirm, Motorrad etc.) beim Rehearsal mehr Zeit in Anspruch nehmen, weswegen im Kurzzeitgedächtnis entweder Platz für eine kleinere Anzahl langer oder eine größere Anzahl kurzer Wörter ist. Dieser Effekt wird Wortlängeneffekt *(word length effect)* genannt.

Die Zahl der Items, die über eine kurze Zeit in der phonologischen Schleife verbleiben können, wird als Maß für die individuelle «Gedächtnisspanne» verwendet. Sie ist ein Maß für die Kapazität des Arbeitsgedächtnisses und nimmt mit steigendem Alter zu. Da die Gedächtnisspanne von der Art des zu behaltenden Materials – z. B. lange Wörter versus kurze Wörter – sowie vom Hintergrundwissen der Person (siehe Schneider & Bjorklund, 1997) abhängt, werden für ihre Messung meistens Ziffern verwendet, von denen angenommen wird, dass alle Menschen gleich vertraut mit ihnen sind. Zahlwörter sind jedoch in den verschiedenen Sprachen unterschiedlich lang, was zu einer unterschiedlichen Einschätzung der Gedächtnisspanne gleich alter Kinder führen kann, die nicht die gleiche Sprache sprechen. So können sich chinesische Kinder viel mehr Ziffern merken als englische Kinder – aus dem einfachen Grund, dass die chinesischen Zahlwörter wesentlich kürzer sind als die englischen (z. B. Chen & Stevenson, 1988). Andererseits sind die englischen Zahlwörter kürzer als beispielsweise die walisischen, was zur Folge hat, das walisische Kinder eine kleinere Gedächtnisspanne für Ziffern haben als amerikanische. Da ein Zahlengedächtnistest Bestandteil vieler Intelligenztests ist, hielt man eine Zeit lang walisische Kinder für weniger intelligent als amerikanische! Bei näherer Betrachtung zeigte sich dann, dass der IQ-Unterschied ein Artefakt darstellte und allein auf den durchgängig niedrigeren Werten der walisischen Kinder im Zahlengedächtnistest beruhte (Ellis & Hennelly, 1980).

Ein weiterer wichtiger Faktor für die Kapazität des Arbeitsgedächtnisses ist das Sprechtempo, das auch Auswirkungen auf die Gedächtnisspanne hat. Langsam sprechende Kinder haben tendenziell eine geringere Gedächtnisspanne als Kinder mit einem hohen Sprechtempo, was vermutlich darauf zurückzuführen ist, dass das Rehearsal einzelner Items bei den langsamen Sprechern mehr Zeit in Anspruch nimmt als bei den schnellen. Auch das Sprechtempo nimmt mit dem Alter zu, was zu der Vermutung führte, dass die Erweiterung der Gedächtnisspanne mit zunehmendem Alter ausschließlich auf die altersbedingte Erhöhung des Sprechtempos zurückzuführen sei. Da ältere Kinder schneller sprechen als jüngere Kinder, könnten sie in der ein bis zwei Sekunden umfassenden phonologischen Schleife mehr Informationen vor sich hersagen als die kleineren Kinder, was ihnen zu einer größeren Gedächtnisspanne verhelfe.

Tatsächlich sind Sprechgeschwindigkeit und Gedächtnisspanne hoch miteinander korreliert. Dies konnten Hulme und seine Mitarbeiter in einer Reihe von Untersuchungen zeigen, bei denen sie Wortwiederholungsaufgaben verwendeten (z. B. Hulme, Thomson, Muir & Lawrence, 1984; Hulme & Tordoff, 1989). In der Studie von Hulme et al. (1984) sollten beispielsweise vier-, sieben- und zehnjährige Kinder Wortpaare wie «Apfel, Tiger» so schnell wie möglich wiederholen. Die Zahl der pro Sekunde gesprochenen Wörter ergab das Maß für die Sprechgeschwindigkeit. Es zeigte sich, dass die Sprechgeschwindigkeit in linearem Zusammenhang zur Gedächtnisspanne stand. Zunahmen der Gedächtnisspanne gingen mit Zunahmen der Sprechgeschwindigkeit einher. Darüber hinaus war das Verhältnis von Behaltensleistung und Sprechgeschwindigkeit bei verschiedenen Wortlängen stets gleich. Der Vergleich der Gedächtnisspanne für Wörter unterschiedlicher Länge (lange Wörter wie *helicopter* und *kangaroo* versus kurze Wörter wie *egg* und *bus* versus mittellange Wörter wie *rocket* und *monkey)* ergab, dass das Verhältnis von Behalten und Sprechgeschwindigkeit in den verschiedenen Altersgruppen stets gleich war. Dies zeigt, dass man in jedem Alter so viel behält, wie man in einer bestimmten Zeit (ungefähr 1,5 Sekunden) sagen kann. Nach Hulme et al. heißt das, dass schneller sprechende Personen Informationen schneller innerlich wiederholen und sich dank dieses schnelleren Rehearsal mehr Informationen kurzfristig merken können.

Als Hitch, Halliday, Dodd und Littler (1989) die Arbeit von Hulme et al. replizierten und dabei Bilder anstelle von Wörtern verwendeten, fielen die Ergebnisse jedoch deutlich anders aus. Bei der *visuellen* Darbietung der zu behaltenden Items fand sich nur bei den zehnjährigen Kindern ein Zusammenhang zwischen Sprechtempo und Gedächtnisspanne. Dies war offensichtlich die einzige Gruppe, bei der es zu spontanem Rehearsal des visuellen Inputs kam. Wurde das Material akustisch vorgegeben, war der Zusammenhang bei allen Altersgruppen festzustellen. Es stimmt also, dass die Sprechgeschwindigkeit die Zahl der Items bestimmt, die im Arbeitsgedächtnis behalten werden können – allerdings nur, wenn die Items in verbaler Form vorgegeben werden. Dies bestätigt die oben besprochenen Ergebnisse von Conrad (1971) und Hitch et al. (1988). Das Arbeitsgedächtnis kleinerer Kinder scheint bei visuell vorgegebenen Informationen vorwiegend mit visuell-räumlichen Codes zu arbeiten, während ältere Kinder visuellen Input spontan in verbale Codes übersetzen.

Henry und Millar (1993) schlagen als Erklärung für diesen Unterschied vor, dass sich Rehearsal aus «Benennungsverhalten» heraus entwickelt. Sie verweisen darauf, dass kleine Kinder häufig dazu aufgefordert werden, ihre optischen oder taktilen Eindrücke verbal zu benennen, vor allem wenn sie in die Schule kommen und zunehmend auf verbale Strategien beim Erlernen und Behalten von Informationen angewiesen sind. Nach Henry und Millar führt die zunehmende Geschwindigkeit und Leichtigkeit, mit der Kinder Dinge benennen, dazu, dass sie die Möglichkeiten des Rehearsal entdecken. Die Entwicklung von Rehearsal-Strategien ist vermutlich ausschlaggebend für die Zunahme der Gedächtnisspanne nach dem siebten Lebensjahr. Vor diesem Zeitpunkt hängt die Entwicklung der Gedächtnisspanne sowohl vom Benennen als auch von der Vertrautheit des Kindes mit den zu behaltenden Items ab. Items, die gut im Langzeitspeicher (dem semantischen Gedächtnis) des Kindes verankert sind, können leichter gespeichert und abgerufen werden. Für Items mit hohem Bekanntheitsgrad gibt es darüber hinaus auch solide phonologische Repräsentationen im mentalen Lexikon, und da das Sprachproduktionssystem bei Aufgaben zur Erfassung der Gedächtnisspanne sowohl am Rehearsal als auch bei der Wiedergabe selbst beteiligt ist, ist es ein Vorteil, wenn Wörter über solche Repräsentationen verfügen und damit schneller verarbeitet und ausgesprochen werden können (siehe auch Roodenrys, Hulme & Brown, 1993). Dieser Auffassung zufolge gibt es zwar einen Zusammenhang zwischen der Sprechgeschwindigkeit und der Entwicklung der Gedächtnisspanne, hängt die Sprechgeschwindigkeit andererseits selbst auch von der Qualität der phonologischen Repräsentationen des Kindes ab.

Das Interessante an Henry und Millars Erklärungsansatz ist, dass ihm zufolge die *Entwicklung* des Arbeitsgedächtnisses in einem engen Zusammenhang zur Entwicklung des Langzeit- oder semantischen Gedächtnisses steht. Ihrer Ansicht nach ist die zentrale Variable, die über die Kapazität des Arbeitsgedächtnisses bestimmt, ihrerseits abhängig von der Entwicklung solider phonologischer Repräsentationen im semantischen Gedächtnis. Wie wir bereits in Kapitel 3 gesehen haben, hängt die Entwicklung des semantischen Gedächtnisses eng mit der des begrifflichen Denkens und der Sprache zusammen. Items mit soliden phonologischen Repräsentationen sind diejenigen, die die Person gut kennt, zu denen sie leicht Zugang hat und die sie häufig abruft, um sie beim Sprechen zu verwenden. Aus der Hypothese von Henry und Millar folgt, dass die übliche theoretische Unterscheidung zwischen Kurzzeit- und Langzeitgedächtnis für die *Entwicklung* des Gedächtnisses nur mit Einschränkung gilt. Zwar bedienen sich Kinder – ebenso wie Erwachsene

– der phonologischen Schleife, um sich kurzfristig Dinge zu merken, sie tun dies jedoch in unterschiedlichem Ausmaß in Abhängigkeit von Merkmalen der Aufgabe (z. B. verbaler versus bildlicher Input) und in Abhängigkeit von ihrem Alter. Dessen ungeachtet hat das Konzept des «Arbeitsraumes» *(short-term workspace)*, in dem Material für eine kurze Zeit gespeichert und aktiv verarbeitet wird, einen wichtigen Beitrag zu neueren Theorien der kognitiven Entwicklung geleistet, in denen die Verarbeitungskapazität eine wichtige Rolle spielt (siehe Kapitel 6).

Exekutive Prozesse. Die dritte Komponente des Arbeitsgedächtnisses in dem Modell von Baddeley und Hitch ist die zentrale Exekutive, die kognitive Aktivität plant und überwacht und damit eine große Rolle für alle kognitiven Prozesse spielt. Die zentrale Exekutive steuert den Austausch von Informationen zwischen verschiedenen Teilen des kognitiven Systems, kontrolliert die Arbeitsweise und Koordination der phonologischen Schleife und des visuell-räumlichen Skizzenblocks und ruft Informationen aus dem Langzeitgedächtnis ab. Zwar ist es schwierig, die zentrale Exekutive direkt zu untersuchen, man glaubt jedoch, ihre Aktivität im frontalen Kortex ansiedeln zu können. Aufgaben, mit deren Hilfe die Funktion des frontalen Kortex gemessen werden kann, dienen daher möglicherweise auch als Index für «exekutive Funktionen».

Aus Kapitel 2 wissen wir bereits, dass der frontale Kortex den primärmotorischen Kortex enthält, welcher an der Planung und Steuerung von Bewegungen beteiligt ist. Wie wir dort auch gesehen haben, sind einige der typischen Fehler, die bei sehr kleinen Kindern zu beobachten sind (wie der A-nicht-B-Fehler) und die ursprünglich mit «kognitiver Konfusion» erklärt wurden, in Wirklichkeit darauf zurückzuführen, dass dieses neurale System noch nicht ganz ausgereift ist. Hier ist der Grund für das unangemessenes Suchverhalten der Kinder zu sehen, das nicht darauf zurückzuführen ist, dass sie nicht wüssten, wo das Objekt versteckt ist, sondern auf ihre Unfähigkeit, eine dominante Handlungstendenz zu unterdrücken (z. B. Diamond, 1991). Auf ähnliche Weise lassen sich andere «Denkfehler» kleiner Kinder erklären. Da es sich beim frontalen Kortex auch um die Stelle des Gehirns handelt, an der die höheren kognitiven Prozesse wie die Planung und Überwachung kognitiver Aktivität und das abstrakte Denken angesiedelt sind, und da es kleinen Kindern häufig schwer fällt, ihre kognitiven Aktivitäten zu planen und zu kontrollieren, wird in der Entwicklungspsychologie teilweise die Auffassung vertreten, dass diese Defizite Ausdruck der Tatsache sind, dass die Reifung des frontalen Kortex noch nicht abgeschlossen ist. Überprüft wurde die Vorstellung, dass kleine Kinder eine «defizitäre Exekutive» haben, indem man ihre typischen «exekutiven Fehler» mit denen von Erwachsenen mit Läsionen im frontalen Kortex verglich.

Ein typischer Ausführungsfehler bei Erwachsenen mit derartigen Läsionen ist das perseverative Kartensortieren. Wie bereits in Kapitel 2 beschrieben, fällt es einem derart geschädigten Patienten, der eine Zeit lang einen Stapel Karten nach einer bestimmten Regel (z. B. nach Farben) sortiert hat, sehr schwer, sich auf eine neue Regel einzustellen (z. B. nach Formen zu sortierten): Er sortiert weiter nach Farben. Gleichzeitig sagt er vielleicht etwas wie: «Das ist falsch und das ist auch falsch ...» (Diamond, 1988). Es scheint, als würde sein Verhalten nicht von seinem bewussten Willen, sondern durch seine vorherige Handlung gesteuert (er ist unfähig, die vorherrschende Tendenz zu unterdrücken, die alte Regel zu verwenden). Klinische Maße für das Kartensortierverhalten wie etwa der Wisconsin Card Sorting Test, ein neuropsychologisches Testverfahren, bestehen meistens aus zahlreichen Sortieraufgaben, wobei das Sortierprinzip jeweils nach 10 Karten geändert wird. In diesen Tests machen Patienten mit Läsionen im frontalen Kortex signifikant mehr Sortierfehler als Kontrollpersonen; sie schaffen es signifikant seltener, ihr Sortierprinzip umzustellen. Nach Auffassung Penningtons (1994) kommt es zu derartigen «exekutiven Fehlern», wenn das Verhalten unter der Kontrolle auffälliger Merkmale der äußeren Situation steht, wozu auch vorherige Handlungen gezählt werden können, anstatt unter der Kontrolle einer von der Person erkannten und angewandten Regel.

Immer häufiger wird in der Entwicklungspsychologie die Ansicht vertreten, dass ein Teil der logischen Fehler von Kindern im Alter von drei bis vier und sechs bis sieben Jahren als exekutive Fehler erklärt werden können (z. B. Russell, 1996). Gemeint ist damit, dass Kinder eine unzureichende strategische Kontrolle über ihre mentalen Prozesse haben. Dies führt, so meint beispielsweise Russell, dazu, dass drei- bis vierjährige Kinder Fehler bei Aufgaben machen, bei denen psychologisches Verständnis gefordert ist (*theory of mind*-Aufgaben): Die Kinder seien nicht in der Lage, «explizit und willentlich» über psychische Vorgänge nachzudenken. Bei sechs bis sieben Jahre alten Kindern ziehe die unzureichende strategische Kontrolle Fehler bei Aufgaben zum piagetschen Erhaltungsprinzip (siehe Kapitel 8) nach sich, da die Kinder nicht «explizit und willentlich» über bestimmte Eigenschaften der betreffenden Objekte nachdenken könnten (Russell, 1996, S. 215, 222).

Zwar gibt es kaum direkte Belege für ein «exekutives Defizit» bei drei- bis vierjährigen Kindern, neuere Arbeiten von Frye, Zelazo und ihren Mitarbeitern zeigen jedoch, dass es Kindern in diesem Alter tatsächlich wie Patienten mit Frontalhirnläsionen schwer fällt, sich auf neue Regeln umzustellen. So sollten beispielsweise in einer Studie von Frye, Zelazo und Palfai (1995) Kinder im Alter von drei, vier und fünf Jahren einen Satz Karten entweder anhand der Farben oder der Formen auf zwei Ablagekörbe verteilen. Auf jeder Karte war eine einzelne Form zu sehen: ein rotes Dreieck, ein blaues Dreieck, ein roter Kreis oder ein blauer Kreis. Wurde das «Farbenspiel» gespielt, sollten die Kinde alle roten Karte in einen Korb legen und alle blauen in den anderen. Die Anweisung waren unmissverständlich: «Wir legen keine roten in die Kiste da. Auf gar keinen Fall! Alle roten Karten kommen hierhin und nur die blauen dahin. Das ist das Farbenspiel ...». Nachdem sie beide Spiele kennen gelernt hatten (das Farben- und das Formenspiel), wurden die Kinder daraufhin getestet, inwieweit sie in der Lage waren, ihre Sortierstrategie umzustellen (z. B. von Farbe auf Form). Dazu sollten sie zunächst fünf Karten der Farbe nach sortieren. Danach wurde ihnen gesagt: «So, und jetzt spielen wir das andere Spiel: das Formenspiel. Pass gut auf!» Es wurden ihnen weitere fünf Karten vorgelegt, die anhand ihrer Form zu sortieren waren. Bei den letzten fünf Karten wurde schließlich jedes Mal die Sortierregel geändert (von Form zu Farbe oder umgekehrt). Auch hier waren die Anweisungen klar und deutlich: «So, jetzt machen wir wieder etwas anderes und spielen das Farbenspiel. Pass gut auf!»

Frye et al. stellten fest, dass es den Drei- und Vierjährigen in ihrer Studie trotz der eindeutigen Anweisungen, die sie vom Versuchsleiter bekamen, sehr schwer fiel, bei den zweiten fünf Karten ihre Sortierstrategie umzustellen. Meistens sortierten sie die ersten fünf Karten richtig und behielten das entsprechende Sortierprinzip (Farbe oder Form) dann auch bei den zweiten fünf Karten bei, benutzten also hartnäckig die falsche Regel. Bei den dritten fünf Karten, bei denen die Regel jedes Mal geändert wurde, lag ihre Leistung im Zufallsbereich. Die älteren (fünf Jahre alten) Kinder waren dagegen in der Lage, bei den zweiten fünf Karten die neue Sortierregel zu befolgen, und sie schafften es auch, bei den dritten fünf Karten jedes Mal ihre Sortierstrategie umzustellen. Bei ihnen gab es kein «Versagen der Exekutive» *(executive failure)* wie bei den kleineren Kindern.

Um sicherzugehen, dass die Schwierigkeiten der Drei- und Vierjährigen nicht auf die Verwendung abstrakter und ihnen möglicherweise wenig vertrauter geometrischer Formen zurückgingen, führten Frye et al. noch ein weiteres ähnliches Experiment durch, bei dem sie Bilder von roten und blauen Booten sowie roten und blauen Hasen benutzten. Auch hier sollten die Kinder zuerst mehrere Karten nach einer Regel und später andere Karten nach einer anderen Regel sortieren. Bei den letzten Karten wurde die Sortierregel schließlich jedes Mal geändert. Die Ergebnisse entsprachen im Wesentlichen denen des ersten Experiments, wenngleich es den Vierjährigen diesmal besser gelang, sich von einer Regel auf die andere umzustellen. In einem weiteren Versuch ging es Frye et al. darum, auszuschließen, dass die Schwierigkeiten der Kinder mit den Dimensionen Form und Farbe *per se* zu tun hatte. Dies taten sie, indem sie die Kinder Karten nach Zahlen und nach Größe sortieren ließen. Die Ergebnisse unterschieden sich nicht bedeutsam von denen der anderen Experimente: Den Drei- und Vierjährigen fiel es auch hier schwer, sich auf eine neue Sortierregel einzustellen.

Unter Berufung auf diese Befunde vertreten Frye et al. die Auffassung, dass Kinder zwischen dem dritten und dem fünften Lebensjahr die Fähigkeit erwerben, Einschätzungen auf der Grundlage einer Dimension vorzunehmen und gleichzeitig eine andere Dimension zu ignorieren. Die Ergebnisse der Autoren können jedoch auch nach der *executive failure*-Theorie erklärt werden. Demnach wären die kleineren Kinder nicht in der Lage gewesen, eine übermächtige Tendenz zu unterdrücken, nach der alten Regel vorzugehen – obwohl sie die neue Regel durchaus kannten. Um diese Interpretation der Ergebnisse von Frye et al. zu überprüfen, muss gezeigt werden, ob sich die kleineren Kinder tatsächlich der neuen Regel bewusst sind.

Dies tat eine Replikation der ursprünglichen Studie, bei der Bilder von Blumen und Autos verwendet wurden (Zelazo, Frye & Rapus, 1996). In dieser Untersuchung zeigte sich, dass 89 Prozent der Dreijährigen, die nach der Umstellung auf die neue Regel weiterhin die alte befolgten, durchaus imstande waren, die neue Regel verbal zu benennen. Wurden sie beispielsweise gefragt: «Wohin kommen die Autos im Formenspiel? Wohin kommen die Blumen?» zeigten die Kinder in der Regel auf den richtigen Korb – um dann unmittelbar danach die Farbenregel anzuwenden, wenn man ihnen sagte: «Wir spielen das Formenspiel. Hier ist eine Blume. Wohin kommt die?» Ähnliche Ergebnisse zeigten sich, wenn nur eine einzige Karte nach einer Regel sortiert werden musste und dann sofort auf die andere Regel umgestellt wurde. Diese Befunde weisen darauf hin, dass Dreijährige sich nicht auf neue Sortierregeln umstellen können – und das, obwohl sie diese Regeln kennen und obwohl sie nicht so häufig die alte Regel angewandt haben, als dass sich eine Gewohnheit hätte aufbauen können, nach nur einer bestimmten Dimension zu sortieren.

Ergänzende Überlegungen zur Rolle des frontalen Kortex bei der kognitiven Entwicklung stammen von Dempster (1991), der die Auffassung vertritt, dass intelligentes Verhalten in entscheidendem Ausmaß von *inhibitorischen* Prozessen im frontalen Kortex abhängig ist und dass individuelle Unterschiede in diesen inhibitorischen Prozessen Rückschlüsse auf die Leistungsfähigkeit des frontalen Kortex bei unterschiedlichen Personen zuließen. Dempster zufolge besteht der entscheidende Aspekt vieler «frontaler Aufgaben» wie dem Kartensortiertest darin, dass hier die Unterdrückung (Hemmung) *aufgabenirrelevanter* Informationen Voraussetzung für gute Leistungen ist – bei dem von Frye et al. verwendeten Aufgabentyp beispielsweise die Unterdrückung der Farbenregel auf die Aufforderung hin, die Karten nach der Formenregel zu sortieren. Unzureichende inhibitorische Prozesse könnten somit der Grund für die Interferenzanfälligkeit der Kinder sein.

Dass sich der frontale Kortex bei kleinen Kindern noch in der Entwicklung befindet und dass Kinder bis zum 12. Lebensjahr Defizite in klinischen Kartensortiertests aufweisen (insbesondere Kinder mit einer Aufmerksamkeitsdefizitstörung mit Hyperaktivität), veranlasste Dempster zu der Aussage, dass inhibitorische Prozesse eine vernachlässigte Dimension der kognitiven Entwicklungspsychologie seien. Dempsters Auffassung zufolge müssten individuelle Unterschiede bezüglich frontaler inhibitorischer Aktivität mit individuellen Unterschieden bezüglich der kognitiven Entwicklung sowie mit dem Abschneiden in «exekutiven Aufgaben» korrelieren. Diese Vorstellung ist vereinbar mit am Ende von Kapitel 1 vorgestellten Erkenntnissen, wonach es möglich ist, mit Hilfe von Maßen für die Habituation und das Wiedererkennen bei Säuglingen die spätere kognitive Entwicklung vorherzusagen. Nach McCall und Carriger (1993) ist dieser prädiktive Zusammenhang darauf zurückzuführen, dass Habituation und Wiedererkennen im Grunde Maße für individuelle Unterschiede in Bezug auf die Fähigkeit darstellen, Reaktionen auf vertraute Stimuli zu *hemmen.* Zwar ist dieses Argument bislang noch nicht mit Leistungen bei exekutiven Aufgaben in Zusammenhang gebracht worden, Dempsters These wirft aber wichtige Fragen für zukünftige Forschungsarbeiten zur Entwicklung «exekutiver Funktionen» auf.

In engem Zusammenhang zu Dempsters Meinung, dass inhibitorische Prozesse bislang nicht genügend untersucht wurden, steht die Auffassung, dass Studien zur kognitiven Entwicklung ein stärkeres Augenmerk auf die Mechanismen lenken sollten, auf denen die Entwicklung der selektiven Aufmerksamkeit basiert (z. B. Lane & Pearson, 1982). Selektive Aufmerksamkeit beruht sowohl auf der aktiven *Hemmung* irrelevanter Stimuli als auch auf der Habituation auf diese Stimuli. Im Gegensatz zu den entsprechenden Habituationsmechanismen scheinen die Inhibitionsmechanismen bei kleinen Kindern nicht ausreichend entwickelt zu sein (Tipper, Bourque, Anderson & Brehaut, 1989). Da entwicklungspsychologische Studien zum Thema Aufmerksamkeit jedoch ausgesprochen dünn gestreut sind, ist es noch zu früh, um tragfähige Aussagen über mögliche Zusammenhänge zwischen individuellen Unterschieden bezüglich der selektiven Aufmerksamkeit und der kognitiven Entwicklung zu treffen.

Zusammenfassung

Der in diesem Kapitel gegebene Überblick über die verschiedenen Arten von Gedächtnis, die bei Kindern untersucht werden können, hat gezeigt, dass sich bestimmte Gedächtnissysteme mit zunehmendem Alter weiterentwickeln und andere nicht. Geringfügig ist die Entwicklung beim Wiedererkennen und beim impliziten Gedächtnis, während das episodische Gedächtnis, das Arbeitsgedächtnis und das semantische Gedächtnis starke entwicklungsbedingte Veränderungen aufweisen (siehe auch Kapitel 3). Diese Unterschiede im Entwicklungsverlauf der verschiedenen Systeme sind mit der Tatsache zu erklären, dass die Entwicklung des Gedächtnisses nicht unabhängig von der Entwicklung anderer kognitiver Prozesse ist. Die Wissensstrukturen, über die kleine Kinder verfügen und mit denen sie an die Bewältigung von Gedächtnisaufgaben herangehen, bestimmen mit darüber, was Eingang ins Gedächtnis findet. Sie spielen eine große Rolle bei der Organisation des episodischen und des semantischen Gedächtnisses und für die Leistungsfähigkeit des Arbeitsgedächtnisses. Die Gedächtnissysteme, bei denen eine Weiterentwicklung festzustellen ist, zeichnen sich also dadurch aus, dass sie von der zunehmenden Leistungsfähigkeit anderer kognitiver Prozesse profitieren. Beim Wiedererkennungsgedächtnis und beim impliziten Gedächtnis handelt es sich im Gegensatz dazu um eher automatische perzeptuelle Lernsysteme, die relativ wenig durch die Entwicklung anderer Prozesse beeinflusst werden.

Die entwicklungsabhängigen Veränderungen von episodischem und semantischem Gedächtnis scheinen ihrerseits für einen Teil der Veränderungen verantwortlich zu sein, die bei anderen Gedächtnissystemen zu beobachten sind, wie etwa der Rückgang der Suggestibilität des Augenzeugengedächtnisses und die Überwindung der «infantilen Amnesie». Ältere Kinder lassen sich weniger durch suggestive Fragen dazu verleiten, sich an Ereignisse zu «erinnern», die nie stattgefunden haben, als kleinere Kinder, was vermutlich mit dem Aufbau von Skripts sowie dem episodischen Wissen der Kinde über die zu behaltenden Ereignisse zusammenhängt. Ähnliches gilt für das Verschwinden der infantilen Amnesie mit ungefähr drei Jahren durch die Entwicklung von Rahmenstrukturen für das Speichern und Abrufen von Ereignissen. Sobald das Kind über das abstrakte Wissen zur Beschreibung der kausalen und zeitlichen Zusammenhänge der Ereignisse verfügt, die das episodische Gedächtnis ausmachen, ist die Amnesie überwunden. Wir haben auch gesehen, dass die Zunahme der Kapazität des Arbeitsspeichers (Gedächtnisspanne) mit steigendem Alter teilweise auf die Entwicklung des semantischen Gedächtnisses zurückzuführen ist. Die Repräsentation von Items im Langzeitgedächtnisses scheint es dem Arbeitsgedächtnis zu erleichtern, diese Items kurzfristig zu speichern. Aus diesem Grund hängen Kurz- und Langzeitgedächtnis im Hinblick auf ihre *Entwicklung* möglicherweise eng zusammen, auch wenn es sich um zwei unabhängige Systems zu handeln scheint, die beim Erwachsenen getrennt voneinander untersucht werden können. Die Entwicklung der exekutiven Komponente des Kurzzeitgedächtnisses hängt dagegen möglicherweise von ganz anderen Faktoren ab. Sie scheint weniger mit der Entwicklung anderer Aspekte des Gedächtnissystems zu tun zu haben, sondern eher mit der neuralen Entwicklung und der Reifung des frontalen Kortex zusammenzuhängen.

Kapitel 6

Mnemotechnische Strategien, Metagedächtnis und kognitive Entwicklung

Die Verbesserung der Leistungsfähigkeit des Gedächtnisses hängt nicht allein von der Entwicklung der verschiedenen Gedächtnissysteme ab. Genauso wichtig ist möglicherweise der Erwerb verschiedener mnemotechnischer Strategien für die Speicherung und den Abruf von Informationen aus diesen Gedächtnissystemen sowie der Erwerb von Wissen darüber, wie das Gedächtnis funktioniert und auf welche Weise man es am effektivsten nutzen kann – das so genannte «Metagedächtnis». Hierbei handelt es sich um diejenigen Aspekte des Gedächtnisses, bei denen die ausgeprägtesten individuellen Unterschiede festgestellt worden sind. Aufgrund dessen spielen mnemotechnische Strategien und Metagedächtnis eine herausragende Rolle in Untersuchungen zum Zusammenhang zwischen individuellen Unterschieden bezüglich der Gedächtnisentwicklung und der allgemeinen kognitiven Entwicklung.

Gedächtnisstrategien

Die am weitesten verwendeten mnemotechnischen Strategien sind Rehearsal und *Organisation*. Zwar gibt es darüber hinaus noch weitere Strategien, die das Erinnern erleichtern können, wie beispielsweise Visualisierung, diese sind jedoch bislang kaum aus entwicklungspsychologischer Perspektive untersucht worden. Studien über die Entwicklung von Gedächtnisstrategien haben gezeigt, dass kleine Kinder erstaunlich hohes Vertrauen in ihr Gedächtnis setzen. Sie scheinen davon auszugehen, es gar nicht nötig zu haben, ihre Behaltensleistungen durch die Anwendung mnemotechnischer Strategien zu verbessern. In einer Untersuchung von Yussen und Levy (1975), die eine typische Aufgabe zur Erfassung der Gedächtnisspanne einsetzten, sagte die Hälfte der vier Jahre alten Teilnehmer, denen zehn unzusammenhängende Items vorgelegt wurden, voraus, sich später an alle zehn erinnern zu können. Tatsächlich konnten sie sich im Durchschnitt nur etwa drei Dinge merken. Diese Erfahrung minderte jedoch keineswegs das Vertrauen der Kinder in ihre Behaltensleistungen und nur sehr wenige änderten ihre Voraussagen entsprechend. Stattdessen machten sie Äußerungen wie: «Mit einer anderen Liste könnte ich es schaffen.»

Mnemotechnische Strategien bei Kleinkindern

Gibt man ihnen jedoch eine «ökologisch valide» Gedächtnisaufgabe, scheinen sich bereits sehr kleine Kinder bis zu einem gewissen Grad der Notwendigkeit bewusst zu sein, ihr Gedächtnis durch mnemotechnische Strategien zu unterstützen. Dies zeigte sich in einer Untersuchung von Wellman, Ritter und Flavell (1975), die einer Gruppe Dreijähriger eine Geschichte über einen Spielzeughund erzählten. Zu den Requisiten, die beim Erzählen der Geschichte zum Einsatz kamen, gehörten unter anderem vier identische Plastiktassen. An einer Stelle in der Geschichte setzte der Versuchsleiter den Hund unter eine der Tassen und sagte, der Hund würde nun in seine Hundehütte gehen und er selbst würde das Zimmer verlassen, um weitere Dinge zu holen. Das Kind sollte sich merken, unter welcher Tasse der Hund steckte.

In den 40 Sekunden, die verstrichen, bis der Versuchsleiter zurückkam, verwendeten die meisten Kinder mehrere Strategien, um sich zu merken, welche Tasse als Hundehütte diente. Sie betrachteten und berührten die entsprechende Tasse signifikant häufiger als die anderen Tassen, sie sahen die Tasse an und nickten mit dem Kopf («ja»), sahen die anderen an und schüttelten mit dem Kopf («nein»), legten die Hand auf die Tasse mit dem Hund usw. Wellman et al. stellten auch fest, dass die Kinder, die diese Strategien verwendeten, die Aufgabe – zu sagen, unter welcher Tasse sich der Hund befand – erfolgreicher lösten als die Kinder, die keine Strategien einsetzten. Ein Versuch, das gleiche Experiment mit einer Gruppe von Zweijährigen durchzuführen, scheiterte an der Unruhe der Kinder, die während der Abwesenheit des Versuchsleiters nicht an ihrem Platz blieben.

Mehr Erfolg in dieser Hinsicht hatten DeLoache, Cassidy und Brown (1985). Sie verwendeten ein Versteckspiel zur Untersuchung von Gedächtnisstrategien bei Kindern zwischen 18 und 24 Monaten. Dabei beobachteten die Kinder, wie der Versuchsleiter eine ihrer Lieblingsspielsachen (zum Beispiel eine Bibopuppe) an einer bestimmten Stelle in einer natürlichen Umgebung verbarg (z. B. unter einem Kissen in der Wohnung des Kindes). Bibo habe sich versteckt, so wurde den Kindern erklärt, und sie sollten sich gut merken, wo er sich befand, da sie ihn später – nach dem Klingeln einer Glokke – wiederfinden müssten. Dann wurde eine Zeituhr auf vier Minuten eingestellt, während derer der Versuchsleiter mit dem Kind spielte. Während dieser Ablenkungsphase versicherten sich die Kinder häufig des Aufenthaltsortes ihres Bibos, indem sie beispielsweise auf das Kissen zeigten und «Bibo» sagten, oder unter dem Kissen nachsahen. In einer Kontrollbedingung, in der die Bibopuppe *auf* das Kissen gesetzt wurde, verwendeten die Kinder derartige Strategien nicht. Nach DeLoache et al. zeigte dies, dass das «Selbsterinnerungsverhalten» der Kinder tatsächlich strategischer Art war, da es in Abhängigkeit von den Anforderungen der Aufgabe an das Gedächtnis eingesetzt wurde.

Auch Somerville, Wellman und Cultice (1983) gelang es, mit Hilfe einer stark motivierenden Aufgabe den Einsatz von Gedächtnisstrategien durch Zweijährige zu beobachten. Die Aufgabe bestand darin, die Mutter zu einem bestimmten Zeitpunkt (z. B. am Morgen des folgenden Tages) daran zu erinnern, Süßigkeiten einzukaufen. Die Fähigkeit, sich dies zu merken, wurde mit dem Abschneiden in einer anderen Gedächtnisaufgabe verglichen, nämlich die Mutter zu einem bestimmten Zeitpunkt (beispielsweise wenn der Vater nach Hause kam) daran zu erinnern, die Wäsche aus der Waschmaschine zu holen. Kinder zwischen zwei und vier Jahren zeigten durchgängig bessere Behaltensleistungen bei dem motivierenden Ereignis (das Erinnern der Mutter an den Einkauf von Süßigkeiten), was zeigt, dass sie in der Lage sind, vorauszuplanen und ein bestimmtes Ereignis im Gedächtnis zu behalten. Nach kurzen Abständen (fünf Minuten) erinnerten sich sogar die Zweijährigen zu 80 Prozent spontan an das motivierende Ereignis. Der Anteil der Kinder, die sich spontan an das nicht motivierende Ereignis erinnerten, war dagegen deutlich niedriger und betrug nach einer gewissen Zeit nur noch 26 Prozent. Für Somerville et al. bedeutete dies, dass Kinder sich – wenn es sich lohnt – schon sehr früh gezielt darauf einstellen können, bestimmte Dinge nicht zu vergessen.

Rehearsal-Strategien

Die spontanen mnemotechnischen Strategien, die bei diesen Experimenten beobachtet wurden, waren jedoch relativ aufgabenabhängig. Eine Strategie, die Erwachsene häufig anwenden, wenn sie sich eine bestimmte Information über eine kurze Zeit merken wollen, ist Rehearsal – das innere (oder auch laute) Vor-sich-Hersagen der zu behaltenden Inhalte. Wie wir in Kapitel 5 gesehen haben, setzen Kinder diese Strategie möglicherweise erst ein, wenn sie in die Schule kommen und zunehmend darauf angewiesen sind, mit Hilfe verbaler Strategien Stoff zu lernen und Informationen zu behalten. Der Gedanke, dass kleine Kinder kaum spontan Rehearsal-Strategien einsetzen, findet Unterstützung in den Ergebnissen einer klassischen Studie von Flavell, Beach und Chinsky (1966).

In dieser Untersuchung sollten Kinder im Alter von 5, 7 und 9 Jahren, denen ein Helm mit herunterklappbarem Visier aufgesetzt wurde, versuchen, einige Bilder ungefähr 15 Sekunden lang im Gedächtnis zu behalten. Das Visier verdeckte zwar die Augen der Kinder, ließ jedoch ihren Mund frei. In der Behaltensperiode, die mit dem Kommando «Visier herunter» begann, registrierte ein im Lippenlesen geübter Beobachter, ob es zu spontanem Rehearsal kam. Solange das Visier oben war, wurden den Kindern bis zu sieben Bildern gezeigt (Apfel, Kamm, Mond, Eule, Pfeife, Blumen, US-Flagge), von denen sie sich in der Zeit, in der das Visier heruntergeklappt war, zwei bis fünf merken sollten. Flavell et al. stellten fest, dass nur zehn Prozent der Fünfjährigen eine Rehearsal-Strategie verwendeten. Von den Siebenjährigen waren es dagegen 60 Prozent und von den Zehnjährigen sogar 85 Prozent. Die Daten der Siebenjährigen zeigten darüber hinaus, dass die Kinder, die die Rehearsal-Strategie verwendeten, sich auch an mehr Bilder erinnerten. Nach Flavell und seinen Mitarbeitern verzichtete der größte Teil der kleineren Kinder deshalb auf Rehearsal, weil sie sich nicht der Tatsache bewusst waren, dass ihr Erinnerungsvermögen auf mnemotechnische Strategien angewiesen sein würde. Wie wir bereits gesehen haben, neigen kleine Kinder auch weniger dazu, visuell dargebotene Informationen verbal zu kodieren.

Wenngleich Flavell et al. in ihrer Studie Hinweise auf einen Zusammenhang zwischen dem Einsatz von Rehearsal und der Behaltensleistung gefunden haben, zeigten spätere Arbeiten, dass das Rehearsal bei siebenjährigen Kindern eher bruchstückhaft ausfällt und nicht besonders hilfreich für das langfristige Behalten ist. Sie wiederholen häufig nur das gerade präsentierte Item bzw. das gerade präsentierte und einen kleinen Teil der anderen Items.

Allerdings kann bereits ein kurzes Training zu raschen Verbesserungen im Einsatz von Rehearsal-Strategien führen – mit positiven Auswirkungen auf die Behaltensleistung.

So sollten beispielsweise in einer Studie von Naus, Ornstein und Alivano (1977) acht und elf Jahre alte Kinder eine Liste mit Wörtern lernen. Dabei wurde ein Teil der Kinder aufgefordert, die Wörter laut zu üben, so wie sie es sonst auch tun würden, während die anderen das gerade dargebotene Wort gemeinsam mit zwei anderen nachsprechen sollten. Die Kinder, denen man gesagt hatte, wie sie mit den zu behaltenden Wörtern umgehen sollten, schnitten im anschließenden Test signifikant besser ab als die Kinder, die die Wörter «so wie sonst auch» üben sollten. Naus et al. vertraten die Ansicht, dass weniger das Wiederholen selbst, sondern vielmehr der *Inhalt* der Rehearsal-Aktivität die Leistung in Listenlernaufgaben verbessere. Die Art und Weise des Rehearsal sei wichtiger als die Häufigkeit der Wiederholungen.

Die Tatsache, dass man Kindern beibringen kann, Rehearsal einzusetzen, führt zu der Frage, ob sie möglicherweise über entsprechende Strategien verfügen und schlicht nicht daran denken, sich ihrer zu bedienen (in diesem Fall läge ein «Produktionsdefizit» vor). Eine Möglichkeit herauszufinden, ob kleine Kinder Rehearsal aufgrund eines «Produktionsdefizits» nicht einsetzen, besteht darin, ihnen einen *Anreiz* für den Einsatz von Rehearsal-Strategien zu geben. Dies taten Kunzinger und Witryol (1984) in einer Studie, in der siebenjährige Kinder für die spontane Verwendung von Rehearsal mit Geld belohnt wurden. Die Autoren teilten den Kindern mit, dass sie für das Behalten bestimmter Wörter auf einer Liste zehn Cent und für das Behalten anderer Wörter einen Cent bekommen würden. Falls Kinder in der Lage sind, ohne entsprechendes Training effiziente Rehearsal-Strategien einzusetzen, sollten sie unter solchen Bedingungen die 10-Cent-Wörter häufiger vor sich hersagen als die 1-Cent-Wörter.

Kunzinger und Witryol stellten fest, dass die Kinder in ihrer Studie tatsächlich mehr Rehearsal-Aktivität auf die 10-Cent-Wörter als auf die 1-Cent-Wörter verwendeten: Zu Beginn der Liste wurden die 10-Cent-Wörter sechsmal häufiger wiederholt als die 1-Cent-Wörter. In einer Kontrollbedingung, in der für jedes Wort 5 Cent bezahlt wurde, wurde insgesamt weniger Rehearsal registriert. Nach Kunzinger und Witryol gab es in der Experimentalbedingung einen Generalisierungseffekt: Die Kinder dehnten den Einsatz von Rehearsal-Strategien von den 10-Cent-Wörtern auf die 1-Cent-Wörter aus. Der verstärkte Einsatz von Rehearsal bei den 10-Cent-Wörtern wirkte sich auf die Erinnerungsleistungen aus: Die 10-Cent-Wörter wurden signifikant öfter behalten als die 1-Cent oder die 5-Cent-Wörter. Siebenjährige Kinder können also dazu motiviert werden, Rehearsal anzuwenden, und wenn sie dies tun, verbessert sich auch ihre Behaltensleistung.

Mit Hilfe attraktiver Anreize können auch Vierjährige dazu gebracht werden, Gedächtnisstrategien einzusetzen, wenngleich ohne messbare Auswirkungen auf die Behaltensleistung. O'Sullivan (1993) zeigte vierjährigen Kindern 15 verschiedene Spielsachen (Puppe, Pferd, Ball, Flugzeug etc.) und sagte ihnen, sie könnten etwas gewinnen, wenn sie sich in dem anschließenden Gedächtnistest an alle Spielsachen erinnern würden. Zu gewinnen gab es entweder einen Bleistift oder eine Schachtel Buntstifte. Die Buntstifte wurden allgemein als begehrter eingestuft als der Bleistift. In dem Experiment befanden sich die Spielsachen zunächst in einer Tasche, wurden dann vom Versuchsleiter herausgeholt und den Kindern drei Minuten lang zum Anschauen gegeben. Dann kamen sie wieder in die Tasche und die Kinder mussten 25 Sekunden lang Kreuze auf ein Blatt Papier malen, um Kurzzeitgedächtnis-Effekte auszuschalten. Im Anschluss daran begann die Testphase des Experiments.

O'Sullivan stellte fest, dass die Kinder, die die Buntstifte gewinnen konnten, sich die Spielsachen intensiver anschauten als die Kinder, die den Bleistift gewinnen konnten. Erstere verbrachten auch weniger Zeit mit nicht aufgabenbezogenen Tätigkeiten. Ein spontaner Einsatz von Rehearsal wurde nicht beobachtet. Die intensiveren Bemühungen, sich die Spielsachen einzuprägen, die durch die Aussicht auf einen begehrteren Preis ausgelöst worden waren, schlugen sich allerdings nicht in besseren Behaltensleistungen der Buntstiftegruppe nieder. Beide Gruppen erinnerten sich im Durchschnitt an acht Items. (Es sollte nicht unerwähnt bleiben, dass alle Kinder bei Beendigung des Experiments beide Preise erhielten!)

Viele andere Studien über den Umgang kleiner Kinder mit Rehearsal-Strategien kommen zu sehr ähnlichen Ergebnissen wie die hier referierten Untersuchungen (siehe zusammenfassend Schneider & Pressley, 1989). Kleinen Kindern scheint es eher an der Motivation als an der Fähigkeit zum Rehearsal zu mangeln. Zum Einsatz von Rehearsal kommt es nur, wenn es durch ein Training oder durch aufgabenspezifische Faktoren wie beim Einprägen einer Liste von Wörtern oder auch durch eine verbale anstelle einer visuellen Darbietung der zu behaltenden Items angestoßen wird. Der spontane Einsatz von Rehearsal taucht erst etwas später in der Entwicklung auf. Dass es nicht vorher dazu kommt, ist nach diesen Ergebnissen eher auf ein Produktionsdefizit als auf ein Kompetenzdefizit zurückzuführen.

Organisationsstrategien

Bei den organisationalen mnemotechnischen Strategien – wie dem Ordnen von einzukaufenden Lebensmitteln nach zusammengehörigen Gruppen und die Verwendung dieser Kategorien zur Erleichterung des Abrufens – lässt sich eine ähnliche Entwicklung beobachten wie beim Rehearsal. Bei kleinen Kindern ist der Einsatz solcher Strategien weitgehend von der Aufgabenstellung und den einzuprägenden Items abhängig. Später dann hängt ihr Einsatz stärker vom Kind ab und tritt unabhängig vom einzuprägenden Material auf.

So sagte beispielsweise Schneider (1986) sieben- und zehnjährigen Kindern, dass man ihnen 24 Bilder zeigen würde und sie alles tun sollten, was ihnen helfen würde, sich später an die Dinge, die auf ihnen zu sehen waren, zu erinnern. Die verwendeten Bilder hatten entweder eine «hohe Kategorienzusammengehörigkeit» (z. B. Hund, Katze, Pferd, Kuh, Schwein, Maus) oder eine «niedrige Kategorienzusammengehörigkeit» (z. B. Ziege, Hirsch, Nilpferd, Büffel, Affe, Lamm). Darüber hinaus war die Zwischen-Item-Assoziativität – eingestuft anhand von Wort-Assoziations-Normen – innerhalb der Gruppen entweder hoch (z. B. Stuhl, Tisch, Bett, Sofa, Schreibtisch, Lampe) oder niedrig (z. B. Kühlschrank, Hocker, Bücherschrank, Schaukelstuhl, Ofen, Bank). Die Kinder hatten zwei Minuten Zeit, um die Bilder zu sortieren, und weitere zwei Minuten, um sie sich einzuprägen.

Schneider stellte fest, dass nur 10 Prozent der Siebenjährigen die Bilder spontan nach ihrer Kategoriezugehörigkeit ordneten, bei den Zehnjährigen waren es dagegen 60 Prozent. Außerdem ordneten die kleineren, nicht aber der älteren Kinder Items mit einer niedrigen Zwischen-Item-Assoziativität besonders selten einer gemeinsamen Gruppe zu. Während die Zehnjährigen Objekte wie einen Ofen, eine Bank etc. anhand von Kategorien wie «Möbel» sortierten, taten dies die Siebenjährigen nicht. Nach Schneider hing der Einsatz organisationaler Strategien bei den kleineren Kindern davon ab, wie stark die jeweiligen Items assoziativ miteinander verknüpft waren. Bei den Siebenjährigen war es der Grad der Assoziativität selbst, von dem das – weitgehend unwillkürliche – Sortierverhalten der Kinder abhing. Die Zehnjährigen dagegen setzten das Gruppieren der Items *(clustering)* gezielt als Strategie ein. Die älteren Kinder waren offensichtlich dabei, den mnemotechnischen Wert organisationaler Strategien zu entdecken. Schneider stellte fest, dass ungefähr die Hälfte der Zehnjährigen aus seiner Studie systematisch und strategisch an die Aufgabe herangingen und sich des Nutzens organisationaler Strategien bewusst waren.

Zu ähnlichen Ergebnissen kam eine Studie von Bjorklund und Bjorklund (1985), in der sechs-, acht- und zehnjährige Kinder aufgefordert wurden, die Namen ihrer derzeitigen Klassenkameraden aufzuzählen. Die Kinder, denen die Aufgabe durchweg leicht fiel, schienen strategisch vorzugehen und sich die Namen der Mitschüler anhand ihrer Zugehörigkeit zu bestimmten Gruppen ins Gedächtnis zu rufen – z. B. nach der Sitzordnung im Klassenzimmer, der Einteilung in bestimmte Arbeitsgruppen oder Mädchen versus Jungen. Wenn allerdings der Versuchsleiter von den Kindern wissen wollte, wie sie an diese Aufgabe herangegangen waren, konnten sie ihm keine konkrete Strategien nennen, was zeigt, dass ihr *clustering* weitgehend unwillkürlich abgelaufen war. Bjorklund und Bjorklund überprüften diese Hypothese, indem sie die Kinder baten, spezifische Abrufstrategien zu verwenden, z. B. zunächst die Jungen und dann die Mädchen aufzuzählen. Es zeigte sich, dass die Gedächtnisleistungen unter dieser Bedingung den Leistungen in der freien Bedingung, in der keine Instruktionen gegeben worden waren, entsprachen. Bjorklund und Bjorklund schlossen daraus, dass semantische Assoziationen zwischen stark assoziierten Items relativ mühelos aktiviert werden könnten, was dazu führe, dass der Abrufprozess organisiert und strategisch zu sein scheine, während er in Wirklichkeit nur ein Nebenprodukt hoher Assoziativität sei. Eine hohe Assoziativität bestimme daher *automatisch* die Struktur des Abrufens.

Es gibt jedoch auch Hinweise auf einen eher strategischen Einsatz semantischer Assoziativität. Schneider und Sodian (1988) ließen vier und sechs Jahre alte Kinder zehn Bilder von Personen (Arzt, Bauer, Polizist) in zehn kleinen Häuschen verstecken. Im Anschluss zeigten sie ihnen einen anderen Satz mit den gleichen Bildern und baten sie, jeweils den anderen «Zwilling» hervorzuholen. Die Häuschen hatten ein Dach, das geöffnet und geschlossen werden konnte, und an die Tür konnte mit Hilfe eines Magneten ein kleines Hinweisbild befestigt werden. Ein Teil der verfügbaren Bilder hatte etwas mit den Personen zu tun, die sich in dem Haus versteckten (Spritze, Traktor, Polizeiauto), der andere Teil der Bilder nicht (Schlüssel, Blume, Lampe).

Zunächst sollten die Kinder die Aufgabe ohne die Hinweisbilder ausführen, wobei Schneider und Sodian erfassten, wie viel Zeit die Kinder für das Verstecken und Wiederfinden der Bilder benötigten. Dann wurden die Hinweisbildchen an den Häusern befestigt und die Kinder ein zweites Mal gebeten, die Personenbilder zu verstecken und wieder hervorzuholen. Falls die Kinder sich dabei den semantischen Zusammenhang zwischen den Hinweisbildern und den Personenbildern systematisch zunutze machen würden, sollte dies an zwei Ergebnissen sichtbar werden: der Verlangsamung des Versteckvorgangs und der Erhöhung der Trefferquote beim Hervorholen der Bilder. Genau dies war der Fall. Beim zweiten Durchgang benötigten die Kinder beider Altersgruppen mehr Zeit für das Verstecken der Personenbilder und erinnerten sich an mehr Verstecke als beim ersten Durchgang. Dabei konnten sich die Sechsjährigen signifikant mehr Verstecke merken als die Vierjährigen, was zeigt, dass sie stärker von den semantischen Assoziationen zwischen Hinweisen und Personen profitierten. Tatsächlich versteckten sie mehr Personen an den «logischen» Verstecken als die Vierjährigen – im Durchschnitt 72 Prozent (Vierjährige: 40 Prozent).

Wie Schneider und Sodian berichteten, wussten die älteren Kinder auch mehr über die Funktion von Abrufreizen *(retrieval cues)* als die kleineren. Wurden ihnen spezifische Fragen gestellt wie «Bei welchem Mal war das Spiel, das ich gerade mit dir gespielt habe, einfacher - beim ersten oder beim zweiten Mal?», ließen die Antworten der Sechsjährigen erkennen, dass sie sich des strategischen Wertes der semantischen Hinweise stärker bewusst waren als die Vierjährigen. Aber auch die Vierjährigen zeigten ein gewisses Wissen über den Sinn und Zweck derartiger «Eselsbrücken». Bei beiden Gruppen ließ sich darüber hinaus ein Zusammenhang zwischen dem Wissen um den Nutzen der Hinweisbilder und der Behaltensleistung feststellen. Nach Schneider und Sodian ist daher die Vorstellung, dass Kinder im Vorschulalter rein «automatisch» auf hoch assoziative Hinweisreize reagierten, ohne sich deren Wert bewusst zu sein, vermutlich unzutreffend. Auch Vierjährige haben zumindest eine gewisse Vorstellung vom Nutzen kognitiver Gedächtnisstützen. Auch die Tatsache, dass in dieser Studie eine einfachere und aus Sicht des Kindes sinnvollere Aufgabe verwendet wurde, mag dazu beigetragen haben, dass hier kein «Produktionsdefizit» in Bezug auf die spontane Verwendung von Organisation als mnemotechnische Strategie festzustellen war.

Metagedächtnis

Eine Möglichkeit, die Entwicklung des Verständnisses für verschiedene Gedächtnisstrategien zu beschreiben, ist die Einbeziehung des Begriffs «Metagedächtnis»: das Wissen *über* das Gedächtnis. Die Entwicklung des Metagedächtnisses ist die Entwicklung der Fähigkeit, das eigene, auf das Behalten und Erinnern abzielende Verhalten zu überwachen und zu steuern (Brown, Bransford, Ferrara & Campione, 1983). In dem Maße, wie Kinder besser verstehen, wie ihr Gedächtnis funktioniert, sollten sie sich auch stärker der Tatsache bewusst werden, dass ihr Abschneiden in bestimmten Gedächtnisaufgaben vom Einsatz bestimmter Strategien profitiert; gleichzeitig sollten sie auch mehr Klarheit über ihre persönlichen Stärken und Schwächen beim Behalten und Erinnern bestimmter Arten von Information gewinnen (Flavell & Wellman, 1977). Mit zunehmender Entwicklung des Metagedächtnisses müssten Kinder in verstärktem Maße aktiv mnemotechnische Strategien einsetzen, um Informationen besser im Gedächtnis speichern und abrufen zu können, und Produktionsdefizite bei Gedächtnisaufgaben sollten zurückgehen.

Es gibt mehrere Aspekte des Gedächtnisses und seiner Arbeitsweise, über die Kinder etwas lernen können. Dazu zählen das Wissen über die eigene Person als «Erinnerer», die Kenntnis der aktuellen Inhalte des eigenen Gedächtnisses sowie Wissen über die Anforderungen der Aufgabe (Wellman, 1978). Nach Wellman muss das Kind jedoch nicht nur Wissen über diese unterschiedlichen «Variablen» des Metagedächtnisses erwerben, sondern sich auch der Notwendigkeit eines gezielten «Erinnerungsverhaltens» bewusst werden. Um die Entwicklung des Wissens über die Metagedächtnisvariablen zu untersuchen, zeigte Wellman Kindern im Alter von fünf und zehn Jahren Bilder von verschiedenen Situationen, in denen sich jemand etwas merken musste. Eine einfache Situation war das Bild eines Jungen, der sich an drei Items erinnern musste, eine schwierige Situation eine, in der sich ein Junge an 18 Dinge erinnern musste. Mit einem Teil der Aufgaben sollte daneben überprüft werden, inwieweit sich die Kinder der Tatsache bewusst waren, dass die Schwierigkeit einer Gedächtnisaufgabe auch von der *Interaktion* zweier verschiedener Variablen abhängen konnte. So gab es ein Bild, bei dem sich der Junge während eines langen Spaziergangs an 18 Dinge erinnern musste, und ein anderes, bei dem er das gleiche während eines kurzen Spaziergangs tun musste. Angenommen wurde, dass die Situation mit der langen Abrufzeit als einfacher eingeschätzt wurde als die mit der kurzen Abrufzeit.

Wellman stellte fest, dass die Fünfjährigen die Schwierigkeit der Gedächtnisaufgaben, bei denen nur eine einzelne Variable beteiligt war (z. B. 3 versus 18 Items), genauso gut einschätzen konnten wie die Zehnjährigen. Signifikant größere Schwierigkeiten als diese hatten sie dagegen bei den Aufgaben, bei denen mehrere Variablen miteinander interagierten. So glaubte beispielsweise ein großer Teil der Fünfjährigen, dass die Aufgabe der beiden Jungen, die sich an 18 Dinge erinnern mussten, in beiden Fällen gleich schwierig war, obwohl dem einen der beiden dazu mehr Zeit zur Verfügung stand als dem anderen. Bei den Zehnjährigen waren derartige Fehleinschätzungen eher die Ausnahme. Wellman schloss daraus, dass die Fünfjährigen bei ihrer Einschätzung der

Gedächtnisleistung nicht mehr als eine relevante Variable berücksichtigen konnten. Ein wichtiger Aspekt der Entwicklung des Metagedächtnisses beträfe daher die Fähigkeit, die Effekte verschiedener Metagedächtnisvariablen miteinander in Beziehung zu setzen.

Eine andere Frage im Zusammenhang mit der Entwicklung des Metagedächtnisses ist die, wann Kinder anfangen, den jeweiligen Nutzen verschiedener Behaltensstrategien gegeneinander abzuwägen. Justice (1985) ließ Kinder im Alter von sieben, neun und elf Jahren die Wirksamkeit vier verschiedener Strategien einschätzen: Wiederholen (*Rehearsal)*, Kategorisieren (anhand der semantischen Kategorie), Betrachten und Benennen. Die Kinder sahen zunächst ein Video, in dem ein Kind namens Lee die Aufgabe bekam, sich zwölf kategorisierbare Bilder zu merken. Den Kindern wurde gesagt, dass Lee auf unterschiedliche Weise versuchen würde, sich die Bilder einzuprägen. Die *Kategorisierungsstrategie* bestand darin, die Bilder nach ihrer semantischen Kategorie zu ordnen (z. B. Apfel, Pfirsich, Banane) und dann die Gruppen jeweils zweimal laut aufzuzählen. Beim Rehearsal gruppierte Lee die Bilder nach dem Zufallsprinzip und zählte dann die Gruppen jeweils zweimal laut auf. Das *Benennen* sah so aus, dass Lee einfach zweimal laut sagte, was auf jedem Bild zu sehen war, ohne sie vorher neu zu gruppieren, und das *Betrachten* bestand darin, dass Lee jedes Bild zweimal intensiv ansah, ohne es zu benennen oder die Bilder umzusortieren.

Die Kinder sollten beurteilen, welche Strategie Lee am meisten helfen würde, sich die Bilder zu merken. Dabei wurde so vorgegangen, dass jede Strategie einmal mit jeder anderen verglichen wurde, womit insgesamt 24 Strategiepaare zu bewerten waren. Die Siebenjährigen schätzten Rehearsal und Kategorisierung als gleich wirksam ein; die neun und elf Jahre alten Kinder hingegen betrachteten Kategorisierung als effektiver als Rehearsal (wie es in Lees Situation auch der Fall war). Nach Justice (1985) verfügen Kinder damit spätestens mit neun Jahren über ein gewisses metakognitives Wissen um den Nutzen von Kategorisierung als Gedächtnisstrategie.

Ein weiterer Aspekt des Metagedächtnisses ist die Selbstüberwachung *(self-monitoring)* – die Fähigkeit, die in einem selbst ablaufenden Gedächtnisprozesse in Bezug auf die gesetzten Ziele zu beobachten. Damit in Zusammenhang steht die Selbstregulierung – die Fähigkeit, die Aktivität des eigenen Gedächtnisses zu planen, zu steuern und zu bewerten. Die Fähigkeit von Kindern, die eigenen Gedächtnisprozesse zu überwachen und zu regulieren, wurde von Dufresne und Kobasigawa (1989) untersucht. Die Autoren überprüften, ob Kinder im Alter von sechs, acht, zehn und zwölf Jahren in der

Lage sein würden, ihre Lernzeit effektiv zwischen leichtem und schwierigem Material aufzuteilen.

In ihrem Experiment bekamen die Kinder Heftchen mit zu lernenden Paar-Assoziationen. Bei einem Teil davon handelte es sich um leicht zu lernende Assoziationen wie *Hund-Katze, Schläger-Ball und Schuh-Socke,* bei einem anderen um schwer zu lernende wie *Buch-Frosch, Schlittschuh-Baby* und *Kleid-Haus.* Die kleineren Kinder bekamen weniger Aufgaben, damit die Aufgabenschwierigkeit für alle Altersstufen gleich war. Das Ziel, das den Kindern vorgegeben wurde, bestand darin, sich alle Paar einzuprägen. Dazu durften sie sich so lange mit den Heftchen beschäftigen, bis sie sicher waren, dass sie sich an alle «Partner» erinnern würden. Um zu erfassen, wie die Kinder ihre Lernzeit aufteilten, wurden sie in der Lernphase auf Video aufgenommen. Diese Aufnahmen wurden dann danach ausgewertet, wie viel Zeit sich die Kinder anteilig mit den schwierigeren und den leichteren Aufgaben befasst hatten.

Wie Dufresne und Kobasigawa feststellten, machten die sechs- und achtjährigen Kinder keinen Unterschied zwischen den leichten und den schwierigen Aufgaben: Sie widmeten beiden etwa gleich viel Zeit. Die Zehn- und Zwölfjährigen verbrachten hingegen signifikant mehr Zeit mit dem Lernen der schwierigeren Aufgaben, wobei sich die Zwölfjährigen länger mit den schwierigen Paaren befasste als alle anderen Gruppen. Dies bedeutet, dass die älteren Kinder ihre Gedächtnisaktivität besser regulieren konnten. Die Autoren teilten daraufhin die verschiedenen Altersgruppen in Kinder ein, die mehr Zeit auf die schwierigen Aufgaben verwandt hatten, und Kinder, die mehr Zeit auf die leichten Aufgaben verwandt hatten. Diesmal zeigte sich, dass sich auch die Achtjährigen in gewissem Umfang die Lernzeit strategisch eingeteilt hatten: Die Zahl derer, die der ersten Gruppe zuzurechnen waren, war höher als die Zahl derer, die zur zweiten Gruppe gehörten. Dieser Unterschied war bei den Zehn- und den Zwölfjährigen noch stärker ausgeprägt. Nur in der Gruppe der jüngsten Kinder war die Zahl derer, die sich länger mit den leichten Aufgaben beschäftigt hatten, höher als die Zahl derer, die sich mehr Zeit für die schwierigen Aufgaben genommen hatten, und das, obwohl ein separater Test ergab, dass auch die Sechsjährigen in der Lage waren, die leichten von den schwierigen Aufgaben zu unterscheiden. Dufresne und Kobasigawa vertraten die Auffassung, dass die Kinder aufgrund fehlenden *metakognitiven* Wissens nicht in der Lage waren, ihre zeitlichen Ressourcen angemessen zu verteilen. Zwar war ihre Einschätzung der Aufgabenschwierigkeit zutreffend, sie verwendeten dieses Wissen jedoch nicht, um sich ihre Lernzeit entsprechend einzuteilen.

Eine wichtige Frage im Zusammenhang mit dem Metagedächtnis ist schließlich noch, ob Kinder mit einem besseren Metagedächtnis auch besser bei verschiedenen Gedächtnisaufgaben abschneiden. Denn falls der Entwicklung der Fähigkeit, die eigene Gedächtnisaktivität zu überwachen und zu regulieren, eine hohe Bedeutung für die Entwicklung des Gedächtnisses hat, dann sollten Kinder mit besserer Selbstkontrolle und besserer Selbstregulation auch mehr behalten können. Metaanalysen von Arbeiten zum Zusammenhang zwischen Maßen für das Metagedächtnis und für die Gedächtnisleistung zeigen, dass dieser Zusammenhang tatsächlich existiert. Eine Metaanalyse von Schneider (1985), in die eine Reihe der wichtigsten empirischen Studien zu dieser Frage eingingen (27 Studien mit 2231 Versuchspersonen), stellte eine Korrelation in Höhe von 0,41 zwischen Metagedächtnis und Gedächtnisleistung fest. Zu genau dem gleichen Ergebnis kam eine noch umfangreichere Metaanalyse (60 Veröffentlichungen mit 7079 Versuchspersonen) von Schneider und Pressley (1989).

Einzelne Studien ergeben das gleiche Bild. So konnte beispielsweise in einer Untersuchung von Kurtz und Weinert (1989) ein Zusammenhang zwischen Metagedächtnis, Gedächtnisleistung und allgemeiner kognitiver Befähigung nachgewiesen werden. Die Autoren zeigten, dass deutsche Kinder, die hohe Werte in einem Intelligenztest hatten, auch ein besseres metakognitives Wissen hatten (z. B. über den Nutzen von *clustering* anhand semantischer Kategorien für das Erinnern) als durchschnittlich begabte Kinder. Die überdurchschnittlich begabten Kinder konnten sich auch mehr Wörter von einer Liste merken, die anhand ihrer Kategorienzugehörigkeit (z. B. «Gefühle») aufgeteilt werden konnten. Dabei scheint der Zusammenhang zwischen Metagedächtnis und Gedächtnisleistung durchaus wechselseitig zu sein (siehe Schneider & Bjorklund, 1997). Die Erfahrung eines Kindes, vom Einsatz einer spezifischen Strategie, wie etwa dem *clustering*, zu profitieren, kann wiederum sein aufgabenspezifisches Metagedächtnis erweitern.

Zusammenhänge zwischen der Entwicklung des Gedächtnisses und der allgemeinen kognitiven Entwicklung

Das Ergebnis von Kurtz und Weinert (1989) – metakognitives Wissen korreliert mit der Leistung im Intelligenztest – zeigt, dass die Entwicklung des Metagedächtnisses eng mit der allgemeinen kognitiven Entwicklung zusammenhängt. Dies ist nicht weiter überraschend, da der Zusammenhang wischen der Entwicklung des Gedächtnisses und der allgemeinen kognitiven Entwicklung weithin anerkannt ist. Umstritten ist hingegen, wie dieser Zusammenhang zu erklären ist.

Wie wir bereits gesehen haben, schreibt ein Ansatz zur Erklärung der kognitiven Entwicklung der Wissensbasis des Kindes eine große Bedeutung zu. Diesem Ansatz zufolge ist die umfassende und tiefgehende Kenntnis eines bestimmten Bereiches Voraussetzung dafür, dass kognitive Prozesse wie schlussfolgerndes Denken einsetzen können, die dann das Verständnis für diesen Bereich – und eventuell auch für andere – weiter vorantreiben (siehe Vorwort). Dieser Wissensbasis-Ansatz misst konsequenterweise den *Speicherkomponenten* des Gedächtnisses eine entscheidende Rolle für die kognitive Entwicklung bei. Möglich ist jedoch auch, dass vielmehr die *Verarbeitungskomponenten* des Gedächtnisses ausschlaggebend sind. Vielleicht erwerben Kinder im Laufe ihrer Entwicklung nach und nach immer effektivere Möglichkeiten, Informationen zu verarbeiten, und vielleicht ist dies der Hauptgrund für ihre Fortschritte auf kognitivem Gebiet. Diesem Denkmodell zufolge ermöglichen bereichsübergreifende Fortschritte in Bezug auf die verarbeitenden Komponenten des Gedächtnisses eine effektivere Nutzung der Wissensgrundlage, indem beispielsweise differenziertere kognitive Strategien auf das vorliegende Wissen angewendet werden. Eine dritte Alternative wäre, dass eine Art von *Metawissen* den ausschlaggebenden Faktor für die kognitive Entwicklung darstellt. Demzufolge wäre das Wissen über die eigenen kognitiven Prozesse entscheidend für die Fortschritte des Kindes auf kognitivem Gebiet. Das Wissen über die eigenen kognitiven Prozesse wird auch als «Metakognition» bezeichnet – ein Konzept, das eine Zeitlang eine Favoritenrolle in Theorien zur kognitiven Entwicklung innehatte (siehe Forrest-Pressley, MacKinnon & Waller, 1985).

Inzwischen hat sich jedoch die Auffassung durchgesetzt, dass wahrscheinlich an allen drei Ansätzen etwas Wahres dran ist. Anstatt davon auszugehen, dass eine einzelne Komponente die gesamte Erklärungslast trägt, ist es plausibler anzunehmen, dass alle drei Faktoren – die Qualität der Wissensbasis, die Differenziertheit der Prozesse, mit denen diese Wissensbasis genutzt wird, sowie das Bewusstsein des Kindes für das eigene Wissen und die Möglichkeiten, dieses Wissen zu nutzen – eine wichtige Rolle für die die kognitive Entwicklung spielen. Im Folgenden wollen wir kurz betrachten, auf welche Weise diese drei Komponenten des Gedächtnisses die kognitive Entwicklung beeinflussen.

Neulinge und Experten

Zwar ist es unwahrscheinlich, dass die Speicherkomponenten des Gedächtnisses die Hauptverantwortung für individuelle Unterschiede in der kognitiven Entwicklung tragen, dennoch geht man heute allgemein davon aus, dass die Wissensbasis selbst einen Einfluss auf die Leistungsfähigkeit des Gedächtnisses haben kann. Das Vorwissen, über das Kinder verfügen, kann von entscheidender Bedeutung für die Enkodierung und Speicherung eingehender Informationen sowie für das Abrufen von Erinnerungen sein. Einer der interessantesten Ansätze zur Untersuchung dieser Möglichkeit besteht darin, die Leistung von Personen mit wenig Vorwissen auf einem Gebiet (Neulinge) mit der Leistung von Personen zu vergleichen, die sich auf dem betreffenden Gebiet sehr gut auskennen (Experten). Da Experten meist älter sind als Neulinge, besteht ein Problem bei solchen Vergleichen darin, die Bedeutung von Alter und von Wissen auseinander zu halten. Am aufschlussreichsten sind daher Vergleiche, bei denen die Experten jünger als die Neulinge sind. Derartige Gegenüberstellungen sind in der Regel nur in eng umschriebenen Bereichen wie beispielsweise Schach, Fußball oder Physik möglich.

Kleine Kinder sind nicht unbedingt «universelle Neulinge» – ein Begriff von Brown und DeLoache (1978) –, sondern verfügen überraschenderweise manchmal auf einem begrenzten Gebiet über mehr Wissen als ältere Kinder oder gar als Erwachsene. Dies liegt daran, dass es eben nicht nur vom Alter, sondern entscheidend von den Erfahrungen abhängt, die jemand auf einem konkreten Gebiet gesammelt hat, ob er hier Neuling oder Experte ist. Wer motiviert genug ist, kann bereits in relativ jungen Jahren viele Erfahrungen in einem bestimmten Bereich machen. So wissen beispielsweise manche Kinder erstaunlich gut über Dinosaurier Bescheid, was daran liegt, dass sie sie so interessant finden, dass sie sich ein regelrechtes Expertenwissen über die verschiedenen Arten und ihr Verhalten aufbauen. Ein Gebiet, für das Ähnliches gilt, ist das Schachspiel: Einige junge Spieler bringen es hier zu wahrer Meisterschaft und schlagen regelmäßig ihre erwachsenen Gegner.

Wenn sich Experten und Neulinge hinsichtlich ihrer Erfahrungen auf einem bestimmten Gebiet voneinander unterscheiden, lässt sich vorhersagen, dass der Grad von «Expertentum» auf diesem Gebiet mit Unterschieden in der Struktur und Organisation des entsprechenden Gedächtnisbereichs korreliert. In einer der ersten bedeutenden Studien zu dieser Frage untersuchte Chi (1978) Unterschiede zwischen dem Gedächtnis von Schachexperten und dem von Schachanfängern. Die Experten ihrer Stichprobe waren dabei Kinder im Alter zwischen sechs und zehn Jahren, die Neulinge erwachsene Studenten, die Schach spielen konnten. Chi untersuchte, wie gut sich beide Gruppen verschiedene Mittelspielstellungen mit durchschnittlich 22 Figuren merken konnten. Die Schachspieler durften sich das Schachbrett 10 Sekunden lang ansehen und sollten dann die Stellung der Figuren aus dem Gedächtnis reproduzieren. Es zeigte sich, dass die Kinder im Durchschnitt 9,3 Figuren korrekt positionierten, die Erwachsenen 5,9. Chi untersuchte außerdem, wie viele Durchgänge die Versuchspersonen benötigten, um sich die gesamte Mittelspielstellung einzuprägen. Die Kinder, so stellte sie fest, brauchten im Durchschnitt 5,6 Durchgänge und die Erwachsenen 8,4. Die Unterschiede zwischen Experten und Neulingen waren jeweils signifikant.

Im Prinzip lassen sich diese Ergebnisse auf zweifache Weise interpretieren: Waren die Kinder Schachexperten, weil sie sich die Stellung der Figuren besser merken konnten, oder konnten sie sich die Stellung besser merken, weil sie Experten waren? Chi sprach sich für die zweite Möglichkeit aus und vertrat die Ansicht, dass die kleinen Experten sinnvolle Muster in der Aufstellung der Figuren erkannten, die den weniger geübten Erwachsenen verborgen blieben. Diese These überprüften Schneider und seine Mitarbeiter in einer Replikation der Studie von Chi, bei der sie einige zusätzliche Aufgaben verwendeten (Schneider, Gruber, Gold & Opwis, 1993, siehe Abbildung 6.1).

Es zeigte sich, dass sich die Experten sowohl die sinnvollen als auch die zufälligen Stellungen besser merken konnten als die Neulinge. In der Kontrollbedingung, in der die Stellung abstrakter Holzfiguren auf einem Brett rekonstruiert werden sollte, das sich deutlich von einem Schachbrett unterschied, gab es hingegen keinen Experteneffekt. Diese Ergebnisse legen nahe, dass Expertenwissen sowohl einen *qualitativen* – bezogen auf die Art und Weise seiner Repräsentation – als auch einen quantitativen – bezogen auf die Menge der verfügbaren Information – Aspekt hat. Zu letzterem gehört in diesem Fall das Wissen über das geometrische Muster des Schachbretts und die Form und Farbe der Schachfiguren.

Auch Studien mit Dinosaurierexperten im Kindesalter lassen darauf schließen, dass Experten ihr Wissen anders strukturieren als Neulinge. Chi, Hutchinson und Robin (1989) stellten fest, dass die Experten in ihrer Untersuchung ihr Wissen integrierter und kohärenter strukturierten als Neulinge,

Abbildung 6.1: Beispiele für die Schachaufgaben (a, b) und die Kontrollaufgabe aus der Studie von Schneider et al. (1993). Wiedergabe mit freundlicher Genehmigung der Academic Press Inc.

und zwar sowohl auf einer globalen Ebene, auf der übergeordnete Informationen wie «Fleischfresser» oder «Pflanzenfresser» repräsentiert waren, als auch auf einer substrukturellen Ebene, auf der gemeinsame Attribute wie «hat scharfe Zähne» oder «hat einen Schnabel» repräsentiert waren.

Chi benutzte eine Bildersortieraufgabe zum Nachweis dieser Unterschiede. Sie stellte fest, dass siebenjährige Dinosaurierexperten Bilder von Dinosauriern auf der Grundlage verschiedener relevanter Attribute und Konzepte sortierten («Er hatte Schwimmfüße, deshalb konnte er schwimmen; und seine Nase hatte die gleiche Form wie ein Entenschnabel, daher hat er seinen Namen»). Die gleichaltrigen Neulinge sortierten die Bilder dagegen auf der Grundlage äußerer Merkmale («Er hat scharfe Finger, scharfe Zehen und einen großen Schwanz»). Chi und ihre Mitarbeiter wiesen darauf hin, dass es leichter ist, die Bedeutung einzelner Merkmale eines Dinosauriers (scharfe Zähne, Schwimmfüße etc.) richtig einzuordnen, wenn man weiß, in welchem kausalen oder korrelativen Zusammenhang sie zueinander stehen. Wie wichtig kausale Zusammenhänge und die Fähigkeit, sie in Bezug zueinander zu setzen *(mapping)*, für die Begriffsbildung und den Aufbau von Wissen sind, ist bereits in den Kapiteln 3 und 4 beschrieben worden.

Möglicherweise ist der Expertenstatus sogar wichtiger für die Gedächtnisleistung als die allgemeine kognitive Befähigung, zumindest wenn es um einen eingeschränkten Bereich wie Schach oder Fußball geht. Eine Untersuchung mit Fußballexperten, die Schneider und seine Mitarbeiter in Deutschland durchführten, kam zu dem Ergebnis, dass die Fußballexperten – Drittklässler (Jungen und Mädchen) – sich besser an die Schilderung eines Fußballspiels erinnerten als die Fußballneulinge – Schüler und Schülerinnen der siebten Klasse (Schneider, Korkel & Weinert, 1989). Außerdem war, unabhängig vom Alter, der Expertenstatus ein besserer Prädiktor für die Behaltensleistung als die Intelligenz. Zu ähnlichen Ergebnissen sind andere Untersuchungen mit erwachsenen Versuchspersonen gekommen. So ist beispielsweise eine ausgiebige Erfahrung im Beobachten von Pferderennen und Berechnen der Wettchancen ein besserer Prädiktor für die Wetteinnahmen der Spieler als der IQ (Ceci & Liker, 1986). Ergebnisse wie dieses zeigen, wie viel Wahrheit in dem alten Sprichwort steckt: «Übung macht den Meister». In einer Längsschnittstudie mit begabten jungen deutschen Tennisspielern (zur Stichprobe zählten auch Boris Becker und Steffi Graf) stellten Schneider, Boes und Rieder fest, dass Umfang und Niveau des Trainings einen wichtigen Prädiktor für den Ranglistenplatz eines Spielers fünf Jahre später darstellte. Das gleiche galt für die Leistungsmotivation. Auch die Leistungen selbst war – was wohl nicht weiter überrascht – ein wichtiger Prädiktor, aber eben nur einer unter mehreren.

Insgesamt zeigen die Untersuchungen mit Neulingen und Experten, dass das Wissen, über das eine Person auf einem bestimmten Gebiet verfügt, eine entscheidende Rolle für die Gedächtnisorganisation spielt. Die Vorstellung, dass der Ausbau von Wissen zu einer Neuorganisation des Gedächtnisses führt, weist deutliche Parallelen zu Careys Überlegungen zur Rolle von Wissenserwerb und relationalem *mapping* für die Veränderung von Begriffen auf (siehe Kapitel 3). Es ist ein tröstlicher Gedanke, dass es jeder zum Experten auf einem bestimmten Gebiet bringen kann, wenn er nur motiviert genug ist, sich intensiv mit diesem Gebiet auseinander zu setzen. Die Entwicklung des Gedächtnisses hängt damit sowohl von dem Umfang der Wissensbasis ab als auch von dem Einsatz expliziter Strategien wie Rehearsal. Ein Expertenwissen ist bei manchen Gedächtnisaufgaben also sogar wichtiger als die allgemeine Intelligenz. Der Schluss ist berechtigt, dass die Speicherkomponenten des Gedächtnisses eindeutig eine Rolle für bestimmte Aspekte der kognitiven Leistungsfähigkeit spielen.

Die Entwicklung der Verarbeitungskapazität

Die Verarbeitungskomponenten des Gedächtnisses spielen in Theorien über die kognitive Entwicklung eine größere Rolle als die Speicherkomponenten. In Kapitel 5 haben wir uns bereits mit dem Kurzzeitgedächtnis im Sinne eines «Arbeitsraumes» beschäftigt, in dem neues oder aus dem Langzeitgedächtnis abgerufenes Material aktiv verarbeitet werden kann. Der Umfang der Verarbeitungskapazität, über die Kinder verfügen, wird als besonders bedeutsame Variable für die kognitive Entwicklung in der Kindheit betrachtet. Besonders in bestimmten neopiagetianischen Theorien spielt die Vorstellung einer Verarbeitungskapazität – in der einen oder anderen Variante – eine zentrale Rolle.

So vertritt beispielsweise Pascual-Leone (1970) die Vorstellung, dass die Verarbeitungskapazität *(central computing space)* mit steigendem Alter zunimmt und dass damit das Vorrücken des Kindes auf höhere kognitive Entwicklungsstufen einhergeht. Eine ähnliche Vorstellung vertritt Case (1985), in dessen Modell sich Kurzzeitspeicher und verarbeitende Komponente den verfügbaren Speicherplatz teilen. Die Gesamtkapazität für die «exekutive Verarbeitung» verändere sich dabei im Laufe der Entwicklung nicht, dennoch nehme die Leistungsfähigkeit des Systems zu, weil die Verarbeitung – z. B.

durch Übung – an Effektivität gewinne und daher weniger «Raum» in Anspruch nehme. Eine dritte Theorie in der Nachfolge Piagets (Halford, 1993) schreibt der Kapazität des «aktiven» oder «primären» Gedächtnisses eine zentrale Bedeutung zu. Halford definiert das primäre Gedächtnis als dasjenige Gedächtnissystem, das alle Informationen enthält, die zu einem gegebenen Zeitpunkt verarbeitet werden. Die Kapazität dieses Systems nehme im Laufe der Entwicklung zu. Fischer (1980) schließlich vertritt eine Auffassung, die zwar ebenfalls in der Nachfolge Piagets steht, sich jedoch von den anderen Modellen abhebt. Für Fischer heißt Entwicklung vor allem Kontrolle und Aufbau von Fertigkeiten *(skills)*. Unter einer Fertigkeit versteht er die Fähigkeit, in einem bestimmten Kontext eine Reihe von Handlungen auszuführen.

Gemeinsam ist den Theorien von Pascual-Leone, Case und Halford, dass in ihnen die Vorstellung einer Verarbeitungskapazität (Arbeitsgedächtnis oder Aufmerksamkeitskapazität) eine zentrale Rolle spielt. Diesen neopiagetianischen Theorien zufolge setzt der Umfang der verfügbaren Verarbeitungskapazität eine Obergrenze für die kognitive Leistungsfähigkeit. Für das allmähliche Verschieben dieser Obergrenze mit zunehmendem Alter werden spezifische (noch unbekannte) biologische Faktoren verantwortlich gemacht. Die kognitive Entwicklung wird damit erklärt, dass ältere Kinder über eine größere Verarbeitungskapazität verfügen als jüngere Kinder, und in Abhängigkeit vom Alter werden (wie in Piagets Theorie, siehe Kapitel 8) qualitative Entwicklungsfortschritte vorhergesagt. Diese qualitativen Fortschritte sind auf den Einsatz zunehmend differenzierterer Strategien der Informationsverarbeitung zurückzuführen, die verfügbar werden, sobald die Verarbeitungskapazität groß genug ist. So sagt Halford beispielsweise, dass eine zunehmende Verarbeitungskapazität die Kinder in die Lage versetzt, mit komplexeren *mappings* zu arbeiten.

Da die Verarbeitungskapazität bei bestimmten Aufgaben eine theoretische Obergrenze für die kognitive Leistungsfähigkeit von Kindern festlegt, müssten Kinder, die noch nicht über eine ausreichende Kapazität verfügen, in diesen Aufgaben nicht über ein bestimmtes Leistungsniveau hinauskommen. Diese Annahme einer «Obergrenze» liefert die beste Möglichkeit zur Überprüfung der neopiagetianischen Theorien (siehe Case, 1992). Die Modelle der Piaget-Nachfolger sind jedoch auch in der Lage, die beträchtlichen individuellen Unterschiede zwischen verschiedenen Kindern zu erklären, da sie postulieren, dass ein Teil der Restrukturierung im Laufe der Entwicklung «lokaler» Natur, d. h. bereichsspezifisch, ist – im Gegensatz zu der Restrukturierung, zu der es in Folge der zunehmenden Verarbeitungskapazität kommt. Alle neopiagetianischen Theorien gestehen auch den Speicherkomponenten des Gedächtnisses eine gewisse Rolle für die kognitive Entwicklung zu, da sie anerkennen, dass individuelle kognitive Unterschiede auch auf der Qualität der Wissensbasis beruhen können. Eine ausführliche Behandlung der relativ komplexen neopiagetianischen Theorien würde den Rahmen dieses Buches sprengen. Gegen Ende des siebten Kapitels werden wir uns jedoch noch einmal näher mit dem Modell von Halford (1983) beschäftigen und daran sehen, wie eine auf Piaget aufbauende moderne Theorie die kognitive Entwicklung erklärt.

Repräsentationale Neubeschreibung als Theorie der kognitiven Entwicklung

Abschließend wollen wir uns mit einem Ansatz befassen, der beschreibt, wie die Einsicht in den Inhalt des eigenen Gedächtnisses einen Einfluss auf die kognitive Entwicklung haben kann. Ein solcher Ansatz wurde von Karmiloff-Smith (1992) vorgestellt und ist Teil ihrer Theorie der «repräsentationalen Neubeschreibung» *(representational redescription)*. In ihrem Modell unterscheidet Karmiloff-Smith zwischen Informationen, die sich *im* Gedächtnis befinden, und Informationen, die dem kognitiven System in expliziter Form *zur Verfügung* stehen. Damit will sie erklären, wie die Repräsentationen von Kindern mit fortschreitender Entwicklung zunehmend handhabbarer und flexibler werden. Eine wichtige Erkenntnis ist, dass das *gleiche* Verhalten zu unterschiedlichen Zeitpunkten in der Entwicklung auf *verschiedene* Repräsentationen zurückgehen kann. Nach Karmiloff-Smith gibt es mindestens drei Ebenen, auf denen Wissen repräsentiert und im Laufe der Entwicklung «re-repräsentiert» wird: die Ebene der impliziten Repräsentationen sowie zwei Ebenen expliziter Repräsentationen. Die Repräsentationen werden auf den drei Ebenen von Mal zu Mal expliziter. Zwar betrifft dieser Prozess der repräsentationalen Neubeschreibung alle Wissensbereiche, er ist jedoch vom jeweils bestehenden Explizitheitsgrad der Repräsentationen abhängig, auf denen ein bestimmtes bereichsspezifisches Wissen beruht, und vollzieht sich daher in unterschiedlichen Bereichen zu unterschiedlichen Zeitpunkten.

Die erste Phase in diesem Prozess der repräsentationalen Neubeschreibung wird als «datenabhängiges Lernen» bezeichnet. In dieser Phase nimmt das Kind relevante und auffällige Informationen aus seiner Umwelt auf, solange bis es den entsprechenden Bereich «verhaltensmäßig meistert». *Behavioural mastery* beruht auf impliziten Repräsentationen; auf dieser Ebene ist das Wissen dem Bewusstsein vollkommen unzugänglich. Es steckt «im Kopf», im «Denken» und ist daher rein prozedural. Die «Prozeduren» werden ausschließlich als Reaktion auf externe Stimuli aktiviert, daher wird das Verhalten von Kindern, die auf der Grundlage impliziter Repräsentationen agieren, weitgehend von den Stimuli bestimmt, die in einer bestimmten Situation oder Aufgabe vorhanden sind («*bottom up*-Verhalten»). Da das Kind nicht in der Lage ist, eine einmal begonnene Prozedur anzuhalten, muss es, sobald es einmal damit angefangen hat, die gesamte Prozedur «abspulen». Hat ein Kind beispielsweise begonnen, das Bild von einem Mann zu malen, kann es seine übliche «Ich-male-einen-Mann-Prozedur» nicht ändern und etwas anderes malen (z. B. „einen Mann, den es nicht gibt), auch wenn es das ursprünglich vorhatte (siehe ausführliche Darstellung bei Karmiloff-Smith, 1992).

Die zweite Phase der repräsentationalen Neubeschreibung geht von der Person selbst aus. Die Repräsentationen des Kindes hängen nun nicht mehr von externen Daten ab, stattdessen dominieren die verfügbaren inneren Repräsentationen, und diese Repräsentationen stehen im Mittelpunkt von Veränderungen, die durch eine «systeminterne Dynamik» in Gang gesetzt und aufrechterhalten werden. Die Repräsentationen der ersten expliziten Ebene sind anderen Teilen des kognitiven Systems zugänglich, auch wenn das Kind selbst sich dessen nicht bewusst ist. Dies bedeutet, dass die Produkte der Interaktion zwischen verschiedenen Repräsentationen der ersten expliziten Ebene dem Bewusstsein nicht zugänglich sind. Soll das Kind einen Mann zeichnen, den es nicht gibt, ist es vielleicht in der Lage, einzelne Elemente in seiner Prozedur zu verändern, etwa die Körperform oder die Beinlänge, aber es kann nicht den Ablauf selbst ändern und etwa die Füße am Kopf ansetzen. Voraussetzung dafür ist eine höhere Ebene der Neubeschreibung: die zweite explizite Ebene.

Im Zentrum der dritten Phase der repräsentationalen Neubeschreibung steht die Herstellung eines Gleichgewichts zwischen internen Repräsentationen und externen Daten. Auf diese Weise erhalten Kinder *bewussten Zugang* zu ihrem eigenen Wissen. Repräsentationen auf der zweiten expliziten Ebene sind verbalisierbar und können anderen mitgeteilt werden. Kinder, die diese Ebene erreicht haben, sind in der Lage, einen Mann zu malen, den es nicht gibt, indem sie auf Elemente aus anderen Begriffskategorien zurückgreifen und dem Mann beispielsweise Flügel zeichnen. Erst auf dieser dritten Stufe der Neubeschreibung gesteht Karmiloff-Smith den Kindern Einsicht in die eigenen konzeptuellen Prozesse zu. Diese Einsicht kann man als Wissen über das eigene Wissen und damit als «Metakognition» bezeichnen.

Karmiloff-Smith verdeutlicht ihre Theorie am Beispiel eines Menschen, der Klavier spielen lernt (Karmiloff-Smith, 1994). Der Weg zu einem guten Pianisten beginnt mit einer Phase, in der der Klavierschüler zunächst lernt, ein Stück automatisch zu spielen. Dazu muss er zunächst seine Aufmerksamkeit einzelnen Noten sowie Reihen von Noten zuwenden, die als zusammenhängende Blöcke gespielt werden können. An diesem Punkt hat die Sequenz den Charakter einer «Prozedur» gewonnen, analog zu einer impliziten Repräsentation. Das Wissen ist in diesem Stadium *implizit* – der Klavierschüler ist beispielsweise noch nicht in der Lage, das Stück von der Mitte ab zu spielen oder ein Thema zu variieren. Stattdessen ist sein «Wissen» über das Stück in den motorischen Impulsen und Handlungen eingebettet, die seine Ausführung aufrechterhalten. Es muss erst zu einer repräsentationalen Neubeschreibung kommen, damit das Wissen über die verschiedenen Noten und Akkorde *explizit* wird und der Spieler aktiv damit umgehen kann. Irgendwann ist der Lernende dann in der Lage, Variationen des Themas zu spielen, Teile aus anderen Musikstücken einzufügen und zu improvisieren. Das Endergebnis der repräsentationalen Neubeschreibung ist repräsentationale Flexibilität und Kontrolle.

Trip/H. Rogers

Karmiloff-Smith Theorie beruht auf der Vorstellung, dass Wissen *auf mehr als einer Ebene* gespeichert und zugänglich sein kann. Im Mittelpunkt ihrer Theorie steht die These, dass der menschliche Geist seine eigenen inneren Repräsentationen rekursiv re-repräsentiert und dass dieser Prozess die Hauptgrundlage der kognitiven Entwicklung ist. Dabei bleiben die neu beschriebenen Repräsentationen erhalten, was zu *multiplen* Repräsentationen ähnlichen Wissens auf unterschiedlich detaillierten und expliziten Ebenen führt. Der Geist des Kindes kann also als große Sammlung von Wissensbeständen und Prozessen beschrieben werden, von denen einige im Laufe der Zeit redundant geworden sind. Der Gedanke, dass sich Menschen dahingehend von anderen Arten unterscheiden, dass sie als einzige in der Lage sind, sich ihre inneren Repräsentationen «zu eigen zu machen» – etwas über ihr Wissen zu wissen –, ist ausgesprochen faszinierend. Wohl nur Menschen besitzen die Fähigkeit, Wissen «von innen heraus» anzureichern, indem bereits im Gedächtnis gespeichertes Wissen neu beschrieben wird.

Die Theorie der repräsentationalen Neubeschreibung unterscheidet sich wesentlich von den weiter oben besprochenen «neopiagetianischen» Verarbeitungskapazitätstheorien, da es sich bei ihr nicht um eine Stufentheorie der kognitiven Entwicklung handelt. Vielmehr können die drei verschiedenen Formen von Repräsentationen, die Karmiloff-Smith postuliert, zu unterschiedlichen Zeitpunkten in unterschiedlichen Wissensbereichen vorkommen. Allerdings sind die in der Nachfolge Piagets stehenden Theorien in mancher Hinsicht leichter zu überprüfen als die Theorie von Karmiloff-Smith, da sie konkrete Vorhersagen über die Obergrenze der kognitiven Leistungsfähigkeit machen. Die Theorie der repräsentationalen Neubeschreibung tut dies nicht und erfordert stattdessen eine gründliche und sorgfältige Untersuchung der Art und Weise, wie sich die Repräsentationen im Laufe der Zeit verändern. Wie Karmiloff-Smith (1994) hervorgehoben hat, lässt sich die kognitive Entwicklung möglicherweise anhand von kognitivistischen Modellen abbilden, in die auch das Konzept der repräsentationalen Neubeschreibung aufgenommen werden könnte. In Untersuchungen zu kognitiven Prozessen bei Erwachsenen finden konnektionistische Simulationen schon breite Anwendung, während sie in Untersuchungen zum kindlichen Denken noch keine große Rolle spielen. Dies wird sich wahrscheinlich mit den in den kommenden zehn Jahren zu erwartenden Fortschritten der kognitiven Wissenschaften ändern. Eine Übersicht zum aktuellen Stand der Ergebnisse der Neurowissenschaften zur kognitiven Entwicklung gibt Johnson (1997).

Zusammenfassung

Dieses Kapitel hat sich auf Aspekte der Entwicklung des Gedächtnisses konzentiert, bei denen es deutliche individuelle Unterschiede gibt, Unterschiede, die ihrerseits Unterschiede in anderen kognitiven Bereichen nach sich ziehen können. Eine Ursache für individuelle Unterschiede in der Entwicklung des Gedächtnisses liegt in der spontanen Verwendung von mnemotechnischen Strategien wie Rehearsal und Organisation. Wie wir gesehen haben, gibt es zwar schon bei Zweijährigen gewisse Anzeichen dafür, dass sie sich des Nutzens mnemotechnischer Strategien bewusst sind, die spontane Verwendung von Rehearsal und Organisation scheint jedoch erst im Schulalter einzusetzen.

Dass dies erst so relativ spät geschieht, ist anscheinend eher auf ein Produktionsdefizit als auf ein Kompetenzdefizit zurückzuführen: Kleinen Kindern fehlt es weniger an der Fähigkeit, sondern eher an der Motivation, Rehearsal- und Organisationsstragien einzusetzen. Es ist möglich, mit Kindern den Einsatz von Strategien wie dem Rehearsal zu üben und auf diese Weise ihre Behaltensleistung zu steigern. Einschränkend ist jedoch zu sagen, dass die ökologische Validität eines großen Teils der Experimente zum spontanen Einsatz von Rehearsal und Organisation gering ist, da in der Regel relativ künstliche Aufgaben verwendet wurden. Aus diesem Grund unterschätzen diese Studien möglicherweise die Fähigkeit der Kinder zum spontanen Einsatz von Gedächtnisstrategien. Der aktuelle Stand der Forschung scheint am ehesten den Schluss zuzulassen, dass der Einsatz von Rehearsal und Organisation weitgehend von aufgabenbezogenen Faktoren abhängt, etwa der Art des zu behaltenden Materials.

Einen weiteren Faktor, der für individuelle Unterschiede in der Gedächtnisentwicklung verantwortlich ist, stellt das Wissen dar, das die Kinder über ihr eigenes Gedächtnis haben. Voraussetzung für die Entwicklung des Metagedächtnisses oder der Fähigkeit, die eigene Gedächtnisaktivität zu überwachen und zu regulieren, ist es, etwas über die Stärken und Schwächen des eigenen Gedächtnisses zu wissen und sich der Tatsache bewusst zu sein, dass die Gedächtnisleistung bei bestimmten Aufgaben durch den Einsatz bestimmter Strategien verbessert werden kann. Dies wiederum setzt voraus, dass man sich über die Anforderungen unterschiedlicher Aufgaben an das Gedächtnis im Klaren ist und den aktuellen Inhalt des eigenen Gedächtnisses kennt. Je älter die Kinder werden, umso mehr setzt sich bei ihnen die Erkenntnis durch, dass der Einsatz bestimmter Strategien oft notwendig und lohnend ist. Mit der Zeit gelingt es den Kindern immer besser, unterschiedliche Aufgabenanforderungen einzuschätzen, den jeweiligen Nutzen verschiedener Gedächtnisstrategien für spezifische Aufgaben zu beurteilen, zu verfolgen, wie weit sie bei der Erreichung bestimmter Gedächtnisziele gekommen sind, und ihr strategisches Verhalten zu steuern. Zudem gilt, dass Kinder, die ein besseres Metagedächtnis haben, sich besser Dinge merken können und dass individuelle Unterschiede in der Verwendung von Gedächtnisstrategien mit individuellen Unterschieden in der kognitiven Leistungsfähigkeit zusammenhängen.

Der Erwerb von Expertenwissen ist der dritte Faktor, der für individuelle Unterschiede in der Gedächtnisentwicklung verantwortlich ist. Das Wissen, über das jemand auf einem bestimmten Gebiet verfügt, kann eine wichtige Rolle für die Leistungsfähigkeit des Gedächtnisses spielen. Das Vorwissen kann einen Einfluss auf die Enkodierung und die Speicherung eingehender Informationen haben und auch darauf, wie gut sich der Betreffende später an sie erinnert. Im Gegensatz zu den anderen Faktoren, die für die individuellen Unterschiede in der Gedächtnisentwicklung verantwortlich sind, ist dieser weitgehend altersunabhängig. Bereits kleine Kinder können es auf Gebieten wie dem Schachspiel oder der Dinosaurierforschung zu Experten gebracht haben und in Gedächtnisaufgaben, die mit ihrem Gebiet zu tun haben, weitaus bessere Leistungen erbringen als Erwachsene. Solches Expertenwissen unterscheidet sich sowohl in quantitativer als auch in qualitativer Hinsicht von dem Wissen von Nichtexperten: Es ist nicht nur umfangreicher, sondern auch anders repräsentiert, wobei die Experten über besser integrierte und kohärentere Wissensstrukturen verfügen als die Laien.

Trip/H. Rogers

Schließlich haben wir noch gesehen, dass auch die Entwicklung der Verarbeitungskapazität – des Fassungsvermögens des Arbeitsgedächtnisses – als Ursache für individuelle Unterschiede in der Gedächtnisentwicklung in Frage kommt. Der Umfang der verfügbaren Verarbeitungskapazität legt, wie vermutet wird, eine Obergrenze für die kognitive Leistungsfähigkeit fest. Zwar hängt die Entwicklung der Verarbeitungskapazität teilweise vom Alter ab, jedoch spielen auch die Qualität der Wissensbasis sowie individuelle Fähigkeiten, spezifische Bereiche dieses Wissens in Anbetracht neuer Informationen zu restrukturieren, eine Rolle. Mehrere Theorien zur kognitiven Entwicklung schreiben der mit steigendem Alter zunehmenden Verarbeitungskapazität eine entscheidende Rolle zu. Ein gemeinsames Element dieser Theorien, die in der Nachfolge Piagets stehen, ist die Vorstellung, dass die entwicklungsbedingte Zunahme der Verarbeitungskapazität mit qualitativen

Fortschritten in der kognitiven Entwicklung einhergeht. Eine dieser neopiagetianischen Theorien werden wir am Ende des nächsten Kapitels noch näher betrachten, nämlich die von Halford (1993).

Kapitel 7

Logisches Denken

Es gibt verschiedene Formen des logischen Denkens. Einige von ihnen scheinen sich bereits in der frühen Kindheit zu entwickeln, z. B. das deduktive Denken oder das analoge Schließen. Andere Formen entwickeln sich anscheinend erst etwas später, so zum Beispiel das transitive Schließen, welches logische Schlussfolgerungen über die Beziehung zwischen zwei Variablen erfordert, die nicht direkt miteinander verglichen werden, sowie das wissenschaftliche Denken (siehe Kapitel 4). Wie bereits im Vorwort erwähnt, wurden viele dieser sich später entwickelnden Formen logischen Denkens erstmalig von Piaget untersucht. Seiner Theorie zufolge entwickelt sich das «konkret-operatorische» Denken, zu dem auch das transitive Schließen gehört, im Alter von etwa sechs Jahren und das «formal-operatorische» Denken, wie beispielsweise das wissenschaftliche Denken, im Alter von elf bis zwölf Jahren.

In diesem Kapitel werden wir uns zunächst mit den früh auftretenden Formen des logischen Denkens und anschließend mit den «konkreten Operationen» im Sinne Piagets befassen. Eine wichtige Erkenntnis der Forschung über die frühen Formen logischen Denkens ist, dass es sehr wichtig ist, bei diesen Untersuchungen Materialien und Kontexte zu verwenden, mit denen die Kinder vertraut sind. Erst die Verwendung von kindzentrierten Aufgaben mit hoher ökologischer Validität ermöglichte beispielsweise die Erkenntnis, dass Kinder schon sehr früh mit Analogien umgehen können. Die früheren Untersuchungen hatten meistens Materialien und Beziehungen verwendet, die den Kindern sehr fremd waren, und waren zu dem Schluss gekommen, dass sich das Denken in Analogien erst mit elf oder zwölf Jahren entwickelt. Neuere Forschungsarbeiten konnten hingegen mit Hilfe von «kinderfreundlichen» Aufgaben nachweisen, dass Kinder bereits mit zwei Jahren in Analogien denken können. Die in der Tradition Piagets stehende Forschung hat sich nur wenig um die Entwicklung ökologisch valider, kindzentrierter Aufgaben bemüht. Auf die möglichen Konsequenzen, die dies hatte, werden wir später noch näher eingehen.

Früh auftauchende Formen des logischen Denkens

Denken in Analogien

Beim Denken und Lernen durch Analogien handelt es sich um kognitive Prozesse von fundamentaler Bedeutung. Wir benutzen Analogien jedes Mal, wenn wir uns an eine vergangene Situation erinnern, um mit einer neuen Situation umzugehen. Denken in Analogien heißt, um noch einmal Winston (1980, S. 1) zu zitieren, dass «wir uns einer Situation gegenübergestellt sehen, uns an eine ähnliche Situation erinnern, die beiden Situationen miteinander vergleichen, unsere Schlüsse ziehen und – lernen.» Mit Hilfe von analogen Schlüssen lösen wir einen beträchtlichen Teil unserer alltäglichen Probleme, nämlich indem wir uns an ähnliche Probleme erinnern, die wir bei einer früheren Gelegenheit erfolgreich bewältigt haben. Mit Analogien lassen sich jedoch nicht nur Alltagsprobleme lösen; sie können auch zur Klärung neuer Fragestellungen in den Wissenschaften beitragen, durch das Heranziehen relevanter Präzedenzfälle bei der Lösung juristischer Probleme helfen und das Verständnis von neuem Stoff im Schulunterricht erleichtern.

Um mit Hilfe einer Analogie ein Problem zu lösen, müssen wir die jeweiligen Situationen genau miteinander vergleichen und *Übereinstimmungen* zwischen dem früheren Problem und dem jetzigen finden. Dies ist die Grundlage für den Transfer, die Übertragung von Erkenntnissen aus der Auseinandersetzung mit dem früheren Problem auf das neue. Die Identifikation von Übereinstimmungen erfordert meistens eine Analyse von *Relationen*: Die Lösung eines Problems kann in der Regel dann auf ein anderes Problem übertragen werden, wenn es Entsprechungen in der Art und Weise gibt, wie die an den beiden Problemen beteiligten Objekte zusammenhängen.

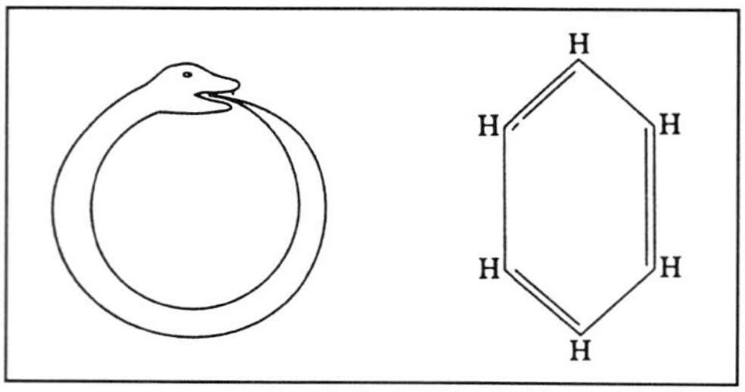

Abbildung 7.1: Analogie zwischen einer sich in den Schwanz beißenden Schlange und der molekularen Struktur von Benzol. Aus Holyoak und Thagard (1995). Wiedergabe mit freundlicher Genehmigung der MIT Press.

Veranschaulichen lässt sich dieser Aspekt anhand einiger Analogien, die zu neuen wissenschaftlichen Erkenntnissen geführt haben. Zu den berühmtesten Fällen gehört die Theorie von Kekule über die molekulare

Struktur des Benzols, die er mit Hilfe der Vorstellung einer sich in den Schwanz beißenden Schlange aufstellte (Abbildung 7.1, weitere Beispiele bei Holyoak & Thagard, 1995). Die Kohlenstoffatome des Benzols sind ringförmig angeordnet, weswegen sie eine gewisse Ähnlichkeit zu einer Schlange aufweisen, die sich in den Schwanz beißt, wenngleich die Objekte selbst keinerlei Ähnlichkeit miteinander haben. Die Ähnlichkeit ist ausschließlich relationaler Natur – bezieht sich nur auf die ringförmige Anordnung des Objektes bzw. der Objekte. Bei manchen Analogien gibt es jedoch sowohl Ähnlichkeiten zwischen den Objekten als auch zwischen den Relationen. Ein Beispiel hierfür ist die Erfindung des Klettverschlusses durch Georges de Mestral, der eines Tages feststellte, dass die Kletten deshalb am Fell seines Hundes haften blieben, weil sie mit kleinen Häkchen bedeckt waren (siehe Holyoak & Thagard, 1995). Zwischen Klettverschlüssen und Kletten besteht sowohl eine «Oberflächenähnlichkeit» (ähnliches Aussehen) als auch eine «relationale Ähnlichkeit» (die Eigenschaft, an anderen Materialien haften zu bleiben).

Ein großer Teil der Arbeiten über die Entwicklung des analogen Schließens hat sich mit der Frage beschäftigt, ob Kinder relationale Ähnlichkeiten zwischen bereits bekannten und neuen Problemen erkennen (d. h. Übereinstimmungen identifizieren), und ob sie in der Lage sind, mit Hilfe relationalen Schließens analoge Probleme zu lösen (Wissen vom bekannten Problem auf das neue zu übertragen). Weitere, damit zusammenhängende Fragen waren, ob Kinder zu relationalem *mapping* fähig sind und ob sie in der Lage sind, relationale Ähnlichkeiten zu erkennen, wenn keine Oberflächenähnlichkeiten vorliegen (z. B. Gentner, 1989). Wir wollen uns an dieser Stelle auf das relationale Denken und die Identifikation von Übereinstimmung konzentrieren, da auf die anderen Fragen bereits in früheren Kapiteln relativ ausführlich eingegangen worden ist. So wurden beispielsweise in Kapitel 2 Forschungsergebnisse vorgestellt, denen zufolge schon Babys zu rudimentärem analogen Denken in der Lage sind, was zeigt, dass die Fähigkeit zu relationalem *mapping* bereits sehr früh im Leben vorhanden ist. Wie in den Kapiteln 3 und 4 erörterte Forschungsarbeiten zeigen konnten, sind Oberflächenähnlichkeiten zwischen den Problemen keine Voraussetzung dafür, dass kleine Kinder auf Analogien zurückgreifen. Ein gutes Beispiel hierfür ist die «Personifikationsanalogie», die jungen Kindern hilft, Wissen über biologische Arten aufzubauen (indem sie zum Beispiel von Menschen auf Hunde und Pflanzen schließen). Ausführlicher werden diese Punkte bei Goswami (1992, 1996) besprochen.

Relationales Denken in der Kindheit. Die Frage, ob Kinder über die kognitive Fähigkeit zu relationalen *mappings* verfügen, ist mit Hilfe von Aufgaben untersucht worden, bei denen Beziehungen zwischen Items erfasst werden müssen *(item analogies)*. Solche Aufgaben liefern ein reines Maß für die Fähigkeit zur Erfassung von Beziehungen. Bei einer Itemanalogie muss ein Item D gefunden werden, das im gleichen Verhältnis zu einem vorgegebenen Item C steht wie zwei ebenfalls vorgegebene Items A und B. Um beispielsweise die Itemanalogie «*Vogel* verhält sich zu *Nest* wie *Hund* zu ...?» zu lösen, muss das Kind die Relation *lebt in,* die die Items *Vogel* und *Nest* verbindet, auf den *Hund* übertragen, um auf die richtige Lösung *Hundehütte* zu kommen.

Itemanalogieaufgaben können schon von sehr kleinen Kindern gelöst werden, vorausgesetzt sie stammen aus Bereichen, die den Kindern vertraut sind (siehe Gowsami, 1991, 1992). So kann man beispielsweise einem Vierjähriger die Analogie *Vogel:Nest=Hund:Hundehütte* geben, wenn man sie in ein Spiel einbaut, bei denen das Kind Bilderfolgen legen soll (z. B. Goswami & Brown, 1990). Der vierjährige Lukas etwa äußerte sich folgendermaßen, als er aufgefordert wurde, die in Abbildung 7.2 dargestellte Bilderfolge *Vogel:Nest=*

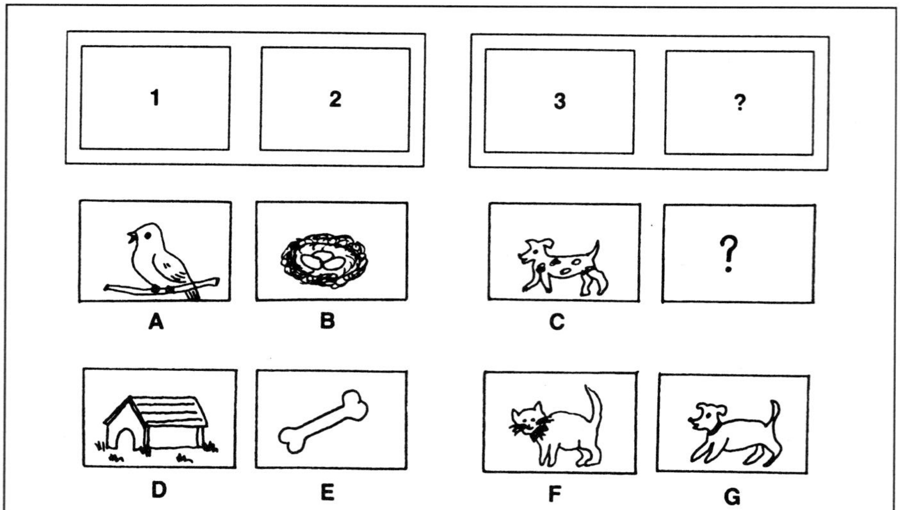

Abbildung 7.2: Das Spielbrett (obere Reihe), Analogieaufgabe (mittlere Reihe) und Lösungsalternativen (untere Reihe) für die Analogie *Vogel:Nest=Hund:Hundehütte* aus der Untersuchung von Goswami & Brown (1990). Nachdruck mit freundlicher Genehmigung.

Hund:? zu ergänzen:

> Der Vogel legt Eier in sein Nest [das Nest auf Bild B enthielt drei Eier] – Hund – der Hund legt Babys, und die Babys sind, äh, die Babys heißen Junge! (S. 222)

Lukas löste die Aufgabe mit Hilfe der Relation «als Nachkommen haben». Die von den Autoren der Studie vorgesehene Lösung war jedoch «Hundehütte»: Sie hatten die Bilder A und B durch die Relation «lebt in» miteinander in Beziehung gesetzt. Nachdem er dies gesagt hatte, wurden Lukas die vier verschiedene Lösungsalternativen vorgelegt, unter denen sich jedoch kein Bild eines Hundejungen befand. Stattdessen waren eine *Hundehütte*, ein *Knochen*, ein weiterer *Hund* und eine *Katze* zu sehen. Lukas war an diesen Bildern nicht interessiert, da er sich sehr sicher war, die richtige Antwort gefunden zu haben.

> Ich muss mir die [die Bilder mit den Lösungsalternativen] gar nicht angukken, die Babys heißen Junge!

Nachdem Lukas schließlich dazu überredet werden konnte, sich die Bilder anzusehen, entschied er sich für die *Hundehütte*. Dies zeigt, wie gut und wie flexibel schon kleine Kinder mit Analogien umgehen können. Selbstverständlich war auch *Junges* eine richtige Lösung für die Bildersequenz, und dass Lukas sich seiner Lösung so sicher war, zeigt, dass er das Prinzip der Aufgabe genau verstanden hatte. Darüber hinaus war er in der Lage, dieses Prinzip flexibel anzuwenden, als er gebeten wurde, aus mehreren Vorgaben eine andere richtige Lösung herauszusuchen.

Analoges Denken, wie es durch den beschriebene Aufgabentyp gemessen wird, steht Kindern also spätestens mit vier Jahren zu Verfügung (Goswami & Brown, 1990). Werden Analogien, die auf kausalen Relationen wie *schneiden* oder *schmelzen* beruhen, verwendet (z.B. Apfel:geschnittener Apfel=Knetmasse:geschnittene Knetmasse; Schokolade:geschmolzene Schokolade=Schneemann:geschmolzener Schneeman), dann können schon Dreijährige Analogieaufgaben erfolgreich lösen (Goswami & Brown, 1989). Schwierig ist die Verwendung der Itemanalogieaufgabe bei Kindern unter drei Jahren, da sie relativ abstrakt ist. Bei Untersuchungen mit Kindern, die noch nicht drei Jahre alt sind, müssen *Problemanalogien* eingesetzt werden.

Bei Problemanalogien werden kleine Kinder mit einem Problem B konfrontiert und müssen dieses lösen, indem sie die Lösung eines anderen Problems A, das sie vorher kennen gelernt haben, auf B übertragen. Eine solche Problemanalogieaufgabe kennen wir bereits: In Studien von Brown und Chen (z. B. Brown, 1990; Chen et al., 1995) mussten Säuglinge und Kleinkinder versuchen, mittels Analogieschluss herauszufinden, wie sie an ein Spielzeug gelangen konnten, das sich außerhalb ihrer direkten Reichweite befand. Mit Hilfe eines ähnlichen Aufgabentyps wurden auch Zweijährige untersucht.

Zu diesem Zweck entwarf Freeman (1996) Problemanalogieaufgaben, bei denen sie reale Objekte und Modelle verwendete. Ihre Analogien beruhten auf einfachen kausalen Relationen wie *dehnen, öffnen, rollen, brechen* und *befestigen*. So betrachtete das Kind beispielsweise die Versuchsleiterin dabei, wie sie ein Gummiband, das lose zwischen zwei Plexiglasstangen hing, zu einer Brücke spannte, über die sie eine Apfelsine rollen konnte («Sieh mal, was ich mache, ich nehme die Sachen hier und lasse die Apfelsine darüber rollen. Das hier auseinander ziehen, die Apfelsine drauf – und schon rollt sie rüber. Prima!» Nachdem sie die Gelegenheit gehabt hatten, die Apfelsine einmal selbst über die «Brücke» rollen zu lassen, bekamen die Kinder ein Transferproblem, bei dem ihnen ein Gummiband, eine Vogelfigur und ein Modell mit einem Baum auf der einen und einem Stein auf der anderen Seite gezeigt wurden. Die Aufgabe lautete: «Kannst du mit den Sachen hier den Vogel zum Fliegen bringen?» Die Lösung bestand darin, das Band zwischen Baum und Stein zu spannen und den Vogel darauf «fliegen» zu lassen. In einem dritten Analogieproblem sollten die Kinder eine Puppe rutschen lassen, wozu sie ein Gummiband zwischen zwei unterschiedlich hohen Türmen spannen und die Puppe darauf setzen mussten. In der Kontrollbedingung sollten die Kinder den Vogel fliegen und die Puppe rutschen lassen, ohne das Beispiel mit der rollenden Apfelsine kennen gelernt zu haben.

Wie Freeman feststellte, kamen nur sechs Prozent der Kinder aus der Kontrollbedingung darauf, das Gummiband zu nehmen und es zu spannen, aber 28 Prozent der Kinder aus der Analogie-Bedingung, ein Anteil, der sich durch einen gezielten Hinweis noch auf 48 Prozent steigern ließ («Weißt du was? Wenn wir den Vogel fliegen lassen wollen, müssen wir etwas hiermit [zeigt auf das elastische Band] machen»). Demgegenüber dachten nur 14 Prozent der Kinder aus der Kontrollbedingung, denen der gleiche Hinweis gegeben wurde, daran, das Band zu spannen. Zwar sind die Zahlen auf den ersten Blick nicht besonders beeindruckend, sie entsprechen jedoch ungefähr denen, die man findet, wenn man das Auftreten spontanen analogen Transfers bei Erwachsenen untersucht. Dort liegt der Anteil in der Regel bei etwa 30 Prozent, zumindest wenn unbekannte Problemszenarien verwendet werden (z. B. Gick & Holyoak, 1980).

Das Erkennen relationaler Übereinstimmungen. Natürlich müssen Kinder, um Problemanalogieaufgaben zu lösen, nicht nur ein korrektes *mapping* durchführen, sondern überhaupt erst einmal *bemerken,* dass eine Analogie vorliegt. Das heißt, dass unsere zweite Frage – ob Kinder in der Lage sind, relationale Ähnlichkeiten oder Übereinstimmungen zwischen bereits bekannten und neuen Problemen festzustellen – auch anhand von Problemanalogieaufgaben untersucht werden kann. Die Faktoren, von denen es abhängt, ob Kinder relationale Ähnlichkeiten zwischen Problemen bemerken, sind am ausgiebigsten von Brown und ihren Mitarbeitern untersucht worden (z. B. Brown & Kane, 1988; Brown, Kane & Echols, 1986, Brown, Kane & Long, 1989). So gaben beispielsweise Brown et al. (1986) vier und fünf Jahre alten Kindern die von Holyoak, Junn und Billman (1984) konzipierte «Flaschengeist-Aufgabe» *(genie problem)*, und demonstrierten ihnen die Lösung, wenn sie nicht von allein darauf kamen. Im Anschluss daran wurde die Fähigkeit der Kinder untersucht, unter verschiedenen Bedingungen Übereinstimmungen zwischen dem Flaschengeist-Problem und anderen analogen Problemen zu erkennen.

Beim *genie problem* will ein Flaschengeist einige wertvolle Edelsteine transportieren, ohne dass diese dabei Schaden nehmen. Seine Lösung besteht darin, seinen Zauberteppich zusammenzurollen und die Edelsteine hindurchrutschen zu lassen. In der Untersuchung von Brown et al. bekamen die Kinde das Flaschengeist-Problem anhand von Spielsachen präsentiert. Gemeinsam mit dem Versuchsleiter spielten sie die Lösung durch. Dabei wurde ein Stück Papier, das den Zauberteppich darstellte, zu einem Rohr zusammengerollt, durch das dann die Edelsteine hindurchrutschen konnten. Um den Kindern dabei zu helfen, sich die *Zielstruktur* des Problems bewusst zu machen, wurden ihnen verschiedene Fragen gestellt wie: «Wer hat ein Problem?», «Was musste der Flaschengeist machen?» oder «Wie löst er das Problem?» Den Kindern wurde dann – erneut unter Rückgriff auf Spielzeug-Utensilien – eine analog zu lösende Aufgabe vorgelegt: das «Osterhasen-Problem». Der Osterhase musste rechtzeitig zu Ostern viele Eier zu den Kindern bringen, war aber ein bisschen spät dran. Ein Freund bot ihm seine Hilfe an, allerdings befand sich dieser Freund auf der anderen Seite eines Flusses. Es musste nun eine Lösung gefunden werden, um die Eier auf die andere Seite des Flusses zu schaffen, ohne dass sie nass wurden. Hierzu konnte der Osterhase eine zum Flaschengeist-Problem analoge Lösung benutzen: Er musste nur seine Decke (ein Blatt Papier) zusammenrollen und die Eier durch sie hindurch auf die andere Seite des Flusses rutschen lassen.

Brown et al. stellten fest, dass 70 Prozent der Kinder aus der Experimentalgruppe die Analogie von sich aus erkannten. Von den Kindern einer Kontrollgruppe, die ebenfalls mit dem Flaschengeist-Problem bekannt gemacht worden waren, denen aber keine Fragen zur Klärung der Zielstruktur gestellt worden waren, erkannten dagegen nur 20 Prozent die Analogie. Aus dieser und einer Reihe ähnlicher Studien schloss Brown, dass es Kindern dann leicht fällt, relationale Ähnlichkeiten zwischen bereits bekannten und neuen Problemen zu erkennen, wenn die relationalen Strukturen des älteren Problems in ihrem Gedächtnis repräsentiert sind. Der Aufbau dieser Repräsentationen wurde bei den Kindern aus der Experimentalgruppe der Flaschengeist-Studie durch die Fragen des Versuchsleiters erleichtert, die die Kinder dazu anregten, sich klarzumachen, auf welche Weise der Flaschengeist sein Ziel erreicht hatte. Browns Forschung konnte auch zeigen, dass die Fähigkeit, relationale Repräsentationen aufzubauen, durch das Kennenlernen *mehrerer* Analogien gefördert werden konnte – sowie dadurch, dass den Kindern *beigebracht* wurde, bei der Lösung von Problemen gezielt nach Analogien zu suchen. Diese Ergebnisse sind unmittelbar relevant für den Schulunterricht: Lehrer sollten wann immer möglich verschiedene Beispiele für ein bestimmtes Konzept anführen sowie explizit auf die relationalen Ähnlichkeiten zwischen ihnen hinweisen.

Wir könnten noch viele weitere Studien anführen, die zeigen, dass die Fähigkeit, in Analogien zu denken, bereits sehr früh in der Entwicklung vorhanden ist (weitere Beispiele finden sich bei Goswami, 1992, 1996). Dass Analogien schon im Denken ganz kleiner Kinder eine Rolle spielen, hängt wohl damit zusammen, dass sie uns äußerst wirksame Instrumente in die Hand geben, unsere Umwelt zu erklären und etwas über sie zu lernen. Analogien tragen auch sowohl zum Erwerb als auch zur Umstrukturierung von Wissen bei. Je mehr die Kinder über ihre Umwelt lernen, umso differenzierter werden ihre Wissensstrukturen und umso komplexer die repräsentierten Relationen, was es ihnen wiederum möglich macht, sich noch weiter reichender und komplexerer Analogien zu bedienen. Mit zunehmendem Wissen der Kinder über die Welt, in der sie leben, ändert sich die Art der Analogien, auf die sie zurückgreifen. Wie wir beispielsweise in Kapitel 3 gesehen haben, in dem es um die Entwicklung des begrifflichen Denkens ging, hängt der Wandel von

Begriffen nicht allein von der Erweiterung des Wissens ab, sondern auch von analogen *mappings,* also davon, dass Bezüge zwischen den Bereichen hergestellt werden (Carey & Spelke, 1994). Es gibt kaum Forschungsarbeiten zur Rolle von Analogien beim Erwerb und der Umstrukturierung von Wissen. Allerdings ist weithin anerkannt, dass analoges Denken und analoges *mapping* eine wichtige Rolle für die kognitive Entwicklung spielen (z. B. Carey, 1985). Auf einen Ansatz, der diese Funktion von Analogien theoretisch beschreibt (Halford, 1993), wollen wir am Ende des vorliegenden Kapitels noch näher eingehen.

Deduktive Logik und deduktives Schließen

Eine andere, sich früh entwickelnde Form des logischen Denkens ist das deduktive Schließen. Auf Fragen, die durch deduktives Schließen gelöst werden können, gibt es nur eine richtige Antwort, die aus der logischen Kombination der vorliegenden Prämissen abzuleiten sind. Dies gilt beispielsweise bei *Syllogismen*, Aufgaben des Typs:

Alle Katzen bellen.
Rex ist eine Katze.
Bellt Rex?

Bei diesen Prämissen kann die Antwort nur lauten: Ja, Rex bellt. Zwar entsprechen die Prämissen in diesem Beispiel offenkundig nicht den Tatsachen (Katzen bellen nicht), für die Deduktion aber ist die Plausibilität oder potenzielle Wahrheit der Prämissen belanglos. Wenn Kinder Aufgaben dieses Typs bekommen, geht es nicht um die Frage, ob die Prämissen wahr sind oder nicht, sondern darum, ob sie in der Lage sind, den richtigen Schluss aus ihnen zu ziehen. Entscheidend ist, ob das Kind erkennt, dass die Prämissen, wie auch immer sie lauten, aus logischen Gründen nur eine bestimmte Schlussfolgerung zulassen.

Syllogistisches Schließen. Experimentelle Untersuchungen konnten zeigen, dass schon relativ kleine Kinder in der Lage sind, aus unzutreffenden Prämissen logisch richtige Schlussfolgerungen zu ziehen. Die Frage, ob Rex bellt, und andere Aufgaben des gleichen Typs wurden in einem Experiment von Dias und Harris (1988, siehe Tabelle 7.1) fünf und sechs Jahre alten Kindern gestellt. Die Prämissen, aus denen die Kinder ihre Schlüsse ziehen mussten, waren dabei entweder unzutreffend («Alle Katzen bellen»), bekannt («Alle Katzen miauen. Rex ist eine Katze. Miaut Rex?») oder unbekannt («Hyänen lachen. Rex ist eine Hyäne. Lacht Rex?»). Einem Teil der Kinder wurden die Fragen «vorgespielt»: Der Versuchsleiter zeigte den Kindern Katzen-, Hunde- und Hyänenfiguren und ließ die Tiere miauen, bellen und lachen. Dem anderen Teil der Kinder wurden die Prämissen einfach in verbaler Form mitgeteilt.

Es zeigt sich, dass die Kinder aus der Spielbedingung die verschiedenen Aufgaben vollständig bzw. fast vollständig lösten, und zwar unabhängig davon, ob die Prämissen unzutreffend, bekannt oder unbekannt waren. Im Gegensatz dazu beantworteten die Kinder aus der verbalen Bedingung meistens nur die Aufgaben mit den bekannten Prämissen (z. B., dass Katzen miauen) richtig. Diese Aufgaben ließen sich auch ohne deduktive Logik lösen, es reichte aus, auf das eigene Wissen über die Wirklichkeit zurückzugreifen.

In einer Nachfolgestudie, in der nur Syollogismen mit unzutreffenden Prämissen verwendet wurden, präsentierten Dias und Harris den Kindern die Aufgaben auch in der Spielbedingung in verbaler Form. Sie wollten damit die Möglichkeit ausschließen, dass die Spielzeugfiguren den Kindern als Erinnerungsstütze gedient hatten. Dieses Mal sollten sich die Kinder in der Spielbedingung vorstellen, der Versuchsleiter sei auf einem anderen Planeten gewesen, auf dem alles anders als auf der Erde sei. Er sagte beispielsweise: «Alle Katzen bellen. Auf dem Planeten, den ich gesehen habe, bellen alle Katzen», und machte vor, wie es geklungen hatte, wenn die Katzen bellten. Danach präsentierte er den Kindern verbal die Aufgabe. Auch dieses Mal wurden die meisten Aufgaben in der Spielbedingung richtig gelöst. In einer späteren Studie (Dias & Harris, 1990) konnten die Autoren zeigen, dass bereits vierjährige Kinder syllogistische Schlüsse ziehen können. Dies galt unabhängig davon, ob die Aufgaben im Rahmen der Geschichte mit einem anderen Planeten, unter Einsatz akustischer oder unter Verwendung bildlicher Vorstellungshilfen gestellt wurden. Nach Dias und Harris bedeutet dies, dass kleine Kinder zu deduktivem Schließen in der Lage sind, auch wenn man ihnen unzutreffende Prämissen gibt. Voraussetzung sei nur, dass die logischen Probleme in einem spielerischen Kontext vorgegeben werden.

Leevers und Harris (1997, unveröffentlichtes Manuskript) konnten allerdings zeigen, dass kleine Kinder auch ohne einen spielerischen Kontext in der Lage sind, sich deduktiver Logik zu bedienen. Auch sie gaben den Kindern syllogistische Aufgaben mit unzutreffenden Prämissen vor. Bei einem Teil der Kinder waren die Aufgaben in einen spielerischen Kontext eingebunden, die anderen wurden einfach aufgefordert, über die Aufgabe *nachzudenken* («Ich möchte, dass du dir mal Gedanken darüber machst, wie es wäre, wenn es stimmen würde ... Machst du dir mal Gedanken darüber?») Dabei verwendeten Leevers und Harris Aufgaben wie z. B.: «Aller Schnee ist schwarz. Tom sieht Schnee. Ist er schwarz?» und «Alle Marienkäfer haben Streifen auf dem Rücken. Jenny sieht einen Marienkäfer. Hat er Punkte auf dem Rücken»? Es fanden sich keine signifikanten Unterschiede zwischen den beiden Bedingungen. Leevers und Harris meinen, dass die Kinder in ihrer «Nachdenk-Bedingung» deshalb in der Lage waren, Schlüsse aus unzutreffenden Tatsa-

Tabelle 7.1

Beispiele für die Syllogismusaufgaben mit unzutreffenden Prämissen in der Studie von Dias und Harris (1988)

Ja-Antworten	*Nein-Antworten*
(Was für Geräusche machen Katzen?) Alle Katzen bellen. Rex ist eine Katze. Bellt Rex?	(Wo leben die Fische?) Alle Fische leben auf Bäumen. Tobi ist ein Fisch. Lebt Tobi im Wasser?
(Woraus sind Bücher?) Bücher sind aus Gras. Andi sieht sich ein Buch an. Ist das Buch aus Gras?	(Welche Farbe hat Milch?) Alle Milch ist schwarz. Hanna trinkt Milch. Ist die Milch weiß?
(Welche Farbe hat Schnee?) Aller Schnee ist schwarz. Tom fasst Schnee an. Ist der Schnee schwarz?	(Welche Farbe hat Blut?) Alles Blut ist blau. Susi hat Blut an der Hand. Ist das Blut rot?
(Wie bewegen sich Vögel?) Alle Vögel schwimmen. Pepi ist ein Vogel. Schwimmt Pepi?	(Welche Temperatur hat Eis?) Alles Eis ist heiß. Ann hat etwas Eis. Ist das Eis kalt?

chen zu ziehen, weil sie dazu gebracht werden konnten, sich mit den Prämissen auseinander zu setzen, anstatt sie als absurd abzutun. Dafür spricht auch die Art und Weise, wie die Kinder richtige Antworten begründeten. Eine Vierjährige sagte beispielsweise: «Alle Marienkäfer haben Streifen auf dem Rücken. Das stimmt aber nicht,» ehe sie zu dem Schluss kam, dass Jennys Marienkäfer keine Punkte hatte. Die Fähigkeit zu syllogistischem Schließen scheint damit also spätestens im Alter von vier Jahren entwickelt zu sein.

Erlaubnisschemata und die Selektionsaufgabe. Ein weiteres, häufig verwendetes Maß für deduktives Schließen ist die von Wason (1966) entwickelte *Selektionsaufgabe*. Bei diesem Aufgabentyp bekommt die Versuchsperson Informationen der Art «wenn *p* dann *q*». Zum Beispiel wird gesagt: «Wenn ein Brief zugeklebt ist, ist eine 5-Pence-Briefmarke drauf.» Die Aufgabe besteht darin, anzugeben, wie viele Beispielexemplare nötig sind, um zu entscheiden, ob die Regel stimmt. Die Exemplare, aus denen ausgewählt werden kann, sind in der Regel *p* (z. B. ein zugeklebter Briefumschlag, von dem man die Rückseite sieht), *q* (ein Brief mit einer 5-Pence-Briefmarke, von dem man die Vorderseite sieht), *nicht p* (unverschlossener Brief, Rückseite) und *nicht q* (Brief mit einer 4-Pence-Briefmarke, Vorderseite, siehe Abbildung 7.3). Die meisten erwachsenen Versuchspersonen sind in der Lage, diese Aufgabe richtig zu lösen, wenn sie in einen bekannten Kontext gestellt wird, z. B. das Sortieren von Briefen auf der Post (Johnson-Laird, Legrenzi & Sonino-Legrenzi, 1972). Die korrekte Antwort lautet, dass wir mindestens *p* und *nicht q* brauchen, um zu entscheiden, ob die Regel stimmt. Diese Antworten geben die meisten Erwachsenen, wenn die Frage in einem vertrauten Kontext vorgegeben wird. In abstrakteren Versionen der Aufgabe liegt der Anteil der richtigen Lösungen teilweise nur bei 10 Prozent. Eine typische abstrakte Version der Selektionsaufgabe lautet: «Wenn auf der einen Seite einer Karte ein Vokal steht, steht auf der anderen Seite eine gerade Zahl» (siehe Wason & Johnson-Laird, 1972).

Nach Cheng und Holyoak (1985) hängt die Fähigkeit von Erwachsenen, die Selektionsaufgabe mit Hilfe deduktiver Logik zu lösen, davon ab, ob durch die Aufgabe bestimmte Wissensstrukturen – so genannte «pragmatische Denkschemata» *(pragmatic reasoning schemas)* – angesprochen werden. Die für die Selektionsaufgabe relevanten pragmatischen Denkschemata beschreiben in der Regel bestimmte «Erlaubnisszenarien» im wirklichen Leben. Als Erwachsene haben wir es relativ häufig mit Erlaubnisregeln der Art zu tun: «Wenn du willst, dass dieser Brief morgen ankommt, musst du ihn als Eilsendung schicken», «Wenn du über 18 bist, darfst du in einem Lokal Alkohol trinken» oder «Wenn du 15 bist, darfst du Mofa fahren». Kinder stoßen vermutlich noch häufiger auf solche Erlaubnisregeln als Erwachsene: «Wenn es neun Uhr ist, musst du im Bett sein», «Wenn du Sport hast, musst du dein Turnzeug mitbringen» oder «Wenn es geklingelt hat, darfst du nicht mehr auf dem Schulhof bleiben». Nach Ansicht von Cheng und Holyoak ist zu erwarten, dass Kinder dann erfolgreich deduktives Denken bei der Selektionsaufgabe anwenden, wenn eines ihrer Erlaubnisschemata angesprochen wird.

Diese Hypothese wurde in einer Studie von Light, Blaye, Gilly und Girotto (1989) überprüft. Die Autoren formulierten Erlaubnisregeln, die für sechs und sieben Jahre alte Kindern verständlich sein sollten. Die Regeln lauteten: «In dieser Stadt hat die Polizei die Regel aufgestellt, dass alle Laster außerhalb der Stadtmitte sein müssen», und «In diesem Spiel müssen alle Pilze außerhalb des mittleren Bereichs sein.» Die erste Regel, die einen praktischen Sinn hatte, wurde den Kinder anhand eines Spielbretts mit einem braunen Mittelbereich und einem weißen Außenbereich demonstriert. Innerhalb und außerhalb der braunen Fläche befanden sich Bilder von Autos und Lastern. Die zweite – willkürliche – Regel wurde mit Hilfe des gleichen Spielbretts dargestellt, anstatt der Auto- und Lasterbilder befanden sich jedoch hier Bilder von Blumen

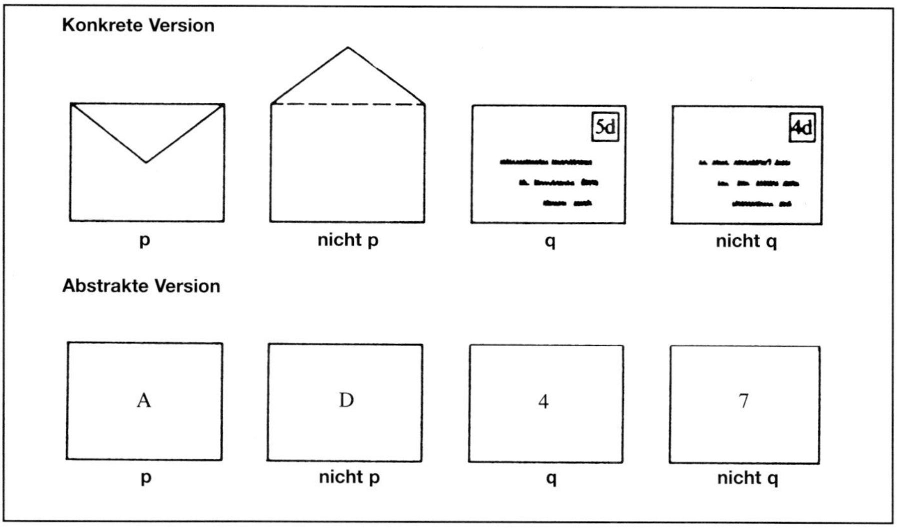

Abbildung 7.3: Zwei Versionen der Selektionsaufgabe: konkrete und abstrakte Stimuli. Johnson-Laird und Wason (1977). Nachdruck mit freundlicher Genehmigung.

und Pilzen innerhalb und außerhalb des mittleren Bereichs. Dabei waren jeweils zwei Laster (oder zwei Pilze) und ein Auto (eine Blume) im braunen mittleren Bereich des Brettes und ein Laster (ein Pilz) und drei Autos (drei Blumen) im weißen Außenbereich (siehe Abbildung 7.4).

Die erste Aufgabe der Kinder bestand darin, die Bilder auf dem Spielbrett so umzuordnen, dass die Regel eingehalten wurde (indem sie z. B. die beiden Laster aus der Stadtmitte herausnahmen). Der Versuchsleiter überprüfte dann, ob die Kinder die Regel verstanden, indem er einen potenziellen Regelverstoß beging, zum Beispiel ein Auto oder eine Blume in den mittleren Bereich setzte, und fragte, ob dies gegen die Regel verstoße (was nicht der Fall war). Im Anschluss daran sollten die Kinder selbst ein Bild regelwidrig platzieren, und zuletzt wurde ihnen eine Version der Selektionsaufgabe gegeben. Dabei wurde ihnen das Spielbrett mit zwei verdeckt darauf liegenden Bildern gezeigt, eines im braunen und eines im weißen Bereich. Die Kinder wurden gefragt, (a) welches der Bilder sie umdrehen mussten., um herauszufinden, ob die Regel verletzt wurde, (b) ob das Bild, das sie schließlich umdrehten, einen

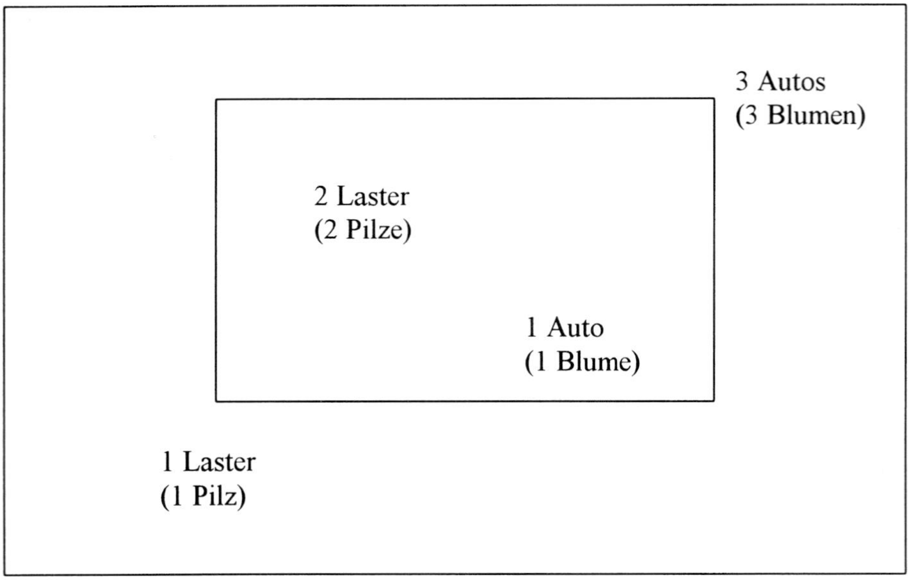

Abbildung 7.4: Schematische Darstellung des Spielbretts aus der Studie von Light et al. (1989) zum kindlichen Verständnis für die Erlaubnisregel. Wiedergabe mit freundlicher Genehmigung.

Regelverstoß darstellte und (c) ob das andere Bild die Regel verletzte. Light et al. stellten fest, dass in der Aufgabe, bei der die Regel einen praktischen Sinn hatte (keine Laster im Zentrum), 45 Prozent der Sechsjährigen und 77 Prozent der Siebenjährigen alle drei Fragen korrekt beantworteten. In der Version mit der willkürlichen Regel (keine Pilze in der Mitte) waren es dagegen nur 5 Prozent der Sechsjährigen und 23 Prozent der Siebenjährigen.

Diese Resultate zeigen, dass sechs- und siebenjährige Kinder – wie Erwachsene – deduktive Regeln anwenden können, vorausgesetzt, es wird ein passendes Erlaubnisschema aktiviert. Darüber hinaus konnten Light et al. zeigen, dass ein in einem *praktischen* Kontext aktiviertes Erlaubnisschema auf einen *abstrakten* Kontext übertragen werden kann. Einem Teil der Kinder, die die Aufgabe mit den Lastern erfolgreich gelöst hatten, wurde im Anschluss eine abstrakte Version der Selektionsaufgabe mit Quadraten und Dreiecken gegeben («Alle Dreiecke müssen in der Mitte sein»). Bei insgesamt 59 Prozent der – bei der Lasteraufgabe erfolgreichen – Siebenjährigen (Sechsjährige: 30 Prozent) kam es zu einem Transfer von der Lasteraufgabe zu der Aufgabe mit den Dreiecken. Nach Light et al. zeigt dies, dass die Kinder die logischen Prinzipien verstanden, auf denen ihre richtigen Antworten bei der Lasterversion der Selektionsaufgabe beruhten. Sie benutzten ihr praktisches Verständnis für Verbotenes und Erlaubtes, um die Aufgabe mit den Lastern zu lösen, und übertrugen diese Lösung dann auf die Aufgabe mit den Dreiecken.

Später konnten Harris und Nunez (1996) zeigen, dass sogar Drei- und Vierjährige die «Erlaubnis- und Verbotspragmatik» in der Selektionsaufgabe verstehen. Harris und Nunez betteten Erlaubnisregeln in verschiedene Geschichten ein, die sie den Kindern erzählten. Die Kinder sollten dann aus einer Gruppe von vier Bildern dasjenige herauszusuchen, das einen Regelverstoß zeigte. In einem Versuch, bei dem eine vertraute Regel verwendet wurde, wurde den Kindern beispielsweise gesagt: «Diese Geschichte handelt von einem Mädchen, das Sally heißt. Eines Tages möchte Sally draußen spielen. Ihre Mutter sagt, wenn sie draußen spielen will, muss sie ihren Mantel anziehen.» Im Anschluss daran bekamen die Kinder vier Bilder vorgelegt: Auf den Bildern war Sally jeweils einmal draußen mit Mantel, draußen ohne Mantel, drinnen mit Mantel und drinnen ohne Mantel zu sehen (siehe Abbildung 7.5). Die Kinder sollten angeben, auf welchem Bild die Regel verletzt wurde («Zeig mir mal das Bild, auf dem Sally nicht brav ist und nicht tut, was ihre Mama gesagt hat»). Dazu mussten sie das Bild auswählen, auf dem die Kombination *p/nicht q* dargestellt war.

Die meisten Kinder wählten das Bild aus, auf dem Sally draußen ohne Mantel zu sehen war. Ähnlich fielen die Ergebnisse aus, wenn es sich um Regeln handelte, die neu für die Kinder waren («Karolas Mama sagt, wenn sie malen will, muss sie sich einen Helm aufsetzen»). Natürlich ist das Paradigma von Harris und Nunez nicht so anspruchsvoll wie die üblicherweise verwendeten Selektionsaufgaben, da die Versuchspersonen nur ein Bild auswählen müssen, auf dem eine Kombination von *p* und *nicht q* dargestellt ist, und nicht von ihnen verlangt wird, *p* und *nicht q* unabhängig zu identifizieren. Trotzdem ist ihre Schlussfolgerung, dass Drei- und Vierjährige relativ gut in der Lage sind, Verstöße gegen eine Erlaubnisregel zu erkennen, durchaus überzeugend. Außerdem, so sagen die Autoren, sei das Verständnis der Kinder für Erlaubnisregeln nicht auf *vertraute* Regeln beschränkt, da die Verbindung zwischen Bedingung und erlaubter Handlung relativ willkürlich sein konnte. Allerdings waren die Handlungen und Bedingungen selbst (malen, einen Helm tragen) den Kindern vertraut, und der Zusammenhang zwischen ihnen war nicht ganz so willkürlich wie in abstrakten Versionen der Selektionsaufgabe, wie sie bei Erwachsenen verwendet werden («wenn auf der einen Seite einer Karte ein Vokal steht, steht auf der anderen Seite eine gerade Zahl»). Wie gut Kinder bei vollkommen willkürlichen Regeln abschneiden würden, ist noch ungeklärt.

Abbildung 7.5.: Bilder, mit denen Harris und Nunez (1996) überprüften, ob die Kinder in ihrer Untersuchung die Regel «Wenn Sally draußen spielen will, muss sie ihren Mantel anziehen» verstanden. Wiedergabe mit freundlicher Genehmigung.

Später auftauchende Formen des logischen Denkens

Bei den später auftauchenden Formen des logischen Denkens handelt es sich um diejenigen, die Piaget der «konkret-operatorischen» Entwicklungsstufe zugerechnet hat. Konkret-operatorisches Denken zeichnet sich – so die Theorie – durch die Fähigkeit aus, mehrere Aspekte einer Situation gleichzeitig zu berücksichtigen. Nehmen wir als Beispiel zwei Reihen mit jeweils gleich vielen Spielsteinen. Ein Kind, das zu konkret-operatorischem Denken in der Lage ist, könnte sowohl die Abstände zwischen den Steinen als auch die Gesamtlänge der Reihen berücksichtigen, um zu beurteilen, ob die beiden Reihen gleich viele Steine enthalten. Kennzeichnend für das konkret-operatorische Denken ist auch die Fähigkeit, zu verstehen, dass eine Operation durch die entgegengesetzte (inverse) Operation wieder rückgängig gemacht werden kann – dass beispielsweise die Lücken zwischen den Spielsteinen vergrößert, aber auch wieder verkleinert werden können, indem man die Steine wieder enger zusammenschiebt (siehe auch Kapitel 8). Zwar zeigen neuere Forschungsarbeiten, dass konkret-operatorisches Denken auch schon vor dem von Piaget angegebenen Alter vorkommt, allerdings gelingt es Kindern unter fünf Jahren nur selten, konkret-operatorische Aufgaben erfolgreich zu lösen. In den Fällen, in denen deutlich jüngere Kinder die entsprechenden piagetschen Aufgaben zu lösen scheinen, müssen wir uns fragen, ob das Experiment tatsächlich als «echter Test» der Theorie gelten kann.

Transitivität

Transitivität ist ein Schlüsselkonzept Piagets. Transitive Relationen bestehen zwischen Objekten, die in eine Rangreihenfolge gebracht werden können, und spielen eine wichtige Rolle für elementare mathematische Konzepte wie dem Messen. Beispielsweise gibt es eine bestimmte transitive Größenrelation zwischen den Mitgliedern einer Familie, zumindest solange, bis die Kinder ins Jugendalter kommen. Der größte in der Familie ist in der Regel der Vater, dann kommt die Mutter und dann die Kinder, meist in der Reihenfolge ihres Alters. Gibt es beispielsweise drei Kinder in der Familie, im Alter von zehn (Konrad), sechs (David) und zwei Jahren (Evelyn), lassen sich die Größenverhältnisse wie folgt darstellen: V>M>K>D>E. Wir können transitive Schlussfolgerungen über die Größenrelationen zwischen einzelnen Familienmitgliedern ziehen. Wenn man uns beispielsweise sagt, dass Konrad größer als David ist (K>D) und dass David größer als Evelyn ist (D>E), können wir daraus schließen, dass Konrad größer als Evelyn sein muss (K>E).

Es ist umstritten, inwieweit Kinder in der Lage sind, derartige transitive Schlüsse zu ziehen. In diesem Zusammenhang ist vor allem ein Experiment von Bryant und Trabasso (1971) kontrovers diskutiert worden. In dieser Studie wurde gezeigt, dass schon Vierjährige in der Lage sind, transitive Schlussfolgerungen zu ziehen, vorausgesetzt, man bringt ihnen bei, sich die Prämissen zu merken. Selbst die jüngsten der untersuchten Kinder verfügten – wenn sie es schafften, die Prämissen zu behalten – über die logische Fähigkeit, den transitiven Schluss aus ihnen zu ziehen. Bryant und Trabasso haben auf die Notwendigkeit hingewiesen, bei derartigen Untersuchungen Reihen von fünf Elementen (A>B>C>D>E) zu verwenden. Nur dies ermögliche eine echt Überprüfung der Fähigkeit, transitive Schlüsse zu ziehen.

In einer Fünferreihe gibt es stets zwei Elemente, die sowohl größer als auch kleiner als andere sind, nämlich B und D (B>C, A>B; D>E, C>D). Bei einer aus drei Elementen bestehenden Reihe (A>B>C) dagegen ist A immer groß und C immer klein. In einer solchen Reihe mit den Prämissen A>B und B>C könnten die Kinder das Verhältnis von A und C theoretisch auch ohne Berücksichtigung der Transitivität erschließen. Sie könnten sich einfach merken, dass A groß und C klein ist. Bei einer aus fünf Elementen bestehenden Reihe würde eine solche Gedächtnisstrategie jedoch scheitern, zumindest in Bezug auf die Beurteilung des Verhältnisses von B zu D. Um dieses Verhältnis richtig einzuschätzen, muss das Transitivitätsprinzip herangezogen werden, da diese Elemente im Verhältnis zu anderen sowohl groß als auch klein gewesen sind.

Bryant und Trabasso (1971) untersuchten die Fähigkeit von vier-, fünf- und sechsjährigen Kindern, transitive Zusammenhänge zwischen fünf Elementen einer Reihe zu erkennen. Dabei benutzten sie fünf Holzstäbe unterschiedlicher Farbe (Rot, Weiß, Gelb, Blau und Grün) und Länge (3, 4, 5, 6 bzw. 7 Zoll). Die jeweilige Farb-Längen-Kombination war von Kind zu Kind unterschiedlich. Die Stäbchen wurden den Kindern stets paarweise vorgelegt. Auf diese Weise lernten sie beispielsweise, dass Blau länger war als Rot und das Rot länger war als Grün. Die Stäbchen wurden den Kindern in einem Kasten gezeigt, in den zwei Löcher gebohrt waren, durch die nur ein Zoll der Stäbchen sichtbar war. In dieser Traningsphase des Experiments wurden die Kinder gefragt, welches der beiden Stäbchen wohl das längere (oder kürzere) war. Hatten sie sich für eines entschieden, wurden beide Stäbchen aus dem Kasten herausgenommen und dem Kind gezeigt, das damit selbst entscheiden konnte, ob es recht gehabt hatte oder nicht.

Auch in der Testphase sahen die Kinder jeweils zwei Stäbchen in dem Kasten und sollten einschätzen, welches das längere bzw. kürzere war; ihnen wurde allerdings danach nicht mehr gezeigt, wie lang die Stäbchen tatsächlich waren. Zu beurteilen waren die vier Paare, die sie bereits gesehen hatten (A/B, B/C, C/D und D/E) sowie die sechs zu erschließenden Paare (A/C, A/D, A/E, B/D, B/E, C/E). Diese transitiven Vergleiche wurden in zufälliger Reihenfolge vorgegeben. Wie Bryant und Trabasso feststellen konnten, lag der Anteil der richtigen Antworten bei allen Kindern signifikant über dem Zufallsniveau, und zwar auch bei dem kritischen Paar B/D. Obwohl hier der Anteil der richtigen Lösungen niedriger war als bei den anderen Vergleichspaaren, so konnten doch beeindruckende 78 Prozent der Vierjährigen angeben, dass B größer war als D. Von den Fünfjährigen waren es 88 Prozent und von den Sechsjährigen 92 Prozent. Bryant und Trabasso schlossen daraus, dass Kinder auf allen drei untersuchten Altersstufen relativ gut in der Lage sind, «echte» transitive Schlussfolgerungen zu ziehen.

Gegen diesen Befund kann jedoch eingewendet werden, dass das visuelle Feedback in der Trainingsphase es den Kindern ermöglicht haben konnte, sich die *absolute* Länge der Stäbchen zu merken (dass z. B. B sechs und D vier Zoll lang war, woraus sich ergibt, dass B länger ist als D). Diese Möglichkeit überprüften Bryant und Trabasso in einer Nachfolgestudie, bei der es kein visuelles Feedback in der Traningsphase gab. Die Ergebnisse waren genau die gleichen. Dennoch ist die Schlussfolgerung der Autoren, dass schon junge Kinder ausgesprochen gut transitive Schlussfolgerungen ziehen können, nicht unangezweifelt geblieben (siehe die informative Zusammenfassung bei Breslow, 1981). Wie von mehreren Seiten kritisiert wurde, bestand ein weiteres Problem bei der Stäbchenaufgabe darin, dass der Kasten, in dem die Stäbchen steckten, es den Kindern erleichterte, sich zu merken, welche Stäbchen lang und welche kurz waren. Dies lag daran, dass bei den Vergleichen die Stäbchen (einschließlich des B/D-Paares) aus dem Kasten hervorragten und dies für den B/D-Vergleich bedeutete, dass sich B näher am «langen» Ende des Kastens und D näher am «kurzen» Ende des Kastens befand. Möglicherweise hatten die Kinder diese Aufgabe allein aufgrund dieses räumlichen Hinweises korrekt gelöst. Eine Lösung auf diesem Wege erfordert keine transitive Schlussfolgerung: Es reicht aus, B und D mit der kurzen bzw. langen Seite des Kastens zu assoziieren.

Ein anderer Ansatz, mit dessen Hilfe die Fähigkeit kleiner Kinder zu transitiven Schlussfolgerungen überprüft worden ist, bedient sich symbolischer Darstellungen (Merkhilfen) der Prämissen, die es überflüssig machen, dass sich die Kinder die Prämissen in einem längeren Training mit Reihen aus fünf Elementen einprägen. So benutzte beispielsweise Halford (1984) Spielsteine als Gedächtnishilfen bei seiner Untersuchung, in der die Kinder transitive Schlussfolgerungen über die Länge durchsichtiger Plexiglasstäbchen ziehen mussten.

In Halfords Experiment zeigten Spielsteine auf einem Spielbrett das Längenverhältnis zwischen zwei Stäbchen an, die in zwei verschiedenfarbigen Röhren steckten. Befand sich beispielsweise ein roter Stein links von einem blauen Stein (R_LB), so bedeutete dies, dass das Plexiglasstäbchen in der roten Röhre länger war als das in der blauen Röhre ($R>B$). Stand ein blauer Stein links von einem grünen Stein (B_LG), so war das Plexiglasstäbchen in der blauen Röhre länger als das in der grünen Röhre ($B>G$). Die Aufgabe der Kinder bestand darin, die räumlichen Relationen («links von») mit den Größenrelationen («größer als») in Bezug zu setzen, um die Länge der farbigen Stäbchen im Verhältnis zueinander einzuschätzen. Nach Halfords Überlegungen führte die Integration der beiden räumlichen Relationen R_LB und B_LG zu der Dreierrelation R_LB_LG, woraus die Kinder die Größenrelation $R>B>G$ ableiten konnten – vorausgesetzt, sie waren in der Lage, transitive Schlussfolgerungen zu ziehen. Die Mehrheit der unter sieben Jahre alten Kinder war nicht in der Lage, unter diesen Bedingungen die relative Länge der Plexiglasstäbchen zu erschließen. Halford zufolge zeigte sich hierin eine Unfähigkeit, transitive Schlussfolgerungen zu ziehen, da die Kinder sehr wohl in der Lage waren, einzelne Relationen zwischen Spielsteinen und Stäbchen miteinander in Bezug zu setzen.

Pears und Bryant (1990) umgingen die Notwendigkeit eines Vortrainings, in dem sich die Kinder zunächst die Prämissen einprägen mussten, auf andere Weise. Sie verwendeten *sichtbare* Prämissen und verlangten daher überhaupt keine Behaltensleistung von den Kindern. Auf diese Weise konnten sie Transitivitätsaufgaben mit fünf Elementen einsetzen, ohne dabei das Gedächtnis der Kinder zu überfordern. Ihre Prämissen stellten sie anhand farbiger Klötzchen dar, die jeweils zu zweit zu kleinen Türmchen gestapelt waren. Die Kinder sollten nun höhere Türme aus einzelnen Klötzchen bauen, wobei sie sich in Bezug auf die Reihenfolge der Klötzchen an den kleinen Zweiertürmchen orientieren mussten. Es sollten drei Arten von Türmen gebaut werden: Türme aus vier Klötzchen (auf der Grundlage dreier Prämissen), aus fünf Klötzchen (vier Prämissen) und aus sechs Klötzchen (fünf Prämissen). Nehmen wir als Beispiel einen Turm aus fünf Klötzchen: Wenn die kleinen Zweiertürmchen aus einem roten auf einem blauen Klötzchen (R_AB), einem blauen auf einem grünen (B_AGr), einem grünen auf einem gelben (Gr_AGe) und einem gelben auf einem weißen Klötzchen (Ge_AW) bestanden, dann musste folgender Turm gebaut werden: $R_AB_AGr_AGe_AW$ (siehe Abbildung 7.6.).

Bevor sie mit dem Bauen begannen, mussten die Kinder einige Fragen über die Beziehungen zwischen den Klötzchen beantworten, aus denen der Turm bestehen würde. Zum Beispiel wurden sie gefragt: «Welches Klötzchen wird weiter oben sein in dem Turm, den du baust, das gelbe oder das blaue?» Um diese Fragen richtig beantworten zu können, mussten die Kinder Informationen aus zwei Prämissen (B_AGr, Gr_AGe) kombinieren und eine transitive Schlussfolgerung ziehen. Genau diese Frage entsprach übrigens dem kritischen B/D-Vergleich in dem Experiment von Bryant und Trabasso (das gelbe und das blaue Klötzchen waren beide in den Zweiertürmchen sowohl oben als auch unten gewesen). Andere kritische Fragen waren die B/D- und die C/E-Vergleiche in den Sechsertürmen. Bei all diesen Fragen ging es um Klötzchen, die mit zwei verschiedenen Werten – oben und unten – in den Zweiertürmchen vorgekommen waren.

Pears und Bryant stellten fest, dass der Anteil der richtigen Lösungen bei zwei Drittel der kritischen Fragen signifikant über dem Zufallsniveau lag. Daraus schlossen sie, dass Vierjährige in der Lage sind, transitive Schlussfolgerungen zu ziehen, zumindest, wenn es um die Anordnung von Elementen im Raum geht. Diese Schlussfolgerung steht im Widerspruch zu der von Halford (1984), der zu der Auffassung gelangt war, dass Kinder dieses Alters mit transitiven Aufgaben noch überfordert sind. Es gibt mindestens zwei mögliche Gründe für diese unterschiedlichen Ergebnisse. Einer besteht darin, dass in Halfords Aufgaben Schlussfolgerungen über eine andere Dimension (Länge) gezogen werden mussten als die, in der die Prämissen vorgegeben wurden (räumliche Anordnung). Die Fragen, die Pears und Bryant den Kindern stellten, betrafen die gleiche Dimension wie die in den Prämissen enthaltene Information.

Eine zweite Möglichkeit ist, dass Halfords Entscheidung, von links nach rechts angeordnete Spielsteine als Erinnerungsstütze für die Länge der Stäbchen zu verwenden, die Ursache für die Schwierigkeiten der Kinder war, die relative Länge der Stäbchen zu beurteilen. Ding (1995) hat gezeigt, dass Kinder noch mit neun Jahren Schwierigkeiten mit Aufgaben haben, bei denen Informationen über die räumliche Anordnung von Elementen aus Links-rechts-Prämissen abgeleitet werden müssen.

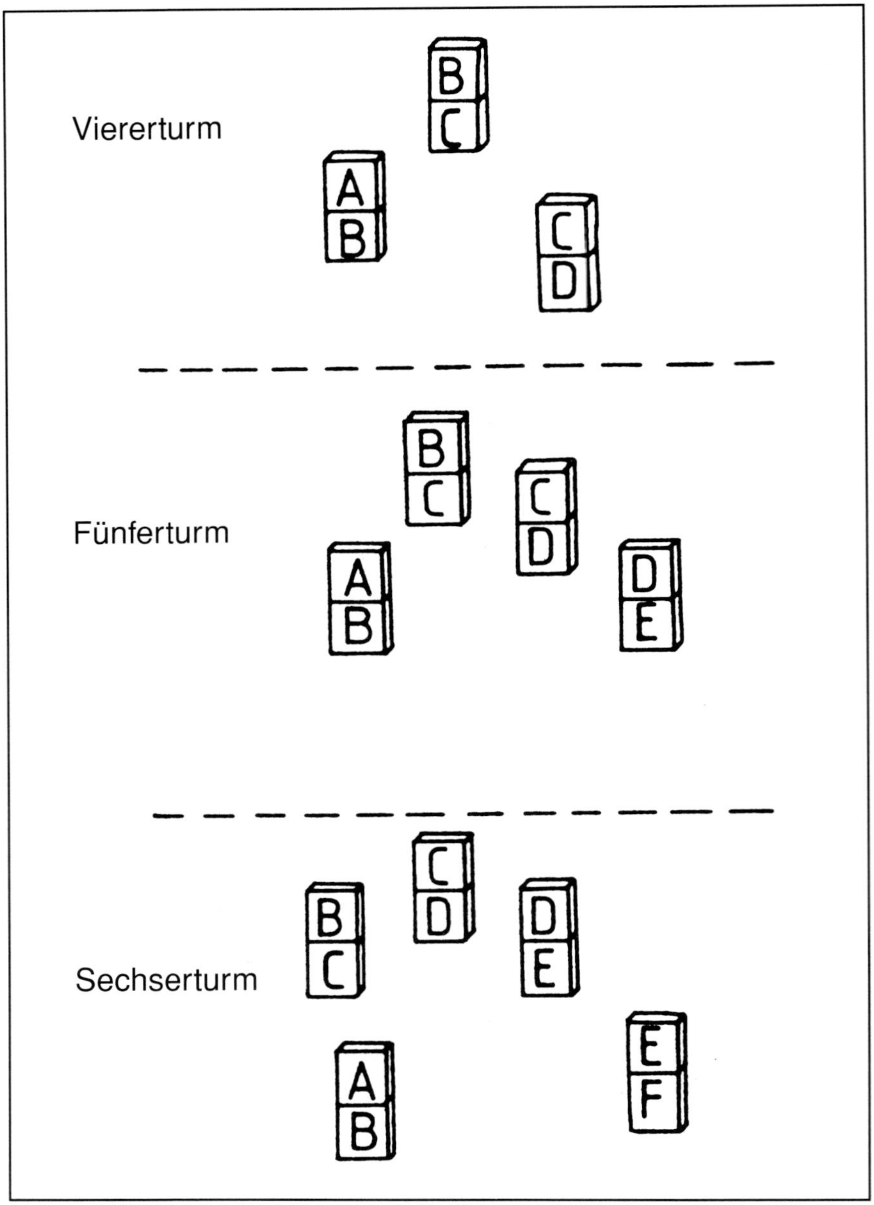

Abbildung 7.6: Beispiele der Zweiertürmchen, die in der Untersuchung von Pears und Bryant (1990) als Prämissen fungierten. Die Buchstaben A, B, C, D, E und F stehen für verschiedene Farben. Nachdruck mit freundlicher Genehmigung.

Dings (1995) Arbeit orientierte sich eng an dem Vorgehen von Pears und Bryant. Auch sie zeigte den Kindern eine Reihe visueller Prämissen, die miteinander kombiniert werden mussten, allerdings enthielten ihre – ebenfalls jeweils aus zwei Elementen bestehenden – Prämissen Informationen über die Anordnung der Elemente von links nach rechts und nicht von oben nach unten wie bei Pears und Bryant.

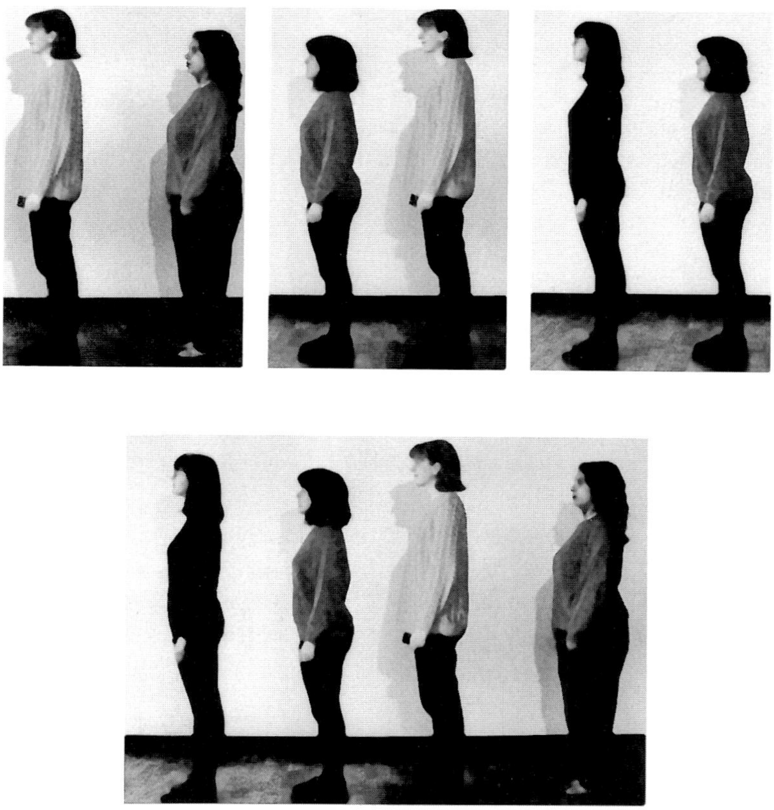

Abbildung 7.7: Beispiele für Fotos, die in der Busschlangenaufgabe von Ding (1995) als Prämissen dienten; unten die richtige Reihenfolge der Personen. Wiedergabe mit freundlicher Genehmigung.

Die Aufgabe der Kinder lag darin, die Reihenfolge von Personen zu erschließen, die in einer Schlange auf den Bus warteten. Die Prämissen bestanden aus Fotos von jeweils zwei Menschen, die mit dem Blick nach links hintereinander standen (siehe Abbildung 7.7). Die Kinder sollten anhand der Prämissen herausfinden, wie die gesamte Schlange aussah. Insgesamt wurden ihnen in zufälliger Reihenfolge drei Bilder mit jeweils zwei Personen gezeigt. Warteten zum Beispiel vier Personen (ABCD) in der Schlange, bekamen die Kinder beispielsweise die Prämissen AB, CD und BC. Diese Prämissen mussten sie nun in die richtige Reihenfolge bringen, um die Reihenfolge der Wartenden (ABCD) zu erschließen. An der Untersuchung nahmen Kinder im Alter von fünf, sieben und neun Jahren teil.

Ding stellte fest, dass es von der Reihenfolge, in der die Prämissen vorgegeben wurden, abhing, ob die Kinder in der Lage waren, die gesamte Busschlange zu rekonstruieren. Selbst neunjährige Kinder hatten ausgesprochen große Schwierigkeiten, wenn die Prämissen in bestimmten Reihenfolgen präsentiert wurden, etwa CD, AB, BC. Bei dieser Reihenfolge enthielten die ersten beiden Prämissen keine gemeinsamen Elemente. Nicht wesentlich anders fielen die Ergebnisse aus, wenn statt Fotografien Zeichnungen oder statt einer Menschenschlange aneinander gehängte Spielzeugwaggons verwendet wurden. Obgleich die Prämissen nacheinander vorgegeben wurden und daher eine *sequenzielle* relationale Integration möglich war, fiel es den Kindern in Dings Studie ausgesprochen schwer, die Elemente von links nach rechts zu ordnen. In der Untersuchung von Pears und Bryant hatte die Reihenfolge, in der die «Türmchen-Prämissen» vorgegeben wurden, dagegen keine Auswirkungen auf das Ergebnis. Die Integration räumlicher Links-rechts-Relationen ist somit für kleine Kinder möglicherweise eine besonders schwierige Aufgabe. Daher konnten die Kinder in Halfords (1984) Experiment wahrscheinlich auch nicht von den farbigen, nebeneinander angeordneten Spielsteinen profitieren, die ihnen helfen sollten, sich an die relative Länge der Stäbchen in den farbigen Röhren zu erinnern. Dies würde ihre Unfähigkeit erklären, in dieser Untersuchung transitive Schlussfolgerungen zu ziehen.

Das Verständnis für Invarianz

Ein anderes logisches Konzept, mit dem sich Piaget befasst hat, ist das der *Erhaltung (conservation)* – die Fähigkeit, zu erkennen, dass eine gegebene Menge quantitativ gleich bleibt, auch wenn sich ihr Aussehen verändert. Diese logische Operation ist die Grundlage für das Verständnis für *Invarianz*, eine wichtige logische Erkenntnis, die wiederum die Grundlage für die Aneignung des Zahlenbegriffs darstellt. Invarianz bringt auch Stabilität in die physikalische Umwelt. Kinder, die das Invarianzprinzip begreifen, wissen, dass sich Mengen nicht ändern, solange nichts hinzugefügt oder weggenommen wird (*Addititon-Subtraktion*). Sie wissen auch, dass eine Menge quantitativ gleich bleibt, auch wenn sich ihr Aussehen verändert, da diese Veränderung des Aussehens *reversibel* ist. Sie sind sich der Tatsache bewusst, dass Veränderungen auf einer Dimension durch Veränderungen auf einer anderen *kompensiert* werden können. Dies alles wissen Kinder, die das Erhaltungsprinzip voll und ganz begriffen haben.

Die Erhaltungsaufgabe. Piaget entwickelte die Erhaltungsaufgabe, um die Einsicht von Kindern in das Invarianzprinzip zu überprüfen. Dazu wurden die Kinder aufgefordert, zwei zunächst identische Mengen miteinander zu vergleichen, von denen eine im Anschluss transformiert wurde. Beispielsweise wurden dem Kind zwei Reihen von Perlen, die einander jeweils auf gleicher Höhe gegenüberlagen, oder zwei Gläser, die gleich hoch mit Flüssigkeit gefüllt waren (siehe Abbildung 7.8). Ein erwachsener Versuchsleiter änderte dann vor den Augen des Kindes das Aussehen einer der beiden Mengen, indem er beispielsweise die Flüssigkeit aus einem der Gläser in ein niedrigeres, breiteres umfüllte oder die Perlen einer der beiden Reihen weiter auseinander legte, so dass die Reihe länger aussah. Mit diesen Experimenten wollte Piaget erfahren, ob die Kinder begriffen, dass die Mengen trotz des veränderten Aussehens gleich blieben. Dies schien nicht der Fall zu sein. Die meisten Kinder unter sieben Jahren erklärten dem Versuchsleiter, dass sich in dem breiteren Glas weniger Wasser befände bzw. dass die längere Reihe mehr Perlen enthalte.

Die einfachste Methode zur Überprüfung des Verständnisses für Invarianz hätte jedoch darin bestanden, den Kindern eine *einzige* Menge zu zeigen – wie etwa ein Glas mit Flüssigkeit oder eine Reihe Münzen – und dann das Aussehen dieser einen Menge zu verändern, beispielsweise die Flüssigkeit aus einem Glas in ein schmaleres, höheres umzufüllen oder die Münzen auseinander zu legen, so dass die Reihe länger wird. Den Kindern könnte dann die gleiche «Erhaltungsfrage» gestellt werden, z. B. ob es jetzt mehr, weniger oder genauso viele Münzen sind wie vorher. Eine derartige «Identitätserhaltungsaufgabe» benutzten Elkind und Schoenfeld (1972) in ihren Versuchen zum Invarianzverständnis von Kindern. Sie hielten es für möglich, dass Kinder bei dieser Aufgabe schon sehr viel früher Einsicht in Invarianz an den Tag legen als bei der klassischen Erhaltungsaufgabe. Ihrer Ansicht nach handelt es sich bei der klassischen Erhaltungsaufgabe nicht um einen reinen Test des Invarianzverständnisses, da hier eine – auf den ersten Blick nicht erkennbare – transitive Schlussfolgerung verlangt werde.

Worin dieser versteckte transitive Schluss besteht, lässt sich leicht zeigen (siehe Tabelle 7.2). In der klassischen Erhaltungsaufgabe sieht das Kind zwei identische Mengen, Q1 und Q2. Das Kind soll die beiden Mengen miteinander vergleichen, nachdem eine der beiden transformiert worden ist (z. B. Q1 zu Q1A). Meist wird das Kind gefragt: «Ist es mehr, weniger oder genauso viel wie vorher?» Um diese Frage richtig zu beantworten, muss das Kind folgende Überlegungen anstellen: (a) Menge 1 = Menge 2 (Q1=Q2); (b) aus Menge 1 ist Menge 1A geworden, die beiden sind jedoch äquivalent; und deshalb gilt:

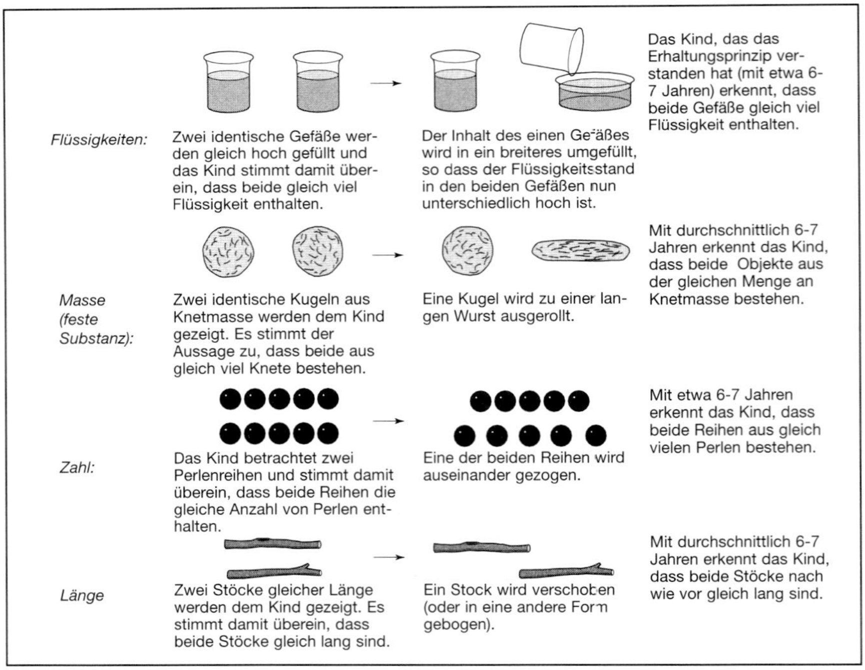

Abbildung 7.8: Verschiedene Versionen der Erhaltungsaufgabe. Aus Schaffer (1985). Nach *Developmental Psychology: Childhood and Adolescence* von D. R. Schaffer. Copyright 1996, 1993, 1989, 1985 Brooks/Cole Publishing Company, Pacific Grove, CA 93950, ein Unternehmensbereich von International Thompson Publishing Inc. Wiedergabe mit freundlicher Genehmigung.

(c) Menge 1A = Menge 2 (Q1A=Q2). Nur wenn das Kind alle drei Schritte dieser transitiven Schlussfolgerung vollziehen kann, ist es in der Lage, Piagets Erhaltungsaufgabe korrekt zu lösen.

Elkind und Schoenfeld begründeten ihre Behauptung, dass die Lösung der Erhaltungsaufgabe einen transitiven Schluss erfordere, mit dem Verweis darauf, wie ein Erwachsener unter den gleichen Bedingungen zu einem Urteil kommen würde. Würde er nur Q1A und Q2 sehen, wüsste der Erwachsene nicht, ob die beiden Mengen äquivalent sind oder nicht; ihm würden die Informationen Q1=Q2 und Q1=Q1A fehlen und damit die Grundlage für die Beantwortung der Frage, in welchem Verhältnis Q1A und Q2 zueinander stehen. Nach Elkind und Schoenfeld (1972) erfasste Piagets Erhaltungsaufgabe somit die Erhaltung von *Äquivalenz*, und nicht die Erhaltung von *Identität,* wie dies ihre einfachere Aufgabe mit nur einer Menge tut.

In ihrem Experiment mit vier- und sechsjährigen Kindern verglichen Elkind und Schoenfeld Äquivalenz- mit Identitätserhaltung. Die Kinder bekamen die Münzenaufgabe (Erhaltung der Zahl), die Glasaufgabe (Erhaltung von Flüssigkeit), eine Aufgabe mit zwei Stiften (Erhaltung der Länge – die beiden Stifte lagen einander zunächst auf gleicher Höhe gegenüber, dann wurde einer der beiden verschoben) sowie eine Aufgabe mit zwei Kugeln aus Knetmasse (Erhaltung von Masse – die Kugeln waren erst identisch, dann wurde aus einer der beiden eine lange Wurst geformt). Es zeigte sich, dass es beiden Altersgruppen leicht fiel, die Invarianz einer einzigen Menge zu erkennen, dass aber die Vierjährigen Schwierigkeit hatten, die quantitative Äquivalenz zweier Mengen zu beurteilen. Die Autoren schlossen daraus, dass die beiden Erhaltungsaufgaben unterschiedliche kognitive Prozesse erfordern. Zwar erfassen beide Aufgaben die Einsicht in Invarianz, jedoch kann die Identitätserhaltungsaufgabe als relativ reines Maß für das Invarianzverständnis aufgefasst werden, während die Äquivalenzerhaltungsaufgabe zusätzlich ein Verständnis für Transitivität voraussetzt.

Tabelle 7.2

Die versteckte transitive Schlussfolgerung bei der klassischen Erhaltungsaufgabe (nach Elkind und Schoenfeld, 1972)

Schritt (A)	Q1 = Q2
Schritt (B)	Q1 = Q1A
(daher gilt, nach dem Transitivitätsprinzip)	
Schritt (C)	Q1A = Q2

Der Befund, dass Kinder bis zum Alter von fünf oder sechs Jahren bei Äquivalenzerhaltungsaufgaben versagen, ist vielfach repliziert worden (eine Übersicht geben Field, 1987, und McEvoy & O'Moore, 1991). Die meisten Autoren, die die Erhaltungsaufgabe verwendet haben, kamen zu den gleichen Ergebnissen wie Piaget, und die meisten schlossen sich seiner Interpretation dieses Resultats an, wonach sich die Kinder auf eine Dimension der transformierten Menge konzentrieren und die andere, kompensierende Dimension vernachlässigen. Beispielsweise beachten sie nur, dass der Flüssigkeitsstand in dem schmaleren Gefäß höher ist, und übersehen, dass das Glas nicht so breit ist wie das ursprüngliche, in dem der Stand niedriger war. Und bei der Aufgabe mit den Münzen beachten sie nur die Länge der Reihe und vernachlässigen die Tatsache, dass die Abstände zwischen den einzelnen Münzen in der transformierten Reihe größer ist als in der nicht transformierten.

Es ist interessant festzustellen, dass Kinder ähnliche Erhaltungsfehler auch machen, wenn sie es mit natürlichen Transformationen zu tun haben, und zwar selbst dann, wenn ihnen die «Stimuli» bestens bekannt sind, weil es sich um ihre Freunde handelt: Kinder, die ihre Klassenkameraden dabei beobachten, wie sie «Simon says» (s. o.) spielen, glauben, dass es mehr Kinder werden, wenn sie sich – auf das entsprechende Kommando hin – im Raum verteilen, und dass es weniger werden, wenn sie sich dicht zusammen drängen. Und wenn Kinder Spielzeugboote in zwei Reihen in einem Wasserbecken treiben sehen und man eine Reihe auseinander treiben lässt, so dass sie länger aussieht, behaupten sie, dass die längere Reihe mehr Boote enthalte (Miller, 1982).

Pragmatische Aspekte der Erhaltungsaufgabe. Die Auffassung, dass Äquivalenzerhaltungsaufgaben die logischen Fähigkeiten von Kinder unter fünf bis sechs Jahren grundsätzlich übersteigen, wird jedoch nicht von allen Autoren geteilt. Ein wichtiger Teil der Einwände kommt aus einem sehr produktiven Forschungsansatz, der sich mit den *pragmatischen Aspekten* der klassischen piagetschen Erhaltungsaufgabe befasst hat. Bei dieser Aufgabe sieht sich das Kind in der Regel einem Erwachsenen gegenüber, der ihm Fragen über zwei Mengen stellt («Sind es mehr, weniger oder genauso viele?»), dann die äußere Form einer der beiden Mengen verändert und die gleiche Frage erneut stellt. Wenn jemand die gleiche Frage zweimal stellt, bedeutet das meistens, dass man beim zweiten Mal eine andere Antwort geben sollte. Dies gilt umso mehr, wenn das Gegenüber älter ist als man selbst und gerade etwas anscheinend sehr Bedeutungsvolles getan hat! Aus pragmatischer Sicht könnten die Kinder aus den Handlungen des Erwachsenen schließen, dass er mit ihnen über die Transformation sprechen will, die soeben stattgefunden hat. Möglicherweise antworten sie dann auf die Frage, von der sie *glauben,* dass ihr Gegenüber sie stellen will, anstatt darauf zu achten, was es *tatsächlich* fragt. Zu den Autoren, deren Auffassung nach pragmatische Aspekte der Erhaltungsaufgabe für die falschen Antworten der Kinder verantwortlich sind, zählen Donaldson (1978), Rose und Blank (1974) und Siegal (1991).

Donaldsons ging es vor allem um die kommunikative Absicht des erwachsenen Versuschsleiters. Zur Überprüfung der These, dass der Umgang des Erwachsenen mit den Materialien der Erhaltungsaufgabe die Kinder dazu brachte, sich in ihrer Antwort auf das Merkmal zu beziehen, nach dem der Erwachsene vermeintlich fragen wollte, anstatt auf das Merkmal, nach dem tatsächlich gefragt wurde, entwickelte Donaldson das Paradigma des «ungezogenen Teddys» (McGarrigle & Donaldson, 1975). Den Kindern wurde gesagt, dass sie ein besonderes Spiel mit dem Versuchsleiter spielen würden. Dann wurde ihnen zunächst ein Bär in einem Pappkarton gezeigt. Der Bär, so sagte man ihnen, sei sehr ungezogen und es sei damit zu rechnen, dass er gelegentlich aus seinem Karton herauskommen würde und versuchen würde, die Spielsachen durcheinander zu bringen und das Spiel zu stören. Dann breitete der Versuchsleiter die Materialien für die Erhaltungsaufgabe (z.B. Spielsteine, die er einander auf gleicher Höhe gegenüber legte) vor dem Kind aus und fragte: «Sind hier mehr oder hier mehr oder sind es gleich viele?» Plötzlich erschien der ungezogene Bär auf der Bildfläche und veränderte die Länge einer der beide Reihen, indem er sie ein wenig zusammenschob. Nachdem der Teddy gebührend ausgeschimpft worden war, wurde das Kind erneut gefragt: «Sind hier mehr oder hier mehr oder sind es gleich viele?» Unter dieser Bedingung einer unbeabsichtigten – *akzidentellen* – Umformung der Reihen antworteten die meisten der befragten vier- und fünfjährigen Kinder im Sinne des Erhaltungsprinzips. McGarrigle und Donaldson sahen darin eine Bestätigung ihrer Hypothese, der zufolge sich die intentionale Struktur des nichtsprachlichen Verhaltens des Versuchsleiters darauf auswirkte, wie das Kind die gestellte Frage interpretierte.

Eine andere Art von akzidenteller Umformung – die Autoren sprechen von «inzidenten Transformationen» – verwenden Light et al. in ihrer Version der Erhaltungsaufgabe (Light, Buckingham & Robbins, 1979). In ihrer Aufgabe spielten sechsjährige Kinder jeweils zu zweit ein Spiel, bei dem Muschelnudeln auf ein in Quadrate aufgeteiltes Spielbrett gelegt werden mussten. Gewinner war, wer als Erster alle Muscheln gelegt hatte. Daher war es wichtig, dass die Kinder bei Spielbeginn gleich viele Muscheln hatten. Jedes Kind bekam einen kleinen Becher, in den seine Muscheln gefüllt wurden. Vor Beginn des Spiels wurden die Muschelnudeln zwischen den beiden Bechern hin- und hergekippt, solange bis beide Kinder der Meinung waren, dass die Menge der Muscheln in beiden gleich war. Dann stellte sich heraus, dass einer der beiden Becher einen Riss hat. Aus «Sicherheitsgründen» mussten die Nudeln aus diesem Becher in einen anderen, größeren umgefüllt werden. Dann wurden die Kinder gefragt, ob sich in beiden Bechern gleich viele Muscheln befänden. In dieser Version beantworteten 70 Prozent der Kinder die Frage mit ja, also im Sinne des Erhaltungsprinzips. In der Standardversion der Aufgabe – unter Verwendung der gleichen Materialien – waren es dagegen nur fünf Prozent. Nach Light et al. besteht das entscheidende Merkmal ihrer Aufgabe und der von McGarrigle und Donaldson darin, dass die Transformation der Materialien aus Sicht der Kinder beiläufig wirkt, d. h., keine wesentliche Rolle in der Gesamtinteraktion zu spielen scheint.

Angesichts der Befunde von Miller (1982) in Bezug auf natürliche Transformationen ist jedoch die Frage angebracht, ob mit der inzidenten bzw. akzidentellen Version der Erhaltungsaufgabe wirklich die Fähigkeit zum Erkennen von Äquivalenzerhaltung geprüft wird. Piagets Überlegung bestand ja darin, dass die kleinen Kinder deshalb Fehler machen, weil sie sich auf eine Dimension der umgeformten Menge konzentrieren und die andere, kompensierende Dimension vernachlässigen, und möglicherweise sind die neuen Versionen der Erhaltungsaufgabe nicht geeignet, diese These zu überprüfen. Der Grund dafür ist, dass die Kinder die transformierten Mengen möglicherweise gar nicht näher betrachten (siehe Bryant, 1982). Zwar haben sowohl Light et al. als auch McGarrigle und Donaldson darauf geachtet, dass die Anordnungen der Stimuli in ihren Zufalls- und den Standardversionen identisch waren, es ist jedoch möglich, dass, gerade *weil* die Transformation in der zufälligen Version nicht im Mittelpunkt der Interaktion stand, die Kinder die veränderte Anordnung der Stimuli überhaupt nicht bemerkt haben. In diesem Fall aber wäre es von vornherein ausgeschlossen, dass sie sich auf nur eine Dimension der transformierten Menge konzentrierten und deshalb zu falschen Schlussfolgerungen kamen. Light et al. argumentieren ähnlich und heben hervor, dass – aus pragmatischer Sicht – die Handlungen des Versuchsleiters dem Kind signalisieren: «Diese Transformation ist irrelevant». Bei den Urteilen der Kinder, die im Sinne des Erhaltungsprinzips ausfallen, handele es sich daher möglicherweise um «falsch positive» Antworten, d. h. Antworten, die zwar richtig seien, aber nicht bedeuteten, dass die Kinder über die erforderlichen logischen Fähigkeiten verfügten.

Ein weiterer Einwand gegen die klassische Erhaltungsaufgabe gründet sich darauf, dass den Kindern die gleiche Frage zweimal gestellt wird. Aus pragmatischer Sicht kann schon dies allein die Kinder zu der Überzeugung bringen, dass sie beim zweiten Mal eine andere Antwort geben sollten. Normalerweise wiederholen wir nämlich Fragen nur dann, wenn wir eine andere Antwort hören wollen als die, die wir bereits erhalten haben. Lehrer greifen beispielsweise häufig zu diesem Mittel, um ihren Schülern auf indirektem Wege mitzuteilen, dass ihre Antwort falsch war. In einem normalen Gespräch würde man nie zweimal die gleiche Frage über irgendwelche Gegenstände stellen, es sei denn, diese Gegenstände hätten sich in der Zwischenzeit in irgendeiner Weise verändert. Dieser Einwand lässt sich relativ leicht überprüfen, indem man den Kindern die entscheidende Frage nicht zweimal, sondern nur einmal stellt.

Rose und Blank (1974) führten ein entsprechendes Experiment unter Verwendung eines Erhaltungsparadigmas mit Reihen aus Spielsteinen durch. Sie verglichen das Abschneiden von Sechsjährigen in der Standardversion mit zwei Fragen und in einer anderen Version der gleichen Aufgabe mit nur einer Frage *(one-judgement condition)*. Hierbei wurde den Kindern die Frage «Mehr, weniger oder gleich viele?» erst gestellt, nachdem der Versuchsleiter eine der beiden Reihen verändert hatte. Einer dritten (Kontroll-)Gruppe von Kindern wurde die ursprüngliche Anordnung der beiden Reihen vorenthalten; sie beurteilten die beiden Reihen erst, nachdem eine von ihnen bereits transformiert worden war. Mit Hilfe dieser Bedingung sollte gezeigt werden, dass ein mögliches besseres Abschneiden in der *one-judgement*-Version nicht per se darauf zurückzuführen war, dass nur eine Frage gestellt wurde, sondern dass dabei der pragmatische Kontext der Erhaltungsaufgabe entscheidend war.

Rose und Blank stellten fest, dass es tatsächlich einen Einfluss auf die Antworten der Kinder hatte, ob sie einmal oder zweimal gefragt wurden. In der *one-judgement*-Version schnitten die Sechsjährigen signifikant besser ab als in der Standardversion. In der Kontrollbedingung, in der den Kindern die ursprüngliche Anordnung nicht gezeigt worden war, entsprachen die Ergebnisse denen in der Standardversion. Rose und Blank betrachteten diese Resultate als Bestätigung ihrer Hypothese, der zufolge Kinder, die soeben die Anzahl der Steine in zwei Reihen als gleich bezeichnet haben, die Bitte um eine erneute Beurteilung als Signal dafür auffassen, dass eine andere Antwort angebracht ist. Der Effekt wurde in einer Studie von Samuel und Bryant (1984) repliziert, die neben Aufgaben zur Erhaltung der Anzahl von Objekten auch solche zur Erhaltung von Masse, Länge und Flüssigkeit verwendeten.

Es sollte jedoch erwähnt werden, dass der Anteil der richtigen Antworten in der *one-judgment*-Version der Erhaltungsaufgabe zwar signifikant höher ist als in der Standardversion, der Unterschied aber relativ gering ist. Von der Wiederholung der Frage geht daher möglicherweise eine geringere pragmatische Wirkung aus als von der vermuteten kommunikativen Absicht des Versuchsleiters. Diese Möglichkeit ließe sich dadurch überprüfen, dass man die natürlichen Transformationen von Miller (mit denen vermieden werden sollte, dass die beobachteten Transformationen beabsichtigt wirkten) mit dem *one-judgement*-Paradigma von Rose und Blank kombinierte. Wenn die Wiederholung der Frage «Mehr, weniger oder gleich viele?» einen entscheidenden Anteil an den falschen Antworten der Kinder in der Erhaltungsaufgabe hätte, müsste es in diesen ökologisch valideren Paradigmen eigentlich einen sehr viel deutlicheren Effekt auf die Leistung der Kinder haben, die Frage nur einmal zu stellen.

Neuere Sichtweisen zur Erhaltungsaufgabe. Wenngleich die beschriebenen Studien zeigen, dass pragmatische Aspekte der Erhaltungsaufgabe Auswirkungen auf die Urteile der Kinder haben, so bleibt es doch dabei, dass Kinder unter sechs Jahren, die zwei Mengen miteinander vergleichen sollen, von denen eine vor ihren Augen transformiert wurde, in ihren Antworten gegen das Erhaltungsprinzip verstoßen. Dies gilt auch dann, wenn sich die Transformation auf natürlichem Wege ergibt, ohne ein gezieltes Eingreifen eines erwachsenen Versuchsleiters (Miller, 1982).

Um zu untersuchen, auf welche Weise Kinder schließlich doch ein Verständnis für das Erhaltungsprinzip erwerben, verwendete Siegler (1995) eine «mikrogenetische» Methode. Seine Versuchspersonen waren fünfjährige Kinder und das Prinzip, das er untersuchte, betraf die Erhaltung der Anzahl von Objekten. Die mikrogenetische Methode besteht darin, einzelne Kinder genau zu beobachten, während sie einen kognitiven Veränderungsprozess durchlaufen. In Sieglers Arbeit wurde dieser Veränderungsprozess dadurch induziert, dass die Kinder ein spezielles Training erhielten, bei dem sie verschiedene Formen von Feedback erhielten. Auf diese Weise kamen sie nach und nach dazu, das Erhaltungsprinzip zu verstehen, und mit Hilfe der Beobachtungen des Versuchsleiters während dieser Trainingsphase ließen sich die qualitativen und quantitativen Eigenschaften des Prozesses klären, der letztendlich zu dieser Einsicht geführt hat.

In seiner Studie untersuchte Siegler die Auswirkungen dreier verschiedener Trainingsformen auf das Verhalten der Kinder bei einer klassischen Erhaltungsaufgabe mit Knopfreihen. Es wurden nur solche Kinder in die Studie aufgenommen, die in einem vorgeschalteten Test an der piagetschen Standarderhaltungsaufgabe gescheitert waren. Alle Kinder erhielten in insgesamt vier Trainingssitzungen weitere Erhaltungsaufgaben. Dabei wurde einem Teil der Fünfjährigen einfach mitgeteilt, ob ihre Antworten richtig oder falsch waren («Feedback-Trainigsgruppe»). Ein anderer Teil der Kinder wurde aufgefordert, seine Antworten zu *erklären,* und erhielt erst im Anschluss daran die Rückmeldung, ob die Antwort stimmte oder nicht («Erklärungs-Trainingsgruppe»). Ein dritter Teil der Kinder erhielt ebenfalls eine Rückmeldung über die Richtigkeit der Antworten und wurde dann vom Versuchsleiter gefragt: «Was glaubst du: Woher weiß ich das?» Diese Kinder mussten also die Überlegungen des *Versuchsleiters* erklären. Auf diese Weise sollten sie dazu animiert werden, sich mit den möglichen *Ursachen* für das Beobachtete auseinander zu setzen.

Wie Siegler feststellte, hatte die dritte Bedingung den stärksten Effekt auf die Leistungen in der Erhaltungsaufgabe. Der Lernfortschritt bestand in dieser Bedingung aus zwei verschiedenen Einsichten: dass erstens die relative Länge der Reihen *keinen* Schluss darüber zuließ, in welcher Reihe sich die meisten Objekte befanden, dass aber zweitens die Art der Transformation, d.h. ob es sich um eine quantitativ relevante Transformation handelte (beispielsweise Knöpfe hinzugefügt oder entfernt wurden) oder um eine quantitativ irrelevante (beispielsweise die Reihe auseinander gezogen oder zusammengeschoben wurde) sehr wohl einen derartigen Schluss zuließ. Interessanterweise führte die Einsicht, dass es auf die Art der Transformation ankommt, *nicht* unmittelbar dazu, dass gegenläufige Argumentationen nicht mehr akzeptiert wurden, auch wenn dem Kind mehrere Male das gleiche Problem vorgelegt wurde. Bei dem kognitiven Prozess handelte es sich also eher um eine langsam reifende Erkenntnis als um ein plötzliches Aha-Erlebnis. Darüber hinaus stellte Siegler fest, dass die Kinder in individuell sehr unterschiedlichem Ausmaß davon profitierten, die Überlegungen des Versuchsleiters erklären zu müssen, wobei diejenigen Kinder den meisten Nutzen aus dieser Situation zogen, die im Vortest eine größere Spannbreite von Begründungen geliefert hatte.

Siegler kam zu dem Schluss, dass Kinder beim Erwerb des Erhaltungsprinzips nicht eine Folge abgrenzbarer Erkenntnisstufen durchlaufen, auf denen sie jeweils eine ganz bestimmte Auffassung von einem bestimmten Problem haben. Vielmehr ist zu beobachten, dass sie sowohl während kognitiver Übergangsstadien als auch bereits vorher verschiedene Denkweisen kennen und auch benutzen. Die mikrogenetische Methode zeigt Sieglers Ansicht nach, dass das piagetsche Stufenmodell der kognitiven Entwicklung möglicherweise nicht haltbar ist. Die kognitive Entwicklung sei weniger als ein Fortschreiten von einer Stufe auf die nächsthöhere aufzufassen, sondern möglicherweise eher als Prozess, bei dem zu einem frühen Zeitpunkt bestimmte Denkweisen vorherrschen, die später an Häufigkeit abnehmen, während gleichzeitig andere Denkweisen häufiger vorkommen und häufig bleiben oder aber wieder seltener werden (Modell der «sich überlappenden Wellen»). Möglicherweise ist aber Piagets Position gar nicht so weit vom *overlapping waves*-Modell Sieglers entfernt, wie es den Anschein hat (siehe Kapitel 8).

Klasseninklusion

Die dritte zentrale logische Erkenntnis auf der konkret-operatorischen Stufe betrifft die *Klasseninklusion*. Der Umgang mit diesem Konzept setzt das Verständnis voraus, dass eine Gruppe von Items *gleichzeitig* Teil einer Oberklasse und einer Unterklasse sein kann. Als Beispiel diene ein Strauß mit sechs Blumen, von denen vier rot und zwei weiß sind. Die *Oberklasse* sind die sechs Blumen, die *Unterklassen* sind die weißen Blumen und die roten Blumen. Mit Hilfe der Klasseninklusionsaufgabe versuchte Piaget herauszufinden, ob kleine Kinder die Logik hinter dieser Art von Klassenverschachtelung verstehen.

Bei Klassseninklusionsaufgaben wurde dem Kind beispielsweise ein Blumenstrauß gezeigt, der aus roten und andersfarbigen Blumen bestand, und es wurde gefragt: «Sind hier mehr rote Blumen oder mehr Blumen?» Kinder im Alter von unter sechs Jahren antworteten meistens, dass es mehr rote Blumen gab. Sie schienen nicht in der Lage zu sein, gleichzeitig die Teile und das Ganze zu berücksichtigen. Wie bei der Erhaltungsaufgabe sah Piaget einen Teil des Problems in einem mangelnden Reversibilitätsverständnis der Kinder: Sie begriffe nicht, dass das Ganze aus den Teilen bestand und gleichzeitig die Teile wieder das Ganze bildeten. Bevor sie das Prinzip der Klasseninklusion verstehen, sähen die Kinder, so glaubte Piaget, entweder nur das Ganze oder nur die Teile. Sie seien daher nicht imstande, die Blumen unter zwei verschiedenen Aspekten gleichzeitig zu betrachten – so wie sie auch nicht in der Lage seien, bei Erhaltungsaufgaben gleichzeitig die Länge der Reihe und die Abstände zwischen den einzelnen Münzen zu berücksichtigen.

Diese Klasseninklusionsaufgabe («Sind hier mehr rote Blumen oder mehr Blumen?») gehört zum Standardrepertoire experimenteller Untersuchungen zum Stadium der konkreten Operationen. Allerdings klingt Piagets Frage – auch in den Ohren Erwachsener – etwas merkwürdig und würde in der normalen Alltagssprache so nicht formuliert werden. Wollten wir zwei Teile des Ganzen einander gegenüberstellen, würden wir fragen: «Sind hier mehr rote Blumen oder mehr weiße?» Bei einem Vergleich zwischen einem Teil und dem Ganzen würden wir eher etwas fragen wie: «Sind hier mehr rote Blumen oder sind mehr Blumen im Strauß?» Die Verwendung des Begriffs *Strauß* ist das natürliche sprachliche Mittel, um sich auf ein *Kollektiv* von Gegenständen (im konkreten Fall: von Blumen) zu beziehen. Wird ein derartiger Kollektivbegriff (ein *Kollektivum*) verwendet, ist das Kind sozusagen vorgewarnt: Hier geht es um einen Vergleich zwischen einem Teil und dem Ganzen. In der Frage Piagets wird dagegen einfach der *Klassenbegriff* «Blume» wiederholt, wodurch der Zuhörer nicht darauf aufmerksam gemacht wird, dass ein Vergleich zwischen Teil und Ganzem verlangt ist. Möglicherweise kommen die Kinder also schlicht aufgrund der Formulierung der piagetschen Klasseinklusionsfrage zu dem Eindruck, dass hier zwei Teilmengen miteinander verglichen werden müssten.

Dieses Argument wurde von Markman und Seibert (1976) angeführt, die darauf hinwiesen, dass die Kollektivbegriffe in der natürlichen Sprache meist im Singular verwendet werden: Wir sagen «*ein* Strauß Blumen» oder «*ein* Stapel Steine». Nach Meinung der Autoren ist die psychologische Geschlossenheit von Kollektiven höher als die von Klassen, da bei Kollektiven ein gewisser Grad an innerer Organisation besteht und sie natürliche Einheiten bilden, die in der gesprochenen Sprache als solche gekennzeichnet werden. Um ihre Hypothese zu überprüfen, verglichen sie das Abschneiden fünf und sechs Jahre alter Kinder in zwei verschiedenen Versionen der Klasseninklusionsaufgabe miteinander. In einer Version wurde die Standardformulierung Piagets benutzt, d. h., es wurden nur die Klassenbegriffe genannt. Vermutet wurde, dass die Kinder dazu neigen würden, Teilmengen miteinander zu vergleichen. In der zweiten Version wurden die Fragen unter Verwendung der Kollektivbegriffe, wie sie in der natürlichen Sprache vorkommen, formuliert. Die Hypothese war, dass es unter dieser Bedingung den Kindern leichter fallen würde, den verlangten Vergleich zwischen Teil und Ganzem durchzuführen.

In dieser zweiten Version wurden die Kinder nach vier verschiedenen Kollektiven gefragt: einer *Traube* (Weintrauben), einer *Schulklasse* (Kinder), einem *Stapel* (Klötze) und einer *Familie* (Frösche). Zum Beispiel wurde den Kindern ein Stapel Bücher gezeigt und man sagte ihnen:

> Hier haben wir einen Stapel Klötze. Es gibt blaue Klötze und grüne Klötze. Wer hätte mehr Sachen zum Spielen – jemand, dem die blauen Klötze gehören, oder jemand, dem der Stapel gehört?

Die Kinder in der Standardversion des Experiments wurden zu den gleichen Stimuli befragt, jedoch wurde die Aufgabe bei ihnen folgendermaßen formuliert:

> Hier haben wir Klötze. Es gibt blaue Klötze und grüne Klötze. Wer hätte mehr Sachen zum Spielen – jemand, dem die blauen Klötze gehören, oder jemand, dem die Klötze gehören?

Markman und Siebert stellten fest, dass die Kinder signifikant besser abschnitten, wenn der Kollektivbegriff in der Frage vorkam (70 Prozent richtige Antworten), als wenn nur der Klassenbegriff verwendet wurde (45 Prozent richtige Antworten). Sie sahen in diesem Ergebnis die Bestätigung dafür, dass die psychologische Kohärenz der Kollektive höher war als die der Klassen, was darauf zurückzuführen ist, dass ein Kollektiv eher als Ganzes aufgefasst wird.

Diese Ergebnisse wurden von Fuson et al. (1988) mit fünf und sechs Jahre alten Kindern sowie von Hodges und French (1988) mit kleineren Kindern (Drei- und Vierjährigen) repliziert. Fuson et al. ließen die Kinder ihre Antworten zusätzlich begründen. So sollten die Kinder beispielsweise zehn blaue und fünf rote Bauklötze miteinander vergleichen. Gaben sie eine richtige Antwort auf eine Frage wie: «Wer hat mehr Sachen zum Spielen – jemand, dem die blauen Klötze gehören, oder jemand, dem der Stapel gehört?», wurden sie anschließend gefragt: «Woher weißt du das?» Ungefähr 40 Prozent der Kinder gaben eine angemessene Begründung, die sich auf die Verschachtelung von Ober- und Unterklassen bezog. Sie sagten Dinge wie «Alle zusammen sind mehr», «Weil alle zusammen mehr sind als einer allein» oder «Die Jungen und Mädchen sind mehr als nur die Mädchen» (bei einer Aufgabe, bei der es um die Anzahl von Mädchen und Jungen in einer Klasse ging).

Fuson et al. stellten darüber hinaus einen Transfereffekt fest: Die Kinder waren in der Lage, ihre Erfahrungen mit Aufgaben, bei denen Kollektivbegriffe verwendet worden waren, auf die klassische Klasseninklusionsaufgabe zu übertragen. Ließ man die Kinder zunächst die Frage nach dem Stapel Klötze beantworten und fragte sie später: «Wer hätte mehr Sachen zum Spielen – jemand, dem die blauen Klötze gehören, oder jemand, dem die Klötze gehören?», gaben sie mit höherer Wahrscheinlichkeit eine richtige Antwort, als wenn sie auch beim ersten Mal die klassische Formulierung der Aufgabe gehört hatten. Wie sich den Begründungen, die die Kinder für ihre Antworten gaben, entnehmen lässt, lag dies daran, dass sie das Stimulusmaterial weiterhin als Kollektiv auffassten (z. B. «Im Stapel sind mehr Klötze»). Schließlich zeigten Fuson et al. noch, dass fünf- und sechsjährige Kinder sowohl bei der Standardversion als auch bei der Version mit den Kollektivbegriffen erfolgreich waren, wenn das Wort *alle* in die piagetsche Frage eingefügt wurde. Beispielsweise wurde die Frage «Wer hätte mehr Sachen zum Spielen – jemand, dem die blauen Klötze gehören, oder jemand, dem alle Klötze gehören?» von den meisten Kindern richtig beantwortet. Nach Fuson et al. helfen Kollektivbegriffe und Wörter wie «alle», die auf eine Gesamtheit verweisen, den Kindern dabei, eine Gruppe von Dingen als gemeinsame Menge zu repräsentieren anstatt als einzelne Objekte. Der natürliche Sprachgebrauch trägt dazu bei, Fragen nach der Klasseninklusion für die Kinder eindeutiger werden zu lassen. Diesen Ergebnissen zufolge begreifen Kinder spätestens mit fünf Jahren die Logik der Klasseninklusion.

Dean, Chabaud und Bridges (1981) wendeten jedoch ein, dass die Kollektivbegriffe möglicherweise nur deshalb die Leistung in der Klasseninklusionsaufgabe verbesserten, weil sie auf eine höhere Anzahl schließen lassen. Sie wiesen darauf hin, dass Kinder solche Begriffe möglicherweise als Synonyme von «eine (große) Menge» interpretieren, was bedeuten würde, dass ihr besseres Abschneiden in der Klasseninklusionsaufgabe allein auf diese Konnotation der Kollektiva zurückzuführen wäre und nicht darauf, dass diese es den Kindern erleichterten, Objekte als gemeinsame Menge zu repräsentieren. Zur Überprüfung dieser Hypothese ließen Dean et al. Fünf- und Sechsjährige Teil-Ganzes-Aufgaben lösen, bei denen der Kollektivbegriff die Teilmenge und nicht die Gesamtmenge bezeichnete. So lautete eine Aufgabe:

> Hier haben wir Enten, gelbe Enten und braune Enten. Stell dir vor, die gelben Enten wären eine Familie und die braunen Enten wären keine Familie.

Was glaubst du – gibt es mehr Enten in der Familie der gelben Enten oder mehr Enten?

Da es mehr braune als gelbe Enten gab, hätte der typische Klasseninklusionsfehler darin bestanden, zu sagen, dass es mehr braune Enten als Enten gebe. Da die Kinder jedoch *sehen* konnten, dass es weniger gelbe als braune Enten gab, würden nach Ansicht von Dean et al. Fehler in die Richtung, die gelben Enten als zahlreicher zu bezeichnen, den Einfluss der «Mengenkonnotation» von Kollektivbegriffen zeigen. Ihre Ergebnisse bestätigten ihre Hypothese in gewissem Ausmaß. Keines der Kinder, das die «Klassenbegriffs-Version» der Frage gestellt bekam («Was glaubst du – gibt es mehr Enten oder mehr gelbe Enten?»), behauptete, es gebe mehr gelbe Enten. Hingegen äußerte eine beachtliche Minderheit (25 Prozent) der Kinder, denen die Kollektivbegriffs-Version der Aufgabe gestellt wurde, dass es mehr gelbe Enten wären. In einer ähnlichen Aufgabe, bei der der Kollektivbegriff «Armee» verwendet wurde, betrug der Anteil dieser Minderheit gar 45 Prozent («Hier haben wir Ameisen, rote Ameisen und braune Ameisen. Stell dir vor, die roten Ameisen wären eine Armee und die braunen Ameisen wären keine Armee. Was glaubst du – gibt es mehr Armeisen in der Armee der roten Ameisen oder mehr Ameisen?»).

Trotz der Ergebnisse von Dean et al. kann die Interpretation von Kollektivbegriffen im Sinne von «eine (große) Menge» nicht der einzige Grund für den Erfolg der Kinder beim Kollektivbegriffsparadigma sein. Weitere Unterstützung erhält die These von Markman und Seibert, der zufolge die Verwendung von Kollektivbegriffen den Kindern hilft, Klasseninklusionssituationen kohärenter zu strukturieren, durch eine neuere Studie von Goswami, Pauen und Wilkening (1996). Diese Autoren wollten herausfinden, ob die Kollektivbegriffe den Kindern die Lösung der Klasseninklusionsaufgabe möglicherweise deshalb erleichterten, weil sie sie in die Lage versetzten, Analogien zu natürlichen Modellen verschachtelter Klassen zu verwenden, beispielsweise zum Modell der Familie. Nach Goswami et al. ist der Kollektivbegriff «Familie» vermutlich besonders gut als Ausgangspunkt für die Lösung von Klasseninklusionsaufgaben geeignet, da die Familie ein den Kindern bestens vertrautes Beispiels einer aus Ober- und Unterklassen bestehende Menge darstellt (siehe Halford, 1993). Die meisten kleinen Kinder wissen, dass eine Familie aus Eltern und Kindern besteht. Es gibt also eine Oberklasse und zwei Unterklassen: Erwachsene und Kinder. Diese Unterklassen haben in der natürlichen Sprache ihre eigenen Bezeichnungen («Eltern», «Kinder»). Goswami et al. untersuchten, ob die Familienanalogie möglicherweise die Lösung traditionellerer Klasseninklusionsaufgaben (z. B. mit Stapeln von Büchern oder Herden von Schafen) erleichtern kann.

Die Kinder in der Studie von Goswami et al. (Vier- und Fünfjährige) hatten alle in der typischen piagetschen Klasseninklusionsaufgabe versagt, die ihnen als Vortest gestellt worden war («Sind es mehr rote Blumen oder mehr Blumen?»). Ihnen wurde dann eine Familie aus Spielsachen gezeigt, zum Beispiel eine Mäusefamilie (zwei große Mäuse als Eltern und drei kleine Mäuse als Kinder) oder eine Jo-Jo-Familie (zwei große Jo-Jos als Eltern und drei kleine Jo-Jos als Kinder). Ihre Aufgabe bestand darin, analoge Familien aus einem Haufen mit Spielzeugtieren (wie Plüschbären, Marienkäfer, Enten und Krokodilen) oder einem Haufen mit anderen Spielsachen (z. B. Spielzeugautos, Kreiseln, Bällen und Hubschraubern) zu bilden. Nachdem die Kinder die Familien analog zu den Mäuse- bzw. Jo-Jo-Familien (zwei Eltern mit drei Kindern) zusammengestellt hatten, bekamen sie vier Klasseninklusionsaufgaben mit Fröschen, Schafen, Bauklötzen und Luftballons. Bei der Formulierung der Fragen wurden Kollektivbegriffe («Gruppe», «Herde», «Stapel» und «Bund») verwendet. Eine Kontrollgruppe erhielt die gleichen Aufgaben, jedoch kein Analogietraining. Goswami et al. vermuteten, dass die Kinder aus der Familienanalogie-Bedingung mehr Klasseninklusionsaufgaben korrekt lösen würden als die Kinder aus der Kontrollbedingung.

Es zeigte sich, dass 50 Prozent der Kinder in der Familienanalogie-Bedingung in der Lage waren, mindestens drei der vier Klasseninklusionsaufgaben korrekt zu lösen, in der Kontrollbedingung waren es hingegen nur 20 Prozent. Dabei sei noch einmal daran erinnert, dass alle Kinder zuvor in der piagetschen Klasseninklusionsaufgabe versagt hatten, sowie daran, dass auch in der Kontrollbedingung die Kollektivbegriffe verwendet wurden. Dieses Ergebnis fügt sich gut in die Reihe anderer in diesem Kapitel besprochener Befunde ein, denen zufolge der Zugriff auf bekannte relationale oder organisationale Strukturen die Leistung von Kindern in Aufgaben verbessern kann, bei denen logische Schlüsse gezogen werden müssen. So hatten beispielsweise Harris und Nunez (1996) sowie Light et al. (1989) gezeigt, dass die Aktivierung von Erlaubnisschemata die Lösung der Selektionsaufgabe erleichtert.

Der Gedanke, dass bereits bekannte relationale oder organisationale Strukturen eine sehr wichtige Rolle bei der Entwicklung des logischen Denkens spielen, ist Bestandteil der *structure mapping*-Theorie der kognitiven Entwicklung von Halford (1993, siehe Kapitel 6). Dieser Theorie zufolge spielen Analogien eine wesentliche Rolle bei der Lösung von Aufgaben zum logischen Denken, insbesondere von Aufgaben, die konkrete Operationen im

Sinne Piagets verlangen. Im Folgenden werden wir uns etwas näher mit Halfords «neopiagetianischen» Theorie der kognitiven Entwicklung befassen.

Halfords *structure mapping*-Theorie der Entwicklung des logischen Denkens

Mit Hilfe von Halfords *structure mapping*-Theorie (Halford, 1993) lässt sich erklären, warum bestimmte Formen des logischen Denkens, wie das analoge Schließen, das deduktive Schließen und das konditionale Schließen relativ früh in der Entwicklung auftauchen, während andere Formen, insbesondere die piagetschen logischen Operationen, erst später verfügbar werden. Halfords Theorie zufolge beruhen logische Fähigkeiten wie der Umgang mit Klasseninklusion und Transitivität auf der Fähigkeit, geeignete Bezüge zu realen relationalen Strukturen *(mappings)* herzustellen. Während jedoch einfaches analoges Schließen relativ früh in der Entwicklung auftaucht, hindert ihre begrenzte Verarbeitungskapazität die Kinder daran, vor dem Erreichen des fünften Lebensjahres komplexere relationale *mappings* heranzuziehen. Da aber logische Fähigkeiten wie der Umgang mit Klasseninklusion oder Transitivität solche komplexeren Vergleiche verlangen, stehen den Kindern diese Fähigkeiten erst später zur Verfügung, wenn sie eine genügend große Verarbeitungskapazität entwickelt haben. Der für die Entwicklung entscheidende Faktor ist die Komplexität der Analogien, die die Kinder herstellen können.

So kann ein Kind beispielsweise eine Analogie zu bestimmten Größenverhältnissen in seiner Umwelt wie Papa > Mama > Baby heranziehen, um eine Transitivitätsaufgabe zu lösen wie: «Tom ist glücklicher als Bill, Bill ist glücklicher als Mike, wer ist der glücklichste?» Eine korrekte Lösung würde dann auf einem *mapping* beruhen, bei dem Tom mit Papa, Bill mit Mama und Mike mit dem Baby in Bezug gesetzt wird. Da Papa der größte ist, würde die Antwort lauten, dass Tom der glücklichste ist. Ein derartiges relationales *mapping* ist komplex, da es auf einem *geordneten Paar* von Relationen beruht. Die Relation Papa > Mama muss mit der Relation Tom «glücklicher als» Bill und die Relation Mama > Baby mit der Relation Bill «glücklicher als» Mike in Bezug gesetzt weden. Ein Beispiel für ein ähnliches *mapping* auf der Grundlage räumlicher Positionen (oben, Mitte, unten) ist in Abbildung 7.9 dargestellt.

Nach Halford sind *mappings* auf der Grundlage von geordneten Paaren von Relationen etwa ab dem Alter von viereinhalb bis fünf Jahren möglich. Bis zu diesem Alter sind die Analogien, derer sich die Kinder bedienen können, begrenzter, da sie auf dem *mapping* einzelner Relationen beruhen (z. B. Schokolade:schmelzende Schokolade=Schneeman:schmelzender Schneemann, siehe Goswami & Brown, 1989). Halford geht davon aus, dass analoge *mappings* auf der Grundlage geordneter Paare von Relationen mehr kognitive Verarbeitungskapazität benötigen, und dass diese Kapazität erst im Alter von ungefähr fünf Jahren zur Verfügung steht. Bis zu diesem Alter wären Kinder also nicht in der Lage, die piagetschen Aufgaben zu lösen.

Wie wir bereits gesehen haben, ist Halford nicht der einzige «Neopiagetianer», der die Auffassung vertritt, dass die Zunahme der Verarbeitungskapazität der Motor der kognitiven Entwicklung sei (siehe Kapitel 6). Er ist auch nicht der einzige «Neopiagetianer», der in der Zunahme der Verarbeitungskapazität die Grundlage für den Umgang mit den piagetschen logischen Operationen sieht. Sowohl Case (1985) als auch Pascual-Leone (1987) haben ähnliche Sichtweisen vertreten. Darüber hinaus ist Halford auch nicht der einzige, der von einem Zusammenhang zwischen der Zunahme der Verarbeitungskapazität und der relationalen Komplexität der Informationen ausgeht, die das kognitive System kleiner Kinder bewältigen kann (siehe Pascual-

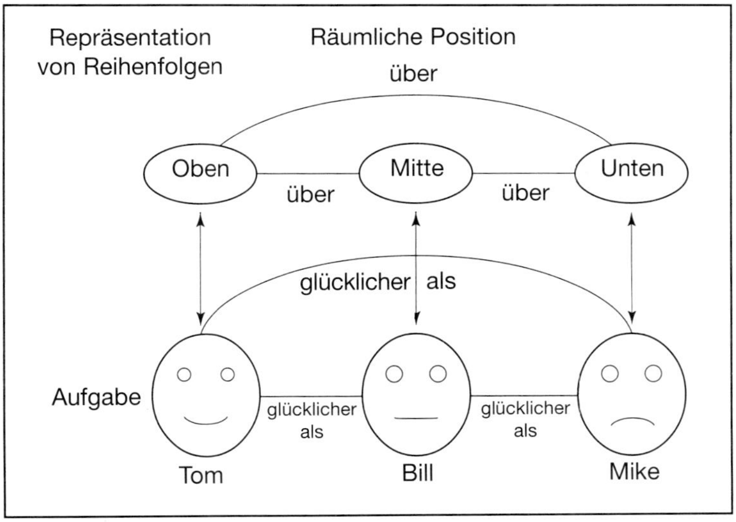

Abbildung 7.9: Analoges *mapping* zwischen räumlichen Positionen und einer Transitivitätsaufgabe (Halford, 1993).

Leone, 1987). Er ist jedoch der einzige, in dessen Theorie die Verwendung von Analogien eine wichtige Rolle spielt.

In der Literatur zum Thema Analogien finden sich deutliche empirische Hinweise darauf, dass Halfords Ansatz einen beachtlichen Beitrag zur Erklärung der kognitiven Entwicklung des Kindes leisten kann. Wie wir bereits gesehen haben, kommt es bei einer Reihe von logischen Denkaufgaben – wie zum Beispiel den Aufgaben mit dem «Kräfte-Tisch von Pauen – zur spontanen Verwendung von Analogien (siehe Kapitel 4). Auch bei der Entwicklung des begrifflichen Denkens spielen Analogien, wie wir gesehen haben, eine wichtige Rolle, zum Beispiel Personifikationsanalogien zur Aneignung neuen biologischen Wissens. Es gibt sogar Hinweise darauf, dass Kinder Analogien benutzen können, um piagetsche Aufgaben, zum Beispiel zur Klasseninklusion, zu lösen (Goswami et al., 1996). Derzeit sind diese empirischen Belege jedoch noch relativ dünn gesät. Die Entwicklung des analogen Schließens ist wohl noch nicht ausführlich genug erforscht, um beurteilen zu können, ob die Thesen Halfords über die piagetschen logischen Operationen zutreffend sind oder nicht. Dennoch ist die Theorie Halfords sehr interessant, da sie das Konzept des analogen Schließens als einen grundlegenden Mechanismus der kognitiven Entwicklung darstellt – ein möglicherweise äußerst fruchtbarer Gedanke.

Zusammenfassung

Die im ersten Teil dieses Kapitels vorgestellten Forschungsarbeiten betrafen die sich früh entwickelnden Formen des logischen Denkens. Der Einsatz dieser Modi des logischen Denkens – nämlich des analogen Schließens und des deduktiven Schließens – zeigt sich in vielen Bereichen der kognitiven Entwicklung, wie wir in den Kapiteln über die Entwicklung des begrifflichen Denkens und des kausalen Schließens sehen konnten. Außerdem zeigt sich eine beeindruckende Kontinuität des analogen Schließens, syllogistischen Schließens und der deduktiven Logik in der Selektionsaufgabe von der Kindheit zum Erwachsenenalter. Erfolgreiches Schließen scheint bei Kindern und Erwachsenen von den gleichen Faktoren abzuhängen, und beide Altersgruppen zeigen vergleichbare spontane Leistungen, wenn sie mit ihnen nicht vertrauten Versionen der experimentellen Paradigmen konfrontiert werden. Ähnliches haben wir bereits in Kapitel 5 in Bezug auf die Entwicklung des Gedächtnisses gesehen: Bei bestimmten Gecdächtnissystemen (z. B. dem impliziten Gedächtnis) gibt es kaum Unterschiede zwischen Erwachsenen und Kindern, und die Verwendung unbekannter Stimuli und Paradigmen kann bei beiden sehr ähnliche Auswirkungen auf die Gedächtnisleistung haben. Hierbei handelt es sich wahrscheinlich um ein allgemeines kognitives Phänomen. Versuche, «reine» Maße für logisches Denken oder Gedächtnisfunktionen zu entwickeln, mit denen das Denken oder Erinnern kontextunabhängig erfasst werden soll, wirken sich in der Regel negativ auf das Leistungsniveau aus, und zwar sowohl bei Kindern als auch bei Erwachsenen. Ein entscheidender Aspekt bei der Erforschung des logischen Denkens in der frühen Kindheit ist die Verwendung vertrauter, kindzentrierter Aufgabentypen in einem bekannten Kontext.

Dies gilt nicht für die Erforschung der sich später entwickelnden logischen Fähigkeiten, die von Piaget benannt und beschrieben wurden. Die Forschung auf diesem Gebiet orientiert sich bis heute weitgehend an den von Piaget entwickelten Paradigmen. Dies bedeutet, dass ein Großteil der Studien zum konkret-operatorischen Denken Problemkontexte verwendet, die kleinen Kindern nur sehr wenig vertraut sind. Obwohl es natürliche «pragmatische Denkschamata» oder «mentale Modelle» für diese logischen Operationen gibt (wie etwa soziale Dominanzhierarchien als natürliche Beispiele eines transitiven Systems), werden diese natürlichen Modelle in der gegenwärtigen Forschung weitgehend ignoriert. Im Gegensatz zum analogen und deduktiven Schließen sind die sich später entwickelnden Formen des logischen Denkens, die von Piaget identifiziert wurden, nicht so gut außerhalb des Labors zu beobachten.

Dennoch ist in mehreren Studien der Nachweis erbracht worden, dass Kinder nicht erst – wie Piaget meinte – im Alter von sechs oder sieben Jahren zu konkret-operatorischem Denken in der Lage sind. So sind beispielsweise bereits vier- und fünfjährige Kinder imstande, unter Berücksichtigung des Transitivitätsprinzips einen Turm aus bunten Bauklötzen so zusammenzubauen, wie dies durch Paare farbiger Klötze vorgegeben wird. Ebenfalls sind sie in der Lage, das Erhaltungsprinzip zu berücksichtigen, wenn ein «ungezogener Teddy» eine Reihe von Spielsteinen neu arrangiert. Und bringt man Vier- und Fünfjährigen zunächst eine Familienanalogie bei, beantworten sie auch Fragen zur Klasseninklusion korrekt. Die entscheidende Frage für Piagetianer ist dabei, ob die erfolgreiche Bewältigung dieser Aufgaben bedeutet, dass Kinder im Vorschulalter die *gleiche Logik* anwenden wie ältere Kinder, oder ob ihre richtigen Antworten darauf beruhen, dass die veränderte Aufgabe das ursprüngliche logische Prinzip nicht mehr erfasst. So könnten die Kinder in dem Versuch mit dem «ungezogenen Teddy» beispielsweise die veränderte Reihe als irrelevant für den eigentlichen Sinn des «Spiels» gehalten und sie sich deshalb gar nicht näher angeschaut haben. Auf die Frage, was als «wahrer Test» für Piagets Theorie gelten kann, wollen wir im folgenden Kapitel noch näher eingehen.

Kapitel 8

Piagets Theorie der Entwicklung des logischen Denkens

Piagets Theorie der Entwicklung des logischen Denkens in der Kindheit war und ist von überragender Bedeutung. Piaget war der erste Entwicklungspsychologe, der eine umfassende Theorie der kognitiven Entwicklung von der Geburt bis ins Jugendalter aufgestellt hat, und ein großer Teil der Themen, die von zentraler Bedeutung für unser Verständnis des kindlichen Denkens sind, wurden erstmals von ihm untersucht. Dies gilt für die meisten der in diesem Buch behandelten Themen wie kognitive Prozesse bei Säuglingen und Kleinstkindern, kausales Schließen, Kategorisierung und logisches Denken. In diesem Kapitel werden wir zunächst die wichtigsten Aspekte der piagetschen Theorie skizzieren (ausführlichere Darstellungen finden sich bei Beilin & Pufall, 1992; Butterworth & Harris, 1994; Chapman, 1988; Gallagher & Reid, 1981, sowie Inhelder, de Caprona & Cornu-Wells, 1987, um nur einige zu nennen). Im Anschluss daran werden wir einige Aspekte der Theorie aus der Sicht der in diesem Buch vorgestellten neueren Erkenntnisse über die kognitive Entwicklung im Kindesalter einer kritischen Bewertung unterziehen.

Jean Piaget, circa 1978. Aus J. J. Ducret (1990) *Jean Piaget: Biographie et Parcours Intellectuel.* Lausanne: Delachaux et Niestlé.

Die Theorie im Überblick

Die Mechanismen der kognitiven Entwicklung

Piget war ursprünglich Biologe und übertrug als solcher die Vorstellung, dass sich Organismen an ihre Umwelt anpassen, auf das kindliche Denken. So wie die Biologie vor allem die Ursprünge des Lebens erkunden will, galt Piagets Hauptinteresse den Ursprüngen des Wissens. Er glaubte, dass die kognitive Entwicklung besonders durch zwei Prozesse vorangetrieben werde: *Akkommodation* und *Assimilation.* Unter Akkommodation versteht die piagetsche Theorie die Anpassung kognitiver *Schemata* (allgemeiner Konzepte) an die Wirklichkeit. Bei der Assimilation handelt es sich um den komplementären Prozess, nämlich die Interpretation von Erfahrungen (einzelner Konkretisierungen allgemeiner Konzepte) mit Hilfe von bestehenden Schemata. Das Ziel des Organismus ist das kognitive Gleichgewicht. Da dieses jedoch immer nur partiell ist, entwickelt sich jedes bestehende Gleichgewicht zu einer höheren Form von Gleichgewicht – hin zu einer adäquateren Form des Wissens und Verstehens. Dieser evolutionäre Prozess treibt die kognitive Entwicklung voran. Wenn ein kognitives Schema nicht mehr geeignet ist, um sich die Welt verständlich zu machen, ersetzt das Individuum dieses Schema durch ein anderes.

Stadien der kognitiven Entwicklung

Im Laufe der Entwicklung vom Kleinkind zum Erwachsenen kommt es nach Piaget dreimal zu einem grundlegenden Wandel der kognitiven Schemata. Seiner Theorie zufolge durchläuft die Entwicklung des Denkens drei *Stadien* – einander ablösende Wissensformen oder Denksysteme. Der Theorie zufolge denken und schlussfolgern die Kinder in jedem Stadium anders. Die drei Stadien und das Alter, in dem sie ungefähr auftreten, sind:

1. das sensomotorische Stadium: 0 bis 2 Jahre,
2. das Stadium der konkreten Operationen: 7 bis 11 Jahre,
3. das Stadium der formalen Operationen: 11-12 Jahre.

Die Zeit zwischen dem zweiten und dem siebten Lebensjahr wird als voroperatorische Periode bezeichnet, die die Vorstufe des konkret-operatorischen

Denkens darstellt. Sensomotorische kognitive Prozesse sind handlungsgestützt, beruhen auf direkten, «physikalischen» Interaktionen mit der Umwelt. Das handlungsgestützte Wissen wird dann allmählich in repräsentationsgestütztes oder symbolisches Wissen umorganisiert. Präoperationales Denken setzt genau da ein, wo das Kind beginnt, Handlungen auf der symbolischen Ebene zu internalisieren. Repräsentationen oder Symbole sind die Grundlage des zweiten Denksystems: das der konkreten Operationen. Es dauert sehr lange, bis sich diese zu logischen Gruppierungen oder Operationen wie Transitivität organisieren. Ist dies geschehen, ist das konkret-operatorische Stadium erreicht. In diesem Stadium werden die Resultate internalisierter Handlungen (so genannte Kompositionen) reversibel. Im Stadium der formalen Operationen schließlich werden bestimmte konkrete Operationen miteinander verbunden, Zeichen dafür, dass nun die Voraussetzungen für wissenschaftliches Denken gegeben sind.

Das Erreichen eines neuen Stadiums erfordert nach Auffassung Piagets grundlegende kognitive Umstrukturierungen. Piaget war sich jedoch der Tatsache bewusst, dass der Erwerb einer neuen Denkform sich nicht notwendigerweise auf alle Wissensbereiche erstreckte (siehe Chapman, 1988). Er vertrat vielmehr die Auffassung, dass die zeitliche Abfolge der Stadien äußerst variabel sei und dass sich das Geschehen auch *innerhalb* eines gegebenen Stadiums durch hohe Variabilität auszeichne. Er meinte beispielsweise, dass Klasseninklusion und Seriation – beides konkrete Operationen – einen etwas unterschiedlichen Entwicklungsverlauf nehmen können, da erstere eher mit der sprachlichen Entwicklung und letztere eher mit der Entwicklung der Wahrnehmung zusammenhängt. Demnach müssen diese verschiedenen konkreten Operationen nicht notwendigerweise genau zum gleichen Zeitpunkt in Erscheinung treten, und insofern handelt es sich bei den Altersangaben, die Piaget über das Erreichen der verschiedenen kognitiven Stadien macht, auch nur um Näherungswerte.

Das sensomotorische Stadium

Ein Grundgedanke in Piagets Theorie der kognitiven Entwicklung lautet, dass sich das Denken aus dem Handeln heraus entwickelt. Seiner Auffassung nach existiert vor und neben der Logik des Denkens eine Logik des Handelns. In der praktischen Logik der Relationen und Klassen auf der sensomotorischen Ebene sah er den Vorläufer der repräsentationalen Logik der Relationen und Klassen, die im konkret-operatorischen Stadium auftaucht. Piaget betonte, dass Babys bereits bei der Geburt über viele Mittel verfügen, mit ihrer Umwelt zu interagieren. Ihre sensorischen Systeme funktionieren bereits, wie wir in Kapitel 1 gesehen haben. Außerdem verfügen sie über eine Reihe von einsatzbereiten motorischen Reaktionen wie dem Saugen und dem Greifen. Piaget zufolge liegt in diesen Reflexen die Möglichkeit, alles Wissen über die Umwelt zu erwerben. Auch wenn sie fast ohne Wissen auf die Welt kommen – dank ihrer Reflexe sind die Babys in der Lage, etwas über ihre Umgebung zu erfahren und Hypothesen über sie aufzustellen. Für Piaget ist ein Säugling ein Wesen, das unermüdlich eingehende Informationen auf der Grundlage seiner Hypothesen interpretiert und uminterpretiert – Hypothesen, die es aus den sensomotorischen Erfahrungen mit der Welt, in der es lebt, abgeleitet hat.

Die sechs Stufen der sensomotorischen kognitiven Entwicklung

Innerhalb des sensomotorischen Stadiums identifizierte Piaget sechs Substadien der Entwicklung. Das erste war die *Modifikation der Reflexe*. So lernt das Baby beispielsweise, seinen Saugreflex an die Form der mütterlichen Brust anzupassen *(Akkommodation)*. Gleichzeitig kommt es zu einer *Assimilation* des Saugreflexes: Die Zahl der Objekte, an denen das Baby saugt, nimmt zu und das Baby lernt, zwischen Objekten zu unterscheiden, die seinen Hunger stillen, und solchen, die dies nicht tun. Das zweite Stadium wird als das Stadium der *primären Kreisreaktionen* bezeichnet. Eine Kreisreaktion ist ein repetitives Verhalten, ein Verhalten, das viele Male wiederholt wird. Babys scheinen es zu genießen, bestimmte Verhaltensweisen immer wieder auszuführen, und Piaget sah darin einen hohen Nutzen für die kognitive Entwicklung. Die ersten repetitiven Verhaltensweisen sind selbstbezogen, daher nannte Piaget sie «primär». Bei vielen primären Kreisreaktionen geht es um die Wiederherstellung sensorischer Erfahrungen; ein gutes Beispiel hierfür ist das Daumenlutschen.

Das dritte Stadium wird als das der *sekundären Kreisreaktionen* bezeichnet. Bei diesen repetitiven Verhaltensweisen ist nun die Außenwelt mit einbezogen. Ein Beispiel für eine solche sekundäre Kreisreaktion ist das Verhalten eines Babys, das bei dem Versuch, ein interessantes Ereignis in seiner Umwelt erneut herzustellen, nicht müde wird, immer wieder einen bestimmten Gegenstand auf den Boden fallen zu lassen (etwas, das auch repetitives Verhalten auf Seiten des erwachsenen Gegenübers verlangt, der das Objekt immer wieder aufheben muss!). Die nächste Stufe wird als Stadium der *Koordinierung der Kreisreaktionen* bezeichnet. Auf dieser Stufe gelingt es dem Baby, mehrere Verhaltensweisen aufeinander abzustimmen, um ein bestimmtes Ziel zu erreichen. Piaget spricht dabei von «Mittel-Zweck-Verhalten». Ein Beispiel wäre das Ziehen an einer Decke, das bewirkt, dass ein darauf liegendes Spielzeug in Reichweite des Babys kommt.

Es schließt sich als fünftes Stadium das der *tertiären Kreisreaktionen* an. In diesem Stadium erwerben die Babys immer mehr Möglichkeiten, Ereignisse in ihrer Umwelt zu reproduzieren. Kinder, die diese Stufe erreicht haben, versuchen durch Versuch und Irrtum die Folgen verschiedener Handlungsweisen herauszufinden. So lassen sie beispielsweise einen Gegenstand auf unterschiedliche Weisen fallen, um herauszufinden, wie sich dadurch die Fallbahn verändert. Ihr Interesse gilt nun vor allem dem Objekt und seinem Fall und weniger der repetitiven Handlung des Fallenlassens (wie bei den sekundären Kreisreaktionen). Solche Handlungen können als Überprüfen von Hypothesen betrachtet werden und führen, wie Piaget meinte, zur Einsicht in die räumlichen und kausalen Relationen zwischen den beteiligten Objekten.

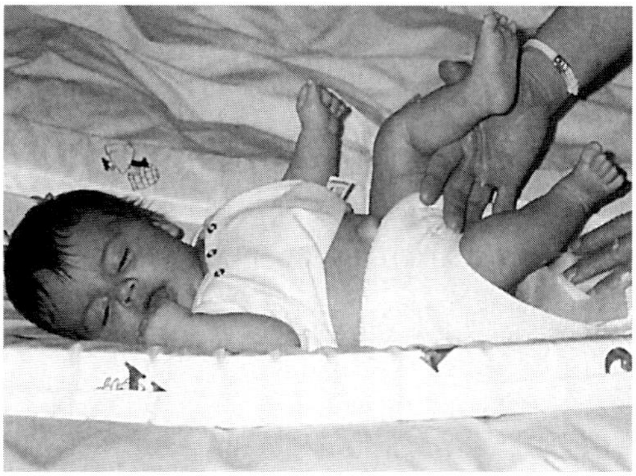

Trip/H. Rogers

Die letzte Stufe des sensomotorischen Stadiums zeichnet sich aus durch die *Verinnerlichung von Schemata*. In dieser Zeit erwerben die Babys die Fähigkeit, die Konsequenzen bestimmter Handlungen abzusehen, was sie in die Lage versetzt, vorwegzunehmen, durch welche Handlungen sich ein bestimmtes Ziel erreichen lässt, *bevor* sie diese Handlungen selbst ausführen. Dies geschieht durch die *mentale Kombination* der Handlungen und ihrer Konsequenzen und ohne die Notwendigkeit, das Prinzip von Versuch und Irrtum anzuwenden – ein Zeichen dafür, dass das Kind nun über *kognitive* Repräsentationen von Handlungen und ihren Konsequenzen verfügt. Diese Repräsentationen stehen nicht mehr in unmittelbarem Bezug zur Handlung und verlieren auch ihre enge Verknüpfung zur Wahrnehmung – sie sind rein symbolischer Natur. Piaget zufolge stellt die sechste Stufe des sensomotorischen Stadiums den Beginn des begrifflichen Denkens dar.

Sensomotorische Kognition in verschiedenen Bereichen

Piaget konnte in seinen Arbeiten zeigen, dass sich die verschiedenen Substadien der sensomotorischen Entwicklung in unterschiedlichen Bereichen beobachten lassen, wie z. B. räumliche Beziehungen, Zeit, Kausalität und Wissen um die Beständigkeit von Objekten (Objektpermanenz). An dieser Stelle wollen wir zwei dieser Bereiche beispielhaft herausgreifen: die Entwicklung des Objektbegriffs und die Entwicklung des Verständnisses für Kausalität.

Objektpermanenz. Die Entwicklung des Objektbegriffs oder der «Objektpermanenz» bezieht sich auf das Wissen, dass Objekte auch dann weiter existieren, wenn sie aus dem eigenen Blickfeld verschwunden sind. Untersucht hat Piaget die Entwicklung der Objektpermanenz anhand des Suchverhaltens von Babys. Ihm war aufgefallen, dass es seinen eigenen kleinen Kindern nach und nach immer besser gelang, ein verstecktes begehrtes Objekt (ein Spielzeug unter einem Kissen) hervorzuholen. Weiterhin hatte er festgestellt, dass sich die Entwicklung dieser Fähigkeit, versteckte Objekte wiederzufinden, in bestimmten Stufen vollzog. Die verschiedenen Stufen des Suchverhaltens, die Piaget bei seinen eigenen Babys feststellte, sind mittlerweile in zahlreichen Untersuchungen in vielen Ländern repliziert worden. Piaget hatte zweifellos Recht mit seiner Annahme, dass sich das Suchverhalten in einer ganz bestimmten Abfolge von Stufen entwickelt.

Auf den ersten beiden Stufen, etwa zwischen dem ersten und dem vierten Monat, zeigen die Säuglinge überhaupt kein Suchverhalten. In dieser Zeit, so Piaget, unterscheidet das Baby nicht zwischen Objekten und den eigenen Handlungen. Als einzige Reaktion auf das Verschwinden eines Objektes zeigt das Baby «akkommodatorische Bewegungen»: Beispielsweise blickt es weiterhin in Richtung auf die Stelle, an der das verschwundene Objekt zuletzt zu sehen war.

Auf der dritten Stufe der Objektpermanenz fangen die Babys an, nach teilweise versteckten Objekten zu suchen. Dieses Verhalten lässt auf ein rudimentäres Wissen um das Fortbestehen der Existenz dieser Objekte schließen. Wird beispielsweise ein Lieblingsspielzeug teilweise unter einem Kissen versteckt, versucht das Baby, es wieder hervorzuholen. Wird das Spielzeug jedoch so versteckt, dass es gänzlich aus dem Blick des Kindes verschwindet, macht es keine Anstalten, danach zu suchen. Dieses Verhalten ist bis zum Alter von ungefähr sechs Monaten zu beobachten.

Auf der vierten Stufe schließlich beginnt das Baby, nach zur Gänze versteckten Objekten zu suchen. Wird zum Beispiel ein Spielzeug vollständig unter einem Kissen versteckt, bemüht sich das Kind, es wiederzufinden. Allerdings ist die Handlung des Hervorholens für das Kind eng an dieses bestimmte Versteck gebunden. Es holt beispielsweise – mit dem größten Vergnügen – ein Spielzeug immer wieder unter dem gleichen Kissen hervor; wird dieses Spielzeug dann aber vor den Augen des Kindes unter einem anderen Kissen versteckt, sucht es trotzdem weiterhin unter dem ersten Kissen. Dieses überraschende Verhalten – typisch für Kinder zwischen acht und zwölf Monaten – wird als «A-nicht-B-Fehler» bezeichnet. Piaget erklärte den A-nicht-B-Fehler folgendermaßen: Für das Kind sei das Objekt eng mit dem ersten Versteck (A) verknüpft. Es glaube, das Objekt einfach dadurch an A wieder erschaffen zu können, indem es sich entscheide, dort nachzusehen.

Das fünfte Stadium zeichnet sich vor allem dadurch aus, dass der A-nicht-B-Fehler verschwindet. Solange die Kinder *sehen*, wie das Objekt an ein neues Versteck bewegt wird, sind sie in der Lage, es dort zu finden, auch wenn sich zwischendurch die Stelle ändert, an der das Objekt versteckt wird. Dies bedeutet, dass das Kind nun die Fähigkeit entwickelt hat, mit einem «sichtbarem Ortswechsel» des Objektes umzugehen, woraus geschlossen werden kann, dass es eine Vorstellung von dem Objekt selbst hat sowie davon, in welchem Verhältnis es zu anderen Objekten steht. Bei einem «unsichtbaren Ortswechsel» hingegen – wenn das Objekt an ein anderes Versteck bewegt wird, ohne dass das Kind dies beobachten kann – bleiben die Schwierigkeiten bestehen. Erst nachdem diese Schwierigkeiten überwunden sind und das Kind auch Objekte wiederfindet, die nicht vor seinen Augen versteckt worden sind, ist die volle Objektpermanenz (Stufe 6) erreicht. Auf dieser Stufe suchen Kinder Objekte systematisch so lange, bis sie sie gefunden haben. Sie sind also in der Lage, die Objekte in ihren Verstecken innerlich zu repräsentieren, auch wenn sie nicht alle Bewegungen des Objektes beobachten konnten. Diese vollständige Objektpermanenz stellt sich etwa zwischen dem 15. und 18. Lebensmonat ein und markiert das Erreichen einer *kognitiven Repräsentation* des Objekts.

Kausalität. Piagests Beobachtungen zufolge durchläuft auch die Entwicklung des kausalen Verständnisses die sechs Stufen der sensomotorischen Entwicklung. Auf den ersten beiden Stufen – Modifikation der Reflexe und primäre Kreisprozesse – haben die Säuglinge kein Verständnis für Ursachen und Wirkungen *per se*. Die Entwicklung des Kausalitätsverständnisses verläuft auf einer rein praktischen Ebene. Zwar scheinen Verhaltensweisen wie das Daumenlutschen auf ein gewisses Erfassen von Ursache und Wirkung hinzudeuten («Wenn ich am Daumen lutsche, beruhigt mich das»), nach Piaget gibt es jedoch keinen Grund anzunehmen, dass der Säugling Ursache und Wirkung wirklich voneinander unterscheidet. Das *Gefühl* des Daumenlutschens und die *Handlung* des Daumenlutschens sind quasi eins.

Erst auf der dritten Stufe (der Stufe der sekundären Kreisreaktionen) beginnt sich ein Verständnis dafür herauszubilden, dass Ursachen und Wirkungen nicht das Gleiche sind. So muss ein Kind, das immer wieder ein Objekt fallen lässt, auf einer bestimmten Ebene zwischen dem Objekt und der kausalen Handlung unterscheiden können. Dies heißt jedoch nicht, dass das Kind um den *kausalen Zusammenhang* zwischen dem Fallenlassen und dem Effekt, den dies hat, weiß. Nach Piaget gibt es auf dieser Stufe der Entwicklung noch kein Bewusstsein für kausale Zusammenhänge. Die Kinder hätten zwar ein ungefähres Verständnis für die zeitliche Abfolge der Ereignisse in einer kausalen Situation (die Ursache geht der Wirkung voran), wüssten aber nicht, auf welche Weise das Fallenlassen zu dem beobachteten Effekt, dem Fallen des Objektes, führe.

Auch noch auf der vierten Stufe (der der Koordinierung der Kreisreaktionen) fehlt den Kindern nach Piaget ein echtes Verständnis für kausale Zusammenhänge. Seiner Meinung nach glauben Kinder auf dieser Stufe, dass Objekte zu autonomer Aktivität in der Lage seien, und gehen gleichzeitig davon aus, dass das Verhalten der Gegenstände von ihren eigenen Handlungen abhänge. Dies erschloss Piaget aus dem sensomotorischen Verhalten der Kinder gegenüber Objekten. Das beste Beispiel ist möglicherweise der A-nicht-B-Fehler. Wie wir uns erinnern, erklärte Piaget diesen Fehler damit, dass das Kind glaube, es könne einen Gegenstand an Ort A neu entstehen lassen, indem es sich entscheide, ihn dort zu suchen. Gleichzeitig meinte Piaget, dass das Kind das Objekt mit dem Ort A assoziiere und dass die sensomotorische Erinnerung, die die Handlung des Findens mit dem Ort A verbinde, sich letztendlich gegenüber der Erinnerung an das Verstecken des Objektes an Ort B durchsetze. Diese «motorische Erinnerung» führe dann dazu, dass das Kind an der falschen Stelle suche, nämlich in Versteck A.

Piaget zufolge gelangen Kinder erst auf der fünften Stufe zu der Erkenntnis, dass sich Objekte unabhängig von ihren eigenen Handlungen verhalten können. Aber selbst in diesem Stadium (12 bis 15 Monaten) betrachten die Kinder das Verhalten der Gegenstände noch als bis zu einem gewissen Grad autonom. Zwar verstehen sie nun, dass ihre eigenen Handlungen nur eine Ursache unter mehreren für Bewegungen von Objekten darstellen, halten es jedoch nach wie vor für möglich, dass sich Objekte aus eigenem Antrieb heraus in Bewegung setzen. Auch dies leitete Piaget aus dem sensomotorischen Verhalten der Kinder ab. Wenn die Kinder nicht mit eigenen Augen beobachteten, dass ein Objekt von A nach B bewegt wurde, suchen sie auch nicht danach (unsichtbarer Ortswechsel). Auf einen sichtbaren Ortswechsel reagieren die Kinder jedoch angemessen, was zeigt, dass sie auf diesem Stadium über die Fähigkeit verfügen, eine Abfolge kausaler Handlungen zu rekonstruieren.

Ein repräsentationales Verständnis für Kausalität entwickelt sich erst auf der sechsten Stufe, im Alter von ungefähr 18 Monaten. Dann sind Ursache-Wirkungs-Schemata verinnerlicht, welche die *kognitive* Repräsentation von Handlungen und ihren Konsequenzen ermöglichen. Wie bereits gesagt, meinte Piaget, dass die Repräsentationen, die sich auf dieser Stufe entwickeln, vollständig symbolisch sind, d. h. nicht mehr unmittelbar mit Handlung und Wahrnehmung verknüpft sind. Damit sind die Säuglinge nun in der Lage, die Ursachen beobachteter Effekte sowie die wahrscheinlichen Effekte beobachteter Ursachen zu erschließen. Piaget erklärte Kausalität als «eine Vorstellung von der Organisation der Welt, welche auf die Gesamtheit der durch Handlungen festgestellten und dann repräsentierten Relationen zwischen Objekten sowie zwischen Subjekt und Objekt zurückgeht» (Piaget, 1971, zitiert in Chapman, 1988, S. 357). Kausales Wissen, so glaubte Piaget, entwickle sich auf der Grundlage der Handlungen, die das Baby an Objekten in der physikalischen Welt durchführte, und den beobachteten Effekten dieser Handlungen.

Bewertung von Piagets sensomotorischem Stadium angesichts neuerer Forschungsergebnisse

Vereinbare Belege. Piagets Konzept der sensomotorischen Kognition ist auf mehreren Ebenen überzeugend. Babys müssen anfangen, mit Hilfe der Mittel ihre Umwelt zu erkunden, die ihnen zur Verfügung stehen, und dabei handelt es sich zunächst einmal um solche sensorischer und motorischer Art.

Tatsächlich bestätigt ein großer Teil der in den Kapiteln 1 und 2 vorgestellten Befunde die Auffassung Piagets, dass sensomotorische Reaktionen eine primäre Informationsquelle für Säuglinge darstellen und dass sensomotorisches Verhalten eine wichtige Rolle beim Wissenserwerb spielt. Allerdings ging Piaget in seinen Aussagen noch einen Schritt weiter. Er vertrat die Auffassung, dass die grundlegende Bedeutung sensomotorischer Reaktionen darauf beruhe, dass vor und neben der repräsentationalen Logik des Denkens eine «Logik des Handelns» bestehe. In Piagets Theorie entwickelt sich das Denken direkt aus dem sensomotorischen Verhalten heraus. Wie wir sehen werden, lässt sich diese Vorstellung nicht besonders gut mit einigen der bereits besprochenen Erkenntnissen in Einklang bringen.

Die Erklärung Piagets, auf welche Weise aus sensomotorischem Verhalten kognitive Prozesse entstehen, deckt sich jedoch mit einem Teil der in diesem Buch diskutierten Forschungsergebnissen. Seine Überlegung bestand darin, dass sensomotorische Verhaltensweise über einen Verinnerlichungsprozess, bei dem Analogien eine entscheidende Rolle spielen, zu Repräsentationen würden. Piaget dachte dabei an «motorische Analogien». Ihm war aufgefallen, dass seine eigenen Kinder bestimmte räumliche Relationen, die sie in ihrer Umwelt beobachtet hatten, mit Körperbewegungen nachahmten. So imitierten sie beispielsweise das Öffnen und Schließen einer Streichholzschachtel, indem sie ihre Hände und ihren Mund öffneten und schlossen. Für Piaget bedeutete dies, dass sie versuchten, den Mechanismus der Streichholzschachtel mit Hilfe einer motorischen Analogie nachzuvollziehen, und dass sie dazu eine kinästhetische Vorstellung schufen. Auf der Grundlage dieser kinästhetischen Imitation würde sich dann als Ergebnis einer fortschreitenden Verinnerlichung eine geistige Vorstellung entwickeln.

Analogien, so meinte Piaget, spielen auch für die Generalisierung sensomotorischer Schemata auf neue Objekte eine Rolle. Seiner Auffassung nach kommt es, sobald ein neues physikalisches Konzept verstanden worden ist, rasch zu einem analogen Transfer. Zum Erwerb des «Zieh-Schemas» beispielsweise (der Fähigkeit, Schnüre und ähnliche Objekte zu benutzen, um Gegenstände in die eigene Reichweite zu befördern) schrieb Piaget (1952, zitiert in Brown, 1990): «Halten wir fest, dass ein einmal erworbenes neues Schema von Anfang an auf andere analoge Situationen angewandt wird. Die Funktion einer Schnur wird ohne Schwierigkeit auf eine Uhrkette übertragen. Jeder Lernfortschritt ermöglicht auf diese Weise die Benutzung vertrauter Mittel in neuen Situationen.» Wie in Kapitel 2 dargestellt, unterstützen neue Experimente Piagets Auffassung: Sie zeigen, dass einfache relationale *map-*

pings Kindern bereits im Alter von zehn Monaten zur Verfügung stehen (siehe Chen et al., 1995) und im Alter von 13 Monaten bereits problemlos auf neue Objekte transferiert werden.

Unter theoretischem Gesichtspunkt lässt sich schließlich noch sagen, dass Piagets Vorstellung, vor und neben der repräsentationalen Logik des Denkens gebe es noch eine Logik des Handelns, den Auffassungen von Autoren sehr nahe kommt, die sich mit der Entwicklung der «naiven» oder «intuitiven» Physik beschäftigen. Die These, dass physikalische Konzepte zunächst auf einer «intuitiven» Handlungsebene erfasst werden und erst später auf einer reflektiven oder repräsentationalen Ebene, deckt sich fast vollständig mit der Vorstellung Piagets, dass sich repräsentationales Verstehen aus sensomotorischem Wissen heraus entwickelt. So vertreten Anderson und Wilkening (1991; siehe Kapitel 4) beispielsweise die Auffassung, dass die intuitive Physik ihren Ursprung in der Wahrnehmung von Objekten und Ereignissen hat. Auf der Grundlage von Wahrnehmungen entwickelten sich mentale Modelle, in denen Strukturen und Funktionen physikalischer Systeme nachgebildet würden. Diese mentalen Modelle dienten dann der Auseinandersetzung mit der Umwelt. Zwar legt ein Teil der in Kapitel 4 dargestellten experimentellen Befunde nahe, dass das Handeln eine von dem repräsentationalen und reflektiven Verständnis getrennte und autonome Quelle für Wissens darstellt, dennoch ist die Ähnlichkeit zwischen neueren Vorstellungen zur naiven Physik und dem piagetschen Konzept der sensomotorischen Kognition nicht zu übersehen.

Unvereinbare Belege. In anderer Hinsicht ist Piagets Konzept der sensomotorischen Kognition zunehmender Kritik ausgesetzt. Der vielleicht am stärksten umstrittene Aspekt Piagets Theorie ist die Vorstellung, dass kognitive Repräsentationen erst auf der letzten, der sechsten Stufe des sensomotorischen Stadiums auftauchen. Dies würde bedeuten, dass Babys eine lange Zeit ohne bedeutungsvolle kognitive Aktivität auskommen müssten. Sie wären kaum in der Lage, etwas zu lernen, sich zu erinnern, Schlussfolgerungen zu ziehen oder Probleme zu lösen. Wie uns jedoch die in den Kapiteln 1 und 2 besprochenen Forschungsergebnisse zeigen, sind all diese Prozesse bereits bei sechs Monate alten Säuglingen zu beobachten. Und auch die in diesen Kapiteln vorgestellten Studien zum Gedächtnis, zu Prototypen und zur Kategorisierung zeigen, dass die Fähigkeit, Repräsentationen zu bilden, bereits sehr viel früher besteht, als Piaget vermutete. Die These, dass der Mensch erst ab dem Alter von 18 Monaten über die Fähigkeit zur symbolischen mentalen

Repräsentation verfügt, scheint also nicht haltbar zu sein. Anscheinend handelte es sich bei den Verhaltensweisen, die in den piagetschen Versuchen den Beginn der kognitiven Repräsentation von Objekten, Handlungen und ihren Konsequenzen markierten, um zu anspruchsvolle Maße für repräsentationale kognitive Aktivität.

Wie bestimmte bereits vorgestellte Belege – z. B. die in Kapitel 2 besprochenen Erkenntnisse über Imitationsverhalten bei Neugeborenen (Meltzoff & Moore, 1983) – zeigen, ist die Fähigkeit zur Bildung kognitiver Repräsentationen möglicherweise sogar angeboren oder entwickelt sich zumindest sehr früh, da – wie Meltzer meint – das Nachahmen einer Geste die Fähigkeit zur Repräsentation voraussetzt (siehe aber Anisfeld, 1991). In der piagetschen Theorie ist die Reihenfolge umgekehrt: Die Imitation geht der Repräsentation voraus; mentale Bilder sind verinnerlichte Nachahmungen. Außerdem ging Piaget davon aus, dass die Fähigkeit zur Nachahmung einer motorischen Handlung wie dem Herausstrecken der Zunge erst auf der vierten Stufe (mit ungefähr 9 Monaten) vorhanden ist. Meltzoff hingegen stellte diese Fähigkeit schon bei ein bis drei Tagen alten Babys fest. Während Piaget also der Auffassung war, dass das Imitieren eine wichtige Rolle für die Entwicklung der Fähigkeit zur kognitiven Repräsentation spiele, argumentierte Meltzoff umgekehrt, dass kognitive Repräsentationen die Imitation erst möglich machten.

Auch Piagets Auffassung zur Entwicklung des Verständnisses für kausale Zusammenhänge erscheint zu pessimistisch, zumindest legen dies einige der in Kapitel 2 vorgestellten Untersuchungen nahe. Wie wir an verschiedenen Stellen dieses Buches immer wieder gesehen haben, scheint der Mensch mit einer angeborenen Neigung auf die Welt zu kommen, kausale Zusammenhänge zu erfassen und kausale Erklärungen zu erwerben. Diese angeborene Neigung scheint sehr viel zur Erklärung der kognitiven Entwicklung in der Kindheit beitragen zu können. Schon mit vier Monaten sind Kinder in der Lage, rudimentäre Ursache-Wirkungs-Zusammenhänge zu erfassen, z. B. bei so genannten *launching events,* Ereignissen, bei denen ein Objekt ein anderes in Bewegung setzt (Leslie & Keeble, 1987). Experimente von Baillargeon zeigen, dass Kinder im gleichen Alter Effekte aus Ursachen *vorhersagen* können. So erwarten sie beispielsweise die Kollision einer rotierenden Scheibe mit einem ihr im Weg stehenden Kasten, auch wenn sie die Kollision selbst nicht sehen können; oder sie rechnen damit , dass ein hinter einer Wand hergehender Hase zu sehen ist, sobald er den mittleren Abschnitt der Wand erreicht hat, in dem diese niedriger ist und dem Hasen nur noch bis zur Hüfte reicht; ebenso erwarten sie, dass eine in der Luft hängende Kiste, die von nichts und niemandem gehalten wird, zu Boden fällt. Wie diese Ergebnisse zeigen, scheint ein Verständnis für Kausalität, das auf *kognitiven* Repräsentationen von Handlungen und ihren Konsequenzen beruht, bereits sehr viel früher als im Alter von 18 Monaten zu bestehen.

Auch die Aussagen Piagets zur Entwicklung der Objektpermanenz sind in Frage zu ziehen. Piaget siedelte das vollständige Erreichen der Objektpermanenz im 18. Lebensmonat und damit vermutlich zu spät an. Auch in diesem Punkt ist seine Fehleinschätzung wohl darauf zurückzuführen, dass er sich zu sehr an dem sensomotorischen Verhalten orientiert hat. Da Babys erst mit etwa vier Monaten sicher nach Dingen greifen können, ist es nicht möglich, ihr sich entwickelndes Verständnis für Objektpermanenz über das Suchverhalten zu untersuchen. Die Entwicklung motorischer Verhaltensweisen wie des gezielten Greifens hängt in gewissem Ausmaß von der Entwicklung des frontalen Kortex ab, der, wie wir wissen, in der frühen Kindheit noch nicht vollständig ausgereift ist. Insofern ist das piagetsche Vorgehen, das konzeptuelle Verständnis der Babys aus der Beobachtung ihres Suchverhaltens abzuleiten, als problematisch einzustufen.

Die in Kapitel 2 vorgestellten Habituationsexperimente auf der Grundlage des «Zugbrückenparadigmas» von Baillargeon et al. (1985) zeigen, dass im Gegensatz zu Piagets Annahme Objektpermanenz bereits bei drei Monate alten Babys vorliegt. Weitere Bestätigung erhält dieser Befund durch die Dishabituationseffekte, die in Baillargeons (1986) Versuchen mit dem rollenden Auto registriert wurden. Diamonds (1991) Untersuchungen zu unausgereiften frontalen Strukturen legen eine neue Interpretation des A-nicht-B-Fehlers nahe: Anstatt auf kognitive «Konfusion» in Bezug auf die Existenz von Objekten scheint dieser Fehler eher mit der Schwierigkeit zu tun zu haben, eine bestehende Handlungstendenz zu hemmen. Zu dem gleichen Schluss führen die Ergebnisse der Studien von Rieser et al. (1982) und McKenzie und Bigelow (1986) zum «perseverativen Krabbeln».

Piagets Schlussfolgerungen zur Frage der Objektpermanenz beruhen somit auf einer wenig aussagekräftigen Datenbasis. Und seine Aussagen zum Verständnis für Kausalität sind mit dem gleichen Makel behaftet. Für Piaget war der A-nicht-B-Fehler der Beleg für die Überzeugung von Stufe-4-Kindern, dass Objekte zu autonomer Aktivität in der Lage seien und dass das Verhalten der Objekte von ihren eigenen Handlungen abhinge. Wenn jedoch der A-nicht-B-Fehler auf die Unreife neuraler Strukturen zurückgeführt werden kann, ist es auch fraglich, ob das Verständnis neun Monate alter Kinder für kausale Zusammenhänge so eingeschränkt ist, wie Piaget glaubte.

Das voroperatorische und das konkret-operatorische Stadium

Um die kognitive Entwicklung im Anschluss an die sechste Stufe des sensomotorischen Stadiums zu dokumentieren, untersuchte Piaget das symbolische Verständnis von Kindern für die Eigenschaften konkreter Objekte und die zwischen ihnen bestehenden Beziehungen. Wie wir in Kapitel 7 gesehen haben, beschäftigte er sich beispielsweise mit dem Verständnis der Kinder für die Beziehung zwischen Ober- und Unterklassen. Außerdem untersuchte er die Fähigkeit von Kindern, mit transitiven Relationen zwischen unterschiedlich langen oder hohen Objekten umzugehen, und beschäftigte sich mit dem Verständnis der Kinder für Addition, Subtraktion und die Erhaltung von Mengen, wobei er als Stimuli in Reihen gelegte Münzen oder Flüssigkeiten in unterschiedlich hohen bzw. breiten Gefäßen verwendete. Er erwartete, dass die Schemata und Konzepte des sensomotorischen Denkens auf der mentalen Ebene rekonstruiert werden würden.

Logische Konzepte, die Klassen von Objekten und die Beziehungen zwischen ihnen beschreiben, heißen bei Piaget «konkrete Operationen». Auch diese Operationen, so glaubte er, entwickelten sich auf der Grundlage verinnerlichter Handlungen. So führe beispielsweise die Verinnerlichung von Additionen oder Subtraktionen mit konkreten Objekten zur symbolischen Repräsentation der formalen Eigenschaften ganzer Zahlen, so dass beispielsweise von 2+2=4 auf 4–2=2 geschlossen werden könne. Die Einsicht in die «Reversibiltität» dieser Operationen betrachtete Piaget als ein entscheidendes Merkmal konkret-operatorischen Denkens. Dabei ging er davon aus, dass das Verständnis logischer Relationen eng mit dem Verständnis mathematischer Relationen zusammenhing: «Das Kind kann eine bestimmte Operation nur begreifen, wenn es gleichzeitig in der Lage ist, sie auf bestimmte Weise mit anderen in Beziehung zu setzen – sie zum Beispiel umzukehren ... die Operationen stellen immer reversible Strukturen dar, die von einem Gesamtsystem abhängig sind» (1952, S. 252). Mit anderen Worten: Die funktionalen Einheiten des Denkens sind nicht isolierte Konzepte und Urteile, sondern das gesamte System, welches aus konkreten Handlungen, z. B. dem Bilden von Reihen (Seriation), Einteilen in Klassen usw., besteht.

Voroperatorisches Denken

Piagets Untersuchungen brachten ihn zu der Auffassung, dass ein volles symbolisches Verständnis der Eigenschaften und Relationen konkreter Objekte sich nur schrittweise, und zwar ungefähr zwischen dem zweiten und siebten Lebensjahr entwickle. In dieser Zeit sei die Art und Weise, wie die Kinder mit Aufgaben zu Objekten und den Beziehungen zwischen ihnen umgehen (z. B. Klasseninklusion, Erhaltung), von «voroperatorischem» Denken geprägt. Als wichtigste Merkmale dieses voroperatorischen Denkens betrachtete Piaget den *Egozentrismus*, die *Zentrierung* und die *fehlende Reversibilität:* Die Wahrnehmung und Interpretation der Umwelt ist stets auf die eigene Person bezogen; das Kind neigt dazu, nur einen Aspekt einer Situation oder eines Objektes zu beachten und die anderen Aspekte zu vernachlässigen; und es ist nicht in der Lage, eine Reihe von Ereignissen oder Denkschritten mental rückgängig zu machen, d. h., sein Umgang mit Symbolen oder Repräsentationen ist irreversibel. Das Kind im voroperationalen Stadium gilt damit in der piagetschen Theorie als prälogisch, sein Verständnis von der Welt als subjektiv und selbstzentriert.

Konkret-operatorisches Denken

Das Erreichen der Stufe des konkret-operatorischen Denkens zeigt sich in einem allmählichen Rückgang des Egozentrismus, in der Fähigkeit, mehrere Aspekte einer Situation gleichzeitig zu beachten, sowie in der Einsicht in die Reversibilität von Operationen. Die zunehmende Fähigkeit des Kindes, mit Symbolen umzugehen, führt zur Entwicklung der konkret-operatorischen «Strukturen» wie Klassifikation, Seriation und Erhaltung. Nach Piaget lässt sich das auf den konkreten Operationen beruhende Denksystem bis zu einem gewissen Grad anhand von mathematischen Formeln beschreiben – Formeln wie $A+A'=B$ für die Klasseninklusion und $A>B$, $B>C$, *daraus folgt* $A>C$ für die Transitivität. Piagets Vorstellung war, dass mit Hilfe mathematischer Logik die psychologische Realität der von dem Kind entwickelten logischen Strukturen und deren Reversibilität beschrieben werden könne. Ein Großteil der nachfolgenden Forschungsarbeiten über voroperatorisches und konkret-operatorisches Denken haben diesen mathematischen Ansatz Piagets jedoch nicht weiter vertieft. Stattdessen hat man sich auf die Frage konzentriert, ob die logischen Konzepte wie Erhaltung, Transitivität und Klasseninklusion mögicherweise bereits zu einem früheren Zeitpunkt vorhanden sind, als Piaget geglaubt hatte.

Bewertung der neueren Arbeiten zu den konkreten Operationen

Wie wir in Kapitel 7 gesehen haben, konnte mehrfach nachgewiesen werden, dass logische Konzepte wie Erhaltung und Transitivität Kindern tatsächlich sehr viel früher zur Verfügung stehen als Piagets Theorie es vorhersagt. So lösten beispielsweise in dem Experiment mit dem «ungezogenen Teddy» von McGarrigle und Donaldson (1975) Vierjährige Erhaltungsaufgaben; in den Versuchen von Pears und Bryant waren ebenfalls Vierjährige in der Lage, unter Berücksichtigung des Transitivitätsprinzips einen Turm aus farbigen Bauklötzen zu bauen; und als statt Klassenbegriffen Kollektivbegriffe verwendet wurden, konnten Fünfjährige Klasseninklusionsaufgaben erfolgreich bewältigen (Markman & Seibert, 1976). Diese und andere Studien haben zu der Auffassung geführt, dass Kinder im Vorschulalter prinzipiell in der Lage sind, die gleichen logischen Prinzipien auf die piagetschen Aufgaben anzuwenden wie ältere Kinder, dass dies in den klassischen Experimenten jedoch aufgrund der ihrem Denken fremden Aufgabenstellung nicht zum Ausdruck gekommen ist. Fraglich ist allerdings, wie einige Autoren eingewandt haben, ob mit diesen Studien tatsächlich Piagets Position überprüft worden ist. Der kritische Punkt ist, ob die verwendeten modifizierten Paradigmen die gleichen Anforderungen an die Logik der Kinder stellen wie die Originalaufgaben von Piaget.

Piaget selbst vertrat die Auffassung, dass sich konkrete Operationen durch *simultane* – im Gegensatz zu sukzessiver – Reversibilität auszeichneten, und nicht dadurch, dass das Kind in der Lage sei, einige Fragen zutreffend zu beantworten. Im voroperatorischen Stadium bewältigten Kinder Aufgaben, bei denen *sukzessive* Reversibilität gefordert sei, wären also z. B. in der Lage, Objekte zu Klassen zusammenzufassen (z. B. verschiedenfarbige Blumen als einen Strauß zu betrachten) und sie dann anhand ihrer Unterschiede wieder voneinander zu trennen (z. B. die Blumen nach Farben zu sortieren). Jedoch erst Kinder, die das konkret-operatorische Stadium erreicht hätten, könnten in ihrem Denken berücksichtigen, dass dieselben Blumen *gleichzeitig* einer Oberklasse (alle Blumen) *und* einer Unterklasse (Blumen einer bestimmten Farbe) angehören können.

Smith (1982) vertrat die Ansicht, dass die neueren Studien diesen Aspekt der piagetschen Theorie vernachlässigt hätten. Nach Piaget könne man einem Kind erst dann konkret-operatorische Strukturen zusprechen, wenn es die *Zwangsläufigkeit* der Reversibilität versteht, nämlich dass gilt: A=B–A' *und* A'=B–A. Wenn beispielsweise B die Oberklasse der Blumen ist und A die Unterklasse der roten Blumen, dann sind die roten Blumen die Blumen, die übrigbleiben, wenn alle andersfarbigen Blumen von der Klasse der Blumen weggenommen werden; gleichzeitig ist die Unterklasse der andersfarbigen Blumen gleich der Klasse der Blumen minus der Unterklasse der roten Blumen. Die meisten der neueren experimentellen Arbeiten haben nur untersucht, ob Kinder die *Korrektheit* bestimmter Relationen zutreffend beurteilen können (dass zum Beispiel ein Strauß mit sechs roten und vier weißen Blumen mehr rote als weiße Blumen enthält). Sie haben aber nicht nach der logischen Folge gefragt, die sich daraus ergibt, nämlich, dass die weißen Blumen nicht der Klasse der roten Blumen angehören, wenngleich sowohl weiße als auch rote Blumen der Klasse der Blumen angehören.

Ein ähnlicher Einwand von Chapman (1988) betrifft das Transitivitätsprinzip. Chapman wies darauf hin, dass in Piagets Transitivitätsaufgaben die zu vergleichenden Objekte stets nacheinander vorgegeben wurden, wodurch ein direkter Vergleich ausgeschlossen war. So zeigte Piaget den Kindern beispielsweise zuerst, dass Stock A länger war als Stock B (A>B), und dann, dass Stock B länger war als Stock C (B>C). Das Kind musste dann die Relation von A zu C einschätzen, ohne die beiden Stöcke zusammen gesehen zu haben. In den neueren Experimenten dagegen wurden den Kindern oftmals alle Vergleichsobjekte zusammen gezeigt (dies gilt für die meisten der in Kapitel 7 besprochenen Studien zur Transitivität). Nach Chapman gibt es einen erheblichen Unterschied zwischen diesen beiden Versionen der Transitivitätsaufgabe. Piagets Version verlangte von den Kindern die *operatorische* Kombination der Prämissen, um den richtigen Schluss zu ziehen. Die neueren Versionen der Transitivitätsaufgabe verlangen von den Kindern dagegen nur einen *funktionalen* Schluss auf der Grundlage sichtbarer räumlicher Relationen. Dies bedeutet, dass die richtige Antwort als Funktion dieser sichtbaren Beziehungen abgeleitet werden kann, ohne die einzelnen Prämissenrelationen zu berücksichtigen. Zwar beruht auch dieses funktionale Schließen auf dem Transitivitätsprinzip, es handelt sich jedoch nicht um eine transitive Operation im piagetschen Sinne einer *mentalen* Schlussfolgerung.

Insgesamt betrachtet, scheinen die neueren Arbeiten also nicht den Schluss zu rechtfertigen, Kinder im Vorschulalter bedienten sich der gleichen Logik bei der Lösung der piagetschen Aufgaben wie ältere Kinder. Die in diesen Arbeiten verwendeten Aufgaben überprüfen nicht die Einsicht in die *Zwangsläufigkeit* der Reversibilität konkret-operatorischer Strukturen. Auf der anderen Seite zeigen diese Versuche aber, dass Kinder im voroperatorischen Stadium die *Korrektheit* von Klassenrelationen, transitiven Relationen und Äquivalenzrelationen erkennen können, und dies sind sehr wichtige Befunde. Sie zeigen, dass die logischen Konzepte, die zur Beurteilung der Korrektheit erforderlich sind, tatsächlich bereits vor dem von Piaget postulierten Alter verfügbar sind. Was in diesem Alter noch fehlt, ist das volle Verständnis für die Reversibilität dieser Relationen – für Piaget die Voraussetzung dafür, den Kindern ein echtes Verständnis für diese logischen Konzepte zuzuschreiben. Heute besteht dagegen in der Entwicklungspsychologie eine Tendenz, die Fähigkeit zur Beurteilung der Korrektheit als ausreichende Grundlage zu betrachten, um bereits Kindern unter sieben Jahre die Befähigung zu diesen Formen des logischen Denkens zuzuschreiben.

Formal-operatorisches Denken

Nach Piaget beruhen kognitive Fortschritte jenseits der konkret-operatorischen Periode auf der sich nun entwickelnden Fähigkeit, die Ergebnisse konkreter Operationen zu nutzen, um Hypothesen über ihre logischen Zusammenhänge zu generieren. Dieses «formal-operatorische» Denken ist Kindern ungefähr ab dem elften oder zwölften Lebensjahr möglich. Piaget beschreibt dieses Denkniveau als «Operieren mit Operationen» oder Denkprozesse «zweiter Ordnung»: «In diesen Operationen zweiter Ordnung zeigt sich auch die allgemeine Natur des formalen Denkens – es geht über die Ebene der Transformationen mit direktem Bezug zur empirischen Realität (konkrete Operationen) hinaus, und ordnet sie einem System hypothetisch-deduktiver Operationen unter» (Inhelder & Piaget, 1958, S. 254). Piaget charakterisierte das formal-operatorische Denken als Fähigkeit, ein formales System wie die propositionale Logik auf elementare Operationen mit Klassen von Objekten und ihren Relationen anzuwenden.

Piaget beschrieb die Grundlage dieser propositionalen Logik anhand des kombinatorischen Systems, das alle 16 möglichen binären Relationen zwischen den Variablen *p, q, nicht p* und *nicht q* enthält (so wie die in Kapitel 7 besprochene konditionale Regel *wenn p, dann q)*. Er beschrieb auch das Subsystem der Transformationen, die auf diese Relationen angewendet werden können (z. B. die Bildung der *inversen* oder der *reziproken* Relation). Diese Transformationen werden auch als INRC-Operationen bezeichnet (I für Identität der Relation, N für Negation oder Inversion, R für Reziprozität und C für Korrelation). Piaget sah in dem Vorhandensein der binären kombinatorischen Relationen sowie der INRC-Operationen das entscheidende Merkmal formal-operatorischen Denkens. Wie schon beim konkret-operatorischen Denken hat jedoch ein Großteil der späteren Forschung diese mathematische Orientierung der piagetschen Theorie aus den Augen verloren und sich stattdessen mit der Frage beschäftigt, wie kleinere Kinder bei den *Aufgaben* abschneiden, mit Hilfe derer Piaget das Vorhandensein formaler Operationen demonstriert hat.

Formal-operatorische Aufgaben

Formal-operatorisches Denken ist wissenschaftliches Denken, da – wie Piaget glaubte – das Erreichen des formal-operatorischen Stadiums das Kind in die Lage versetzt, verschiedene Hypothesen und die aus ihnen ableitbaren Folgerungen mental zu repräsentieren. Ein erheblicher Teil der Aufgaben, mit denen Piaget das Vorliegen formal-operatorischer Strukturen überprüft hat, sind daher auch solche, die wissenschaftliches Denken verlangen. So ging es beispielsweise darum, nach welcher Regel man entscheiden kann, ob ein Körper auf dem Wasser schwimmt oder versinkt, nach welcher Regel man Gewicht und Abstand zur Mitte variieren muss, um einen Waagebalken ins Gleichgewicht zu bringen, und nach welcher Regel man das Schwingen eines Pendels vorhersagen kann. Alle diese Regeln sind Teil des kombinatorischen bzw. des INRC-Systems. Beispielsweise hängt das Verhalten des Waagebalken von der inversen proportionalen Relation zwischen Gewicht und Distanz ab (die gleichzeitige Erhöhung des Gewichts und Verringerung des Abstands auf einer Seite der Waage entspricht der Verringerung des Gewichts und der Erhöhung des Abstands auf der anderen Seite). Die Fähigkeit, diese Proportionalität zu erkennen, galt Piaget als zentrales Merkmal formal-operatorischen Denkens.

Piagets experimentelles Vorgehen bestand darin, Kindern die Manipulation der unabhängigen Variablen in der wissenschaftlichen Aufgabe zu erlauben (z. B. die Länge und das Gewicht des Pendels), und zu sehen, ob sie in der Lage waren, die Regel anzugeben, die das Verhalten des Pendels in Abhängigkeit von diesen Variablen beschrieb. Den meisten Kindern unter 11 Jahren gelang es nicht, diese Regeln zu erschließen. Bei der Aufgabe mit dem Pendel mussten die Kinder beispielsweise unterschiedlich lange und schwere Pendel ausprobieren, um herauszufinden, dass die Pendelfrequenz allein eine Funktion der Länge des Pendels ist. Da die meisten Kinder zunächst glaubten, dass auch das Gewicht des Pendels eine Rolle spiele, mussten sie die Länge konstant halten und mit verschiedenen Gewichten experimentieren, um zu der Erkenntnis zu gelangen, dass das Gewicht allein keinen Einfluss auf die Pendelfrequenz hat. Kindern unter 11 bis 12 Jahren fehlte dabei meistens die Einsicht, dass andere Variablen wie die Länge des Pendels konstant zu halten waren, und konnten daher nicht auf der Grundlage von Piagets kombinatorischem System schließen (z. B.: Wenn *p* für «Anstieg der Pendelfrequenz» steht und *q* für «Verringerung der Länge des Pendels», dann folgt q aus p und umgekehrt). Nach Piaget waren sich die Kinder, die beide Variablen korrekt variierten, dieser Kombination sowie aller anderen möglichen Kombinationen bewusst. Nur so konnten sie die anderen Kombinationen als für das vorliegende Problem irrelevant betrachten und ausschließen.

Da Piaget das Erkennen von Proportionalität als zentrale Errungenschaft des formal-operatorischen Denkens betrachtete, befanden sich unter seinen formal-operatorischen Aufgaben auch einige zum analogen Schließen. Seine Begründung dafür war sehr einfach: Da es sich bei der vollen Erfassung der möglichen Relationen zwischen Objekten um eine konkret-operatorische Fähigkeit handele, müsse das Erfassen der Relationen *zwischen* diesen Relationen eine formal-operatorische Fähigkeit darstellen. Analoges Schließen sei in dem Sinne ein übergeordneter Denkvorgang, als dass dabei die einfachen (untergeordneten) Relationen auf einer höheren Ebene mit einer anderen Relation in Bezug gesetzt werden müssten. Auch proportionales Denken spiele dabei eine Rolle, da eine Analogie wie «Rom verhält sich zu Italien wie Paris zu Frankreich» *(Rom:Italien=Paris:Frankreich)* logisch äquivalent zu einem proportionalen Ausdruck wie 3:4=15:20 sei.

Piaget, Montangero und Billeter (1977) konzipierten eine experimentelle Aufgabe, mit der sie die Entwicklung des analogen Denken untersuchten. Dabei mussten die Kinder zunächst eine Gruppe ungeordneter Bilder paarweise zusammenlegen. Damit wurde ihre Verständnis für Klassenrelationen erfasst – etwas, das, wie angenommen wurde, konkret-operatorisches Denken voraussetzte. Im Anschluss daran sollten die Kinde die Paare zu Vierergruppen zusammenlegen. Diese zweite Aufgabe sollte ihr Verständnis für übergeordnete oder analoge Relationen erfassen – etwas das, (so die Hypothese) formal-operatorisches Denken voraussetzte. Vorgelegt wurden den Kindern beispielsweise Bilder mit folgenden Objekten: Hund, Feder, Auto, Staubsauger, Hundehaar, Vogel, Boot. In diesem Fall sollten sie zunächst den Vogel und die Feder sowie den Hund und das Hundehaar zusammenlegen und dann daraus die Vierergruppe *Vogel:Feder=Hund:Haar* bilden.

Piaget et al. stellte fest, dass die Kinder erst mit etwa 11 bis 12 Jahren sicher in der Lage waren, derartige Analogien zu bilden. Fünf bis sechs Jahre alte Kinder, die noch voroperatorisch dachten, bildeten die Paare nach rein individuellen Gesichtspunkten. Beispielsweise legten sie den Staubsauger zu der Feder (weil er die Feder aufsaugt) oder zu dem Boot (weil er ein wenig wie ein Boot aussieht). Siebenjährigen – konkret-operatorisch denkenden – Kindern gelang es, den ersten Teil der Aufgabe zu lösen und Paare wie Vogel und Feder zusammenzulegen. Mit Hilfe von Versuch und Irrtum konnten sie sogar Analogien bilden, verstanden aber nicht, dass ihre Analogien logisch zwingend waren, und akzeptierten Gegenvorschläge, die die Analogie zerstörten (z. B. stimmten zu, wenn sie gefragt wurden, ob man das Radio in der Analogie *Augen:Fernseher=Ohren:Radio* durch einen Stecker ersetzen könne). Nach Piaget et al. zeigte dies, dass die Kinder nur die einzelnen Relationen in der Analogie verstanden, nicht aber die übergeordneten Relationen. Erst die formal-operatorisch denkenden Kinder waren in der Lage, Analogien ohne jedes konkrete Feedback zu bilden und ließen sich auch nicht durch die Gegenvorschläge des Versuchsleiters irritieren.

Bewertung der neueren Arbeiten zu den formalen Operationen

Empirische Erkenntnisse über das Abschneiden von Kindern bei formal-operatorischen Aufgaben wurden in den Kapiteln 4 und 7 vorgestellt. In Kapitel 4 haben wir gesehen, dass Neunjährige in dem Waageversuch von Wilkening und Anderson (1991) in der Lage waren, Gewicht und Abstand mulitplikativ miteinander zu verknüpfen. Wurde die Fähigkeit geprüft, Informationen über verschiedene Dimensionen miteinander zu kombinieren (in der Aufgabe mit dem bellenden Hund und den fliehenden Tieren, bei der von Zeit und Geschwindigkeit auf die Distanz geschlossen werden musste), waren schon Fünfjährige in der Lage, multiplikative Regeln anzuwenden (Wilkening, 1982). Nach Wilkening steht dieser Befund in deutlichem Widerspruch zu Piagets Auffassung, der zufolge ein solcher Schluss formal-operatoisches Denken voraussetze. In Kapitel 7 haben wir einige Experimente besprochen, die zeigen, dass bereits zweijährige Kinder über die Fähigkeit zum analogen

Schließen verfügen, Dreijährige in der Lage sind, Bildanalogieaufgaben wie die von Piaget et al. (1977) verwendete zu lösen, und vier Jahre alte Kinder irreführende Gegenvorschläge in einer Multiple-Choice-Analogieaufgabe zurückweisen (Goswami & Brown, 1989, 1990). Somit bestehen anscheinend eine Reihe von formal-operatorischen Kompetenzen lange vor dem Zeitpunkt, den Piagets Theorie angibt.

Demgegenüber scheinen Arbeiten über die Entwicklung der Fähigkeit, alternative Hypothesen und die sich aus ihnen ergebenden Konsequenzen zu repräsentieren, Piagets Vorstellung zu bestätigen, dass sich die Fähigkeit zum Testen von Hypothesen erst im Jugendalter einstellt. So können wir beispielsweise den Arbeiten von Kuhn entnehmen, dass Kinder unter 11 bis 12 Jahren nur sehr begrenzt verstehen, wie Hypothesen durch kausale Belege bestätigt oder widerlegt werden können (z. B. Kuhn, 1989). Kleinere Kinder sind in der Regel überhaupt nicht in der Lage, Hypothesen systematisch zu überprüfen. Sie kontrollieren mögliche Einflussvariablen nicht, suchen nicht nach Informationen, die ihre Hypothesen widerlegen könnten, und akzeptieren Ursachen, die nur einen Teil der vorliegenden Daten erklären. Arbeiten mit relativ einfachen Paradigmen, wie die von Sodian et al. (1991; ob sich eine große oder kleine Maus im Haus befand) und Ruffman et al. (1993; ob man von grünen oder roten Lebensmitteln schlechte Zähne bekam) zeigten zwar, dass Kinder bereits mit sechs Jahren den Sinn des Hypothesentestens verstehen, dass sie zwischen schlüssigen und nicht schlüssigen Tests unterscheiden können und dass ihnen klar ist, auf welche Weise einfache Kovariationsinformationen die Grundlage für eine Hypothese bilden können. Kompliziertere Probleme mit mehr als einer kausalen Variable können jedoch nur von älteren Kindern gelöst werden (Kuhn et al., 1988). Die neueren Arbeiten zum wissenschaftlichen Denken bestätigen damit Piagets Auffassung, der zufolge nur ältere Kinder verschiedene Hypothesen und die sich aus ihnen ergebenden Konsequenzen mental repräsentieren können.

Wie lässt sich der Befund interpretieren, dass einige der formal-operatorischen Denkweisen bereits bei Dreijährigen und andere erst im Jugendalter vorhanden sind? Eine mögliche Erklärung bietet Lunzer (1965) an, der die Auffassung vertritt, dass Piagets Experimente zu den formalen Operationen in zwei verschiedene Gruppen fallen. Die erste Gruppe besteht aus Situationen, bei denen das Kind die Hypothesen durch eine experimentelle Manipulation von Variablen überprüfen muss: Eine Variable muss variiert werden, die anderen müssen konstant gehalten werden und es muss beobachtet werden, welche Effekte dies auf die abhängige Variable hat. Ein Beispiel für ein solches Experiment ist die Aufgabe zur Pendelfrequenz (auch Kuhns Experimente sind dieser Kategorie zuzuordnen). Die zweite Gruppe umfasst diejenigen Experimente, bei denen das Kind Relationen (meistens invers proportionale) erkennen oder die Reziprozität physikalischer Systeme verstehen muss. Zu dieser Gruppe gehören Experimente wie das mit der Hebelwaage oder mit Aufgaben zum analogen Schließen.

Nach Ansicht Lunzers ist die *psychologische* Beziehung zwischen den beiden Aufgabentypen ungeklärt. Piaget hatte versucht, einen logischen Zusammenhang zwischen ihnen herzustellen, indem er sowohl das Hypothesentesten als auch den Umgang mit Proportionalität und Reziprozität als direkte Anwendung der propositionalen Logik (im Sinne der zweiwertigen kombinatorischen Relationen und der INRC-Operationen) interpretierte. Nach Lunzer ist diese Verbindung aus psychologischer Sicht jedoch nicht gerechtfertigt. Insbesondere bestehe keine Notwendigkeit, die entsprechenden reziproken Relationen (z. B. Gewicht und Abstand bei der Hebelwaage) oder proportionalen Relationen (bei Analogien) anhand der propositionale Logik zu beschreiben. Seiner Auffassung nach sollten Kinder auf dem konkret-operatorischen Stadium durchaus in der Lage sein, Probleme zu lösen, bei denen es um Proportionalität oder Reziprozität geht – was ja auch der Fall zu sein scheint.

Zusammenfassung

Wie aus dem in diesem Kapitel gegebenen Überblick hervorgeht, gibt Piagets Theorie der Entwicklung des logischen Denkens einige sehr konkrete Antworten auf die klassischen entwicklungspsychologischen Fragen: *Was* entwickelt sich und *warum* entwickelt es sich? Die experimentellen Paradigmen, mit denen Piaget der Frage nachging, was sich entwickelt (wie die A-nicht-B-Suchaufgabe oder die Aufgabe mit der Hebelwaage), waren ausgesprochen sinnig und werden heute noch verwendet. Ein Teil seiner Antworten auf die Frage nach dem *Warum* der Entwicklung – dass das sensomotorische Verhalten die Grundlage der kognitiven Entwicklung darstellt, dass Imitation und Analogie eine zentrale Rolle spielen und dass das Verstehen auf der Handlungsebene dem Verstehen auf der repräsentationalen oder reflexiven Ebene vorausgeht – haben auch in vielen neueren Theorien einen festen Platz, beispielsweise in Arbeiten zur naiven Physik. Andere – wie die Hervorhebung der Bedeutung mathematischer Gesetzmäßigkeiten und der Mechanismen der Akkommodation und Assimilation – spielen in der aktuellen Forschung nur noch eine geringe Bedeutung. Dennoch gibt es insgesamt beachtliche Übereinstimmungen zwischen den piagetschen Vorstellungen und den Konzepten der modernen Entwicklungspsychologie.

Piagets Theorie lässt sich auch gut mit den Ansätzen vereinbaren, mit denen die moderne Entwicklungspsychologie die kognitiven Veränderungen bei Kindern erklärt. Piagets Theorie war sowohl bereichsübergreifend als auch bereichsspezifisch. Zwar ist die Überzeugung weit verbreitet, es handele sich bei der piagetschen Theorie – als Stufenmodell – um eine bereichsübergreifende Theorie, jedoch hat Piaget selbst auf die – sowohl innerhalb als auch zwischen den Stadien bestehende – hohe Variabilität des Modells hingewiesen. Auch stimmt es, dass Piaget nicht ausdrücklich auf die Bedeutung der Wissensbasis für die kognitive Entwicklung eingeht, jedoch glaubte er, wie Chapman (1988) deutlich machte, nicht an allgemeine Stadien für alle Bereiche. Chapman zitiert folgende Passage aus Piaget (1960, S. 14-15):

> Es gibt keine allgemeinen Stadien. So wie es in Verbindung mit dem körperlichen Wachstum ... keinen vollständigen Zusammenhang zwischen dem Skelettalter, dem dentalen Alter usw. gibt, so sehen wir auch in Bezug auf neurologische, psychische und soziale Aspekte eine Mischung von Entwicklungsprozessen, die offenkundig nur begrenzt miteinander zusammenhängen bzw. die ihr eigenes Tempo haben. Es gibt keinen Grund anzunehmen, dass diese Prozesse auf jeder Ebene ein einheitliches strukturelles Ganzes bilden sollten.

Zusammenfassend ist festzuhalten, dass Piagets Theorie jedem, der sich für die Entwicklung des kindlichen Denkens interessiert, auch heute noch viel zu bieten hat. Allerdings ergibt sich aus ihrer relativen Vernachlässigung von Aspekten wie der Entwicklung des begrifflichen Denkens, der Entwicklung des Gedächtnisses, des Lernens und des Lerntransfers (um nur einige zu nennen) sowie aus neueren Erkenntnissen der kognitiven Neurowissenschaften, die zu Piagets Zeit noch nicht zur Verfügung standen, dass die kognitive Entwicklungspsychologie heute weitaus mehr umfasst als die Fragen, mit denen sich Piaget beschäftigt hat. Die Forschung zum kindlichen Denken hat heute sehr viel mehr Berührungspunkte mit der Forschung zum erwachsenen Denken als zu Piagets Zeiten, und die alten Fragen nach dem «Was» und dem «Warum» der kognitiven Entwicklung stellt man sich heute in Bezug auf die *gesamte Lebensspanne.*

Kapitel 9

Das «Was» und «Warum» der kognitiven Entwicklung

Am Anfang des Buches haben wir gesagt, dass sich die Untersuchung des kindlichen Denkens vor allem auf zwei wichtigen Fragen konzentriert hat: die Frage «*Was* entwickelt sich?» und die Frage «*Warum* entwickelt es sich?»

Was entwickelt sich?

Hinsichtlich der Frage «Was entwickelt sich?» haben wir gesehen, dass das Wissen, das die Kinder über Objekte und Ereignisse in ihrer Umwelt haben, und das Wissen, das sie über die kausalen und explanativen Strukturen haben, auf denen die Beziehungen zwischen diesen Objekten und Ereignissen beruhen, von frühesten Kindheit an mit spektakulärer Geschwindigkeit zunimmt. Im Alter von fünf Jahren, in dem in vielen Ländern der Schulbesuch beginnt, verfügen Kinder bereits über ein beachtliches Wissen. Säuglinge und Kleinkinder eigenen sich einen großen Teil dieses Wissens dadurch an, dass sie ihre Umwelt beobachten und mit ihr interagieren. Eine ebenso große Rolle spielt jedoch ihr Bestreben, sich das, was in ihrem Leben passiert, zu *erklären.* Dies führt dazu, dass ihre Wissensgrundlage unter dem Eindruck neuer Erfahrungen unaufhörlich restrukturiert und revidiert wird. Unterstützt wird dieser Prozess durch die Entwicklung abstrakter Wissensstrukturen (Schemata und Skripts) für die Repräsentation der temporalen und kausalen «Rahmendaten» von Ereignissen, was die Speicherung und Einordnung eingehender Informationen erleichtert. Wie in Kapitel 5 beschrieben wurde, sind die Entwicklung des Gedächtnisses und die Entwicklung anderer kognitiver Prozesse eng miteinander verzahnt.

Die Wissensbasis kann in mehrere Bereiche *(domains)* bzw. Mengen von Repräsentationen unterteilt werden, die jeweils das Wissen über ein Gebiet enthalten, z. B. das physikalische Wissen, das biologische Wissen oder das psychologische Wissen. Während wir in diesem Buch nicht näher auf den

Bereich des psychologischen Wissens eingegangen sind, zeigen in den Kapiteln 1 und 2 vorgestellte Forschungsergebnisse, dass bereits während des ersten Lebensjahres ein detailliertes und organisiertes Wissen über physikalische Fakten und Prinzipien erworben wird; in Kapitel 3 wurden dann Arbeiten besprochen, aus denen hervorgeht, dass Kinder bis zum Alter von drei Jahren auch über ein detailliertes und organisiertes Wissen über biologische Kategorien und Arten (auf der Grundlage der Unterscheidung zwischen Belebtem und Unbelebtem) verfügen. Sowohl das physikalische als auch das biologische Wissen entwickeln sich natürlich ständig weiter. In Kapitel 4 haben wir gesehen, dass kleine Kinder noch mehr über physikalische Zusammenhänge in Erfahrung bringen können, sobald sie lernen, Hypothesen und empirische Daten miteinander in Bezug zu setzen und mehrere kausale Variablen parallel zu berücksichtigen; und am Ende des dritten Kapitels haben wir gesehen, wie die allmähliche Zunahme des Wissens über biologische Kategorien und Arten dazu führt, dass es zu einem Wandel der entsprechenden Begriffssysteme kommt.

Trip/H. Rogers

Die sich entwickelnde Wissensbasis spielt eine so große Rolle für das Denken, dass die anderen Aspekte des «Was» der Entwicklung, nämlich die kognitiven Fähigkeiten, Fertigkeiten und Strategien, nicht isoliert untersucht werden können. Wie in Kapitel 7 gesagt, sind Versuche, das «reine» logische Denken oder die «reine» Gedächtnisleistung mit Hilfe kontextfreier Aufgaben zu untersuchen, von vornherein zum Scheitern verurteilt. Der Einsatz von Maßen für kognitive Fähigkeiten, die nichts mit Situationen zu tun haben, die den Kindern vertraut sind und in denen diese Fähigkeiten normalerweise gefordert sind, führt häufig zu einer deutlichen Unterschätzung ihrer kognitiven Fähigkeiten. Bei vielen kognitiven Entwicklungsschritten, die wir bei Kindern festzustellen meinen, handelt es sich in Wirklichkeit um eine Zunahme des ihnen zu Verfügung stehenden Wissens, auf dessen Grundlage sie eine bestimmte Fähigkeit anwenden können. Wenn beispielsweise bei der Untersuchung der Fähigkeit zu syllogistischem Schließen vertraute Prämissen verwendet werden, können bereits Vierjährige die entsprechenden logischen Schlussfolgerungen ziehen, selbst wenn diese Prämissen gegen bekannte Tatsachen verstoßen (z. B., dass Katzen bellen; siehe Kapitel 7). Ähnliche Kontexteffekte lassen sich bei Erwachsenen nachweisen: Wenn die Selektionsaufgabe in einem konkreten Kontext (z. B. Briefe auf einer Post) vorgegeben wird, ist die Mehrheit der Erwachsenen in der Lage, sie nach logischen Prinzipien zu lösen; in einem abstrakten Kontext gelingt dies den meisten nicht (siehe ebenfalls Kapitel 7).

Aufgrund solcher Effekte, können wir nicht davon ausgehen, dass wir, wenn wir ein bestimmtes Prinzip des logischen Denkens definieren und dann seine Entwicklung über die Zeit hinweg mit Hilfe geeigneter experimenteller Tests erfassen, tatsächlich die Anwendung dieses Prinzips messen. Es ist gut möglich, dass wir nicht die kognitive Fähigkeit per se messen, sondern vielmehr die Entwicklung der Wissensbasis. Ein gutes Beispiel hierfür liefert die Untersuchung des analogen Schließens. Die frühen Studien kamen zu dem Schluss, dass analoges Schließen vor Erreichen des Jugendalters nicht möglich ist; dieser Schluss beruhte jedoch auf irreführenden Daten. Bei den Aufgaben war es nämlich um analoge Relationen gegangen, die den kleineren Kindern fremd waren. Die Ergebnisse dieser Studien waren darauf zurückzuführen, dass das Wissen über diese analogen Relationen erst älteren Kindern zur Verfügung stehen. Eine wichtige Feststellung in diesem Zusammenhang ist, dass die Lösung einer zweimal mit zeitlichem Abstand gegebenen Aufgabe beim zweiten Mal auf einer völlig anderen Grundlage beruhen kann als beim ersten Mal. Auf diese Tatsache wies vor kurzem Strauss (in Druck) in Zusammenhang mit Aufgaben zum analogen Schließen hin. In Kapitel 2 haben wir gesehen, dass bereits sehr junge Kinder in bestimmten Kontexten zu analogem Schließen in der Lage sind. Strauss hat die Auffassung vertreten, dass Kleinkinder völlig andere Analogien heranzögen als ältere Kinder; die Analogien der kleineren Kinder seien äußerlicher oder *perzeptueller* Art, die der älteren begrifflicher oder *konzeptueller* Art. Solche Fragen, die die *Kontinuität* kognitiver Fähigkeiten betreffen, sind von großer Bedeutung für das «Was» der Entwicklung.

Warum verläuft die Entwicklung so, wie sie verläuft?

Zur Beantwortung der Frage, warum die Entwicklung so verläuft, wie sie verläuft, müssen wir versuchen, unsere Erkenntnisse über das «Was» der

Entwicklung in ein Erklärungsmodell einzuordnen. Dieses Modell muss sowohl neue Befunde aus Untersuchungen zum «Was» der Entwicklung erklären können als auch bereits vorliegende Ergebnisse. In anderen Worten: Eine gute Antwort auf die Frage, warum sich die Entwicklung so vollzieht, wie sie es tut, ist eine *Theorie* über das kindliche Denken – eine Theorie, die *Vorhersagen* über die Entwicklung der kognitiven Fähigkeiten und des Wissens macht und vorliegende Beobachtungen erklärt.

Im Vorwort wurde bereits erwähnt, dass es mindestens drei verschiedene Erklärungssysteme gibt, die einen starken Einfluss auf die Theorienbildung in der Entwicklungspsychologie gehabt haben und noch haben. Es handelt sich dabei um Erklärungsansätze, die sich anhand der Gegensatzpaare bereichsübergreifend versus bereichsspezifisch, angeboren versus erworben und qualitative versus quantitative Veränderung kennzeichnen lassen. Im Folgenden betrachten wir die Aussagekraft dieser verschiedenen Erklärungssysteme auf dem Hintergrund der in diesem Buch besprochenen Erkenntnisse zum «Was» der Entwicklung.

Bereichsübergreifende versus bereichsspezifische Erklärungen

Ansätze, die Veränderungen im kindlichen Denken bereichsübergreifend erklären, beruhen auf der Vorstellung, dass sich die entscheidenden Fortschritte in der Entwicklung der Logik auf alle kognitiven Bereiche auswirken. Derartige Ansätze sind in der entwicklungspsychologischen Literatur weit verbreitet. So ist beispielsweise Piagets Theorie grundsätzlich bereichsübergreifend angelegt (siehe Kapitel 8); das Gleiche gilt für die neopiagetianischen Theorien, die in der Zunahme der Verarbeitungskapazität eine zentrale Determinante der kognitiven Entwicklung sehen (siehe Kapitel 6). Als wichtigste Alternativen zu diesen Theorien gelten neuere bereichsspezifische Ansätze zur Beschreibung und Erklärung des kindlichen Denkens, wenngleich auch keines der älteren Modelle als ausschließlich bereichsübergreifend bezeichnet werden kann.

Bereichsspezifische Ansätze gehen davon aus, dass es spezifische kognitive Fähigkeiten für den Umgang mit spezifischen Informationen gibt. Ausgangspunkt dieser Ansätze ist die Überlegung, dass Kinder ohne eine solche Spezialisierung noch nicht so früh über ein so reiches Wissen verfügen könnten, wie sie es tun (z. B. Hirschfeld & Gelman, 1994). Damit in Zusammenhang steht die Vorstellung, dass Lernprozesse bestimmten *Restriktionen (constraints)* unterliegen, die zur Folge haben, dass Kinder bestimmte Inputs stärker beachten als andere, was den Aufbau bereichsspezifischen Wissens fördert (z. B. Gelman, 1990). Der Umfang dieser Wissensbereiche wird von den verschiedenen Ansätzen unterschiedlich definiert. In einigen werden die Bereiche als größere Wissensgebiete betrachtet, etwa die physikalische oder die biologische Welt; während andere von stärker umschriebenen Feldern sprechen, wie etwa dem Schachspiel oder den Dinosauriern. Bereichsspezifische Ansätze nehmen an, dass die kognitive Entwicklung von bestimmten inneren Mechanismen abhängt (möglicherweise naiven «Theorien»), die relativ genau und restriktiv festlegen, was aus bestimmten Erfahrungen gelernt wird. Dabei gibt es unterschiedliche Mechanismen für die verschiedenen Bereiche.

Die in diesem Buch diskutierten Erkenntnisse legen nahe, dass sowohl bereichsübergreifende als auch bereichsspezifische Ansätze einen Erklärungswert für die Entwicklung des kindlichen Denkens haben. Ein gutes Beispiel für ein Gebiet, auf dem ein bereichsspezifischer Ansatz einen hohen Erklärungswert hat, ist die in Kapitel 3 ausführlich dargestellte Entwicklung des begrifflichen Denkens. Neuere Forschungsarbeiten haben gezeigt, dass das, was Kinder über ihre belebte und unbelebte Umgebung lernen, teilweise von ihren naiven «Theorien» abhängt. Die Grundlage dieser Theorien sind Kernprinzipien wie die Unterscheidung zwischen selbst- und fremdgenerierter Bewegung, die Ähnlichkeit zentraler innerer Merkmale und Vererbung. Solche Kernprinzipien wie die «Verursachung von Bewegung» lässt Kinder vermuten, dass ein ihnen unbekanntes Tier (z. B. eine Echidna) «kleine Beine» hat, auch wenn diese auf dem Bild nicht zu sehen sind, oder dass sich eine Statue nicht allein in Bewegung setzen kann, auch wenn sie Beine und Füße hat. Einige Autoren haben gar die Vermutung geäußert, dass diese Theorien und Kernprinzipien angeboren seien – und es stimmt zumindest, dass sie bereits sehr früh in der Entwicklung beobachtet werden können. Schon Säuglinge achten auf Merkmale wie die Ursache von Bewegung, und bereits fünf Monate alte Babys können allein anhand von 10 bis 12 sich bewegenden Lichtpunkten biologische von nichtbiologischer Bewegung unterscheiden.

Möglicherweise ist die besondere Beachtung bestimmter Inputs, die diese Forschungsarbeiten demonstriert haben, in Wirklichkeit die Folge eines bereichsübergreifenden Prozesses, nämlich der angeborenen Neigung, nach Ursachen für das zu suchen, was um einen herum passiert. Der Versuch, erklärende Konstrukte zu entwickeln, um konzeptuelle Strukturen zu verstehen, könnte beispielsweise ein wesentlicher Grund für die Konzentration auf

Inputs sein, die etwas über die Verursachung von Bewegung aussagen. Diese alternative – bereichsübergreifende – Erklärung derselben Daten lässt sich gut durch Pauens CEC-Modell *(causes and effects of change model)* verdeutlichen. Pauen geht davon aus, dass Säuglinge vom ersten Tag ihres Lebens an ein besonderes Augenmerk auf die Ursachen von Veränderungen in ihrer Umgebung legen. Diese Veränderungen liefern ihnen entscheidende Informationen über die Unterscheidung belebt versus unbelebt, aber auch über ganz andere Dinge, z. B. darüber, ob ein Gegenstand, der über eine Fläche hinausragt, zu Boden fällt oder nicht, oder darüber, ob bestimmte Geräusche bedeuten, dass mit einer Mahlzeit zu rechnen ist. Nach Pauen könnte diese Konzentration auf die Ursachen und Auswirkungen von Veränderungen in der Umgebung – in diesem Fall Veränderungen bestimmter Aspekte des Verhaltens von Objekten – beispielsweise erklären, warum die Kinder so früh in der Lage sind, zwischen belebter und unbelebter Natur zu unterscheiden (siehe Kapitel 3).

Angeborene versus erworbene Faktoren

Ein anderes Unterscheidungsmerkmal von Erklärungsansätzen zur kognitiven Entwicklung besteht darin, ob sie bestimmte kognitive Fähigkeiten als angeboren oder erworben betrachten. Ist eine Fähigkeit angeboren, wird sie als «genetisch bedingt» betrachtet. Wurde die Fähigkeit im Laufe der Entwicklung erworben, nimmt man an, dass ganz bestimmte Erfahrungen für die Ausbildung dieser Fähigkeit vonnöten waren, und die Frage ist, welche Erfahrungen dies sind. Wie bereits im Vorwort gesagt wurde, können weder genetische noch Umweltfaktoren *allein* die Entwicklung umfassend erklären. Vielmehr ist diese abhängig von der *Interaktion* von Umwelt und Anlage. Daraus folgt, dass die Beschreibung einer Fähigkeit als angeboren noch keine befriedigende Erklärung ihrer Entwicklung darstellt. Zu behaupten, dass eine «naive biologische Theorie» angeboren sei oder dass Säuglinge eine angeborene Neigung haben, kausale Relationen zu erkennen, bedeutet *nicht,* dass es für die Entwicklungspsychologie nichts mehr herauszufinden gäbe.

Diesen Punkt hat Turkewitz (1995) sehr gut verdeutlicht. Ihm zufolge ist die Tatsache, dass die Neigung, kausale Relationen zu erkennen und kausale Erklärungen zu finden, so früh in Erscheinung tritt, nur ein *Ausgangspunkt* für weitere Untersuchungen. Keineswegs sei damit die Frage, warum die Entwicklung ihren beobachteten Verlauf nimmt, bereits beantwortet. In der Tat *erschwert* ein frühes Auftauchen einer Fähigkeit eher die entwicklungspsychologische Analyse, da wir nun den Ursprung der Fähigkeit oder des Prozesses zu einem noch früheren Zeitpunkt in der Entwicklung suchen müssen. Wie bereits in Kapitel 6 gesagt, fangen die Neurowissenschaften gerade an, Möglichkeiten zu entwickeln, solche Fragen zu beantworten. Sie erweitern die Perspektive der kognitiven Entwicklungspsychologie um molekulare, genetische und neurologische Aspekte. Derzeit können wir jedoch noch nicht sagen, auf welche Weise sich untersuchen lässt, wo der Ursprung des in diesem Buch bereits mehrfach angeführten «kausalen Bias» der Informationsverarbeitung liegt.

Zwar können wir im Moment noch nicht viel über die Entwicklung «angeborener» Fähigkeiten sagen, allerdings können wir versuchen, eine Antwort auf die damit zusammenhängende theoretische Frage zu geben, die Turkewitz formuliert hat: Welche Bedeutung haben frühkindliche motorische, sensorische, perzeptive und kognitive Prozesse – genauer: deren Merkmale und Beschränkungen – auf die spätere kognitive Entwicklung bis ins Erwachsenenalter hinein? Turkewitz nannte insbesondere drei Merkmale des kindlichen Denkens und Erlebens, die es wert seien, näher untersucht zu werden: die Präferenz für unbekannte Reize *(novelty preference),* die Habituation und die Dishabituation. Hinzufügen können wir die Neigung der Kinder, ihre Aufmerksamkeit auf Veränderungen in ihrer Umgebung zu richten, inhibitorische (hemmende) Prozesse, Imitation, die Fähigkeit, in der Umwelt vorhandene korrelative Informationen zu verarbeiten, und die Neigung, kausale Zusammenhänge zu erkennen und kausale Erklärungen zu erwerben.

Einige der in den vorigen Kapiteln vorgestellten Resultate zeigen bereits, welche Bedeutung einige dieser Merkmale für die spätere kognitive Entwicklung haben. So scheint beispielsweise die Fähigkeit, *korrelative Informationen zu verarbeiten* zunächst zur Bildung perzeptueller Prototypen zu führen. Später führt sie zur Entwicklung konzeptueller Prototypen, die dem Kind helfen, die Dinge in seiner Welt den gebräuchlichen Kategorien zuzuordnen, womit gleichzeitig die Grundlage für das semantische Gedächtnis geschaffen wird. Die Fähigkeit, korrelative Informationen zu verarbeiten, leistet auch einen Beitrag zu der Fähigkeit, kausale Zusammenhänge zu erkennen, da diese Informationen eine Grundlage für die Attribuierung von Kausalität darstellen (wenn diese Informationen den in Kapitel 4 vorgestellten kausalen Prinzipien entsprechen). Die systematische Verwendung korrelativer Informationen ist letztendlich die Grundlage für das wissenschaftliche Denken und die effektive Überprüfung von Hypothesen (siehe Kapitel 4 und 8).

Die übrigen erwähnten Merkmale sind nicht so ausführlich in den Kapiteln dieses Buches besprochen worden (auf die Neigung, kausale Zusammenhänge zu erkennen und kausale Erklärungen zu erwerben, wird allerdings weiter unten noch einmal eingegangen). Dennoch ist es möglich, etwas über den Beitrag dieser anderen Eigenschaften zur späteren kognitiven Entwicklung zu sagen. Sowohl die Präferenz für neue Reize (messbar durch Tests für visuelles Wiedererkennen) als auch *Habituation* und *Dishabituation* stehen in einem Zusammenhang zur späteren Intelligenz. «Schnelle Habituierer» oder Babys, die eine stark ausgeprägte Präferenz für unbekannte Reize haben, schneiden später als Kinder oder Erwachsene in kognitiven Tests besser ab als «langsame Habituierer» oder Babys mit einer geringer ausgeprägten *novelty preference* (siehe Kapitel 1). Dies liegt wahrscheinlich darin, dass diese Maße einige sehr grundlegende Aspekte der Informationsverarbeitung erfassen, die von Bedeutung für die allgemeine kognitive Leistungsfähigkeit sind, wie zum Beispiel Tiefe und Geschwindigkeit der Stimulus-Enkodierung. Die Fähigkeit zu *imitieren* ist in mehrfacher Hinsicht wichtig für die spätere kognitive Entwicklung. Sie ist von zentraler Bedeutung für das Lernen und vielleicht auch für die Repräsentation von Wissen, sie trägt zum Verständnis psychologischer Ursache-Wirkungs-Zusammenhänge bei und stellt möglicherweise auch eine frühe Form des analogen Schließens dar. Der Stellenwert *inhibitorischer Prozesse* für die spätere kognitive Entwicklung ist noch ungeklärt. Neuere Forschungsarbeiten deuten jedoch darauf hin, dass sie eine Rolle für die Entwicklung exekutiver Funktionen wie der Planung und Überwachung der eigenen kognitiven Aktivität spielen sowie für die Entwicklung und die Effizienz der selektiven Aufmerksamkeit.

Abschließen können wir die Betrachtung zum Erklärungswert der Anlage-Umwelt-Perspektive, indem wir uns die «Interaktionsposition» genauer ansehen und uns fragen, welche *spezifischen* Aspekte der Umwelt nachweislich einen Einfluss auf *spezifische* kognitive Fähigkeiten haben. Dass der allgemeine Anregungsgehalt der Umwelt eine Bedeutung für die kognitive Entwicklung hat, ist seit längerem bekannt und durch Untersuchungen über die Auswirkungen besonders anregungsarmer Umweltbedingungen mehrfach belegt (z. B. Clarke & Clarke, 1976). In diesem Buch wurden allerdings auch Studien vorgestellt, die spezifischere Zusammenhänge zwischen den kognitiven Fähigkeiten von Kindern und der Umwelt, in der sie leben, nachweisen. Zwei Beispiele – beide zur Entwicklung des Gedächtnisses – mögen hier genügen.

In Kapitel 5 haben wir gesehen, dass der Interaktionsstil der Mutter einen Einfluss auf die Entwicklung des episodischen Gedächtnisses hat. Jedes Kind entwickelt ein episodisches Gedächtnis – das Gedächtnis für persönliche Erfahrungen, das um generische oder abstrakte Wissensstrukturen herum organisiert ist, welche als Grundlage für die kausal und temporal kohärente Speicherung dieser Informationen dienen. Kinder von «elaborativen Müttern» haben jedoch ein besseres espisodisches Gedächtnis als Kinder von «nicht elaborativen Müttern». Mütter, die die von ihren Kindern gegebenen Informationen über gemeinsam Erlebtes ausschmücken, vertiefen und bewerten, tragen mehr zu der Entwicklung des episodischen Gedächtnisses ihrer Kinder bei als Mütter, die weniger Erzählstruktur liefern und von einem Thema zum anderen springen.

Ein weiteres Beispiel für die Effekte einer anregungsreichen Umwelt auf die Entwicklung des Gedächtnisses stammt aus Untersuchungen zum Augenzeugengedächtnis. Aus diesen Untersuchungen geht hervor, dass die Zeugenberichte von Kindern insgesamt weniger zuverlässig sind als die von Erwachsenen, da Kinder sich leichter durch suggestive Fragen in die Irre führen lassen und dann von Ereignissen berichten, die sich in Wirklichkeit nie zugetragen haben. Wir wissen jedoch mittlerweile, dass es einen Zusammenhang zwischen dem Grad der Anfälligkeit für suggestive Fragen und der Qualität der Wissensbasis gibt. Kinder, die viel über eine bestimmte Art von Ereignissen – zum Beispiel Arztbesuche – wissen, lassen sich nicht so leicht durch entsprechende Fragen in die Irre leiten wie Kinder, deren Erfahrungsgrundlage schmaler ist. Auch in diesem Fall besteht also ein Zusammenhang zwischen einem spezifischen Umweltaspekt und einer spezifischen kognitiven Funktion.

Damit ist jedoch nicht gesagt, dass sich mit dem Anregungsgehalt der Umwelt alle festgestellten Unterschiede auf dem Gebiet der kognitiven Fähigkeiten erklären ließen. In beiden Beispielen ist es unmöglich, den Beitrag der Erbanlagen von dem der Umweltfaktoren zu trennen. Man könnte beispielsweise argumentieren, dass der Erzählstil der elaborativen Mütter von bestimmten Merkmalen ihres eigenen besonders gut ausgebildeten episodischen Gedächtnisses abhängt und dass diese Merkmale genetisch determiniert sind und von den Müttern an die Kinder vererbt werden. Ebenso könnte man die Auffassung vertreten, dass Kinder, die weniger anfällig für suggestive Fragen sind, «von Natur aus» mehr Erinnerungen aufbauen, wenn sie mit bestimmten Ereignissen konfrontiert werden. Derartige Argumente gehen jedoch an der «interaktionistischen» Erkenntnis vorbei, dass es unmöglich ist, reine genetische Komponenten zu isolieren und von reinen umweltbedingten Komponenten zu trennen. Die entwicklungspsychologisch relevante Fragestellung lautet vielmehr, *auf welche Weise* der Anregungsgehalt der Umwelt die Entwicklung einer spezifischen kognitiven Fähigkeit beeinflusst.

Qualitative versus quantitative Fortschritte

Eine dritte Unterscheidung, die geeignet ist, Informationen über das «Was» der Entwicklung einzuordnen, ist die zwischen kognitiven Veränderungen qualitativer Art und solchen quantitativer Art. Bei qualitativen Veränderungen kommt es zu grundsätzlich neuen Denkweisen, während quantitative Veränderungen aus dem allmählichen Erwerb einer neuen kognitiven Strategie oder Fähigkeit bestehen. So wie es sich jedoch als unmöglich herausgestellt hat, bereichsspezifische und bereichsübergreifende Erklärungen des kindlichen Denkens klar voneinander zu unterscheiden (oder strikt zwischen genetischen und umweltbedingten Faktoren zu trennen), so ist letztendlich auch eine eindeutige Unterscheidung zwischen qualitativen und quantitativen Aspekten der Entwicklung nicht möglich.

Dies zeigt sich besonders anschaulich am Beispiel der in Kapitel 5 besprochenen infantilen Amnesie – ein Phänomen, das nach früherer Auffassung zeigt, dass es einen qualitativen Unterschied zwischen dem frühkindlichen und dem späteren Gedächtnis gibt. Man nahm an, dass sich ungefähr im dritten Lebensjahr eine strukturelle Veränderung im Gedächtnissystem vollziehe. Die frühen Erinnerungen seien als physikalische Handlungen oder reine Empfindungen, spätere Erinnerungen hingegen sprachlich enkodiert. Heute meint man eher, dass die infantile Amnesie einfach eine natürliche Folge quantitativer Entwicklungen im episodischen Gedächtnis darstellt. Sehr kleine Kinder verfügen noch nicht über die notwendigen Rahmenstrukturen, um Erinnerungen an Ereignisse zu speichern, und um solche Strukturen zu entwickeln, müssen sie sich auf die *Übereinstimmungen* zwischen Ereignissen konzentrieren. Dies hat zur Folge, dass ihnen später effektive Abrufreize fehlen und es so aussieht, als hätten sie keine Erinnerungen an ihre ersten Jahre.

Die Schwierigkeit, eindeutig zwischen qualitativen und quantitativen kognitiven Veränderungen zu unterscheiden, lässt sich auch anhand der kognitiven Fähigkeiten verdeutlichen, die in irgendeiner Weise von der Entwicklung der Wissensbasis abhängig sind. Wie wir weiter oben in diesem Kapitel gesehen haben, wurde häufig die Annahme vertreten, dass logische Fähigkeiten (wie das analoge Schließen) im Laufe der Entwicklung qualitative Entwicklungsfortschritte durchliefen. Diese Fortschritte sind aber, wie sich inzwischen herausgestellt hat, eher vom Erwerb bestimmter Wissensbestände abhängig – und daher quantitativer Art. Wie wir ebenfalls gesehen haben, ist eine weitere wichtige Frage in diesem Zusammenhang, ob eine zum Zeitpunkt 1 gemessene kognitive Fähigkeit tatsächlich identisch ist mit der anscheinend gleichen zum Zeitpunkt 2 gemessenen Fähigkeit. So beruht beispielsweise die Lösung von Kategorisierungsaufgaben in der frühen Kindheit vor allem auf der Wahrnehmung äußerer Übereinstimmungen zwischen den Merkmalen der zu kategorisierenden Objekte. Später dann werden bei solchen Aufgaben neben den äußeren Merkmalen der Objekte zusätzlich auch naive Theorien über die Zugehörigkeit zu bestimmten Kategorien sowie das Wissen über typische und definierende Merkmale herangezogen. Die Frage ist, ob dies bedeutet, dass sich Kategorisierungsprozesse in der frühen Kindheit *qualitativ* von Kategorisierungsprozessen in späteren Jahren unterscheiden. Es hängt von unserer Interpretation der Daten ab, ob wir die Fortschritte in Bezug auf eine Fähigkeit wie z. B. Kategorisieren als qualitativ oder quantitativ beschreiben.

Auch entwicklungspsychologische Theorien selbst können als entweder qualitativ oder quantitativ betrachtet werden. In diesem Buch ist keine Theorie der kognitiven Entwicklung eingehend behandelt worden, jedoch sind Piagets Theorie der Stadien der geistigen Entwicklung, Halfords Theorie über die Bedeutung der begrenzten Verarbeitungskapazität sowie Karmiloff-Smiths Theorie der repräsentationalen Neubeschreibung zumindest in Ansätzen dargestellt worden, so dass wir den Unterschied zwischen qualitativen und quantitativen Theorien an ihnen verdeutlichen können.

Alle drei Theorien können in gewisser Hinsicht als qualitativ angesehen werden. In Piagets Theorie ist die Entwicklung des kindlichen Denkens durch drei große Umbrüche geprägt, die zum Erreichen eines jeweils höheren Stadiums führen, in dem sich das Denken des Kindes fundamental von dem Denken in dem vorherigen Stadium unterscheidet. In Halfords Theorie können die Kinder nach und nach immer komplexere analoge *mappings* durchführen. Die Fortschritte sind zurückzuführen auf die Zunahme der Verarbeitungskapazität, die in den vorherigen Stadien noch nicht ausreichend war, um mit *mappings* dieses Komplexitätsgrades umzugehen. In der Theorie von Karmiloff-Smith repräsentieren Kinder Informationen in drei verschiedenen Formaten – Formaten, die im Laufe der Entwicklung zunehmend expliziter werden. Auf der untersten Repräsentationsebene ist das Wissen prozedural und für das

Bewusstsein unzugänglich, auf der höchsten Ebene besteht dagegen Einsicht in die eigenen konzeptuellen Prozesse.

Aus einer anderen Perspektive können die drei Theorien jedoch auch als quantitativ betrachtet werden. In Piagets Theorie sind die Entwicklungsfortschritte abhängig von Akkommodation und Assimilation. Diese Prozesse vollziehen sich in Form von kleinen und inkrementellen Veränderungen. Bei der Akkommodation handelt es sich um den Prozess der Anpassung der kognitiven Schemata an die Wirklichkeit, und bei der Assimilation um den komplementären Prozess der Interpretation von Erfahrungen mit Hilfe der bestehenden Schemata. Auch in einer anderen, grundlegenden Hinsicht kann Piagets Theorie als quantitativ bezeichnet werden. Piaget war sich nämlich der Tatsache bewusst, dass die neuen für die verschiedenen Stadien charakteristischem Modi des Denkens nicht in allen kognitiven Bereiche gleichzeitig wirksam wurden. Wenn aber die Anwendung eines bestimmten Denkmodus zu einem bestimmten Zeitpunkt in einer bestimmten Domäne von dem Stand der Wissensbasis in dieser Domäne abhängig ist, dann spielt der quantitative Aspekt in Piagets Theorie eine wichtige Rolle. Wie wir beispielsweise in Kapitel 8 gesehen haben, hängt die Klasseninklusion – eine konkrete Operation – nach Ansicht Piagets möglicherweise von der sprachlichen Entwicklung ab, während die Seriation – ebenfalls eine konkrete Operation – möglicherweise mit der Entwicklung der Wahrnehmung in Zusammenhang steht. Vermutlich ist also die Aneignung des erforderlichen Wissens in diesen beiden separaten Wissensbereichen der für den Erwerb dieser beiden konkreten Operationen ausschlaggebende Faktor.

Eine ähnliche Rolle spielt die Wissensbasis in der Theorie von Karmiloff-Smith. Zwar sollen ihre Repräsentationsebenen prinzipiell bereichsübergreifend sein, jedoch hängen spezifische Veränderungen vom Explizitheitsgrad der Repräsentationen ab, auf denen sich ein bestimmtes bereichsspezifisches Wissen jeweils stützen kann. Obwohl es also Repräsentationen gibt, die für alle Bereiche relevant sind, und obwohl die Abfolge der Entwicklung hin zu expliziten Repräsentationen für alle Bereiche gilt, ist der zeitliche Verlauf dieser Entwicklung bereichsabhängig. Auch in Halfords Theorie spielt die sich entwickelnde Wissensbasis eine nicht unwichtige Rolle. Seiner Meinung nach ist die relationale Komplexität der analogen *mappings* möglicherweise von dem Wissen abhängig, über das die Person zu dem gegebenen Moment verfügt. Obwohl die Erweiterung der Verarbeitungskapazität, die die Kinder in die Lage versetzt, komplexere relationale *mappings* durchzuführen, altersabhängig sind, können die Kinder durch die Bündelung *(chunking)* verschiedener Relationen die Komplexität eines bestimmten *mappings* reduzieren. Diese Fähigkeit ermöglicht es einigen Kindern, ihre Verarbeitungskapazität besser zu nutzen und so das entsprechende *mapping* bereits zu einem früheren Zeitpunkt in der Entwicklung auszuführen. Die Berücksichtigung der Fähigkeit zur Bildung von *chunks* bedeutet, dass es sich bei Halfords Modell nicht um eine rein qualitative Theorie handelt. Wie durch diese Beispiele deutlich wird, können die meisten entwicklungspsychologischen Theorien sowohl aus einer qualitativen als auch aus einer quantitativen Perspektive betrachtet werden.

Der kausale Bias

In einem großen Teil dieses Buches ging es um die Bedeutung des so genannten kausalen Bias für das kindliche Denken und seine Entwicklung. Dieses Konzept, das sich auf die Neigung bezieht, kausale Relationen zu lernen und sich kausale Erklärungen anzueignen, leistet, wie sich zeigen lässt, einen wichtigen Beitrag zur Beantwortung der beiden zentralen Fragen der Entwicklungspsychologie. Es hilft uns, die Erkenntnisse über das Was der Entwicklung in all den verschiedenen kognitiven Bereichen einzuordnen, die in diesem Buch betrachtet wurden, und liefert somit einen partiellen theoretischen Rahmen. Das Konzept hilft uns auch bei der Entscheidung, wo wir nach Veränderungen im kindlichen Denken im Laufe der Zeit suchen sollten, und damit bei der Entscheidung, welchen Aspekt des Verhaltens es als nächstes zu beobachten gilt.

In Bezug auf das «Was» der kognitiven Entwicklung des Kindes haben die in den vorangegangenen Kapiteln besprochenen Ergebnisse gezeigt, dass der kausale Bias dem Kind hilft, tragfähige Rahmenstrukturen zur Organisierung seiner Erinnerungen aufzubauen und sich auf wichtige Relationen wie *verdekken, enthalten, halten* und *kollidieren* zu konzentrieren, ohne die es die physikalische Welt nicht begreifen kann. Es hilft dem Kind auch, seine Aufmerksamkeit auf Relationen wie «selbstgenerierte» und «fremdgenerierte Bewegung» zu richten, ohne die es die biologische Welt nicht begreifen kann, sowie logisch zu denken und dabei die kausalen Prinzipien zu berücksichtigen. Der kausale Bias ist auch wichtig für die Entwicklung eines Verständnisses für *agency* und die Zuschreibung von Intentionalität (siehe Kapitel 2). Die große Bedeutung des kognitiven Bias für die kognitive Entwicklung wurde teilweise durch innovative experimentelle Forschungsparadigmen – vor allem aus Arbeiten zur frühesten Kindheit – sichtbar gemacht. Einen wichtigen Hinweis auf den hohen Stellenwert kausaler Informationen für das sich entwickelnde Kind gibt uns aber auch sein unaufhörliches Fragen nach den Gründen und Ursachen der Ereignisse, die es beobachtet.

In Bezug auf das «Warum» der Entwicklung versetzt uns der kausale Bias in die Lage, eine recht umfassende Erklärung dafür zu geben, warum die Entwicklung ihren beobachteten Verlauf nimmt. Der Grund dafür, dass Kinder in so kurzer Zeit so viele Informationen aus ihrer Umgebung aufnehmen, besteht schlicht darin, dass sie verstehen wollen, wie die Welt, in der sie leben, funktioniert. Dazu aber muss das Wissen, das sie erwerben, in kausaler Hinsicht kohärent sein. Wie in Kapitel 4 gesagt wurde, kann uns das Erschließen der Ursache eines Ereignisses in die Lage versetzen, das Ereignis selbst zu verstehen, und da jedes Ereignis, das in unserer Umwelt passiert, auch in Relation zu anderen Ereignissen verstanden werden muss, führt der kausale Bias letztlich zum Aufbau von Wissensstrukturen, die nach Kohärenz stiftenden kausalen Grundprinzipien organisiert sind. In Kapitel 4 haben wir auch gesagt, dass kausale Schlussfolgerungen Kinder in die Lage versetzen können, Ereignisse in ihrer Umwelt vorherzusagen oder sogar zu steuern. Da Kognitionen als Prozesse definiert werden können, die die Aneignung von Informationen über unsere Umwelt ermöglichen, mit dem Ziel, im Sinne unserer Wünsche und Bedürfnisse auf sie einzuwirken (siehe Kapitel 1), liefert der «kausale Bias» eine sehr zufrieden stellende Erklärung für das «Warum» der kognitiven Entwicklung.

Trip/H. Rogers

Auf einer anderen theoretischen Ebene ist die «Erklärung», die der kausale Bias uns bietet, allerdings eher unbefriedigend. Die entwicklungspsychologische Frage, wo dieser besondere kausale Fokus seinen Ursprung hat, ist nämlich keineswegs leicht zu beantworten. In diesem Buch ist die besondere Neigung, kausale Zusammenhänge zu erkennen und kausale Erklärungen zu erwerben, als «angeboren» beschrieben worden. Diese Beschreibung ist jedoch letztlich unzureichend: Es bleibt offen, wieso der menschliche Säugling mit einem solchen Bias ausgestattet auf die Welt kommt und wie der Bias in der DNA entstehen und übertragen werden kann. Komparative Studien weisen darauf hin, dass möglicherweise nicht nur Menschen über einen kausalen Bias verfügen. Einige Autoren sprechen z. B. Ratten Wissen über kausale Zusammenhänge zu (z. B. Dickinson & Shanks, 1995), wenngleich nicht unbedingt die Fähigkeit, Schlussfolgerungen aufgrund kausaler Prinzipien zu ziehen. Man könnte auch auf die natürliche Auslese verweisen: Diejenigen unserer Vorfahren, die Ursache-Wirkungs-Zusammenhänge besonders gut erkannt haben, hatten vielleicht eine höhere Überlebenschance, was dazu geführt haben mag, dass die Neigung, kausale Informationen besonders zu beachten, ein allgemeines Merkmal des menschlichen Denkens geworden ist. Aber selbst diese «Erklärung» ist letztendlich nichts anderes als eine andere Beschreibung der vorliegenden Daten.

An der großen Bedeutung des kausalen Bias für das kindliche Denken und die kognitive Entwicklung besteht indes kein Zweifel. Schließen wir mit einem Zitat von White (1993, S. 1):

> ... Jeder Augenblick, den wir wach erleben, ist voller Eindrücke. Unaufhörlich nehmen wir Ereignisse und Verhaltensweisen wahr, beurteilen sie, interpretieren sie und konstruieren sie – ihr Wesen und ihre Ursachen, ihren Platz im Weltgeschehen. Es lässt sich kaum etwas vorstellen, das für die Psychologie wichtiger wäre als dies.

Literatur

Anderson, J. R. (1980). *Cognitive psychology and its implications.* San Francisco: W. H. Freeman [dt. (1988). *Kognitive Psychologie.* Heidelberg: Spektrum d. Wiss.].

Anderson, N. H. (1983). Intuitive physics: Understanding and learning of physical relations. In J. Tighe & B. E. Shepps (Eds.), *Perception, cognition and development* (pp. 231-265). Hillsdale, NJ: Lawrence Erlbaum Associates Inc.

Anderson, N. H. (1991). *Contributions to information integration theory: Vol. III. Developmental.* Hillsdale, NJ: Lawrence Erlbaum Associates Inc.

Anderson, N. H. & Wilkening, F. (1991). Adaptive thinking in intuitive physics. In N. H. Anderson, (Ed.), *Contributions to information integration theory: Vol. III. Developmental* (pp. 1-42). Hillsdale, NJ: Lawrence Erlbaum Associates Inc.

Anisfeld, M. (1991). Neonatal imitation. *Developmental Review, 11,* 60-97.

Atkinson, J. & Braddick, O. (1989). Development of basic visual functions. In A. M. Slater & G. Bremner (Eds.), *Infant development,* (pp. 7-41). Hove, UK: Lawrence Erlbaum Associates Ltd.

Atran, S. (1994). Core foundations vs. scientific theories. In L. A. Hirschfeld & S. A. Gelman (Eds.), *Mapping the mind* (pp. 316-340). New York: Cambridge.

Baddeley, A. D. & Hitch, G. (1974). Working memory. In G. H. Bower (Ed.), *The psychology of learning and motivation, Vol. 8* (pp. 47-90). London: Academic Press.

Baillargeon, R. (1986). Representing the existence and location of hidden objects: Object permanence in 6- and 8-month-old infants. *Cognition, 23,* 21-41.

Baillargeon, R. (1987a). Object permanence in 3.5- and 4.5-month-old infants. *Developmental Psychology, 23,* 655-664.

Baillargeon, R. (1987b). Young infants' reasoning about the physical and spatial properties of a hidden object. *Cognitive Development, 2,* 179-200.

Baillargeon, R. (1994). Physical reasoning in young infants. Seeking explanations for impossible events. *British Journal of Developmental Psychology, 12,* 9-33.

Baillargeon, R. (1995). A model of physical reasoning in infancy. In C. Rovee-Collier & L. Lipsitt (Eds), *Advances in infancy research, Vol. 9* (pp. 305-371). Norwood, NJ: Ablex.

Baillargeon, R. & DeVos, J. (1991). Object permanence in young infants: Further evidence. *Child Development, 62,* 1227-1246.

Baillargeon, R. & DeVos, J. (1994). *Qualitative and quantitative reasoning about unveiling events in 12.5- and 13.5-month-old infants.* Unpublished manuscript, University of Illinois.

Baillargeon, R., DeVos, J. & Graber, M. (1989). Location memory in 8-month-old infants in a non-search AB task: Further evidence. *Cognitive Development, 4,* 345-367.

Baillargeon, R. & Gelman, R. (1980). *Young children's understanding of simple causal sequences: Predictions and explanations.* Paper presented to the meeting of the American Psychological Society, Montreal.

Baillargeon, R. & Graber, M. (1987). Where is the rabbit? 5.5-month-old infants'representation of the height of a hidden object. *Cognitive Development, 2,* 375-392.

Baillargeon, R. & Graber, M. (1988). Evidence of location memory in 8-month-old infants in a non-search AB task. *Developmental Psychology, 24,* 502-511.

Baillargeon, R., Graber, M., DeVos, J. & Black, J. (1990). Why do young infants fail to search for hidden objects? *Cognition, 36,* 255-284.

Baillargeon, R., Needham, A. & DeVos, J. (1992). The development of young infants' intuitions about support. *Early Development & Parenting, 1,* 69-78.

Baillargeon, R., Spelke, E. S. & Wasserman, S. (1985). Object permanence in 5-month-old infants. *Cognition, 20,* 191-208.

Bartlett, F. C. (1932). *Remembering.* Cambridge: Cambridge University Press.

Bauer, P. J., Dow, G. A. & Hertsgaard, L. A. (1995). Effects of prototypicality on categorisation in 1- to 2-year-olds: Getting down to basic. *Cognitive Development, 10,* 43-68.

Bauer, P. J. & Mandler, J. M. (1989a). Taxonomies and triads: Conceptual organisation in one- to two-year-olds. *Cognitive Psychology, 21,* 156-184.

Bauer, P. J. & Mandler, J. M. (1989b). One thing follows another: Effects of temporal structure on 1- to 2-year-olds' recall of events. *Developmental Psychology, 25,* 197-206.

Bauer, P. J., Schwade, J. A., Wewerka, S. S. & Delaney, K. (1999). Planning ahead: Goal-directed problem solving by 2-year-olds. *Developmental Psychology, 35,* 1321-1337.

Bauer, P. J., Shore, C. M. (1987). Making a memorable event: Effects of familiarity and organisation on young children's recall of action sequences. *Cognitive Development, 2,* 327-338.

Beilin, H. & Pufall, P. B. (1992). *Piaget's theory: Prospects and possibilities.* Hillsdale, NJ: Lawrence Erlbaum Associates Inc.

Bertenthal, B. I., Proffitt, D. R., Spetner, N. B. & Thomas, M. A. (1985). The development of infant sensitivity to biomechanical motions. *Child Development, 56,* 531-543.

Bjorklund, D. F. & Bjorklund, B. R. (1985). Organisation vs. item effects of an elaborated knowledge base on children's memory. *Developmental Psychology, 21,* 1120-1131.

Bjorklund, D. F. & Bjorklund, B. R. (1992). *Looking at children: An introduction to child development.* Pacific Grove, CA: Brooks/Cole Publishing Co.

Blue, N. (1995, September). *What causes causality? The development of causal reasoning in young children.* Poster presented at the British Psychology Society Developmental Section Conference, Glasgow.

Bornstein, M. H. & Sigman, M. D. (1986). Continuity in mental development from infancy. *Child Development, 57,* 251-274.

Bremner, J. G. (1988). *Infancy.* Oxford: Basil Blackwell.

Breslow, L. (1981). Re-evaluation of the literature on the development of transitive inferences. *Psycholgical Bulletin, 89,* 325-351.

Brown, A. L. (1990). Domain-specific principles affect learning and transfer in children. *Cognitive Science, 14,* 107-133.

Brown, A. L., Bransford, J. D., Ferara, R. A. & Campione, J. C. (1983). Learning, remembering and understanding. In J. H. Flavell & E. M. Markman (Eds.), *Handbook of child psychology, Vol. 3.* New York: Wiley.

Brown, A. L. & DeLoache, J. S. (1978). Skills, plans and self-regulation. In R. S. Siegler (Ed.), *Children's thinking: what develops?* Hillsdale, NJ: Lawrence Erlbaum Associates Inc.

Brown, A. L. & Kane, M. J. (1988). Preschool children can learn to transfer: Learning to learn and learning by example. *Cognitive Psychology, 20,* 493-523.

Brown, A. L., Kane, M. J. & Echols, C. H. (1986). Young children's mental models determine analogical transfer across problems with a common goal structure. *Cognitive Development, 1,* 103-121.

Brown, A. L., Kane, M. J. & Long, C. (1989). Analogical transfer in young children: Analogies as tools for communication and exposition. *Applied Cognitive Psychology, 3,* 275-293.

Brown, A. L. & Scott, M. S. (1971). Recognition memory for pictures in preschool children. *Journal of Experimental Child Psychology, 11,* 401-412.

Bryant, P. E. (1982). *Piaget: Issues and experiments.* Leicester, UK: The British Psychological Society.

Bryant, P. E. & Trabasso, T. (1971). Transitive inferences and memory in young children. *Nature, 232,* 456-458.

Bullock Drummey, A. & Newcombe, N. (1995). Remembering vs. knowing the past: Children's implicit and explicit memory for pictures. *Journal of Experimental Child Psychology, 59,* 549-565.

Bullock, M. & Gelman, R. (1979). Preschool children's assumptions about cause and effect: Temporal ordering. *Child Development, 50,* 89-96.

Bullock, M., Gelman, R. & Baillargeon, R. (1982). The development of causal reasoning. In W. J. Friedman (Ed.), *The developmental psychology of time* (pp. 209-254). New York: Academic Press.

Bushnell, I. W. R., McCutcheon, E. Sinclair, J. & Tweedie, M. E. (1984). Infants' delayed recognition memory for colour and form. *British Journal of Developmental Psychology, 2,* 11-17.

Butterworth, G. (1977). Object disappearance and error in Piaget's stage 4 task. *Journal of Experimental Child Psychology, 23,* 391-401.

Butterworth, G. & Harris, M. (1994). *Principles of developmental psychology.* Hove, UK: Lawrence Erlbaum Asociates Ltd.

Callanan, M. & Oakes, L. M. (1992). Preschoolers' questions and parents' explanations: Causal thinking in everyday activity. *Cognitive Development, 7,* 213-233.

Carey, S. (1985). *Conceptual change in childhood.* Cambridge, MA: MIT Press.

Carey, S. & Gelman, R. (1991). *The epigenesis of mind: Essays on biology and cognition.* Hillsdale, NJ: Lawrence Erlbaum Associates Inc.

Carey, S. & Spelke, E. (1994). Domain-specific knowledge and conceptual change. In L. A. Hirschfeld & S. A. Gelman (Eds.), *Mapping the mind* (pp. 169-200). New York: Cambridge.

Carroll, M., Byrne, B. & Kirsner, K. (1985). Autobiographical memory and perceptual learning: A developmental study using picture recognition, naming latency and perceptual identification. *Memory & Cognition, 13,* 273-279.

Case, R. (1985). *Intellectual development: Birth to adulthood.* New York: Academic Press [dt. (1999). *Die geistige Entwicklung des Menschen.* Heidelberg: Uni-Vlg. Winter].

Case, R. (1992). Neo-Piagetian theories of child development. In R. J. Sternberg & C. J. Berg (Eds.), *Intellectual development* (pp. 161-196). Cambridge, UK: Cambridge University Press.

Cassell, W. S., Roebers, C. E. M. & Bjorklund, D. F. (1996). Developmental patterns of eyewittness repsonses to repeated and increasingly suggestive questions. *Journal of Experimental Child Psychology, 61,* 116-133.

Ceci, S. J. & Bruck, M. (1993). The suggestibility of the child witness: A historical review and synthesis. *Psychological Bulletin, 113,* 403-439.

Ceci, S. J. & Liker, J. (1986). A day at the races: A study of IQ, expertise and cognitive complexity. *Journal of Experimental Psychology: General, 115,* 255-266.

Chapman, M. (1988). *Constructive evolution: Origins and development of Piaget's thought.* Cambridge: Cambridge University Press.

Chen, C. & Stevenson, H. W. (1988). Cross-linguistic differences in digit span of preschool children. *Journal of Experimental Child Psychology, 46,* 150-158.

Chen, Z., Campbell, T. & Polley, R. (1995, March). *From beyond to within their grasp: The rudiments of analogical problem solving in 10- and 13-month-old infants.* Poster presented at the Biennial Meeting of the Society for Research in Child Development, Indianapolis.

Chen, Z., Sanchez, R. P. & Campbell, T. (1997). From beyond to within their grasp: Analogical problem solving in 10- and 13-month-olds. *Developmental Psychology, 33,* 790-801.

Cheng, P. W. & Holyoak, K. J. (1985). Pragmatic reasoning schemas. *Cognitive Psychology, 17,* 391-416.

Chi, M. T. H. (1978). Knowledge structure and memory development. In R. S. Siegler (Ed.), *Children's thinking: What develops?* (pp. 73-96). Hillsdale, NJ: Lawrence Erlbaum Associates Inc.

Chi, M. T. H., Hutchinson, J. & Robin, A. (1989). How inferences about novel domain-related concepts can be constrained by structured knowledge. *Merrill-Palmer Quarterly, 35,* 27-62.

Clarke, A. M. & Clarke, A. D. (1976). *Early experience: Myth and evidence.* London: Open Books.

Clarkson, M. G., Clifton, R. K. & Morongiello, B. A. (1985). The effects of sound duration on newborn's head orientation. *Journal of Experimental Child Psychology, 39,* 20-36.

Clubb, P. A., Nida, R. E., Merritt, K. & Ornstein, P. A. (1993). Visiting the doctor: Children's knowledge and memory. *Cognitive Development, 8,* 361-372.

Cohen, L. B. (1988). An information processing approach to infant development. In L. Weiskrantz (Ed.), *Thought without language* (pp. 211-228). Oxford: Oxford University Press.

Cohen, L. B. & Caputo, N. F. (1978). *Instructing infants to respond to perceptual categories.* Paper presented at the Midwester Psychological Association Convention, Chicago, IL.

Conrad, R. (1971). The chronology of the development of covert speech in children. *Developmental Psychology, 5,* 398-405.

Cooper, R. G. (1984). Early number development: Discovering number space with addition and subtraction. In C. Sophian (Ed.), *The origins of cognitive skills* (pp. 157-192). Hillsdale, NJ: Lawrence Erlabum Associates Inc.

Cornell, E. H. (1979). Infants' recognition memory, forgetting and savings. *Journal of Experimental Child Psychology, 28,* 359-374.

Cutting, A. L. (1996). *Young children's understanding of representation: A problem solving approach to the appearance-reality distinction.* Unpublished PhD dissertation, University of Cambridge, UK.

Cutting, A. L., Charlesworth, G. M. & Goswami, U. S. (1991, September). *Three-year-olds* can *distinguish appearance from reality: Evidence from a problem-solving task.* Poster presented at the British Psychology Society Developmental Section meeting, Cambridge.

Cutting, J. E., Proffitt, D. R. & Kozlowski, L. T. (1978). A biomechanical invariant for gait perception. *Journal of Experimental Psychology: Human Perception & Performance, 4,* 357-372.

Das Gupta, P. & Bryant, P. E. (1989). Young children's causal inferences. *Child Development, 60,* 1138-1146.

Dean, A. L., Chabaud, S. & Bridges, E. (1981). Classes, collections and distinctive features: Alternative strategies for solving inclusion problems. *Cognitive Psychology, 13,* 84-112.

DeCaspar, A. J. & Fifer, W. P. (1980). Of human bonding: Newborns prefer their mother's voices. *Science, 208,* 1174-1176.

DeCaspar, A. J. & Spence, M. J. (1986). Prenatal maternal speech influences newborns' perception of speech sounds. *Infant Behaviour & Development, 9,* 133-150.

DeLoache, J. S. (1987). Rapid change in the symbolic functioning of very young children. *Science, 238,* 1556-1557.

DeLoache, J. S. (1989). Young children's understanding of the correspondence between a scale model and a larger space. *Cognitive Development, 4,* 121-139.

DeLoache, J. S. (1991). Symbolic functioning in very young children: Understanding of pictures and models. *Child Development, 62,* 736-752.

DeLoache, J. S., Cassidy, D. J. & Brown, A. L. (1985). Precursors of mnemonic strategies in very young children's memory. *Cognitive Development, 56,* 125-137.

DeLoache, J. S., Miller, K. & Rosengren, K. (1996). *Shrinking a room reveals obstacles to early symbolic reasoning.* Unpublished manuscript, University of Illinois.

DeLoache, J. S. (1995). Early symbol understanding and use. In D. Medin (Ed.), *The psychology of learning and motivation,* Vol. 33. New York: Academic Press.

Dempster, F. N.(1991). Inhibitory processes: A neglected dimension of intelligence. *Intelligence, 15,* 157-173.

DeVries, J. I. P., Visser, G. H. A. & Prechtl, H. F. R. (1984). Fetal mobility in the first half of pregnancy. In H. F. R. Prechtl (Ed.), *Continuity of Neural Functions from Prenatal to Postnatal Life* (pp. 46-64). Oxford: Blackwell Scientific Publications.

Diamond, A. (1985). The development of the ability to use recall to guide action, as indicated by infants' performance on A-not-B. *Child Development, 56,* 868-.883.

Diamond, A. (1988). Differences between adult and infant cognition: Is the crucial variable presence or absence of language? In L. Weiskrantz (Ed.), *Thought without language* (pp. 337-370). Oxford: Clarendon Press.

Diamond, A. (1991). Neuro-psychological insights into the meaning of object concept development. In S. Carey & R. Gelman (Eds.), *The epigenesis of mind: Essays on biology & cognition* (pp. 67-110). Hillsdale, NJ: Lawrence Erlbaum Associates Inc.

Dias, M. G. & Harris, P. L. (1988). The effect of make-believe play on deductive reasoning. *British Journal of Developmental Psychology, 6,* 207-221.

Dias, M. G. & Harris, P. L. (1990). The influence of the imagination on reasoning by young children. *British Journal of Developmental Psychology, 8,* 305-318.

Dickinson, A. & Shanks, D. (1995). Instrumental action and causal representation. In D. Sperber, D. Premack & A. J. Premack (Eds.), *Causal cognition: A multidisciplinary debate* (pp. 1-25). Oxford: Oxford University Press.

DiLalla, L. F., Plomin, R., Fagan, J. F., Thompson, L. A., Phillips, K., Haith, M. M., Cyphers, L. H. & Fulker, D. W. (1990). Infant predictors of preschool and adult IQ: A study of infant twins and their parents. *Developmental Psychology, 25,* 759-769.

Ding, S. (1995). *Developing structural representations: Their role in analogical reasoning.* Unpublished PhD dissertation, University of Nottingham.

Dodd, B. (1979). Lipreading in infancy: Attention to speech in and out of synchrony. *Cognitive Psychology, 11,* 478-484.

Donaldson, M. (1978). *Children's minds.* Glasgow: William Collins.

Dufresne, A. & Kobasigawa, A. (1989). Children's spontaneous allocation of study time: Differential and sufficient aspects. *Journal of Experimental Child Psychology, 47,* 274-296.

Eimas, P. D. & Quinn, P. C. (1994). Studies on the formation of perceptually-based basic-level categories in young infants. *Child Development, 65,* 903-917.

Ellis, H. D., Ellis, D. M. & Hosie, J. A. (1993). Priming effects in children's face recognition. *British Journal of Psychology, 84,* 101-110.

Ellis, N. C. & Hennelly, R. A. (1980). A bilingual word-length effect: Implications for intelligence testing and the relative ease of mental calculation in Welsh and English. *British Journal of Psychology, 71,* 43-51.

Fagan, J. F. III (1984). The relationship of novelty preferences during infancy to later intelligence and later recognition memory. *Intelligence, 8,* 339-346.

Fagan, J. F. III (1992). Intelligence: A theoretical viewpoint. *Current Directions in Psychological Science, 1,* 82-86.

Farrar, M. J. & Goodman, G. S. (1990). Developmental differences in the relation between script and episodic memory: Do they exist? In R. Fivush & J. Hudson (Eds.), *Knowing and remembering in young children* (pp. 30-64). New York: Cambridge University Press.

Fantz, R. L. (1961). The origin of form perception. *Scientific American, 204,* 66-72.

Field, D. (1987). A review of preschool conservation training: An analysis of analyses. *Developmental Review, 7,* 210-251.

Fischer, K. W. (1980). A theory of cognitive development: The control and construction of hierarchies of skills. *Psychological Review, 87,* 477-531.

Fivush, R. & Hammond, N. R. (1990). Autobiographical memory across the preschool years: Toward reconceptualising childhood amnesia. In R. Fivush & J. Hudson (Eds.), *Knowing and remembering in young children* (pp. 223-248). New York: Cambridge University Press.

Flavell, J. H., Beach, D. R. & Chinsky, J. H. (1966). Spontaneous verbal rehearsal in a memory task as a function of age. *Child Development, 37,* 283-299.

Flavell, J. H., Flavell, E. R. & Green, F. I. (1983). Development of appearance-reality distinction. *Cognitive Psychology, 15,* 95-120.

Flavell, J. H. & Wellman, H. M. (1977). Metamemory. In R. Kail & J. Hagen (Eds.), *Perspectives on the development of memory and cognition.* Hillsdale, NJ: Lawrence Erlbaum Associates Inc.

Forrest-Pressley, D. L., MacKinnon, G. E. & Waller, T. G. (1985). *Cognition, metacognition and human performance* (Vol. 1). New York: Academic Press.

Freeman, K. E. (1996). *Analogical reasoning in 2-year-olds: A comparison of formal and problem-solving paradigms.* Unpublished PhD thesis, University of Minnesota.

Freud, S. (1983). The psychopathology of everyday life. In A. A. Brill (Ed.), *The writings of Sigmund Freud* (pp. 317-385). New York: Modern Library.

Frye, D., Zelazo, P. D. & Palfai, T. (1995). Theory of mind and rule-based reasoning. *Cognitive Development, 10,* 483-527.

Fuson, K. C., Lyons, B. G., Pergament, G. G., Hall, J. W. & Youngshim, K. (1988). Effects of collection terms on class inclusion and on number tasks. *Cognitive Psychology, 20,* 96-120.

Gallagher, J. M. & Reid, D. K. (1981). *The learning theory of Piaget and Inhelder.* Monterey, CA: Brooks/Cole.

Garcia, J. & Koelling, R. A. (1966). The relation of cue to consequence in avoidance learning. *Psychonomic Science, 4,* 123-124.

Gelman, R. (1990). First principles organise attention to and learning about relevant data: Number and the animate-inanimate distinction as examples. *Cognitive Science, 14,* 79-106.

Gelman, R., Bullock, M. & Meck, E. (1980). Preschooler's understanding of simple object transformations. *Child Development, 51,* 691-699.

Gelman, S. A. & Coley, J. D. (1990). The importance of knowing a dodo is a bird: Categories and inferences in 2-year-old children. *Developmental Psychology, 26,* 796-804.

Gelman, S. A., Coley, J. D. & Gottfried, G. M. (1994). Essentialist beliefs in children: The acquisition of concepts and theories. In L. A. Hirschfeld & S. A. Gelman (Eds.), *Mapping the mind: Domain specificity in cognition and culture* (pp. 341-365). Cambridge: Cambridge University Press.

Gelman, S. A. & Gottfried, G. M. (1993). *Causal explanations of animate and inanimate motion.* Unpublished manuscript.

Gelman, S. A. & Kremer, K. E. (1991). Understanding natural cause: Children's explanations of how objects and their properties originate. *Child Development, 62,* 396-414.

Gelman, S. A. & Markman, E. M. (1986). Categories and induction in young children. *Cognition, 23,* 183-209.

Gelman, S. A. & Markman, E. M. (1987). Young children's inductions from natural kinds: The role of categories and appearances. *Child Development, 58,* 1532-1541.

Gelman, S. A. & O'Reilly, A. W. (1988). Children's inductive inferences within superordinate categories: The role of language and category structure. *Child Development, 59,* 876-887.

Gelman, S. A. & Wellman, H. M. (1991). Insides and essences: Early understandings of the non-obvious. *Cognition, 38,* 213-244.

Gentner, D. (1989). The machanisms of analogical learning. In S. Vosniadou & A. Ortony (Eds.), *Similarity and analogical reasoning* (pp. 199-241). Cambridge University Press.

Gergely, G., Nadasdy, Z., Csibra, G. & Biro, S. (1995). Taking the intentional stance at 12 months of age. *Cognition, 56,* 165-193.

Gick, M. L. & Holyoak, K. J. (1980). Analogical problem solving. *Cognitive Psychology, 12,* 306-365.

Gillan, D. J., Premack, D. & Woodruff, G. (1981). Reasoning in the Chimpanzee I: Analogical reasoning. *Journal of Experimental Psychology: Animal Behaviour Processes, 7,* 1-17.

Gilmore, R. O. & Johnson, M. H. (1995). Working memory in infancy: Six-month-olds' performance on two versions of the oculomotor delayed response task. *Journal of Experimental Child Psychology, 59,* 397-418.

Goodman, G. S. & Aman, C. (1990). Children's use of anatomically detailed dolls to recount an event. *Child Development, 61,* 1859-1871.

Goodman, G. S., Rudy, L., Bottoms, B. L. & Aman, C. (1990). Children's concerns and memory: Issues of ecological validity in the study of children's eyewitness testimony. In R. Fivush & J. Hudson (Eds.), *Knowing and remembering in young children* (pp. 331-346). New York: Cambridge University Press.

Goswami, U. (1991). Analogical reasoning: What develops? A review of research and theory. *Child Development, 62,* 1-22.

Goswami, U. (1992). *Analogical reasoning in children.* [Part of series «Developmental essays in psychology»]. London: Lawrence Erlbaum Associates Ltd.

Goswami, U. (1996). Analogical reasoning and cognitive development. *Advances in Child Development and Behaviour, 26,* 91-138. San Diego, CA: Academic Press.

Goswami, U. & Brown, A. (1989). Melting chocolate and melting snowmen: Analogical reasoning and causal relations. *Cognition, 35,* 69-95.

Goswami, U. & Brown, A. L. (1990). Higher-order structure and relational reasoning: Contrasting analogical and thematic relations. *Cognition, 36,* 207-226.

Goswami, U., Pauen, S. & Wilkening, F. (1996). *The effects of a »family» analogy in class inclusion tasks.* Manuscript in preparation, Department of Experimental Psychology, University of Cambridge.

Haake, R. J. & Somerville, S. C. (1985). The development of logical search skills in infancy. *Developmental Psychology, 21,* 176-186.

Haith, M. M., Hazan, C. & Goodman, G. S. (1988). Expectation and anticipation of dynamic visual events by 3.5-month-old babies. *Child Development, 59,* 467-479.

Halford, G. S. (1984). Can young children integrate premises in transitivity and serial order tasks? *Cognitive Psychology, 16,* 65-93.

Halford, G. S. (1987). A structure-mapping approach to cognitive development. *International Journal of Psychology, 22,* 609-642.

Halford, G. S. (1993). *Children's understanding: The development of mental models.* Hillsdale, NJ: Lawrence Erlbaum Associates Inc.

Harris, P. L. & Nunez, M. (1996). Understanding of permission rules by preschool children. *Child Development, 67,* 1572-1591.

Hayes, L. A. & Watson, J. S. (1981). Neonatal imitation: Fact or artifact? *Developmental Psychology, 17,* 655-660.

Henry, L. A. & Millar, S. (1993). Why does memory span improve with age? A review of the evidence for two current hypotheses. *European Journal of Cognitive Psychology, 5,* 241-287.

Hepper, P. G. (1988). Foetal «soap addiction». *The Lancet* (11 June), 1347-1348.

Hepper, P. G. (1992): Fetal psychology: An embryonic science. In J. G. Nijhuis (Ed.), *Fetal behaviour: Developmental and perinatal aspects* (pp. 129-156). Oxford: Oxford University Press.

Hirschfeld, L. A. & Gelman, S. A. (1994). Toward a topography of mind: An introduction to domain specificity. In L. A. Hirschfeld & S. A. Gelman (Eds.), *Mapping the mind: Domain specificity in cognition and culture* (pp. 3-35). Cambridge: Cambridge University Press.

Hitch, G. J., Halliday, S., Dodd, A. & Littler, J. E. (1989). Development of rehearsal in short-term memory: Differences between pictorial and spoken stimuli. *British Journal of Developmental Psychology, 7,* 347-362.

Hitch, G. J., Halliday, S., Schaafstal, A. M. & Schraagen, J. M. (1988). Visual working memory in young children. *Memory & Cognition, 16,* 120-132.

Hodges, R. M. & French, L. A. (1988). The effect of class and collection labels on cardinality, class-inclusion and number conservation tasks. *Child Development, 59,* 1387-1396.

Holyoak, K. J., Junn, E. N. & Billman, D. O. (1984). Development of analogical problem-solving skill. *Child Development, 55,* 2042-2055.

Holyoak, K. J. & Thagard, P. (1995). *Mental leaps.* Cambridge, MA: MIT Press.

Hood, B. M. (1995). Gravity rules for 2- to 4-year-olds? *Cognitive Development, 10,* 577-598.

Hood, L. & Bloom, L. (1979). What, when, and how about why: A longitudinal study of the early expressions of causality. *Monographs of the Society for Research in Child Development, 44* (6, serial no. 181).

Howe, M. L. & Courage, M. L. (1993). On resolving the enigma of infantile autism. *Psychological Bulletin, 113,* 305-326.

Hudson, J. A. (1990). The emergence of autobiographical memory in mother-child conversation. In R. Fivush & J. Hudson (Eds.), *Knowing and remembering in young children.* New York: Cambridge University Press.

Hulme, C., Thomson, N., Muir, C. & Lawrence, A. (1984). Speech rate and the development of short-term memory span. *Journal of Experimental Child Psychology, 38,* 241-253.

Hulme, C. & Tordof, V. (1989). Working memory develpment: The effects of speech rate, word length, and acoustic similarity on serial recall. *Journal of Experimental Child Psychology, 47,* 72-87.

Inagaki, K. & Hatano, G. (1987). Young children's spontaneous personification as analogy. *Child Development, 58,* 1013-1020.

Inagaki, K. & Hatano, G. (1993). Young children's understanding of the mind-body distinction. *Child Development, 64,* 1013-1020.

Inagaki, K. & Sugiyama, K. (1988). Attributing human characteristics: Developmental changes in over- and under-attribution. *Cognitive Development, 3,* 55-70.

Inhelder, B., de Caprona, D. & Cornu-Wells, A. (1987). *Piaget today.* Hillsdale, NJ: Lawrence Erlbaum Associates Inc.

Inhelder, B. & Piaget, J. (1958). *The growth of logical thinking from childhood to adolescence.* New York: Basic Books.

Johansson, G. (1973). Visual perception of biological motion and a model for its analysis. *Perception & Psychophysics, 14,* 201-211.

Johnson, M. (1997). *Developmental cognitive neuroscience.* Oxford: Blackwell.

Johnson-Laird, P. N., Legrenzi, P. & Sonino-Legrenzi, M. (1972). Reasoning and a sense of reality. *British Journal of Psychology, 63,* 395-400.

Johnson-Laird, P. N. & Wason, P. C. (1977). A theoretical analysis of insight into a reasoning task. In P. N. Johnson-Laird & P. C. Wason (Eds.), *Thinking: Readings in cognitive science.* Cambridge: Cambridge University Press.

Jones, S. S. & Smith, L. B. (1993). The place of perception in children's concepts. *Cognitive Development, 8,* 113-139.

Justice, E. M. (1985). Categorisation as a preferred memory strategy: Developmental changes during elementary school. *Developmental Psychology, 6,* 1105-1110.

Kaiser, M. K., McCloskey, M. & Profitt, D. R. (1986). Development of intuitive theories of motion: Curvilinear motion in the absence of external forces. *Developmental Psychology, 22,* 67-71.

Kaiser, M. K., Profitt, D. R. & McCloskey, M. (1985). The development of beliefs about falling objects. *Perception & Psychophysics, 38,* 533-539.

Karmiloff-Smith, A. (1992). *Beyond modularity: A developmental perspective on cognitive science.* Cambridge, M. A: MIT Press/Bradford Books.

Karmiloff-Smith, A. (1994). Precis of «Beyond modularity: A developmental perspective on cognitive science». *Behavioural and Brain Sciences, 17,* 693-745.

Keane, M. K. (1988). *Analogical problem solving.* Chichester, UK: Ellis Horwood.

Keil, F. C. (1987). Conceptual development and category structure. In U. Neisser, (Ed.), *Concepts and conceptual development: Ecological and intellectual factors in categorisation* (pp. 175-200). Cambridge: Cambridge University Press.

Keil, F. C. (1989). Concepts, kinds and cognitive development. Cambridge, MA: MIT Press.

Keil, F. C. (1991). The emergence of theoretical beliefs as constraints on concepts. In S. Carey & R. Gelman (Eds.), *The epigenesis of mind: Essays on biology & cognition* (pp. 237-256). Hillsdale, NJ: Lawrence Erlbaum Associates Inc.

Keil, F. C. (1994). The birth and nurturance of concepts of domains: The origins of concepts of living things. In L. A. Hirschfeld & S. A. Gelman (Eds.), *Mapping the mind* (pp. 234-254). New York: Cambridge.

Keil, F. C. & Batterman, N. (1984). A characteristic-to-defining shift in the development of word meaning. *Journal of Verbal Learning & Verbal Behaviour, 23,* 221-236.

Klahr, D., Fay, A. L. & Dunbar, K. (1993). Heuristics for scientific experimentation: A developmental study. *Cognitive Psychology, 25,* 111-146.

Krist, H., Fieberg, E. L. & Wilkening, F. (1993). Intuitive physics in action and judgement: The development of knowledge about projectile motion. *Journal of Experimental Psychology: Learning, Memory & Cognition, 19,* 952-966.

Kuhn, D. (1989). Children and adults as intuitive scientists. *Psychological Review, 96,* 674-689.

Kuhn, D., Amsel, E. & O'Loughlin, M. (1988). *The development of scientific thinking skills.* San Diego: Academic Press.

Kuhn, D., Garcia-Mila, M., Zohar, A. & Andersen, C. (1995). Strategies of knowledge acquisition. *Monographs of the Society for Research in Child Development, 60,* No. 4.

Kunzinger, E.L., Witryol, S. L. (1984). The effects of differential incentives on second-grade rehearsal and free recall. *Journal of Genetic Psychology, 144,* 19-30.

Kurtz, B. E. & Weinert, F. E. (1989). Metamemory, memory performance and causal attributions in gifted and average children. *Journal of Experimental Child Psychology, 48,* 45-61.

Lakoff, G. (1986). *Women, Fire and Dangerous Things: What categories tell us about the nature of thought.* Chicago: University of Chicago Press.

Lakoff, G. (1987). Cognitive models and prototype theory. In U. Neisser, (Ed.), *Concepts and conceptual development: Ecological and intellectual factors in categorisation* (pp. 63-100). Cambridge: Cambridge University Press.

Lamsfuss, S. (1995, March). *Regularity of movement and the animate-inanimate distinction.* Poster presented at the Biennial Meeting of the Society for Research in Child Development, Indianapolis, IN.

Lane, D. M. & Pearson, D. A. (1982). The development of selective attention. *Merrill-Palmer Quarterly, 28,* 317-337.

Leevers, H. J. & Harris, P. L. (1997). Persisting effects of instruction on young children's syllogistic reasoning. Unpublished manuscript, University of Oxford, U. K.

Leslie, A. M. (1994). ToMM, ToBY and Agency: Core architecture and domain specificity. In L. A. Hirschfeld & S. A. Gelman (Eds.), *Mapping the mind* (pp. 119-148). New York: Cambridge.

Leslie, A. M. & Keeble, S. (1987). Do six-month-old infants perceive causality? *Cognition, 25,* 265-288.

Light, P., Blaye, A., Gilly, M. & Girotto, V. (1989). Pragmatic schemas and logical reasoning in 6- to 8-year-old children. *Cognitive Development, 4,* 49-64.

Light, P., Buckingham, N. & Robbins, A. H. (1979). The conservation task as an interactional setting. *British Journal of Educational Psychology, 49,* 304-310.

Loftus, E. F. (1979). *Eyewitness testimony.* Cambridge: Harvard University Press.

Lunzer, E. A. (1965). Problems of formal reasoning in test situations. In P. H. Mussen (Ed.), European Research in Child Development. *Monographs for the Society for Research in Child Development, 30,* No.2, pp. 19-46.

Massey, C. M. & Gelman, R. (1988). Preschooler's ability to decide whether a photographed object can move itself. *Developmental Psychology, 24,* 307-317.

Mandler, J. M. (1988). How to build a baby: On the development of an accessible representational system. *Cognitive Development, 3,* 113-136.
Mandler, J. M. (1990). Recall and its verbal expression. In R. Fivush & J. Hudson (Eds.), *Knowing and Remembering in Young Children,* pp. 317-330. New York: Cambridge University Press.
Mandler, J. M. (1992). How to build a baby II: Conceptual primitives. *Psychological Review, 99,* 587-604.
Mandler, J. M. & Bauer, P. J. (1988). The cradle of categorisation: Is the basic level basic? *Cognitive Development, 3,* 247-264.
Mandler, J. M., Bauer, P. J. & McDonough, L. (1991). Seperating the sheep from the goats: Differentiating global categories. *Cognitive Psychology, 23,* 263-298.
Mandler, J. M. & McDonough, L. (1993). Concept formation in infancy. *Cognitive Development, 8,* 291-318.
Mandler, J. M. & McDonough, L. (1995). Long-term recall of event sequences in infancy. *Journal of Experimental Child Psychology, 59,* 457-474.
Markman, E. M. & Seibert, K. J. (1976). Classes and collections: Internal organisation and resulting holistic properties. *Cognitive Psychology, 8,* 561-577.
Marzolf, D. P. & DeLoache, J. S. (1994). Transfer in young children's understanding of Spatial Representations. *Child Development, 65,* 1-15.
McCall, R. B. & Carriger, M. S. (1993). A meta-analysis of infant habiutation and recognition memory performance as predictors of later IQ. *Child Development, 64,* 57-79.
McEvoy, J. & O'Moore, A. M. (1991). Number conservation: A fair assessment of numerical understanding? *Irish Journal of Psychology, 12,* 325-337.
McGarrigle, J. & Donaldson, M. (1975). Conservation accidents. *Cognition, 3,* 341-350.
McKee, R. D. & Squire, L. R. (1993). On the development of declarative memory. *Journal of Experimental Psychology: Learning, Memory & Cognition, 19,* 397-404.
McKenzie, B. E. & Bigelow, E. (1986). Detour behaviour in young human infants. *British Journal of Developmental Psychology, 4,* 139-148,
McKenzie, B. E., Day, R. H. & Ihsen, E. (1984). Localisation of events in space: Young infants are not always egocentric. *British Journal of Developmental Psychology, 2,* 1-10.
McKenzie, B. & Over, R. (1983). Young infants fail to imitate facial and manual gestures. *Infant Behaviour & Development, 6,* 85-95.
Medin, D. L. (1989). Concepts and conceptual structure. *American Psychologist, 44,* 1469-1481.
Medin, D. L. & Schaffer, M. M. (1978). Context theory of classification learning. *Psychological Review, 85,* 207-238.
Mehler, J. & Bertoncini, J. (1979). Infants' perception of speech and other acoustic stimuli. In J. Morton & J. Marshall (Eds.), *Psycholinguistics Series II.* London: Elek Books.

Meltzoff, A. N. (1985). Immediate and deferred imitation in 14- and 24-month-old infants. *Child Development, 56,* 62-72.

Meltzoff, A. N. (1988a). Infant imitation after a 1-week delay: Long-term memory for novel acts and multiple stimuli. *Developmental Psychology, 24,* 470-476.

Meltzoff, A. N. (1988b). Infant imitation and memory: Nine-month-olds in immediate and deferred tests. *Child Development, 59,* 217-225.

Meltzoff, A. N. (1988c). Imitation of televised models by infants. *Child Development, 59,* 1221-1229.

Meltzoff, A. N. (1995). Understanding the intentions of others: Re-enactment of intended acts by 18-month-old children. *Developmental Psychology, 31,* 838-850.

Meltzoff, A. N. & Borton, R. W. (1979). Intermodal matching by human neonates. *Nature, 282,* 403-404.

Meltzoff, A. N. & Moore, M. K. (1977). Imitation of facial and manual gestures by human neonates. *Science, 198,* 75-78.

Meltzof, A. N. & Moore, M. K. (1983). Newborn infants imitate adult facial gestures. *Child Development, 54,* 702-709.

Mendelson, R. & Shultz, T. R. (1975). Covariation and temporal contiguity as principles of causal inference in young children. *Journal of Experimental Child Psychology, 22,* 408-412.

Mervis, C. B. (1987). Child-basic object categories and early lexical development. In U. Neisser (Ed.), *Concepts and conceptual development: Ecological and intellectual factors in categorisation* (pp. 201-233). Cambridge: Cambridge University Press.

Mervis,C. B. & Pani, J. R. (1980). Acquisition of basic object categories. *Cognitive Psychology, 12,* 496-522.

Michotte, A. (1963). *The Perception of causality.* Andover, UK: Methuen.

Miller, P. H. (1989). *Theories of developmental psychology* (2nd Edition). New York: Freeman.

Miller, S. A. (1982). On the generalisability of conservation: A comparison of different kinds of transformation. *British Journal of Psychology, 73,* 221-230.

Milner, B. (1963). Effects of brain lesions on card sorting. *Archive of Neurology, 9,* 90-100.

Moore, D., Benenson, J., Reznick, S. J., Peterson, M. & Kagan, J. (1987). Effect of auditory numerical information infants' looking behaviour: Contradictory evidence. *Developmental Psychology, 23,* 665-670.

Murphy, G. L. (1982). Cue validity and levels of categorisation. *Psychological Bulletin, 91,* 174-177.

Myers, N. A., Clifton, R. K. & Clarkson, M. G. (1987). When they were very young: Almost-threes remember two years ago. *Infant Behaviour & Development, 10,* 128-132.

Naito, M. (1990). Repetition priming in children and adults: Age-related dissociation between implicit and explicit memory. *Journal of Experimental Child Psychology, 50,* 462-484.

Naus, M. J., Ornstein, P. A. & Aviano, S. (1977). Developmental changes in memory: The effects of processing time and rehearsal instructions. *Journal of Experimental Child Psychology, 23,* 237-251.

Neisser, U. (1987). *Concepts and conceptual development: Ecological and intellectual factors in categorisation.* Cambridge: Cambridge University Press.

Nelson, K. (1986). *Event knowledge: Structure and function in development.* Hillsdale, NJ: Lawrence Erlbaum Associates Inc.

Nelson, K. (1988). The ontogeny of memory for real events. In U. Neisser & E. Winograd (Eds.), *Remembering reconsidered: Ecological and traditional approaches to the study of memory* (pp. 244-276). New York: Cambridge University Press.

Nelson, K. (1993). The psychological and social origins of autobiographical memory. *Psychological Science, 4,* 7-14.

Newcombe, N. & Fox, N. A. (1994). Infantile amnesia: Through a glass darkly. *Child Development, 65,* 31-40.

O'Connor, N. & Hermelin, B. (1973). Spatial or temporal organisation of short-term memory. *Quarterly Journal of Experimental Psychology, 25,* 335-343.

Ornstein, P. A., Gordon, B. N. & Larus, D. M. (1992). Children's memory for a personally-experienced event: Implications for testimony. *Applied Developmental Psychology, 6,* 49-60.

O'Sullivan, J. T. (1993). Preschoolers' belief about effort, incentives and recall. *Journal of Experimental Child Psychology, 55,* 396-414.

Pascual-Leone, J. (1970). A mathematical model for the transition rule in Piaget's developmental stages. *Acta Psychologica, 32,* 301-345.

Pascual-Leone, J. (1987). Organismic processes for neo-Piagetian theories: A dialectical causal account of cognitive development. *International Journal of Psychology, 22,* 531-570.

Pauen, S. (1996a). Wie klassifizieren Kinder Lebewesen und Artefakte? Zur Rolle des Aussehens und der Funktion von Komponenten. *Zeitschrift für Entwicklungspsychologie und Pädagogische Psychologie, 28,* 20-32.

Pauen, S. (1996b). *The development of ontological categories. Stable dimensions and changing concepts.* Unpublished manuscript, University of Tuebingen, Germany.

Pauen, S. (1996c). Children's reasoning about the interaction of forces. *Child Development, 67,* 2728-2742.

Pauen, S. & Wilkening F. (1997). Children's analogical reasoning about natural phenomena. *Journal of Experimental Child Psychology, 67,* 90-113.

Pears, R. & Bryant, P. (1990). Transitive inferences by young children about spatial position. *British Journal of Psychology, 81,* 497-510.

Pennington, B. F. (1994). The working memory function of the prefrontal cortices: Implications for developmental and individual differences in cognition. In M. M. Haith, J. Benson, R. Roberts & B. F. Pennington (Eds.), *The development of future oriented processes* (pp. 243-289). Chicago: University of Chicago Press.

Perris, E. E., Myers, N. A. & Clifton, R. K. (1990). Long-term memory for a single infancy experience. *Child Development, 61,* 1796-1807.

Piaget, J. (1952). *The Child's conception of number.* London: Routledge & Kegan Paul [dt. (1965). *Die Entwicklung des Zahlbegriffs beim Kind.* Stuttgart: Klett, 1965].

Piaget, J. (1960). The general problems of the psychobiological deelopment of the child. In J. M. Tanner & B. Inhelder (Eds.), *Discussions on child development* (Vol. 4, pp. 3-27). London: Tavistock.

Piaget, J. & Inhelder, B. A. (1956). *The child's conception of space.* London: Routledge & Kegan Paul [dt. (1971). *Die Entwicklung des räumlichen Denkens beim Kinde.* Stuttgart: Klett].

Piaget, J., Montangero, J. & Billeter, J. (1977). Les correlats. In J. Piaget (Ed.), L'Abstraction réflechissante. Paris: Presses Universitaires de France.

Quinn, P. C. (1994). The categorisation of above and below spatial relations by young infants. *Child Development, 65,* 58-69.

Reese, E., Haden, C. A. & Fivush, R. (1993). Mother-child conversations about the past: Relationships of style and memory over time. *Cognitive Development, 8,* 403-430.

Rieser, J. J., Doxey, P.A., McCarrell, N. J. & Brooks, P. H. (1982). Wayfinding and toddlers' use of information form an aerial view of a maze. *Developmental Psychology, 18,* 714-720.

Roodenrys, S., Hulme, C. & Brown, G. (1993). The development of short-term memory span: Separable effects of speech rate and long-term memory. *Journal of Experimental Child Psychology, 56,* 431-442.

Rosch, E. (1978). Principles of categorisation. In E. Rosch & B. B. Lloyd (Eds.), *Cognition and categorisation.* Hillsdale, NJ: Lawrence Erlbaum Associates Inc.

Rosch, E. & Mervis, C. B. (1975). Family resemblances: Studies in the internal structure of categories. *Cognitive Psychology, 7,* 573-605.

Rosch, E., Mervis, C. B., Gray, W. D., Johnson, M.D. & Boyes-Braem, P. (1976). Basic objects in natural categories. *Cognitive Psychology, 8,* 382-439.

Rose, S. & Blank, N. (1974). The potency of context in children's cognition: An illustration through conservation. *Child Development, 45,* 499-502.

Rose, S. A. & Feldman, J. F. (1995). Prediction of I. Q. and specific cognitive abilities at 11 years from infancy measures. *Developmental Psychology, 31,* 685-696.

Rosengren, K. S., Gelman, S. A., Kalish, C. W. & McCormick, M. (1991). As time goes by: Children's early understanding of growth in animals. *Child Development, 62,* 1302-1320.

Rovee-Collier, C. K. (1993). The capacity for long-term memory in infancy. *Current Directions in Psychological Science, 2,* 130-135.

Rovee-Collier, C. K. & Hayne, H. (1987). Reactivation of infant memory: Implications for cognitive development. *Advances in Child Development and Behaviour, 20,* 185-238.

Rovee-Collier, C., Schechter, A., Shyi, G. C. W. & Shields, P. (1992). Perceptual identification of contextual attributes and infant memory retrieval. *Developmental Psychology, 28,* 307-318.

Rovee-Collier, C. K., Sullivan, M. W., Enright, M., Lucas, D. & Fagan, J. W. (1980). Reactivation of infant memory. *Science, 208,* 1159-1161.

Rudy, L. & Goodman, G. S. (1991). Effects of participation on children's reports: Implications for children's testimony. *Developmental Psychology, 27,* 527-538.

Ruffman, T., Perner, J., Olson, D. & Doherty, M. (1993). Reflecting on scientific thinking: Children's understanding of the hypothesis-evidence relation. *Child Development, 64,* 1617-1636.

Rumelhart, D. E. & Abramson, A. A. (1983). A model for analogical reasoning. *Cognitive Psychology, 5,* 1-28.

Russell, J. (1996). *Agency: Its role in mental development.* Hove, UK: Psychology Press.

Russo, R., Nichelli, P., Gibertoni, M. & Cornia, C. (1995). Developmental trends in implicit and explicit memory: A picture completion study. *Journal of Experimental Psycholoy, 59,* 566-578.

Samuel, J. & Bryant, P. E. (1984). Asking only one question in the conservation experiment. *Journal of Child Psychology and Psychiatry, 25,* 315-318.

Schachter, D. L. & Moscovitch, M. (1984). Infants, amnesics and dissociable memory systems. In M. Moscovitch (Ed.), *Infant memory: Its relation to normal and pathological memory in humans and other animals* (pp. 173-216). New York: Plenum Press.

Schaffer, D. R. (1985). *Developmental psychology: Theory, research and applications.* Blemont, C. A.: Wadsworth Inc.

Schneider, W. (1985). Developmental trends in the metamemory-memory behaviour relationship: An integrative review. In D. L. Forrest-Pressley, G. E. MacKinnon & T. G. Waller (Eds.), *Cognition, metacognition and human performance* (Vol. 1, pp. 57-109). Orlando, FL: Academic Press.

Schneider, W. (1986). The role of conceptual knowledge and metamemory in the development of organisational processes in memory. *Journal of Experimental Child Psychology, 42,* 218-236.

Schneider, W. & Bjorklund, D. F. (1997). Memory. In K. Kuhn & R. Siegler (Eds.), *Handbook of child psychology, 5th Ed., Vol. 2, Cognition, perception and language.*

Schneider, W., Boes, K. & Rieder, H. (1993). Leistungsprognose bei jugendlichen Spitzensportlern. In J. Beckmann, H. Strang & E. Hahn (Eds.), *Aufmerksamkeit und Energetisierung.* Goettingen: Hogrefe.

Schneider, W., Gruber, H., Gold,A. & Opwis, K. (1993). Chess expertise and memory for chess positions in children and adults. *Journal of Experimental Child Psychology, 56,* 328-349.

Schneider, W., Korkel, J. & Weinert, F. E., (1989). Domain-specific knowledge ad memory performance: A comparison of high- and low-aptitude children. *Journal of Educational Psychology, 81,* 306-312.

Schneider, W. & Pressley, M. (1989). *Memory development between 2 and 20.* New York: Springer.

Schneider, W. & Sodian, B. (1988). Metamemory-memory behaviour relationships in young children: Evidence from a memory-for-location task. *Journal of Experimental Child Psychology, 45,* 209-233.

Sedlak, A. J. & Kurtz, S. T. (1981). A review of children's use of causal inference principles. *Child Development, 52,* 759-784.

Shanks, D. R. & St. John, M. F. (1994). Characteristics of dissociable human learning systems. *Behavioural and Brain Sciences, 17,* 367-447.

Shultz, T. R. (1982). Rules of causal attribution. *Monographs of the Society for Research in Child Development, 47,* (1, Serial No. 194).

Shultz, T. R., Fisher, G. W., Pratt, C. C. & Rulf, S. (1986). Selection of causal rules. *Child Development, 57,* 143-152.

Shultz, T. R. & Kestenbaum, N. R. (1985). Causal reasoning in children. *Annals of Child Development, 2,* 195-249.

Shultz, T. R. & Mendelson, R. (1975). The use of covariation as a principle of causal analysis. *Child Development, 46,* 394-399.

Shultz, T. R., Pardo, S. & Altmann, E. (1982). Young children's use of transitive inference in causal chains. *British Journal of Psychology, 73,* 235-241.

Shultz, T. R. & Ravinsky, F. B. (1977). Similarity as a principle of causal inference. *Child Development, 48,* 1552-1558.

Siegal, M. (1991). *Knowing children: Experiments in conversation and cognition.* Hillsdale, NJ: Lawrence Erlbaum Associates Inc.

Siegler, R. S. (1978). *Children's thinking: What develops?* Hillsdale, NJ: Lawrence Erlbaum Associates Inc.

Siegler, R. S. (1995). How does change occur: A microgenetic study of number conservation. *Cognitive Psychology, 28,* 225-273.

Siegler, R. S. & Liebert, R. M. (1974). Effects of contiguity, regularity and age on children's causal inferences. *Developmental Psychology, 10,* 574-579.

Sigman, M., Cohen, S. E., Beckwith, L., Asarnow, R. & Parmelee, A. H. (1991). Continutity in cognitive abilities from infancy to 12 years of age. *Cognitive Development, 6,* 47-57.

Sigman, M., Cohen, S. E., Beckwith, L. & Parmelee, A. H. (1986). Infant attention in relation to intellectual abilities in childhood. *Developmental Psychology, 22,* 788-792.

Simon, T. J., Hespos, S. J. & Rochat, P. (1995). Do infants understand simple arithmetic? A replication of Wynn (1992). *Cognitive Development, 10,* 253-269.

Simons, D. J. & Keil, F. C. (1995). An abstract to concrete shift in the development of biological thougth: The *insides* story. *Cogition, 56,* 129-163.

Slater, A. M. (1989). Visual memory and perception in early infancy. In A. M. Slater & G. Bremner (Eds.), *Infant developement* (pp. 43-71). Hove, UK: Lawrence Erlbaum Associates Ltd.

Slater, A. M., Morison, V. & Rose, D. (1983). Perception of shape by the new-born baby. *British Journal of Developmental Psychology, 1,* 135-142.

Smiley, S. & Brown, A. L. (1979). Conceptual preferences for thematic or taxonomic relations: A nonmonotonic age trend from preschool to old age. *Journal of Experimental Child Psychology, 28,* 249-257.
Smith, L. (1982). Class inclusion and conclusions about Piagets theory. *British Journal of Psychology, 73,* 267-276.
Sodian, B., Zaitchek, D. & Carey, S. (1991). Young children's differentiation of hypothetical beliefs from evidence. *Child Development, 62,* 753-766.
Somerville, S. C. & Capuani-Shumaker, S. (1984). Logical searches of young children in hiding and finding tasks. *British Journal of Developmental Psychology, 2,* 315-328.
Somerville, S. C., Wellman, H. M. & Cultice, J. C. (1983). Young children's deliberate reminding. *Journal of Genetic Psychology, 143,* 87-96.
Sophian, C. & Somerville, S. C. (1988). Early developments in logical reasoning: Considering alternative possibilities. *Cognitive Development, 3,* 183-222.
Spelke, E. S. (1976). Infants' intermodal perception of events. *Cognitive Psychology, 8,* 553-560.
Spelke, E. S. (1991). Physical knowledge in infancy: Reflections on Piaget's theory. In S. Carey. & R. Gelman (Eds), *The epigenesis of mind: Essays on biology and cognition* (pp 133-169). Hillsdale, NJ: Lawrence Erlbaum Associates Inc.
Spelke, E. S., Phillips, A. & Woodward, A. L. (1995). Infants' knowledge of object motion and human action. In D. Sperber, D. Premack & A. Premack (Eds.), *Causal cognition: A multidisciplinary debate* (pp. 44-78). Oxford: Oxford University Press.
Starkey, P. & Cooper, R. G. (1980). Perception of number by human infants. *Science, 210,* 1033-1035.
Starkey, P., Spelke, E. S. & Gelman, R. (1983). Detection of intermodal numerical correspondences by human infants. *Science, 222,* 179-181.
Stechler, G. & Latz, E. (1966). Some observations on attention and arousal in the human infant. *Journal of the American Academy of Child Psycholoy, 5,* 517-525.
Strauss, S. (in press). Review of Goswami, U.: Analogical reasoning in children. *Cognition & Pragmatics.*
Tipper, S. P., Bourque, T. A., Anderson, S. H. & Behaut, J. C. (1989). Mechanisms of attention: A developmental study. *Journal of Experimental Child Psychology, 48,* 353-378.
Tomasello, M. (1990). Cultural transmission in the tool use and communicatory signalling of chimpanzees? In S. Parker & K. Gibson (Eds.), *Language and intelligence in monkeys and apes: Comparative developmental perspectives* (pp. 274-311). Cambridge: Cambridge University Press.
Turkewitz, G. (1995). The what and why of infancy and cognitive development. *Cognitive Development, 10,* 459-465.
Vaughan, Jr. W. & Greene, S. L. (1984). Pigeon visual memory capacity. *Journal of Experimental Psychology: Animal Behaviour Processes, 10,* 265-271.

Viennot, L. (1979). Spontaneous reasoning in elementary dynamics. *European Journal of Science Education, 1,* 205-221.

Vintner, A. (1986). The role of movement in eliciting early imitations. *Child Development, 57,* 66-71.

Visalberghi, E. & Fragaszy, D. (1990). Do monkeys ape? In S. Parker & K. Gibson (Eds.), *Language and intelligence in monkeys and apes: Comparative developmental perspectives* (pp. 247-273). Cambridge: Cambridge University Press.

Waldmann, M. R., Holyoak, K. J. & Fratianne, A. (1995). Causal models and the acquisition of category structure. *Journal of Experimental Psychology: General, 124,* 181-206.

Wason, P. C. (1966). Reasoning. In B. Foss (Ed.), *New horizons in psychology.* Hammondsworth, UK: Penguin Books.

Wason, P. C. & Johnson-Laird, P. N. (1972). *Psychology of reasoning: Structure and content.* Cambridge: MA: Harvard University Press.

Waxman, S. R. (1990). Linguistic biases and the establishment of conceptual hierarchies: Evidence from preschool children. *Cognitive Development, 5,* 123-150.

Wellman, H. M. (1978). Knowledge of the interaction of memory variables: A developmental study of metamemory. *Developmental Psychology, 14,* 24-29.

Wellman, H. M. & Gelman, S. A. (1997). Knowledge acquisition in foundational domains. In D. Kuhn & R. Sigler (Eds.), *Cognition, perception and language. Volume 2 of the Handbook of Child Psychology* (5th edition). [Editor in Chief: William Damon.] New York: Wiley.

Wellman, H. M., Ritter, K. & Flavell, J. (1975). Deliberate memory development in the delayed reactions of very young children. *Developmental Psychology, 11,* 780-787.

Wellman, H. M., Somerville, S. C. & Haake, R. J. (1979). Development of search procedures in real-life spatial environments. *Developmental Psychology, 15,* 530-542.

White, P. A. (1993). *The understanding of causation and the production of action: From infancy to adulthood.* Hove, UK: Lawrence Erlbaum Associates Ltd.

Whiten, A. & Ham, R. (1992). On the nature and evolution of imitation in the animal kingdom: Reappraisal of a century of research. In P. B. Slater, J. S. Rosenblatt, C. Beer & M. Milinski (Eds.), *Advances in the study of behaviour* (pp. 239-283). San Diego, CA: Academic Press.

Wilkening, F. (1981). Integrating velocity, time and distance information: A developmental study. *Cognitive Psychology, 13,* 231-247.

Wilkening, F. (1982). Children's knowledge about time, distance and velocity interrelations. In W. J. Friedman (Ed.). *The developmental psychology of time* (pp. 87-112). New York: Academic Press.

Wilkening, F. & Anderson, N. H. (1991). Representation and diagnosis of knowledge structures in developmental psychology. In N. H. Anderson (Ed.), *Contributions to information integration theory: Vol. III. Developmental* (pp. 43-80). Hillsdale, NJ: Lawrence Erlbaum Associates Inc.

Winston, P. H. (1980, December). Learning and reasoning by analogy. In *Communications of the ACM, 23* (12).
Wynn, K. (1992). Addition and subtraction by human infants. *Nature, 358,* 749-750.
Xu, F. & Carey, S. (1996). Infants' metaphysics: The case of numerical identity. *Cognitive Psychology, 30,* 111-153.
Younger, B. A. (1985). The segregation of items into categories by 10-month-old infants. *Child Development, 56,* 1574-1583.
Younger, B. A. (1990). Infants' detection of correlations among feature categories. *Child Development, 61,* 614-620.
Younger, B. A. & Cohen, L. B. (1983). Infant perception of correlations among attributes. *Child Development, 54,* 858-867.
Yussen, S. R. & Levy, V. M. (1975). Developmental changes in predicting one's span of short-term memory. *Journal of Experimental Child Psychology, 19,* 502-508.
Zelazo, P. D., Frye, D. & Rapus, T. (1996). An age-related dissociation between knowing rules and using them. *Cognitive Development, 11,* 37-63.

Autorenregister

Sachregister

Anzeigen